北京市规划和国土资源管理委员会 编

2017
北京市国土资源年鉴
BEIJINGSHI GUOTU ZIYUAN NIANJIAN

中国发展出版社
CHINA DEVELOPMENT PRESS

图书在版编目（CIP）数据

北京市国土资源年鉴. 2017/北京市规划和国土资源管理委员会编. —北京：中国发展出版社，2017.12

ISBN 978-7-5177-0810-0

Ⅰ. ①北… Ⅱ. ①北… Ⅲ. ①国土资源-资源管理-北京-2017-年鉴 Ⅳ. ①F129.91-54

中国版本图书馆 CIP 数据核字（2017）第 286835 号

书　　名：2017 北京市国土资源年鉴
主　　编：北京市规划和国土资源管理委员会
责任编辑：孙　勇
装帧设计：北京华尊天时文化发展有限责任公司
出版发行：中国发展出版社
（北京市西城区百万庄大街 16 号 8 层　100037）
标准书号：ISBN 978-7-5177-0810-0
经 销 者：各地新华书店
印 刷 者：北京龙腾鑫颖印刷有限公司
开　　本：880×1230mm　1/16
印　　张：22
字　　数：468 千字
版　　次：2017 年 12 月第 1 版
印　　次：2017 年 12 月第 1 次印刷
定　　价：298. 00 元

联系电话：（010）68990642　68990692
购书热线：（010）68990682　68990686
网络订购：http：//zgfzcbs. tmall. com//
网购电话：（010）68990639　88333349
本社网址：http：//www. develpress. com. cn
电子邮件：sunyongcdp@ 126. com

2016 年 5 月 12 日，北京市市长王安顺、副市长陈刚参加 5.12 全国防灾减灾日宣传活动进行现场调研

2016 年 8 月 23 日，国土资源部曹卫星副部长到我委调研信息化建设相关工作

2016 年 7 月 29 日，北京市规划和国土资源管理委员会挂牌、领导揭牌仪式

2017 北京市国土资源年鉴

2016 年 7 月 29 日，北京市规划和国土资源管理委员会挂牌和平里北街办公区合影

2016 年 3 月 8 日，北京市副市长陈刚一行到朝阳区不动产登记大厅调研

2016 年 4 月 26 日，国家土地督察北京局牛珏专员到东城区部署 2016 年土地督察工作，并开展外业实地核查

2016 年 3 月 30 日，北京市国土资源局召开 2015 年度信访工作总结表彰暨 2016 年度信访工作部署会

2017 北京市国土资源年鉴

2016 年 5 月 24 日，北京市国土资源局副局长谢俊奇主持召开局网站群主持人会议

2016 年 8 月 3 日，北京市规划和国土资源管理委员会副主任周楠森参加京张城际铁路建设方案专家讨论会

2016 年 12 月 2 日，北京市规划和国土资源管理委员会副主任王飞参加通州区城市副中心规划与水资源专项规划、绿地系统专项规划对接会

2016 年 11 月 29 日，北京市规划和国土资源管理委员会副主任王玮向住建部天津督导组汇报打击违法建设情况

2016 年 12 月 6 日，北京市规划和国土资源管理委员会副主任曹跃进在委援疆干部动员会上讲话

2016 年 11 月 15 日，北京市纪律检查委员会驻北京市规划和国土资源管理委员会纪检组组长赵潮英主持召开党风廉政建设责任制检查考核工作部署会

2016 年 12 月 20 日，北京市规划和国土资源管理委员会副主任师宏亚
在全市土地储备综合素质培训班上讲话

2016 年 1 月 19 日，北京市国土资源局纪检组长金兴利、副巡视员周旭峰到朝阳区不动产登记事务
中心调研

2016 年 8 月 10 日，北京市规划和国土资源管理委员会总规划师施卫良参加委与河北省相关部门互派挂职干部交流座谈会

2016 年 4 月 6 日，北京市国土资源局副局长李军参加局财务系统 2015 年决算总结及 2016 年财务工作布置会

2016 年 10 月 8 日，北京市规划和国土资源管理委员会总工程师丁晓在京津冀协同发展战略研讨会上作主题发言

2016 年 5 月 13 日，北京市国土资源局副巡视员樊文祯到顺义区不动产登记事务中心调研工作

2016 年 6 月 14 日，北京市国土资源局周旭峰副巡视员陪同荷兰基础设施与环境部代表团考察北京土地利用规划管理情况

2016 年 8 月 3 日，北京市规划和国土资源管理委员会委员张亚芹参加基层讲党课活动

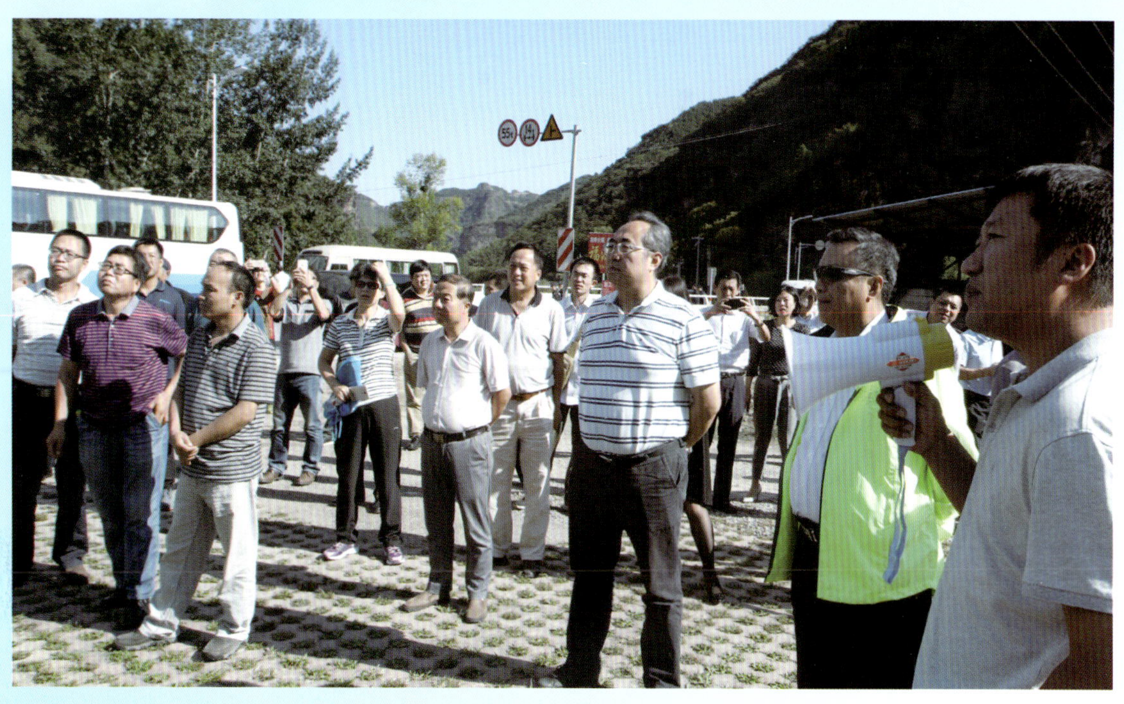

2016 年 9 月 20 日，北京市规划和国土资源管理委员会委员陈一昕参加汛期地质灾害防治现场活动

2016 年 7 月 20 日，北京市国土资源局石景山分局领导冒雨陪同区领导到地质灾害点巡查

编辑说明

一、根据北京市委十一届十次全会相关部署和《北京市政府办公厅关于设立北京市规划和国土资源管理委员会 北京市城市管理委员会的通知》（京政办发〔2016〕33号），设立北京市规划和国土资源管理委员会，列入北京市政府组成部门，同时作为首都规划建设委员会的办事机构，挂首都规划建设委员会办公室牌子，负责本市城乡规划管理和土地、矿产资源管理。不再保留北京市规划委员会、北京市国土资源局。2016 年 7 月 23 日，北京市规划和国土资源管理委员会（首都规划建设委员会办公室）正式成立。

在此背景下，《北京市国土资源年鉴 2017》主要记载 2016 年度原北京市国土资源局的主要工作，是由原北京市国土资源局负责主编的具有基础性、综合性、全面性特点的公报性、年史性的工具书，为各级领导、各级部门了解北京市国土资源情况、实施科学决策，为各行各业及有关单位查询资料、获取信息等提供服务。自 2007 年起，每年出版一期，本书为第 11 期。

本书中记录事项涉及机构名称，如无特殊情况，7 月 23 日前发生用“市国土局”，7 月 23 日后发生用“市规划国土委”。

二、《北京市国土资源年鉴 2017》篇目由重要文献、特稿，大事记汇总、市级国土资源管理、区县国土资源管理、学术社团、统计资料及附录，7 个部分构成，全面记录 2016 年北京市行政区域范围内的国土资源现状及国土资源利用管理等基本情况。为免累赘，凡年鉴表述只有月、日而未写年份，即为 2016 年。本书使用的是 2015 年度北京市土地利用现状调查数据。

三、参照《国家技术监督局、国家土地管理局、农业部关于改革全国土地面积计量单位的通知》（技监局量发〔1990〕660 号）要求，本书中平方公里（Km^2）用于领土、地区疆域等大面积的测量统计；公顷（hm^2）用于较大的农田耕地面积、林地和草地面积等的测量统计；平方米（m^2）用于较小的耕地面积、建筑用地包括农村宅基地面积的测量统计；万平方米用于建筑用地面积统计。

四、《北京市国土资源年鉴 2017》的编辑得到原北京市国土资源局领导的高度重视。原北京市国土资源局各区县分局、机关各处室、直属各事业单位、北京土地学会、北京房地产估价师和土地估价师与不动产登记代理人协会积极撰稿，提供资料，使年鉴编辑工作得以顺利进行，在此一并表示感谢。

五、文中纰漏与不足之处，恳请广大读者批评指正。

《北京市国土资源年鉴 2017》编辑部

2017 年 7 月

《北京市国土资源年鉴 2017》

编 委 会

《北京市国土资源年鉴2017》

编 辑 部

主　　编　丁　晓

副 主 编　史贤英　高英军　刘俊兰　王玉洁

编　　辑　王黎明　陈　轲　燕　彦　詹向雯　刘善顺

撰稿人员　(按姓氏笔画排序)

丁加良　马　洁　马晓兵　王　冉　王　佶

王凯锋　王建华　牛立根　公庆联　尹绪兵

邓关青　乔锦玉　刘　静　许　兵　许绪明

苏　薇　李　娜　李　敏　李青竹　李建林

李绍学　李晓文　李鸿雁　吴　宁　吴新华

张　宇　张景怡　陈文东　范　晨　周丹丹

周涛磊　庞荣珍　郑奇蕊　赵守胜　赵慧静

胡桂兰　秦　剑　袁　平　聂燕杰　贾宏刚

高玉倩　唐　玮　常　亮　常玉婷　彭宏海

董海舰

《北京市国土资源年鉴 2017》

规范性简称对照表

名　称	规范性简称
北京市国土资源局	市国土局
北京市规划和国土资源管理委员会	市规划国土委
办公室	办公室
研究室	研究室
法制处	法制处
科技与对外合作处	科技合作处
调控和监测处（综合处）	调控监测处
规划处	规划处
耕地保护处	耕保处
地籍处	地籍处
土地利用处	利用处
征地处	征地处
矿产资源勘查储量处	勘储处
矿产资源开发处	矿开处
地质环境处	地环处
地热处	地热处
财务处	财务处
审计处	审计处
信访处	信访处
人事处	人事处
机关党委（基层工作处）	机关党委
离退休干部处	离退处

监察处	监察处
北京市国土资源执法监察总队（执法监察处）	执法总队
北京市国土资源勘测规划中心	规划中心
北京市土地权籍事务中心	权籍中心
北京市不动产登记事务中心	登记中心
北京市土地利用事务中心	利用中心
北京市土地整理储备中心	储备中心
北京市国土资源局信息中心	信息中心
北京市国土资源局机关后勤服务中心	服务中心
北京市国土资源局东城分局	东城分局
北京市国土资源局西城分局	西城分局
北京市国土资源局朝阳分局	朝阳分局
北京市国土资源局海淀分局	海淀分局
北京市国土资源局丰台分局	丰台分局
北京市国土资源局石景山分局	石景山分局
北京市国土资源局昌平分局	昌平分局
北京市国土资源局通州分局	通州分局
北京市国土资源局大兴分局	大兴分局
北京市国土资源局门头沟分局	门头沟分局
北京市国土资源局顺义分局	顺义分局
北京市国土资源局房山分局	房山分局
北京市国土资源局平谷分局	平谷分局
北京市国土资源局密云分局	密云分局
北京市国土资源局延庆分局	延庆分局
北京市国土资源局怀柔分局	怀柔分局
北京市国土资源局经济技术开发区分局	经济技术开发区分局

目　　录

第一部分　重要文献、特稿

第二部分　大事记汇总

第三部分　市级国土资源管理

第四部分 区级国土资源管理

北京市人民政府2017年《政府工作报告》

——2017年1月14日在北京市第十四届人民代表大会第五次会议上

北京市委副书记、市长　蔡　奇

各位代表：

现在，我代表北京市人民政府，向大会报告政府工作，请予审议，并请市政协各位委员提出意见。

一、2016年工作回顾

过去一年，在党中央、国务院的亲切关怀下，在中共北京市委的领导下，在市人大及其常委会的监督支持下，我们深入贯彻落实习近平总书记视察北京重要讲话精神，认真落实《京津冀协同发展规划纲要》，牢固树立创新、协调、绿色、开放、共享的发展理念，坚持稳中求进工作总基调，坚持首都城市战略定位，着力推进供给侧结构性改革，加快疏功能、转方式、治环境、补短板、促协同，较好地完成了全年主要目标任务，实现了“十三五”良好开局。初步预计，全市地区生产总值比上年增长6.7%左右，居民消费价格上涨1.4%，城镇登记失业率1.41%。一般公共预算收入增长7.5%，城乡居民人均可支配收入实际增长6.7%左右。万元地区生产总值能耗、水耗和二氧化碳排放分别下降4%以上、3%左右和5%左右，细颗粒物年均浓度下降9.9%。

（一）京津冀协同发展取得新成效

非首都功能疏解有序推进。严格实施新增产业禁止和限制目录，累计不予办理登记业务1.64万件。关停退出一般制造业和污染企业335家，疏解各类商品交易市场117家。北京城市学院、北京建筑大学等向郊区疏解取得阶段性进展。天坛医院新院、同仁医院亦庄院区二期项目积极推进。

城市副中心建设进展顺利。完成副中心总体城市设计和6个重点地区详细城市设计。行政办公区抓紧建设。统筹实施基础设施、生态环境等5大领域350项重点工程，已开工106项。环球主题公园项目开工建设。

重点领域率先突破取得新成果。京张铁路、京沈客专北京段按计划推进，京唐城际北京段实现开工，京台高速北京段建成通车。实施京津冀大气污染防治强化措施，牵头建立京津冀及周边地区水污染防治协作机制。支持张承生态功能区建设，京冀生态水源保护林新增10万亩，京津风沙源治理二期工程完成林业建设任务19.7万亩。曹妃甸示范区北京项目开工35个，天津滨海-中关村科技园起步区开工建设，保定·中关村创新中心入驻的北京企业和机构达到45家，落户沧州的北京生物医药企业达到53家，北京现代四工厂竣工投产。新机场主体工程和配套设施建设全面开工，临空经济区规划获得批复。

协同创新共同体积极构建。落实京津冀系统推进全面创新改革试验方案，出台中关村国家自主创新示范区京津冀协同创新共同体建设行动计划。推动建设张北云计算基地等创新载体，打造了一批跨区域的创新创业服务平台。

冬奥会、冬残奥会筹办工作扎实开展。组建筹办工作机构，编制完成总体计划及任务分工方案，启动场馆规划设计工作，国家速滑馆设计方案征集进展顺利。广泛开展系列冬奥文化体育活动，群众参与冰雪运动的热情持续升温。

世园会园区建设全面启动，交通、市政等配套基础设施建设有序推进，园区招展工作取得积极进展。

扎实做好对口支援和帮扶协作，投入资金42.65亿元，实施援助项目661个。建立结对帮扶机制，深化京冀对口帮扶合作。

（二）改革开放深入推进

全面落实深化改革各项任务，一些重点领域改革取得突破性进展。持续深化“放管服”改革，取消77项行政审批事项，终结非行政许可审批，取消调整74项基层开具的各类证明。全面推行“五证合一”，企业登记注册时间缩短至2到4个工作日。公共服务类建设项目投资审批改革试点效果明显。市政务服务中心投资项目在线审批监管平台上线运行。公布市政府部门权力清单和责任清单。

积极推进重点领域改革，出台促进民间投资的政策措施，持续推进政府和社会资本合作示范项目。实施新一版政府定价目录，形成水电气热非居民区域差别化价格体系。出台国资国企改革实施方案，推进15项改革试点，退出“僵尸企业”55户，市属企业利润保持稳定增长。

深入开展服务业扩大开放综合试点，完成试点任务的80%，形成可复制推广的8项体制机制创新，催生了10种新业态。服务贸易总额增长10%以上，“双自主”企业出口占比进一步提高。实际利用外资130亿美元，境外直接投资155亿美元。成功举办第四届京交会。

（三）经济发展新动能持续培育

制定供给侧结构性改革实施方案，“三去一降一补”任务全面落实。提前完成国家下达化解煤炭产能180万吨的年度任务。“营改增”改革试点全面推开，新增减税175.7亿元。降低社会保险费率，减轻企业负担50亿元。

实施加强全国科技创新中心建设总体方案，制定科研项目和经费管理28条改革措施，落实外籍人才出入境管理20条政策，实施“互联网+”行动计划。大众创业、万众创新持续活跃，新技术、新产品、新业态、新模式不断涌现，新设科技型企业增长22.4%。中关村示范区总收入增长12%以上，全市技术合同成交额增长14.1%，科技对经济增长的贡献率超过60%。

高端产业发展态势良好，金融、信息、科技服务业对经济增长的支撑作用明显，服务业占地区生产总值的比重超过80%。文化创意产业活力不断增强，企业总收入增长8%以上。实施《中国制造2025》北京行动纲要，现代制造业增加值增长10%以上。

（四）城市治理迈出坚实步伐

出台全面深化改革提升城市规划建设管理水平的意见，调整组建市规划国土委、市城市管理委。开展城市总体规划编制工作，实现城市总体规划和土地利用规划两图合一。

强化城市治理工作，拆除违法建筑超过3000万平方米，清理地下空间1400多处，整治违法群租房1.56万间，清理无证无照经营3.3万户。开展背街小巷环境整治和区域环境提升，完成城六区100公里架空线入地。制定户籍制度改革实施意见，实行居住证制度，出台积分落户办法。全市常住人口增量、增速继续保持“双下降”，城六区常住人口实现了由增到减的“拐点”。

持续抓好大气污染防治，完成8480蒸吨燃煤锅炉改造、663个村煤改清洁能源，压减燃煤200万吨、总量降至1000万吨以下，淘汰老旧机动车44万辆，清理整治“散乱污”企业4470家。加强环境污染治理，新增生活垃圾日处理能力5350吨，垃圾资源化率达到56%；污水处理率达到90%，再生水利用量10亿立方米。建成南水北调通州支线及配套水厂，中线工程全年调水超过11亿立方米，密云水库蓄水量突破16亿立方米。实现平原地区生态林管护全覆盖，完善山区生态林补偿政策。新增城市绿地408公顷，完成造林19万亩，全市林木绿化率达到59.3%。

扎实推进交通缓堵工作，广渠路二期等重点道路建成通车，地铁16号线北段顺利开通，轨道交通新增运营里程20公里，总里程达到574公里，新增公交专用道100公里，治理自行车道300公里，中心城区绿色出行比例达到71%。

（五）城乡发展一体化水平进一步提高

积极推进大兴区农村集体经营性建设用地改革试点，首宗地块入市交易。制定深化农村改革综合性实施方案，基本完成村级集体经济产权制度改革，国有林场改革全面开展。北京长城国家公园体制试点区实施方案获得批复。制定实施通州、房山、大兴国家新型城镇化综合试点方案，统筹推进42个重点小城镇建设。“一绿”地区城市化建设第一批试点乡完成90%腾退任务，农民全部整建制转居。

落实调结构转方式发展高效节水农业的意见，全市粮田面积调减到110万亩。实施农村基础设施“六网”改造提升工程，完成农民住宅抗震节能改造7.6万户。对低收入村和低收入农户实施精准帮扶措施，低收入农户人均可支配收入增速高于全市农民。

（六）社会民生不断改善

28件重要民生实事全部落实。积极做好就业创业工作，城镇新增就业42.8万人。有序推进城乡居民基本医疗保险制度整合，门诊、住院最高支付数额和大病保险待遇实现统一。机关事业单位养老保险制度改革基本完成。开展因病致贫家庭医疗救助，实施困难残疾人生活补贴和重度残疾人护理补贴。深入落实居家养老服务条例，出台支持居家养老服务发展十条政策，建设街乡镇养老照料中心53个、社区养老服务驿站150家。建设提升便民商业网点1700个。出台房地产调控8条措施，促进房地产市场平稳健康发展。保障性住房新开工5.6万套、竣工6.4万套，完成3.9万户棚户区改造任务。利用疏解、拆违腾退空间，建设一批公园绿地、文体中心和停车场等公共服务设施，改善了人居环境。

基本公共服务水平稳步提升。出台深化中高考考试招生制度改革实施方案，推进中小学校长教师交流轮岗，义务教育免试就近入学比例进一步提高。实施第二期学前教育三年行动计划，新增学前教育学位1.5万个。出台城市公立医院综合改革实施方案，推进药品阳光采购，市属医院实行非急诊全面预约挂号。健全分级诊疗制度，建立基层医疗机构4类慢病双向转诊基本标准，新增10个区域医联体。创建国家公共文化服务体系示范区，落实全民健身实施计划，群众文化体育事业繁荣发展。

加强和创新社会治理，有序推进“三网融合”示范点建设。完成村委会换届选举工作。积极促进妇女儿童事业发展，加强民族、宗教、对台、侨务工作。深化国防动员和双拥共建，军民融合发展取得新成效。扎实做好安全生产工作，实施食品药品安全三年行动计划，安全生产和食品药品安全形势总体稳定。深入排查化解矛盾纠纷，积极推进社会治安防控体系转型升级，强化反恐防恐能力建设，严厉打击各类违法犯罪行为，保持了首都和谐稳定的良好局面。

过去一年，政府自身建设取得了新的进展。全面深入贯彻党的十八届六中全会精神，切实增强“四个意识”特别是核心意识、看齐意识，严守政治纪律和政治规矩。认真开展“两学一做”学习教育。全面执行市人大及其常委会的决议和决定，自觉接受人大工作监督、法律监督和政协民主监督，认真听取各民主党派、工商联、无党派人士和人民团体意见，共办理市人大代表议案4件、建议1049件，办理市政协提案938件。认真做好政府立法工作，提请市人大常委会审议地方性法规4项，制定、修改、废止政府规章11项。严格落实中央八项规定精神，加大“四风”问题监督检查力度，开展“为官不为”“为官乱为”问题专项治理。加强行政监察和审计监督，强化绩效管理，开展行政问责。落实“一岗双责”，推进政府系统廉政建设和反腐败斗争，着力解决发生在群众身边的不正之风和腐败问题，严肃查处了一批违纪违法案件。

各位代表，过去一年取得的成绩，是党中央、国务院坚强领导的结果，是中共北京市委带领全市人民团结奋斗的结果。在此，我谨代表北京市人民政府，向全市人民，向全体人大代表、政协委员，向各民主党派、各人民团体和各界人士，向中央和国家机关各部门各单位、各兄弟省区市，向驻京解放军和武警部队官兵，向所有关心支持首都建设的港澳台同胞、海外侨胞和国际友人，表示衷心的感谢！

与此同时，我们清醒地认识到，我市经济社会发展还存在不少困难和问题，政府工作也存在一些差距和不足。主要是：人口资源环境矛盾依然突出，空气污染、交通拥堵、垃圾污水治理任务艰巨，治理“大城市病”还要下很大功夫；稳增长压力依然较大，科技创新资源优势尚未充分发挥，新兴产业支撑不足；社会民生事业仍有许多群众不满意的地方，优质公共服务供给总量不足与配置不均衡并存；城市管理体制机制还需要不断完善，精细化水平亟待提高；政府职能转变还不到位，监管方式相对滞后，有些部门的服务意识不强、服务效率不高；一些政府工作人员不作为、乱作为，顶风违纪违法行为时有发生，等等。对此，我们将本着对党和人民高度负责的态度，直面问题，勇于担当，在今后工作中认真加以解决。

二、2017 年主要任务

2017 年是实施“十三五”规划、率先全面建成小康社会、建设国际一流的和谐宜居之都的关键一年，也是落实《京津冀协同发展规划纲要》的重要一年。首都发展面临着难得的历史机遇，也存在着诸多挑战。中共北京市委十一届十二次全会已经对今年工作作出了全面部署。最重要的是深入学习贯彻习近平总书记系列重要讲话精神和治国理政新理念新思想新战略，全面贯彻落实习近平总书记视察北京重要讲话精神，这是做好各项工作的根本遵循；“四个中心”是首都城市战略定位，要牢固确立，切实履行好“四个服务”职责；首善标准是一贯追求，要始终坚持，力争各项工作做得更好。就当前和今后一个时期而言，要紧紧围绕以疏解非首都功能为重点的京津冀协同发展战略来发力。疏解非首都功能，实际上就是供给侧结构性改革，就是调结构、转方式，就是腾笼换鸟，就是提升城市发展质量，就是改善人居环境，就是缓解人口资源环境的突出矛盾，就是更好地履行作为国家首都的职责。必须坚持以疏解非首都功能为工作导向，以提升首都核心功能、建设国际一流的和谐宜居之都为目标方向，把疏解与提升有机结合起来，在疏解功能中谋发展。我们坚信，有党中央、国务院的亲切关怀，有中共北京市委的坚强领导，有全市人民的团结奋斗，就一定能够在已有工作基础上坚韧不拔、攻坚克难，乘势而上、不辱使命。

今年政府工作的总体要求是：全面贯彻党的十八大、十八届三中、四中、五中、六中全会和中央经济工作会议精神，统筹推进“五位一体”总体布局和协调推进“四个全面”战略布局，坚持以习近平总书记视察北京重要讲话精神为根本遵循，坚持稳中求进工作总基调，牢固树立和贯彻落实新发展理念，适应把握引领经济发展新常态，坚持以提高质量和效益为中心，坚持以推进供给侧结构性改革为主线，加快疏功能、转方式、治环境、补短板、促协同，全面做好稳增长、促改革、调结构、惠民生、防风险各项工作，促进首都经济平稳健康发展和社会和谐稳定，以优异成绩迎接党的十九大胜利召开。

全市经济社会发展的主要预期目标是：地区生产总值增长 6.5%左右；一般公共预算收入增长 6.5%；居民消费价格涨幅控制在 3.5%左右；城镇登记失业率控制在 3%以内；城乡居民人均可支配收入增长与经济增长同步；万元地区生产总值能耗、二氧化碳排放分别下降 3.5%、4%，万元地区生产总值水耗下降 3%左右，细颗粒物年均浓度力争控制在每立方米 60 微克左右。

（一）落实首都城市战略定位，建设国际一流的和谐宜居之都，必须坚定有序疏解非首都功能，全力推动京津冀协同发展

坚持疏存量、控增量。严格落实新编制的城市总体规划，严格管控生态红线和城市开发边界。修订并落实污染行业淘汰退出目录，关停退出 500 家以上一般制造业和污染企业。全面清理整治镇村产业小区和工业大院。加大疏解批发市场力度，完成动物园地区、大红门地区、天意、永外城等批发市场的撤并升级和外迁，基本完成官园、万通、雅宝路地区等批发市场的调整疏解和升级改造。加快部分市属高校、医院疏解步伐，全面推进既定项目的落实，抓好中国人民大学、北京电影学院等高校新校区建设，加快建设友谊医院顺义院区，实现天坛医院新院试运行。严格执行新增产业禁止和限制目录，严控城六区人口规模和开发强度。落实腾退空间管理和使用意见，建立新增建设用地与疏解腾退土地挂钩机制。

推动三个重点领域率先取得突破。积极推动京津冀地区城际铁路网和首都地区环线高速规划建设，实现京秦高速全线竣工，抓好轨道交通平谷线建设，促进京津冀交通一体化。加强区域生态环境保护，持续推进京津风沙源治理工程，完成 10 万亩京冀生态水源保护林、4 万亩京津保造林绿化任务。强化区域水污染防治协作，推动永定河、潮白河、北运河等跨省市河流环境整治和生态修复。做好产业对接协作，引导产业项目向曹妃甸示范区等地转移集聚，推动天津滨海-中关村科技园打造特色鲜明的创新服务平台，支持张承生态功能区绿色产业发展。扎实推进新机场外围市政交通项目，启动实施临空经济区规划。

高水平建设城市副中心。坚持城市副中心的功能定位，以新的理念编制各项规划设计，严格规划执行。抓紧行政办公区和配套设施建设，年底四大市级机关和相关市属行政部门率先启动搬迁。完善副中心内部路网系统，建设广渠路东延段并开展沿线环境整治。推进一批优质教育医疗项目落地。建设环球主题公园。基本消除通州区黑臭水体，实现副中心现有建成区污水全收集全处理。实施海绵城市试点，大力推进森林湿地和公园绿地建设。深入挖掘以运河为核心的历史文化资源，塑造鲜明的城市特色。坚持建管并举，努力提高城市副中心管理水平。

扎实推进冬奥会、冬残奥会和世园会筹办工作。编制完成赛事基础规划和赛事交付计划，建立可持续管理、无障碍服务等工作体系。新建竞赛场馆和相关基础设施全面开工，积极推进现有竞赛场馆改造工作。启动市场开发，发布冬奥会和冬残奥会会徽。加

强赛事组织管理人才培养，实施科技冬奥行动计划，推动冰雪运动进校园、进社区，普及冰雪运动和冬奥知识。全面开工建设世园会园区展馆、世园村基础设施，基本完成公共景观建设，开工建设部分展园，推进国际国内招展工作。启动 2020 年世界休闲大会筹备工作。

认真做好对口支援和区域合作。聚焦精准扶贫、精准脱贫，抓住改善民生、特色产业等重点领域，开展对河北省 16 个区县的对口帮扶，认真做好援藏、援疆、援青等对口支援工作，完成京蒙对口帮扶、京沈对口合作及南水北调对口协作年度任务。

（二）落实首都城市战略定位，建设国际一流的和谐宜居之都，必须大力推进供给侧结构性改革，促进首都经济提质增效升级

深入调整供给结构。着力抓好“三去一降一补”，全面完成国家下达的年度任务。坚决退出低端无效供给，支持首钢集团化解外埠产能，退出处理危险废物以外的全部水泥产能。开展亏损企业专项治理，支持分类处置 50 户以上“僵尸企业”。研究制定促消费政策，实施消费品标准升级和质量提升规划，大力发展健康养老、文化体育、休闲旅游等新兴消费，进一步提高服务消费比重。规划建设一批特色旅游村镇和旅游休闲度假项目，推进昌平、延庆、平谷、怀柔、门头沟全域旅游示范区创建工作。聚焦重点促投资，在京津冀协同发展、高精尖产业、生态环境、基础设施、民生改善等领域，实施 230 项市级重点工程。落实促进民间投资 27 条具体措施，推动重点项目落地。

加快推进关键性改革。深入推进“放管服”改革，继续取消下放行政审批事项，清理审批中介服务和基层各类证明。推进公共服务类建设项目投资审批改革试点。所有投资项目实行一站式审批。开展全程电子化登记和市场主体简易注销登记试点。加强信用管理和诚信体系建设。探索建立跨部门、跨领域“双随机、一公开”监管机制。大力推进政府和社会资本合作，重点抓好 11 个国家级示范项目。积极防范化解金融风险。深化国企国资改革，研究推出职业经理人、员工持股等改革试点。以混合所有制改革为突破口，加大企业调整重组力度。进一步放宽市场准入，促进民营经济发展。

着力推动产业高端化发展。落实加快生产性服务业发展的实施意见，巩固提升金融、科技、信息、商务服务等优势产业，大力发展节能环保服务、计量标准、检验检测认证、人力资源等新兴产业，加快奥体文化商务园、新首钢高端产业综合服务区建设。支持传统优势企业实施绿色制造和智能制造技术改造，加快机器人创新产业基地、集成电路产业园、新能源智能汽车产业园建设，推动创建“中国制造 2025”示范区。完善促进总部经济发展的政策措施，优化提升总部经济。

深入推进农村改革发展。在全市开展农村集体经营性建设用地乡镇统筹利用试点，基本完成承包经营权确权登记颁证，推进土地征收制度改革。深化国有林场改革，基本完成国家集体林业综合改革试验示范区建设任务。深入推进国家新型城镇化综合试点工作，培育发展功能性特色小城镇。高质量完成第三次全国农业普查任务。大力推进农业供给侧结构性改革，继续调减退出高耗水种养农业，着力发展现代种业、休闲农业、乡

村旅游等都市型现代农业，增加绿色优质农产品和生态产品供给。抓好北京鲜活农产品流通中心主体工程。推进300个美丽乡村建设，实施6万户农民住宅抗震节能改造，全面完成第三轮山区搬迁计划。聚焦低收入农户增收，大力推进“六个一批”精准帮扶，努力改善低收入群众生活。

提高开放型经济发展水平。深化服务业扩大开放综合试点，完成国家已批复的试点任务，抓紧推出试点深化方案和新一轮开放措施，促进服务业转型升级和服务贸易发展。打造更有国际竞争力的投资环境，促进外资外贸稳中有进。落实我市参与建设“一带一路”实施方案，引导企业有序“走出去”，深化与中蒙俄经济走廊沿线重点城市合作，推动建设一批境外产能合作项目。深化京港澳互利合作。做好对台和侨务工作。

（三）落实首都城市战略定位，建设国际一流的和谐宜居之都，必须下大气力治理“大城市病”，提升城市可持续发展水平

综合施策加强人口调控。实施“疏解整治促提升”专项行动，把疏解非首都功能、城市综合治理专项行动与人口调控紧密挂钩，形成支撑，确保取得明显成效。坚决遏制新增违法建设，拆除违法建筑4000万平方米以上。集中开展直管公房违规转租转借和商改住清理整治，持续整治群租房和出租大院，完成地下空间三年综合整治任务。严厉打击开墙打洞、占道经营、无证无照经营等行为。推进城乡结合部地区综合整治，完成100个市级挂账重点地区整治任务。全面启动“一绿”地区城市化建设，推进“二绿”地区城乡一体化建设。落实户籍制度改革措施，完善积分落户标准和政策，做好人口服务管理。

加大力度治理大气污染。深入研究把握大气污染成因和防治规律，进一步提高治理的实效性。全面实施环境保护督察，层层压实责任，推动清洁空气行动计划各项任务落到实处。继续大力压减燃煤，完成700个村煤改清洁能源，实现城六区和南部平原地区基本“无煤化”，实施4000蒸吨燃煤锅炉清洁能源改造，工业企业燃煤设施“清零”，全面淘汰10蒸吨及以下燃煤锅炉，采暖季结束后华能北京热电厂燃煤机组停机备用，全年压减燃煤30%、总量降至700万吨以内。抓好重型柴油车管控，推动实施六环路重型柴油车限行，公交、环卫等行业新增重型柴油车全部安装颗粒捕集器。在城六区、北京经济技术开发区、通州区划定区域实施低排区管控，不符合国Ⅲ标准的非道路移动机械一律禁止使用。供应第六阶段成品油，淘汰老旧机动车30万辆，两年以上出租车全部更换三元催化器。进一步推广新能源汽车，新建3000个公用充电桩。加大工业治污减排力度，完成1万蒸吨燃气锅炉低氮改造，加快实施燕化低氮改造、挥发性有机物泄漏检测修复等治理工程，清理整治2570家“散乱污”企业。严格控制扬尘污染，全面落实施工单位责任，开展渣土车专项整治。严格执行排放标准，增加环保执法编制，组建环保警察队伍，强化环境监管执法，严厉惩处偷排超排行为。严格落实新修订的空气重污染应急预案，加强区域大气污染联防联控，完善预警会商和应急联动机制，及时发

布相关信息，积极回应市民关切，动员全社会共同参与，切实做好空气重污染应对。

实施新一轮缓堵专项行动计划。坚持公交优先战略，强化公交服务，新开和优化调整40条公交线路，完成600公里自行车道和步道整治，中心城区绿色出行比例提高到72%。加强交通设施建设，开工建设2条轨道交通新线，年内增加运营里程30公里。推进兴延、延崇等高速公路建设，抓紧建设西外大街西延、姚家园路、丽泽路等城市快速路。实施100项疏堵工程，推进城六区次支路建设，畅通道路微循环。开工建设北苑北、苹果园等综合交通枢纽。推进智慧交通建设，集中开展交通秩序整治行动，遏制因乱致堵。增加居住区停车设施，加强路侧停车管理，在城六区建设12处停车管理示范区。深化出租车行业改革，促进巡游车、网约车融合发展。

着力改善生态环境质量。建立生态文明建设目标评价和考核体系。实施新一轮污水处理设施建设三年行动计划，突出抓好污水管线和农村分散处理设施建设，城六区建成区基本完成污水收集管网铺设。严格落实“河长制”，实施水环境区域补偿机制，改善国家和市级监测断面水质。建设生态清洁小流域29条，完成57条段黑臭水体治理任务，全面消除建成区黑臭水体。建成运行6项垃圾处理设施，推进生活垃圾源头减量和分类回收利用，生活垃圾资源化率达到57%。深入开展农业面源污染治理，全面禁止秸秆焚烧，完成100家规模化养殖场污染治理。实施土壤污染防治工作方案，做好工业企业原厂区污染土壤治理，开展废弃矿山修复工作。推进延庆、密云、怀柔、平谷生态文明先行示范区建设，提高门头沟生态发展水平。新增造林16万亩、城市绿地600公顷，建设14处城市休闲公园和郊野公园，恢复和增加湿地2200公顷。

加强城市精细化管理。强化市级统筹协调，完成组建区级城市综合管理机构，深化城管执法体制改革，完善联合执法机制，推动执法重心下移。全面推进城市管理、社会服务、社会治安、城管综合执法等多网融合，推广“北京通”，实施一批智慧惠民工程，积极建设智慧城市。深入开展综合治理和环境提升，改善中心城区市容市貌。持续推进城区架空线入地。抓好地下综合管廊建设。全面建设节水型社会，制定出台推进海绵城市建设的实施意见，大力推进城六区自备井置换，完成汛后水毁修复工程。加强防灾减灾能力建设，强化资源能源日常保障。继续做好南水北调工程运行管理，加快建设大兴支线等配套工程，编制完成并抓紧实施后续规划。推进陕京四线等天然气工程建设，建立完善热电气常态化联调联供机制，确保城市运行平稳有序。

（四）落实首都城市战略定位，建设国际一流的和谐宜居之都，必须深入实施创新驱动发展战略，加强全国科技创新中心建设

全国科技创新中心是建设世界科技强国的重要支撑，是首都发展的新引擎。坚持以“三大科学城”建设为主平台，以高校院所、创新型企业为主力军，以重大科研项目和科学工程为抓手，以深化改革为动力，加快建设全国科技创新中心。建立全国科技创新中心建设目标体系，加强年度考核评估，确保各项任务落到实处。

建设“三大科学城”。加强基础设施建设，完善公共服务配套，全力服务保障国家

实验室在京布局，积极配合国家科技重大专项在京实施并争取承担更多重大科技任务，主动对接国家科技创新面向2030年的重大项目和重大工程，超前布局脑科学、人工智能、生物技术、石墨烯和第三代半导体等基础前沿研究，着力提升原始创新能力，打造世界知名科学中心。进一步拓展和优化中关村科学城发展空间，积极承接国家实验室、“两机”专项等重大项目，在前沿科学技术创新、成果转化、双创平台建设和环境服务提升等方面实施一批项目，发挥中关村科学城的引领、辐射和带动作用。全面落实怀柔科学城发展规划，细化完善各专项规划，推进综合性国家科学中心建设，开工建设地球系统数值模拟等2个国家重大科技基础设施和材料基因组研究等一批前沿交叉研究平台，推进高能同步辐射光源等3个国家重大科技基础设施立项前期工作，努力打造科学综合实力新高地。实施未来科技城行动计划，持续引进“千人计划”等高端创新创业人才，建设高水平企业研发中心，实施10项关键技术攻关，加快20项重大科技成果转移转化，提升科技城发展活力。

深化科技体制机制改革。发挥中关村改革试验田作用，在激发科技人员积极性、推动技术与资本结合等方面探索新的改革举措。建立重大项目统筹落地机制，促进一区多园高端化、差异化发展。全面落实科研项目和经费管理28条政策措施，赋予科研单位和人员更多自主权，推动中央在京科研单位适用北京的创新激励政策。推进中关村人才管理改革试验区建设，实施外籍人才申请在华永久居留积分评估制度，实行以增加知识价值为导向的分配政策。在新材料、智能机器人等领域，引进、支持全球顶尖科学家及创新团队。加快国家科技金融创新中心建设，深化投贷联动、外汇管理改革等试点，完善创业投资引导机制，吸引更多社会资本投入科技创新。深入推进中关村“双创”综合改革试点和海淀区国家“双创”示范基地建设，依托高校院所、企业建立专业化“双创”平台，引导众创空间、创新型孵化器高端化发展。加强知识产权运用、保护和标准化工作，推进中关村国家知识产权服务业集聚发展示范区建设，提升北京品牌的影响力。

加快构建协同创新共同体。深入推进京津冀全面创新改革试验，推动区域创新政策交叉覆盖，在健全区域知识产权联动服务机制、开展跨区域联合监管等方面实现突破。聚焦区域节能减排、污染防治等发展需求，联合开展关键技术研发和应用示范。培育新能源汽车等重点行业联盟，为区域内企业提供技术支持和科技服务。搭建企业为主体的创新载体，支持企业集团在京津冀合理布局研发、孵化、制造、售后等环节，形成协同创新产业链，推进共建科技园区和产业基地建设。

（五）落实首都城市战略定位，建设国际一流的和谐宜居之都，必须坚持社会主义先进文化前进方向，加强全国文化中心建设

培育和践行社会主义核心价值观。拓展百姓宣讲、中国梦365个故事等宣传品牌影响力，用中国梦和社会主义核心价值观凝聚共识，坚定文化自信，推动全社会形成共同的理想信念和价值追求。加强爱国主义教育，办好纪念全民族抗战爆发80周年相关活

动。开展“2017北京榜样”大型主题活动，评选表彰第六届首都道德模范，做好先进典型、时代楷模、最美人物、身边好人和优秀志愿者的选树宣传。统筹推进文明城区、文明村镇、文明单位、文明家庭和文明校园创建工作，进一步提升市民素质和城市文明程度。

完善公共文化服务。推动首都公共文化服务示范区创建，提高文化综合服务效能。加强乡镇、街道综合文化中心建设，推进数字化图书馆、公共电子阅览室建设，提高基层公共文化设施水平。健全公共图书、文化活动、公益演出三大配送体系，把更多公共文化产品送到基层，倡导全民阅读。创新百姓周末大舞台等演出形式和内容，举办2万场次首都市民系列文化活动。落实繁荣发展社会主义文艺的意见，充分发挥文化艺术基金引导作用，扶持创作重大革命历史题材、京味文化、传统文化等主题作品，争取产出更多文艺精品。推动戏曲传承创新，举办中国戏曲文化周系列活动。深化市属国有文化企业改革，完善国有文化企业分类监管。推动文化创意产业功能区转型升级，抓好国家文化产业创新实验区等一批重大项目建设，促进文化创意和设计服务与相关产业融合发展，办好北京国际设计周。

保护好历史文化名城“金名片”。做好中轴线申遗前期准备工作，推进景山公园寿皇殿建筑群修缮，推动恢复“一轴一线”魅力景观。加强旧城整体保护，推进文保区腾退疏解和有机更新，保护南锣鼓巷等历史文化街区特色，延续古都历史文脉。传承弘扬优秀民族文化和民俗文化，扶持非物质文化遗产代表性项目和传承人，支持老字号品牌传承发展。统筹推进长城、运河、西山文化带建设，加强历史文化景区整体保护和环境整治。积极保护名镇、名村和传统村落。

（六）落实首都城市战略定位，建设国际一流的和谐宜居之都，必须坚持以人民为中心，切实保障和改善民生

积极回应群众关切，扎实办好重要民生实事。实施提高生活性服务业品质行动计划，建设提升1000个便民商业网点，推动规范化、连锁化、品牌化发展。加强高校毕业生、就业困难群体和农村转移劳动力就业帮扶，做好相关企业职工分流安置，实现城镇新增就业36万人。全面整合城乡居民基本医疗保险制度。实施精准救助，加大“救急难”力度，保障困难群众基本生活。积极做好困境儿童和留守儿童保障工作。深化残疾人社会保障和公共服务体系建设，加强残疾人融合教育，加快残疾人小康进程。完善社会化养老服务体系，大力发展居家养老，建设200家社区养老服务驿站，发展农村互助养老和志愿服务，深入推进医养结合。把握住房的居住属性，以建立购租并举的住房制度为主要方向，以政府为主提供基本保障，以市场为主满足多层次需求，金融、财税、土地、市场监管等多措并举，探索建立符合国情市情、适应市场规律的基础性制度和长效机制，促进房地产市场平稳健康发展。加大中低价位、中小套型普通商品住房供应比例，保障房建设筹集5万套、竣工6万套。棚户区改造3.6万户。完成1.5万套自住型商品住房供地。培育和规范发展住房租赁市场。加快发展装配式建筑。以城六区为

重点，继续推进老旧小区综合整治，切实改善群众居住条件。

发展更高质量更加公平的教育。坚持把立德树人作为中心环节，把思想政治工作贯穿教育教学全过程。持续推进素质教育，完善实践育人体系。加快城乡义务教育学校标准化建设，实施乡村教师支持计划和特岗计划，深化学区制改革，支持集团化发展和九年一贯制办学，扩大优质教育资源覆盖面。大力发展学前教育，新建、改扩建一批公办幼儿园，扶持发展普惠性民办幼儿园。继续实施中招市级统筹各项举措，推动优质高中招生名额分配向一般初中校倾斜。实施特殊教育学校办学条件达标工程。开展中高职与本科教育贯通培养改革试点。深化高等学校高水平人才交叉培养，引导部分高校向应用型转变，办出特色、争创一流。

深入推进健康北京建设。制定实施健康北京 2030 规划纲要，促进卫生与健康事业改革发展。协调推进医疗、医保、医药联动改革，全面实施医药分开，调整医疗服务价格，推进复合型医保支付方式改革。大力推行药品阳光采购，完善基本药物制度，促进大医院与社区用药衔接。推进分级诊疗，加快紧密型医联体建设，引导部分二级医院向康复护理医院转型。完善基层医疗绩效考核制度，推广家庭医生签约服务，提高基层医疗服务能力。实施中医药治未病健康工程，支持中医药振兴发展。落实院前医疗急救服务条例，加强重点传染病和慢病防控。优化妇幼保健和计划生育服务，增加助产服务资源，提高儿科救治能力。认真执行新修订的北京市全民健身条例，新建专项活动场地 509 片，开展丰富多彩的全民健身活动。大力开展群众性赛事活动，提高竞技体育发展水平。

确保首都和谐稳定。开展全民国家安全教育，牢固树立总体国家安全观，切实做好维护安全稳定、促进社会和谐各项工作。加强和创新社会治理，深化社会组织管理制度改革，健全枢纽型社会组织工作体系，培育发展社区社会组织。深化街道社区管理体制改革，推进社区减负增效、社区协商，建设 100 个一刻钟社区服务圈。支持国防和军队建设改革，抓好全民国防教育，加强双拥共建，推动军民深度融合发展，巩固发展军政军民团结。做好人民防空工作。认真贯彻民族工作方针政策，推进民族团结进步事业发展。依法管理宗教事务，构建积极健康的宗教关系。制定安全生产领域改革发展实施方案，狠抓安全生产责任制落实，启动全市安全生产重大风险源普查，开展危险化学品正面清单编制工作和集中管理体系建设，完善隐患排查治理和安全预防控制体系，坚决遏制重特大事故发生。大力推进消防基础设施建设，提升消防综合应急救援能力。推进国家食品安全城市创建工作，强化食品药品全过程监管，让群众饮食用药安全放心。加强重大决策社会稳定风险评估，落实信访工作责任制，完善人民调解、行政调解和司法调解相融合的多元调解体系，有效排查化解社会矛盾纠纷，解决群众合理合法的利益诉求。严格落实反恐防恐各项措施，加强监测预警预防，坚决打击暴力恐怖活动。完善立体化、信息化社会治安防控体系，依法治理网络空间，防范打击电信网络诈骗犯罪，深化公安执法规范化建设，严厉打击违法犯罪行为，增强人民群众的安全感。

今年，党的十九大将在北京召开，“一带一路”国际合作高峰论坛也将在北京举办。做好相关服务保障工作，是中央赋予的光荣政治任务。要周密部署，精心组织，抓好重点区域的环境整治和景观提升，努力营造安定祥和的社会环境，确保重大活动服务保障工作万无一失。

三、切实加强政府自身建设

做好新一年工作，加强政府自身建设是保障。政府系统要全面深入贯彻党的十八届六中全会精神，切实增强“四个意识”特别是核心意识、看齐意识，更加自觉地在思想上政治上行动上同以习近平同志为核心的党中央保持高度一致，坚决维护党中央权威。进一步强化对权力运行的制约和监督，努力营造风清气正的政治生态。各级领导干部要带头坚定理想信念，严守政治纪律和政治规矩，切实做到忠诚干净担当，不忘初心、继续前进，为人民服务永远在路上。

坚持依法行政，严格按程序决策、按规矩办事，注重统筹兼顾。依法接受市人大及其常委会的工作监督和法律监督，坚决落实各项决议、决定并定期报告工作。自觉接受市政协民主监督，认真听取各民主党派、工商联、无党派人士和人民团体的意见。认真办理人大代表议案建议和政协提案，进一步提高办理质量。积极推进法治政府建设，科学编制政府立法工作计划，推动城市建设和管理等重点领域立法。完善行政执法和监督体系，推动执法责任落实。全面推行政府法律顾问制度，做好行政复议和行政应诉工作。完善政务信息公开三级责任清单，推行重大行政决策预公开制度，畅通社会监督渠道。完善公共法律服务体系，深入开展“七五”普法，进一步增强全社会法治观念。

大力转变工作作风，坚持密切联系群众，深入基层开展调查研究，着力解决实际问题。进一步完善并严格落实权力清单和责任清单，加快四级政务服务体系建设，大力推行“互联网+政务服务”，让企业和群众办事更方便。完善常态化督促检查工作机制，健全限期报告、情况通报、专项督查等制度，严格绩效管理考核，确保重大决策部署落实到位。对工作落实不力、效能低下、敷衍塞责、弄虚作假等行为，严肃追责问责。坚持一张蓝图绘到底，看准了的事一抓到底，落实工作一竿子插到底。督促和激励广大公务员强化责任担当，保持奋发有为的精神状态，发扬艰苦奋斗的工作作风，做出让人民群众满意的实绩。

坚定不移推进政府系统廉政建设和反腐败斗争。认真落实“一岗双责”，深化廉政风险防控，严格执行廉洁自律准则和纪律处分条例，自觉遵守中央八项规定精神，坚决反对“四风”，坚决把纪律和规矩挺在前面。加大审计监督力度，推进公共资金、国有资产、国有资源、领导干部经济责任审计全覆盖。坚持有腐必反、有贪必肃，加大违纪违法案件查处力度，坚决防止和纠正损害群众利益的不正之风，切实做到干部清正、政府清廉、政治清明。

各位代表，首都改革发展正处在关键时期，任务艰巨，责任重大。让我们更加紧密地团结在以习近平同志为核心的党中央周围，在中共北京市委的坚强领导下，团结依靠全市人民，凝心聚力，开拓进取，撸起袖子加油干，为建设国际一流的和谐宜居之都、谱写中华民族伟大复兴中国梦的北京篇章而努力奋斗，以优异成绩迎接党的十九大胜利召开！

稳中求进　攻坚克难
进一步提升首都城乡规划和国土资源管理水平

——在北京市规划和国土资源管理委员会2017年工作会议上的报告

北京市规划和国土资源管理委员会党组书记、主任　魏成林

（2017年2月27日）

同志们：

这次会议的主要任务是，深入贯彻落实党的十八大，十八届三中、四中、五中、六中全会，中央经济工作会，中央城市工作会，中央农村工作会议精神，市委十一届十次、十一次、十二次全会和全国住房城乡建设、国土资源工作会议精神，总结2016年工作，安排2017年任务。下面，我向大家作报告。

一、2016年工作总结

2016年是市规划国土委组建的第一年，在市委、市政府和住建部、国土部的坚强领导下，委党组和委领导班子统筹推进全年各项工作。一年来，我们坚决贯彻落实习近平总书记系列重要讲话精神，按照市委十一届十次全会关于全面深化改革提升城市规划建设管理水平的要求，深入落实首都城市战略定位，深入实施以疏解非首都功能为重点的京津冀协同发展战略，深入开展“两学一做”学习教育，切实增强“四个意识”，全面落实“五大发展理念”，全委一盘棋，凝心聚力，认真履职，改革创新，依法行政，圆满完成各项工作任务，实现了“十三五”良好开局。

（一）深入落实首都城市战略定位，发挥城乡规划统筹引领作用

一是高质量编制完成城市总体规划。按照中央财经领导小组等领导和专家的意见和建议，以及市委、市政府的要求，对总体规划成果进行补充深化完善。组织国内外权威机构开展历史文化名城、智慧城市等十个方面的重点专题研究，补充中心城区建设规模、路网密度等核心指标，完善规划指标体系。组织召开城市风貌与城市设计等一系列高水平专家座谈会，加强中心城区特别是核心区重点地区的规划研究，开展什刹海、首钢等重点地区的详细规划研究，提出了“四个中心”的空间布局保障引导方案，编制

《各区功能定位和规划实施要点》，完成上报住建部和中央的准备工作。

二是有序推进土地利用总体规划调整完善。制定耕地保有量和基本农田保护面积指标核减方案并经国务院批准同意，完成市级土地利用总体规划调整完善方案和区级指标分解方案，严格开展城市周边永久基本农田划定核实举证，全面推进永久基本农田划定工作。开展“两线三区”分区细化和配套管理办法的研究制定工作，与土地利用总体规划“三界四区”进行对接，形成各区“两线三区”初步成果以及《北京市城市开发边界及生态红线管理办法》。完成土地利用总体规划（2015 年度）实施评价，编制完成“十三五”时期土地资源整合利用规划，第三轮矿产资源规划形成初步成果。

三是促进京津冀产业、交通、生态等领域协同发展。积极配合国家、市级相关部门和周边地区进行各项规划编制，加强统一规划和共管共治。重点推进新机场、冬奥会等区域合作的重点地区和重大项目，组织国家速滑馆建筑概念方案国际竞赛活动，加快推进道路交通、市政基础设施的规划和审批工作。积极推进区域综合交通网络互联互通和一体化发展，会同天津、河北共同划定区域重要生态廊道，加强区域生态修复，推动京津冀地区大气污染防治工作，积极推进中关村国家自主创新示范区与周边地区开展跨区域创新合作，促进产业梯度转移。

四是高水平规划建设北京城市副中心。完成副中心城市设计国际方案征集和综合工作，得到市领导的肯定。开展通州区总体规划和通州与河北廊坊北三县区域整合规划编制工作，严控建设规模和城市开发边界，充分体现中华元素和文化基因，构建蓝绿交织、多组团集约紧凑发展的生态城市布局，实现新型城镇化和均衡包容发展。加大公共服务和基础设施建设，构建智慧、可持续发展的综合交通体系，加强与中心城区以及区域的联系。启动详细规划编制工作，抓紧推动行政办公区规划建设工作，截至 2016 年底，首批约 66 万平方米办公楼实现了主体结构封顶。

五是继续加强历史文化名城保护。组织开展《“十三五”历史文化名城保护发展规划》《北京东南部地区历史文化资源梳理》《东城南锣鼓巷风貌保护管控图则》等不同层面的规划编制工作。加强故宫周边、三山五园等重点地区的城市设计、交通治理和环境综合整治工作。加强旧城核心区高度和风貌管控，重新校核了中南海周边新建项目高度控制要求，加强保护区内、外新建项目的风貌与建筑艺术审查。

（二）推进非首都功能疏解，着力治理大城市病

一是加快推动非首都功能疏解。梳理全市批发市场情况，提出疏解区域性市场，保留保障民生市场的分类处理意见。促进城乡建设用地减量发展，拟定《北京市实施经营性建设用地供应减量挂钩工作指导意见（试行）》。起草《关于进一步加强中心城区建设规模增量管控的意见》，严控五环内尤其是核心区的建设增量，严格审批，并适时降低规模。完成市属国有企业存量用地摸底，推进城市存量建设用地更新改造和减量提质，腾退土地强调“强化首都核心功能，改善人居环境，增加公共服务”的要求。

二是加大棚户区改造、环境整治、违法行为查处力度。完善棚户区改造与环境整治

工作专项工作机制，全力保障各区棚改任务的达标和部分区超额完成。继续查处违法用地、违法建设，扎实做好土地矿产卫片执法检查工作，充分发挥违法建设挂账督办机制的作用，强化宣传报道，营造高压态势。全年立案查处土地违法行为为1204宗，829公顷；立案处罚矿产资源违法案件45件，结案26件；全市计入问责耕地面积626亩；拆除违法建设1.5万处，面积3012万平方米。会同公安、银监等部门，构建联合惩戒机制，形成“不敢建、不想建、不能建”的制度基础。

三是落实大气治理等生态环境治理与建设工作。落实清洁空气行动计划。完善城市水系统、绿地等专项规划，配合开展清河、凉水河等河道治理工作。加强海绵体项目建设审批审查和监督管理。全面推进绿色建筑建设、绿色生态示范区评选、装配式建筑的研发和应用。编制完成《北京市地面沉降控制区划》、地下水资源调查评价，制定《北京市国土资源局地下水污染防治工作实施方案》。积极开展废弃矿山生态环境调查、矿山地质环境恢复治理和生态修复工作。

四是全力做好民生保障和城市安全工作。完成我市各类保障房建设的土地供应、规划审批等相关工作，完善保障性住房公共服务、绿色空间等设施，提高建筑设计质量。全面加强城市设计工作，塑造首都特色风貌。与市城管委建立首都城市容貌景观及公共空间工作联席会议制度，开展天安门广场周边等重点地区景观提升和建筑物外立面整治，提升城市环境和公共空间品质。加强基础设施项目的设计水平，开展延崇高速公路妫水河段桥梁景观、环球主题公园主入口地铁车站等的设计方案征集工作。开展基础教育、医疗卫生等公共服务专项规划编制工作。编制《北京城市消防规划》，高标准完成地质灾害防治、预警和隐患点排查工作。全年确定地质灾害67起，未造成人员伤亡，房山区霞云岭乡庄户台村地质灾害实现成功避险。

五是全面推进基础设施规划建设。加快推进核心区50条道路微循环工程，继续深化人行、非机动车通行空间等的设计研究工作，打造以人为核心的交通出行系统。持续加大轨道交通规划建设力度，进一步加强铁路规划建设工作。启动各区停车专项规划及“十三五”期间社会公共停车场年度建设规划的编制工作。组织编制综合管廊布局规划和相关技术规范，完成50公里综合管廊规划任务。组织开展门头沟再生水厂等选址工作，积极推进南水北调配套工程、陕京四线、东特高压，以及排水、污水、垃圾处理等一批重大基础设施保障工程。

（三）加强土地资源供给侧结构性改革，国土资源利用质量和效率不断提高

一是优化土地供应规模、结构、布局。适度降低土地供应总量，减少工业用地供应，保持商服用地供应平稳，确保保障性安居工程和棚户区改造用地“应保尽保”，保障养老设施、“高精尖”产业、生态环境等用地供应，积极支持城市副中心、首都新机场、冬奥会、世园会等重点项目建设。全年供应国有建设用地2072公顷。审批征地及农转用项目126个，批准建设用地总面积1652公顷。批复建设用地预审项目720件，用地面积8734公顷。办理划拨用地审批231宗，用地面积429公顷；出让用地审批160

宗，用地面积730公顷。

二是坚决保障土地市场健康持续发展。积极落实中央和我市房地产调控政策，试点采取“限房价、竞地价”的交易方式，鼓励房地产开发企业自持部分住宅作为租赁房源，有效控制房地产价格快速上涨。全年土地市场共成交土地34宗，土地面积约413公顷，成交额约922亿元，其中政府土地收益约467亿元，可提供自住型商品住房建筑规模约32万平方米。全市土地出让总收入上缴财政专户1320亿元，其中政府收益879亿元。积极探索土地储备开发新模式，初步拟定储备开发项目成本“先供先摊”管理办法。全市完成土地储备开发461公顷，实现投资约438亿元，新增土地储备专项债券410亿元，归还债务788亿元。

三是严格保护耕地和落实耕地占补平衡。全年批准占用耕地建设项目83个，总用地面积约1313公顷，占用耕地约390公顷，全部落实耕地占补平衡。采取国家统筹政策支持、强化全市统筹、开展后备资源调查、增减挂钩试点、下达新增耕地任务、推进在施项目等多种措施破解耕地占补平衡难题。全市验收土地整治项目31个，验收总建设规模21.8万亩，其中新增耕地面积1.28万亩。

四是加快转变资源利用方式。开展开发区土地集约利用和效益评价，逐步推进产业用地精细化管理。继续开展国土资源节约集约模范县市创建活动，朝阳区、海淀区获得第三届“国土资源节约集约模范县（市）”荣誉称号。加强土地利用系统建设，形成审批、监管、基础、服务四大体系。开展出让土地利用动态巡查，将闲置土地处置纳入日常工作。积极引导固体矿山企业逐步停止矿业活动，确保2017年底前全部建设成绿色矿山。进一步摸清地热储备情况，加大城市副中心等重点区域清洁能源开发利用力度。

五是大力推进规划国土领域重点改革任务。完成城市规划建设管理体制改革专项小组的合并和组建工作。重点推进“完善农村集体建设用地统筹集约利用机制”等6项重点改革任务。制定了《北京市农村集体经营性建设用地入市试点办法》等15项配套政策，完成大兴区首宗集体经营性建设用地入市交易。研究拟定《关于统筹利用集体建设用地政策的有关意见》，提出了乡镇统筹利用集体产业用地等六项用地政策措施。探索小城镇特色化发展、传统村落保护和美丽乡村建设的实施路径。全面开展不动产统一登记工作。完成登簿130万件，发放不动产证书证明99.5万本。制定《北京市不动产登记工作规范（试行）》和配套政策，不动产登记系统和工作机制不断完善，林权纳入统一登记进入实施阶段。全面完成市级村庄地籍调查试点的各项工作，共调查含宅基地在内的集体土地7054宗，面积315公顷。不动产权籍调查工作有序开展，土地变更调查、季度遥感监测等各类土地调查专项工作圆满完成。

（四）深化改革，推动规划国土部门的职能整合

一是有序推进规划和国土资源机构合并、职能整合。落实市委十一届十次全会精神，以机构合并推动“两规合一”。2016年7月29日，市规划国土委正式对外挂牌成

立，领导班子成员全部到位。按照“整合、创新、高效、服务”的方针，确定了“三定”方案，突出职能整合，优化程序，提高效率；突出补足短板，提升城市规划建设管理水平；突出规划编制和监督，深入推进“放管服”。初步完成了市级层面城市总体规划与土地利用总体规划的“两图合一”。促进城市规划转型与土地利用方式转变相互融合，使空间规划与土地利用规划协调一致。

二是以规土合并为契机，深化“放管服”改革工作。创新整合规划、国土审批工作流程，将同一阶段的审批事项合并办理，压缩审批时限、提高效率。推动行政审批进一步下移，加强事中和事后监管，进一步梳理行政职权事项，网站公布行政权力运行责任事项和流程图。制定《北京市公共服务类建设项目投资审批改革试点实施办法》，优化审批流程。按照“先证后照”的方式推进保障性住房等民生工程、重点工程的落地建设工作。全面推行“双随机、一公开”。

全年完成规划审批行政许可 3619 件，核发意见书 3619 公顷、用地证 3585 公顷、工程证 4041 万平方米、市政基础设施 143 万延米、乡村建设许可 131 万平方米。

三是探索新时期统筹协调的管理机制。以轨道交通与土地利用一体化工作为抓手，形成规划、设计、工程三位一体的管理模式。对于长距离的交通线性工程，在设计方案阶段加强对土地利用规划、权属、地质条件等的核查。以“规划实施单元”为抓手，建立控规分层管控体系，加强对规划调整的监管，推进街区层面控规公开工作。探索建立协作规划平台，推进居住公共服务设施建设。在海淀区探索由街道办事处作为决策和实施主体，规划国土部门加强服务指导和事后评估监督。在杨梅竹斜街改造项目中由“政府单向管理”向“政府、企业、社会多元治理”模式转变。

四是加强规划立法与执法检查。积极开展新形势下规划立法研究，开展《北京市地下空间规划管理办法》法规预案研究，为分层空间确权、地下空间互联互通和安全管理等问题提供支撑。起草了关于“加强代征道路用地管理，加快推进城市道路建设”的工作意见，科学规范代征道路用地移交、接管和道路建设工作。加强勘察设计管理和标准制定工作。继续推进政府信息公开化与涉密档案管理制度的规范化。

此外，基础性工作得到了全面加强。做好第二次全国地名普查、地理国情普查与监测、地下管线普查工作。加强信息化工作，逐步构建北京市三维立体空间数据库和信息工作平台。继续推动全市无障碍工作，对“十三五”期间我市无障碍环境建设做出总体安排，明确工作目标并开展技术标准研究。加强全市竣工档案管理工作的统筹协调和信息化建设，补齐历史未登图数据。积极支持、配合开展年度例行督察工作任务、贯彻落实稳增长政策措施情况跟踪审计和北京市市长任职期间经济责任履行情况审计。信息化工作不断深入，在三屏融合办公新方式、辅助决策体系、“互联网+政务服务”等方面取得明显进展。标准文本库不断完善，内控制度严格执行，内审监督作用得到有效发挥。

（五）深入开展“两学一做”学习教育，全面加强基层党建和干部队伍建设

一是“两学一做”学习教育取得成效。以“两学一做”为契机，大力加强机关党的建设。坚持以“学”为基础，以“做”为关键，以“改”为重点，党员干部在学习教育中认真学习党章党规、学习系列讲话，围绕规划国土工作实际开展交流研讨，进一步坚定理想信念、强化政治意识；委领导班子坚持学习教育走在前，委主要领导带头讲党课，实现班子成员党课教育全覆盖；基层党组织认真组织开展学习研讨450余次、党课教育80余次，通过微党课等多种形式，推动专题教育上下联动。

围绕规划国土职能开展教育实践，开展“作风建设年”活动，发挥基层党组织战斗堡垒作用和党员先锋模范作用。组织党章党规知识竞赛，强化党纪党规意识；组织“思党恩、跟党走”等主题党日活动90余次。召开全委纪念建党95周年大会，评选表彰全委优秀共产党员、优秀党务工作者、先进基层党组织，树立了“四讲四有”合格党员的榜样和标杆。

推动全面从严治党向基层延伸，认真落实中央市委基层党建七项重点工作，开展党员组织关系核查、党费收缴工作专项检查等重点工作；规范基层党内政治生活，制定全委基层党建工作任务清单，加强基层党建述职评议考核，指导基层党组织按期进行换届选举，开展党组织书记和党务干部培训；重视支持群团工作，坚持以党建带群建，关心关爱职工，促进队伍和谐凝聚。

二是思想理论武装进一步加强。坚持以学习习近平总书记系列重要讲话精神为主线，以贯彻党的十八届六中全会精神为重点，发挥委党组示范带动作用，全年组织中心组学习16次，以中心组学习带动各级党组织学习，以党员领导干部学习带动全员学习。开展专题辅导、交流研讨和主题实践，教育引导全委干部深刻领会习近平总书记对北京工作的重要指示精神以及中央、市委对提升城市规划建设管理水平和京津冀协同发展的要求，思考研究推动落实中央、市委重大决策部署有效的举措，进一步深化认识、凝聚共识，切实强化了干部自觉贯彻落实中央、市委重要决策部署的意识。强化业务理论和知识培训，有效提升了干部破解城市发展难题、提升城市建设水平的能力。

三是党风廉政建设得到深化。加强制度建设，研究制定了《主体责任全程记实工作办法》《加强防逃工作的办法》《提醒、约谈、函询和诫勉的程序规定》等制度，完善督查督导、行政督查、公众监督、效能监察为一体的监督机制，进一步扎紧制度的笼子，强化了对权力运行的制约；完善派驻纪检组、机关党委与组织人事、财务审计等多部门协作机制，统筹推进依法行政督查督导、权力运行流程再梳理、重点项目绩效跟踪等工作，有效发挥了工作的合力。推进市委巡视反馈意见的整改落实，明确细化了67项具体整改措施，完善了32项制度，促进工作职能转变和程序优化。持续开展监督检查，抓住春节等重要时间节点和“三公”经费使用、公车改革等重点事项，开展落实中央八项规定精神专项检查；细化党风廉政建设责任制检查考核指标体系，由委领导班子成员带队全面开展检查考核，注重考核结果的运用，层层传导压力，层层落实责任，

确保了党风廉政建设重点任务有效落实。

四是坚持正确用人导向，扎实推进干部人才队伍建设。坚持“好干部”标准，不断完善干部选拔任用机制，努力营造良好的从政环境，着力培养选拔党和人民需要的好干部。全年，提拔处级干部 77 人，其中有 59 名来自分局、委属单位的干部被提拔到处级职位；交流轮岗 38 人，调动了干部的工作积极性和主动性。抓住个人有关事项如实填报、深入核查、结果处理三个关键环节，组织 577 人集中填报，按市委组织部要求重点查核 196 人次。以“三龄两历一身份”为重点，组织完成委系统 2947 卷档案专项审核，及时进行了谈话核实、重新认定、信息更正。

坚持有针对性的培养培训，人才队伍结构不断优化。注重引进优秀人才，为分局、委属单位招录公务员 54 人，遴选 3 人，接收军转干部 11 人。组织 155 名干部参加国土资源部、市委组织部各类班次学习。组织处级领导干部能力提升、清华大学“百人培养计划”等各类培训项目。注重拓展干部国际视野，在基层实践中培养干部，选派 21 名干部到西藏、河北、央企、京郊挂职锻炼，选派 12 人到城乡结合部地区重点村挂职，安排 15 人到信访、督查督导等重点岗位培训，12 名年轻公务员到乡镇街道的拆迁、查违一线锻炼，在服务群众最前沿锤炼干部，《北京组工通讯》《组工动态》介绍了我们的经验做法。同时，加强谈心谈话、走访慰问，关心关爱干部。

二、当前面临的新形势和新挑战

同志们，做好今年的工作，我们必须深刻领会十八届六中全会、中央经济工作会、农村工作会、住建部及国土部工作会和全市对于今年和今后一段时间内落实“五位一体”“四个全面”的具体工作要求和部署，科学研判首都经济社会发展面临的新形势、规划国土资源管理面临的新任务，进一步深化认识、统一思想、明确目标，努力做好全年工作任务。

（一）准确把握中央及全市的工作新要求

中央经济工作会议强调要坚持稳中求进工作总基调，以推进供给侧结构性改革为主线，全面做好稳增长、促改革、调结构、惠民生、防风险各项工作。中央城市工作会议指出，要坚持以人民为中心的发展思想，着力提高城市发展持续性、宜居性。中央农村工作会议要求深入推进农业供给侧结构性改革，加快培育农业农村发展新动能。今年的中央一号文件还提出了盘活利用农村宅基地、资源匮乏省份补充耕地实行国家统筹的新政策。今年市政府工作报告提出，最重要的是深入学习贯彻习近平总书记系列重要讲话精神和治国理政新理念新思想新战略，以习近平总书记视察北京重要讲话精神为根本遵循。当前和今后一个时期，要紧紧围绕以疏解非首都功能为重点的京津冀协同发展战略来发力。

要深刻认识党建工作的新要求。党的十八届六中全会提出全面从严治党的“关键”，基础在全面，关键在严，要害在治。我们要按照中央的要求，坚持把抓好党建作为第一责任和最大政绩，严格落实管党治党主体责任，坚持党建工作和中心工作一起谋划、一起部署、一起考核，深入开展党风廉政建设和反腐败斗争，为规划和国土资源事业的健康发展提供坚强有力的组织保障。

（二）坚决落实中央及全市的工作新部署

按照市委十一届十次全会要求全面深化改革提升城市规划建设管理水平，提出要紧紧围绕增强首都核心功能做好城市规划工作，以城市更高水平更可持续发展带动经济社会发展。我们要牢固确立“四个中心”的首都城市战略定位，切实履行好“四个服务”职责。要始终坚持首善标准，力争把各项工作做得更好。坚持以疏解非首都功能为工作导向，把疏解与提升有机结合起来，加快疏功能、转方式、治环境、补短板、促协同，全面做好稳增长、促改革、调结构、惠民生、防风险各项工作，促进首都经济平稳健康发展和社会和谐稳定。

（三）大力破解当前工作遇到的新课题

虽然我们的工作取得了一定的成绩，但应该清醒地看到我们的工作与中央的要求，与首都发展的新形势和群众的新期待还有一定的差距。一是工作的预见性、前瞻性、主动性还不强。二是机构改革的优势还需尽快发挥出来，城乡规划和国土资源管理工作规范化、精细化、科学化水平还需要进一步提高。三是职能转变还不到位，服务中央、服务区县、服务基层、服务群众的能力和意识有待提高。四是干部队伍建设还需加强，工作作风还需转变，队伍的履职能力还需进一步提高，廉政建设更需警钟长鸣。

三、2017 年工作安排

2017 年党的十九大即将召开。今年是实施“十三五”规划、率先全面建成小康社会、建设国际一流的和谐宜居之都的重要一年，也是深入落实《京津冀协同发展规划纲要》的关键一年，是供给侧结构性改革的深化之年。我委将按照批复的“三定方案”，以新的面貌向公众提供管理和服务，市委、市政府期望高、社会公众关注度高，我们的工作任务重、挑战大。

今年工作的总体要求是：全面贯彻党的十八大和十八届三中、四中、五中、六中全会精神，按照中央和市委、市政府的工作部署，坚持以习近平总书记“2.26”、“2.24”视察北京重要讲话等系列讲话精神为根本遵循，贯彻落实“五大发展理念”；坚持稳中求进的工作总基调，以供给侧结构性改革为主线，牢牢把握首都城市战略定位，加快疏解非首都功能，优化提升首都核心功能；坚持以国土与规划机构整合为新的更高的起点，按照首善标准扎实推进各项工作，着力提高城乡规划建设管理水平；坚持按照全面从严治党的要求，加强理论武装，优化队伍建设，加快建设国际一流的和谐宜居之都，以优异成绩迎接党的十九大胜利召开。

做好 2017 年各项工作，要提高抓重点、破难题的能力，提高长远谋划、机动应对的能力，提高抓落实、求实效的能力，从以下方面扎实推进各项工作，确保圆满完成全年各项任务。

（一）坚定有序疏解非首都功能，全力促进京津冀协同发展

严格落实城市总体规划。深入落实中央对城市总体规划的批复精神，分部门、分区域开展规划研究和深化实施，将总规提出的各项目标要求落到实处。深化完善“三区三线”管控，完成永久基本农田、生态红线、城市开发边界的划定工作，研究制定实施指导意见和管理办法，进一步固化和强化生态红线、城市开发边界的管控作用。在“两规合一”基础上探索“多规合一”技术路径，继续推进街区控规“多规合一”工作试点，逐步推动专项规划与控规的融合。

加快疏解非首都功能。严格控制建设规模，严守产业禁止和限制底线。分区、分类重点推动一般性产业、区域性物流基地、专业市场等非首都功能的疏解。积极探索非首都功能疏解土地储备和供应政策，在推进城区老工业区搬迁改造、土地节约集约利用、支持新产业新业态发展、促进大众创业万众创新用地等方面进一步加强研究、促进项目落地，提高疏解腾退空间管理和使用效率。

推动建设用地减量发展。落实腾退空间管理和使用意见，继续完善《北京市实施经营性建设用地供应减量挂钩工作指导意见（试行）》。严格执行经营性用地供应与各区完成违法建设用地拆除指标相挂钩，推进拆违进度。积极盘活存量建设用地，鼓励优先使用存量土地。完善“先供先摊”工作机制，推进有条件的土地储备在施项目剩余用地减量供应。

高水平规划建设城市副中心。在完成总体规划和城市设计综合方案的基础上，加快推进详细规划编制和各项审批工作，开展副中心重点公共建筑的设计招标，确保交通、市政等基础设施建设工作顺利进行。完成燃煤锅炉取消、黑臭水体治理等生态环境建设工作。保障北京城市副中心建设用地供应，形成内涵集约的用地方式和发展模式，确保2017年底一期搬迁计划的顺利实施。做好城市副中心地质支撑服务和地下资源环境三维模型建设试点工作。

加强重点领域规划对接。深化落实《北京市“十三五”时期推动京津冀协同发展规划》，在区域生态多样性和生态网络研究基础上，推进构建京津冀一体的生态安全格局，统筹划定生态功能区，协同制定生态共治政策。加快推进冬奥会及冬残奥会、世园会、京张高铁、延崇高速、京津风沙源治理、环首都国家公园等重大项目的规划编制和审批服务工作。

（二）按照供给侧结构性改革要求，落实各项改革任务

深入推进“放管服”改革工作。加快落实机构合并改革后的新“三定”方案，以最少的时间，最小的磨合，加快新机构运转到位并发挥最大作用。在规划、国土两个部门职能融合、审批合并的基础上，推进规划审批一体化改革，研究下放一般道路项目等市政基础设施的规划许可，提高行政审批效能。此外，研究完善城市更新改造和功能转型过程中的规划审批，切实解决城市建设中的问题。加快“一会三函”推动基础设施、

公共服务及重点项目的审批工作。开展委属单位和各区分局机构改革。

深入推进农村土地制度改革。统筹协调推进农村集体经营性建设用地入市与土地征收制度改革试点。进一步完善入市配套政策和土地征收制度，加强备选入市地块的土地整治、拆除腾退、用地手续办理等工作，积极推动土地征收制度改革试点项目实施。按照边试点、边研究、边总结、边提炼的要求，大力推进、继续深化改革试点，提炼"可复制、可推广"的经验。推进集体建设用地统筹集约利用，同步开展乡镇集体建设用地试点，盘活农村集体经营性建设用地。允许村庄整治、宅基地整理等节约的建设用地，通过入股、联营等方式重点支持农村产业发展。

深化调整土地供应结构。科学编制年度土地供应计划，加强计划执行的有效性、约束性。落实北京市创新创业发展战略，加强产业用地供应和地价政策与创新创业新机制的对接，实践产业用地弹性供地方式，探索实施产业项目供后监管和全生命周期管理，构建首都高精尖产业体系。确保北京新机场、京台高速等政府投资重点领域用地需求，加大公共服务、基础设施、生态环境保护用地保障力度，支持和保障中心城区公共服务功能疏解转移的用地需求。

保持土地市场平稳健康发展。坚持"房子是用来住的、不是用来炒的"定位，编制住宅用地三年滚动供应计划，加大中低价位、中小套型普通商品住房的供应，特别是自住型商品住房用地的供应，落实 1.5 万套自住房供地。优先安排保障性安居工程用地需求。总结推广北京市利用农村集体建设用地建设租赁房的经验，增加租赁住房供给。做好 2017 年土地储备开发计划编制工作，逐步推进土地储备机构功能定位及土地储备开发模式优化调整。

推进资源节约集约利用。继续落实"十三五"单位 GDP 建设用地下降 20% 的目标。研究提出工业用地差别化地价政策和低效工业用地认定标准，全面开展基准地价更新。推进新一轮国土资源节约集约模范县（市）创建活动。加强土地批后监管，完善土地动态巡查制度及闲置土地处置工作机制。加强矿产资源保护和合理开发利用，大力推进绿色矿山建设。做好探明储量矿产资源统一确权登记准备工作。加强地热监管各个环节的衔接和有效管理，多措并举推进地热勘查和合理开发利用。

严守耕地红线。进一步落实耕地数量、质量、生态"三位一体"保护，管控、建设、激励多措并举保护。设立永久基本农田保护标志牌、签订永久基本农田保护责任书、改进耕地占补平衡管理、探索建立健全耕地保护补偿机制、完善耕地保护责任目标考核制度，促进形成保护更加有力、执行更加顺畅、管理更加高效的耕地保护新格局。

全面落实不动产统一登记制度。完善不动产统一登记信息平台、预约系统和不动产数据库建设。加快推进不动产登记历史数据整合。建立不动产登记规范化检查制度。开展全市性不动产登记业务培训，进一步提升登记系统工作人员的业务水平和综合能力。在朝阳区开辟第二处不动产登记大厅，缓解登记压力，探索异地不动产登记的可行性。

（三）进一步提升城市规划建设管理水平，下大气力治理“大城市病”

保护好历史文化名城“金名片”。做好中轴线申遗前期准备工作，推动恢复“一轴一线”魅力景观。加强旧城整体保护，推进文保区腾退疏解和有机更新，延续古都历史文脉。统筹推进长城、运河、西山文化带建设，加强历史文化景区整体保护和环境整治。

完善城市设计工作。进一步完善管理程序，探索在规划管理体系中增加城市设计强制性内容。健全设计方案审查和专家审查制度，建立建筑设计方案定期评议和后评估制度，打造首都建设的精品力作。完善建筑设计招投标决策机制，大力发展绿色建筑和装配式住宅，推动绿色居住区、绿色村镇等试点示范工程建设。

加强城市基础设施建设。提高基础设施规划设计水平，抓紧编制《北京市轨道交通第三期建设规划》，加快推进轨道交通建设，积极推进各项市级重点工程，做好新城及小区内的地下管线普查工作。完善路网系统，优化公共交通接驳，规范道路停车秩序，大力缓解交通拥堵。推进城市副中心等地区综合管廊、海绵城市建设任务的实施工作。继续推动大气污染防治工作，推进全市村庄散煤清洁化替代、采暖“无煤化”。实施土壤污染防治工作方案，开展废弃矿山修复，严格尾矿库环境风险管控。

加强城市精细化管理。开展韧性城市规划系统性研究，探索促进社会公平与包容的规划策略。研究提出首善之区的首善要求，推动和谐宜居城市建设。提高地质灾害防治水平，认真做好地质灾害隐患排查，进一步提高各级政府和职能部门应对突发地质灾害处置能力以及公众防灾避险技能。继续做好汛情会商、预警发布、实情掌握、应急调查、应急值守和信息报送等工作，确保安全度汛。

坚决遏制新增违法建设。继续加强违法建设查处力度，完成全年拆违4000万平方米以上，实现执法全覆盖。严肃查处国土资源违法案件，坚持“双处理”原则，进一步发挥市级办案的震慑和带动作用。严格落实《国土资源执法履职工作考评标准》，进一步提高执法绩效水平。推动警示约谈工作重心下移，进一步倒逼乡镇政府落实监管的主体责任。加强国土资源违法行为信息公开，进一步发挥部门联动和社会监督作用。构建分级负责的执法责任机制，探索开发“执法记录辅助系统”，实现“执法留痕”。继续加大打击非法开采矿产资源工作力度，有效遏制非法开采矿产资源行为。加强法制化建设，提升人均处罚率，降低败诉案件数量。

夯实基础性工作。深化村庄地籍调查试点成果，积极推进宅基地确权登记发证政策的制定。逐步完善不动产权籍调查工作程序，研究森林、林木所有权调查相关规范。完成各类土地调查专项任务，筹划全市第三次全国土地调查前期工作。深化数据挖掘分析和辅助决策应用，深化互联网+政务服务应用，扎实做好信息化建设工作，建成规划国土智慧决策支撑平台。提高预算执行效率，保证各项资金依法依规支出，加强审计问题的整改和审计成果运用，进一步促进单位内部管理规范有序。合理安排机构调整和搬迁通州的后勤保障工作。继续做好法制、调研、信访、督察、信息公开、科技创新、新闻宣传、档案管理、标准化、老干部和后勤保障等工作。

（四）全面落实从严治党责任，加强自身建设

全面提升机关党建工作水平。围绕中心任务，突出工作重点，在全面落实从严治党责任，推动规划国土事业发展上有新作为。遵循“职能融合、工作结合、力量整合”的原则，全面加强基层组织建设，将内设机构调整与基层党组织的组建结合起来，建立完善符合新机构特点的党建工作机制，梳理修订党建工作制度规定，夯实党建工作的基础。进一步强化全体党员领导干部“抓好党建就是最大政绩”的意识和各级党组织书记抓党建工作第一责任人的意识，自觉履行“一岗双责”，提高履职能力和水平，落实好党建工作责任制要求。进一步加强对基层党组织的督促指导，一级抓一级、层层抓落实，强化对基层党组织和党员的管理、规范党内政治生活、提高基层组织生活的质量。以凝心聚力为目标，着眼新形势新要求，找准群团组织工作定位，加强工作创新，着力提升工作效能。

扎实推进“两学一做”学习教育常态化制度化。推动学习教育融入日常思想政治教育，持续抓好党章党规和习近平总书记视察北京“2.26”、“2.24”重要讲话等系列讲话精神学习，开展好党的十八届六中全会精神和党的十九大精神教育培训，教育引导党员干部提高政治站位，更加自觉地增强“四个意识”特别是核心意识、看齐意识，在思想上政治上行动上同以习近平同志为核心的党中央保持高度一致，以高度政治责任感迎接党的十九大和市第十二次党代会胜利召开。紧密围绕规划国土重点工作，进一步加强和改进党组中心组学习，统筹发挥各类学习平台作用，教育引导党员干部深入研究首都城市发展的规律，自觉将“四个全面”战略布局和“五大发展理念”融入规划国土工作理念创新，提高运用科学理论分析解决问题的能力，更好地指导和推动工作。巩固“学”“做”“改”的成效，教育引导党员干部始终以“四讲四有”合格党员标准为标杆，持续改进工作作风、提高工作效率，以高度的历史责任感，全力以赴投身首都城市建设发展。

增强领导班子整体功能。以机构改革为契机，以落实“三定”方案为抓手，认真做好领导班子综合分析研判工作，按照机关内设处室、分局和委属单位的职能定位和机构编制配置，合理布局、统筹兼顾，着力打造结构优、功能强、团结干事、有战斗力的领导班子。加强改革后新的领导班子思想政治建设，发挥好领导班子凝心聚力、率先垂范的作用，不断完善议事规则和决策程序，进一步提高履职水平。结合新的形势任务，优化考核评价指标体系，突出目标责任考核，强化考核结果运用，引导领导班子围绕规划国土中心工作，以更加奋发有为的精神状态和工作作风，抓好改革发展各项任务落实。

促进融合提升干部队伍素质。加快落实委机关“三定”方案，统筹推进分局和委属单位机构合并，促进队伍的融合整合。坚持正确选人用人导向，按照人岗相适、人随事走、工作需要的总体原则，合理安排干部的岗位。加大谈心谈话力度，关心关爱干

2016年北京市国土资源局工作大事记

一月

1月1日，市国土局新公文流转系统正式上线运行。新公文流转系统旨在全面推进无纸化办公，进一步规范办理规则，优化办理流程，提升公文办理的效率。

1月1日，市国土局内控管理系统正式上线运行。内控管理系统旨在加强资金使用的风险管控，所有涉及局机关资金支付的申请，须从资金内控管理系统上申报。

1月4日，市国土局邀请市委宣传部、市外宣办、市网信办、部分中央和市属媒体负责同志、行业内专家和媒体记者召开北京土地市场形势分析座谈会，会议由总规划师丁晓主持。副局长师宏亚介绍2015年及“十二五”期间保障性安居工程用地及经营性用地供应情况，并就与会专家和媒体关心的问题进行针对性介绍和交流沟通。丁晓内部通报全市不动产统一登记和农村集体经营性建设用地入市试点两项改革任务进展情况。局研究室、储备中心、调控和监测处、耕保处、不动产登记处有关负责同志参加会议。

1月7日，北京市2008年至2015年共1700余个征地项目信息通过网络对社会进行公开，实现征地信息公开平台搭建和信息整合统一管理。此次征地信息公开体现三个特点：一是内容全面，在公开征地批复基础上，充实一书四方案、征地补偿安置协议、征地补偿安置公示、征地公告、征地结案等五项内容；二是查询便捷，以批复号为索引整合项目分散信息，提供按批准文号、项目名称、用地位置、用地单位等字段组合查询功能；三是安全规范，通过对公开文件隐私信息技术处理，保证政府信息的安全性和严肃性。

1月11日，市国土局召开领导班子“三严三实”专题民主生活会。市国土局党组书记、局长魏成林代表局领导班子作对照检查发言，领导班子成员依次作个人对照检查发言，并开展相互批评，市委组织部领导作点评，魏成林作总结讲话。

1月11日，市国土局局长魏成林主持召开专题组织生活会，传达中央关于吕锡文开除党籍开除公职的处分决定和郭金龙书记讲话精神；班子成员逐一对中央关于吕锡文开除党籍开除公职的处分决定进行表态发言；魏成林进行表态发言，并对落实全面从严治党要求，进一步加强领导班子和干部队伍建设作具体要求部署。

1月13日，市国土局召开全系统干部大会，局长魏成林传达全国国土资源工作会议精神，并提出近期工作要求。一是全系统干部职工要认真学习、深刻领会李克强总理、张高丽副总理重要批示精神和姜大明部长重要讲话精神，进一步统一思想、提高认识，客观看待成绩，深刻认识形势，转变工作理念。二是各单位要全面客观总结全市2015年和“十二五”期间国土资源管理工作情况，在总结经验做法的同时，着重找准存在问题，认真研究思考解决办法。三是各单位要结合全面建成小康社会总体目标和京津冀协同发展战略要求，从全市土地储备、土地供应、不动产统一登记、集体经营性建设用地入市试点、国土资源执法监察、重点工程项目落地、地质灾害防治和国土资源信息化建设等方面，统筹谋划“十三五”开局之年全市国土资源管理各项工作。

1月15日，北京市首宗农村集体经营性建设用地使用权挂牌竞价会在北京市土地市场大兴区分市场成功举行。经过多轮竞价，竞拍人北京赞比西房地产公司最终以8.05亿元成功竞得该集体经营性建设用地40年的土地使用权，并现场与北京市盛世宏祥资产管理有限公司签署《成交确认书》。本次挂牌出让的大兴区西红门镇2号地小B（2-004）地块位于大兴区西红门镇，在京开路东侧、马家堡西路南延西侧、五环路北侧，用地面积2.67公顷，建设总规模5.34万平方米，以大兴区西红门镇属土地联营公司—北京市盛世宏祥资产管理有限公司为主体进行出让，规划用途为绿隔产业用地，可建设公建、商服、办公、多功能等产业类项目。

1月21日，市国土局局长魏成林、副局长谢俊奇、总规划师丁晓、副局长师宏亚在北京会议中心参加市“两会”代表询问、委员咨询活动，并现场解答人大代表和政协委员关注的征地转居、不动产登记、矿产资源合理利用与保护等问题。代表、委员们对现场答复表示满意。局办公室、不动产登记处、矿开处、执法总队等相关处室、单位主要领导同志陪同参加活动。

1月22日，市国土局局长魏成林主持召开会议，研究讨论城市周边永久基本农田划定工作。会议原则同意城市周边永久基本农田划定核实举证成果会签市农委、市农业局后上报国土资源部、农业部。要求规划处、规划中心和耕保处要提前与国土资源部进行沟通，确保永久基本农田划定核实举证要符合国土资源部标准。对于核实举证中发现的问题，各分局要高度重视，逐图斑开展调查梳理，认真研究整改措施，确保在国土资源部专项督察前整改到位。同时，要努力做好与“三线”划定、土地利用总体规划调整完善等重点工作的衔接。各单位要积极研究京津冀协同发展、功能疏解政策落地问题，提前谋划，严控新增城乡建设用地，努力做好年度的土地供应计划、土地储备计划等工作。

二月

2 月 23 日，市国土局局长魏成林、副巡视员周旭峰听取并审议地环处组织编制的北京市“十三五”时期地质灾害防治规划（报审稿），局规划处、北京市地质研究所有关负责同志参加会议。会议对规划报审稿内容提出明确意见和要求，待进一步修改完善后上报市政府。

2 月 26 日，市国土局局长魏成林主持会议，研究部署市政府关于起草市长王安顺经济责任审计述职报告有关材料的有关工作。研究室汇报市政府关于迎接国家审计署经济责任审计，起草市长王安顺述职报告的紧急会议精神。会议研究近 4 年来北京市自然资源资产管理情况，初步确定起草材料的主要内容，明确各部门职责分工。

三月

3 月 1 日，俄罗斯登记、地籍与测绘局局长伊戈尔·瓦西里耶夫先生（副部级）率团来市国土局就不动产登记、不动产登记与地籍信息系统、不动产登记的社会化服务等内容进行为期一天的考察调研，国土资源部科技与国际合作司副司长白星碧、市国土局主要领导、主管领导和相关处室负责同志参加调研座谈。

3 月 4 日，市预警中心崔继良处长一行到市国土局调研地质灾害气象风险预警工作，听取市国土局地质灾害应急指挥决策系统平台和地质灾害气象风险预警系统平台建设情况汇报。双方希望在地质灾害气象风险预警方面进一步加强合作。

3 月 7 日，不动产登记处召集链家地产、我爱我家等北京市较大的经纪公司召开座谈会，市住建委市场处、北京房地产中介行业协会应邀参加。会议介绍北京市目前房地产交易形势和不动产登记工作情况，听取经纪公司业务需求，各区不动产登记中心与经纪公司进行业务对接，并就公司提出的需求作答复。参会主管部门对经纪公司提出要求，要求经纪公司要严格执行《房地产经纪管理办法》，遵守北京市不动产登记相关规定，不得以任何不正当手段干扰正常登记秩序，不得拉拢贿赂工作人员，希望各经纪机构加强管理，诚信守法，不断规范经营行为，共同规范不动产登记秩序。

3 月 11 日，市农村集体经营性建设用地入市试点工作领导小组办公室 2016 年第 1 次会议召开。会议通报北京市入市试点工作进展情况，研究《北京市集体经营性建设用地入市试点 2016 年工作计划》，明确 2016 年试点工作的整体思路、重点任务和责任分工。局长魏成林在高度评价 2015 年试点工作同时，对 2016 年试点工作提出明确要求：一是入市试点要与京津冀协同发展和北京非首都功能疏解全面衔接，积极探索推进多种途径、多种方式入市，切实保障农民的就业增收和长远生计。二是入市试点要与耕地和基本农田保护工作相结合，研究采取经济补偿等激励手段为首都农业注入发展资金，探索耕地和基本农田保护新路径，转变首都农业经营管理方式，引导农业规模化、产业化、示范化、高端化发展。三是各试点成员单位要结合入市试点工作，深化农村改革相关政策机制研究，激发农村发展活力，破解农村发展瓶颈，转变农民生产、生活方式。

3月14日，市国土局召开2016年执法监察工作第一次例会，副局长李军就执法监察当前重点工作做出部署。一是开展高尔夫球场清理整治涉地全面核查工作，确保高尔夫球场四至、规划、现状和耕地位置等信息核实准确，相关调查成果按规定时间上报。二是严格落实《国土资源部办公厅关于依法履职严格规范公正执法的通知》要求，牢固树立纪律和规矩意识，依法履职，严格执法、规范执法、公正执法，切实维护国土资源管理秩序。三是高度重视并配合检察机关做好公益诉讼工作，及时沟通履职情况及存在问题，充分借助检察机关力量推进执法履职工作。四是全局执法监察系统切实提高立案和案件查处数量。加强败诉案件情况通报，剖析败诉原因，从案卷评查工作入手，不断提高办案水平。

3月17日，市国土局召开全系统2016年工作会议暨党风廉政建设工作会议。局长魏成林同志作题为《求真务实 勇于担当 努力实现“十三五”国土资源工作良好开局》的工作报告，回顾总结2015年和“十二五”时期国土资源工作，分析北京市国土资源管理工作面临的形势，部署安排2016年工作任务和“十三五”时期重点任务目标。市国土局党组成员、驻局纪检组长金兴利同志作2016年党风廉政建设和反腐败工作报告，对全系统2015年党风廉政建设和反腐败工作进行回顾和总结，对2016年党风廉政建设和反腐败工作做全面部署。

3月18日，国土资源部执法监察局局长李建勤率队来市国土局就国土资源远程视频监控系统建设、市行政副中心规划建设、执法车辆、年度卫片执法检查和高尔夫球场核查等项工作情况进行调研。李建勤对市国土局视频监控系统建设给予充分肯定，并希望充分发挥这一系统在执法监察工作中重要作用。局长魏成林、副局长李军陪同调研。

3月23-24日，市召开绿色矿山建设工作会议。会议邀请中国矿业联合会绿色矿山促进委员会领导做报告，就全国绿色矿山建设工作发展趋势、目标规划等内容进行讲解。市国土局就推进北京市绿色矿山建设的形势与现状、原则与目标、绿色矿山规划的时间节点等提出要求。副巡视员周旭峰参加会议并讲话，对各与会企业提出“理念、诚信、责任、安全”四点要求，要求各矿山企业秉承五大发展理念，诚实诚信，勇于担当，积极开展绿色矿山建设。

3月30日，市国土局召开2015年度信访工作总结表彰暨2016年度信访工作部署会议。会议传达学习习近平总书记、李克强总理等中央领导同志关于信访工作的重要批示；对2015年度信访工作进行总结并对2016年度工作进行部署；通报市国土局受国土资源部，市委、市政府表彰的信访工作先进集体和先进个人，并向先进单位和个人发放奖牌、证书。局长魏成林肯定信访工作取得的成绩，分析当前国土资源执法工作中需要着力解决的突出问题，并对市国土局全体干部提出具体要求：一是信访工作是全局系统的工作，思想认识要到位；二是要将信访作为一面“镜子”，努力改进工作；三是加强对信访队伍及全系统干部队伍建设。

3月31日，市农村土地确权登记颁证工作领导小组办公室按照检查验收程序，对北京市农村村庄地籍调查试点村调查成果组织验收，调查成果质量达到规定要求，试点工作各项任务全部完成。北京市于2015年6月正式启动农村村庄地籍调查试点工作，全市共选取13个区（除东城、西城和石景山），每个区选取1个试点村开展调查，共调查宅基地5163宗，调查面积1307548.12平方米（约130.75公顷）。

四月

4月7日，市国土局总规划师丁晓主持召开市国土局系统2015年度自主调研工作交流座谈会，局长魏成林、副局长李军出席会议听取中青年业务骨干汇报优秀调研成果并作重要讲话，局调研工作领导小组办公室成员单位、优秀调研成果承担单位有关负责同志参会。会议根据《北京市国土资源局关于表彰2015年自主调研优秀成果的通报》，表彰耕保处、大兴分局等10个优秀自主调研课题的承担单位，同时对朝阳分局第一国土所、丰台分局执法队等基层国土部门完成的调研成果提出表扬。上述12个课题组的青年骨干代表分别汇报调研取得的主要成果、亮点及调研的心得体会。

4月12-13日，国务院第二次全国土地调查领导小组办公室，在京组织召开第二次全国土地调查省级汇总成果验收会，北京市第二次全国土地调查省级汇总成果验收合格。

4月20日，市委常委、副市长陈刚带领市财政局、监察局和规划委等部门负责人，到市国土局调研执法监察远程视频监控系统建设工作。陈刚在听取情况介绍和观看对违法用地案例现场处置后，充分肯定市国土局远程视频监控系统建设走在全国前列，这个系统的建成，在传统卫片执法“天网”的基础上，增加执法的“地眼”，达到对违法用地超前及时发现的目的；避免现场执法人员主观自由裁量的可能，不仅提高执法效果，而且极大节约行政管理成本；加大部门间资源共享力度，提高决策水平，改变以往耗费人力、物力的管理模式，值得推广、宣传。同时，要求市国土局要充分利用好这个系统，及时发现违法用地，做到件件有报告、件件有落实，立足从根本上消除违法用地问题。

4 月 20 日，市委常委、副市长陈刚与国家土地督察北京局牛珏专员对接土地督察工作，国家土地督察北京局对北京市 2016 年土地督察工作全面启动。对接会上，国家土地督察北京局传达 2015 年土地督察情况及存在问题、2016 年督察通知书的主要精神。牛珏通报 2016 年督察重点任务、有关要求。陈刚对国家督察北京局的工作表示肯定，要求北京市对国家土地督察北京局指出的问题要认真分析、查找原因，要认真组织落实 2016 年督察工作，认真梳理机制建设等问题。

4 月 21 日，市国土局组织召开 2016 年汛期地质灾害防治工作部署会，副巡视员周旭峰主持并讲话。市气象局及市局相关处室（中心）负责同志，以及 10 个山区分局主管局长、地矿科科长参加会议。会议对 2015 年全局系统地质灾害防治工作进行简要回顾，并对 2016 年地质灾害防治各项工作进行部署。市气象局气候中心负责同志介绍并分析 2016 年汛期北京市天气及降雨形势（趋势）。10 个山区分局负责同志汇报本区 2016 年汛期地质灾害防治工作准备和进展情况以及存在的问题。周旭峰对全局系统 2015 年地质灾害防治工作给予充分肯定，指出存在的薄弱环节和需要改进的工作，并对 2016 年的地灾防治工作提出明确要求。

4 月 22 日，北京市 2016 年度国有建设用地供应计划正式公布。计划总量 4100 公顷，其中，交通运输用地 1600 公顷，水域及水利设施用地 70 公顷，特殊用地 30 公顷，公共管理与公共服务用地 700 公顷，工矿仓储用地 100 公顷，住宅用地 1200 公顷，商服用地 400 公顷。

4 月 22 日，由市国土局和市地质矿产勘查开发局主办，西城区教育委员会、市国土局西城分局协办，市第十四中学承办的第 47 个地球日主题宣传活动在市第十四中学举行。本次活动以“节约资源、保护环境、做保护地球小主人”为主题，旨在唤起人类爱护地球、保护家园的意识，倡导节约集约资源和绿色简约生活，促进资源开发与环境保护协调发展。

4 月 27 日，市国土局召开新闻宣传工作会议暨 2016 年第一期“国土宣传业务讲坛”。会议由局长魏成林主持，邀请中华全国新闻工作者协会党组书记、常务副主席翟惠生同志作“学习领会党的新闻舆论座谈会精神”专题辅导授课。局领导、市局机关各处室、直属事业单位全体干部职工及各分局新闻发言人和新闻宣传员在市国土局主会场参会，各分局全体工作人员在分会场参会。魏成林对近年来市国土局宣传工作取得的成绩给予充分肯定，对做好宣传工作提出要求。《北京市国土资源局 2016 年度新闻宣传要点和工作安排》正式印发。

4 月 29 日，国家土地副总督察、国土资源部总规划师、农村土地制度改革三项试点工作领导小组副组长严之尧带队到北京市调研农村集体经营性建设用地入市试点工作。会议听取北京市农村集体经营性建设用地入市试点工作进展情况、成效及下一步工作重点，就试点中入市主体组建、收益分配、发展业态、农民长远权益保障等问题进行深入交流。会后，调研组到大兴区黄村镇、西红门镇、旧宫镇等乡镇实地调研，听取基层组织及农民群众对试点工作的意见建议。局长魏成林、总规划师丁晓、大兴区区委书记谈绪祥、代区长崔志成等同志陪同调研。

五月

5月12日，北京市2016年防灾减灾日主会场活动在国家奥林匹克公园举办，本次活动的主题为“减少灾害风险，建设安全城市”。国务委员王勇，市委副书记、市长王安顺等领导亲临现场，观看地质灾害主题展览、地质灾害监测设备及无人机实物展示等宣传内容。局长魏成林陪同观看，副巡视员周旭峰作现场解说。王勇委员指出，将技防和人防充分结合，提高防灾减灾科技水平。现场向参观群众发放地质灾害防灾减灾宣传品。

5月18日，为落实市领导关于平谷区“5.14”案件处置的指示精神，市国土局制发《关于开展严厉打击非法开采防止人身伤亡专项行动的函》，并会同市安监局、市公安局组织有关区县召开会议，全面部署以“严厉打击非法开采、全面清查关闭矿山、防止人身伤亡”为重点的专项行动。此次专项行动重点任务为：一是对全市范围内所有已关闭矿山、废弃矿洞和盗采易发区进行拉网式检查，不留死角。对已被打开的废弃矿洞进行封堵，消除隐患。二是落实属地责任，区、乡镇、村要组织力量加强巡查、看守，防止非法开采的发生。三是严厉打击非法开采矿产资源的违法行为，依法严厉查处组织者和参与者。采取疏堵结合办法解决非法开采时有发生的问题，既要坚决遏制非法开采，防止反弹，又要深入研究问题存在的根本原因，努力发展当地经济、提高群众生活水平，彻底消除非法开采存在的根基和土壤。

5月19-20日，储备中心组织开展2016年第一期土地储备综合素质培训。市国土局副局长师宏亚参加培训活动，市区土地储备机构共180余人参加培训。本次培训邀请市发展改革委，局耕保处、利用处就北京市现行投资体制、城乡建设用地增减挂钩、新基准地价应用、土地利用现行政策等内容进行介绍和答疑。培训采取专家授课与互动交流相结合的方式进行，立足工作实际，深入解读政策，拓宽职工土地储备开发知识结构，提高职工对城乡建设用地增减挂钩等新政策与现行工作衔接的深入理解，同时促进市区两级土地储备机构的沟通交流。

5月23-26日，在市监控指挥中心组织召开系统培训会，执法总队组织各分局业务骨干参加培训。执法总队和信息中心分别介绍国土资源执法监察远程视频监控系统、国土执法违法线索管理系统和移动政务本的项目建设情况、系统基本功能、业务流程与应用，以及建成后可达到的效果，并现场操作演示。并对下一步系统试运行工作开展提出具体要求。分局参会同志针对系统的功能提出问题与建议，执法总队进行现场解答。

5 月 24 日，市国土局副局长谢俊奇主持召开“北京市国土资源局网站群栏目主持人工作会”，机关各处室、直属各单位、各分局主管领导及栏目主持人参会。会上，局办公室通报 2015 年度国土资源部政务信息网上公开考评结果，局信息中心传达市政府办公厅《政府网站内容建设专项考评实施细则》文件精神，介绍 2016 年局网站群工作概况和工作安排，分析局网站群信息内容建设方面存在的问题并对今后工作提出改进意见。征地处和大兴分局分别介绍本单位网站工作的先进经验。谢俊奇肯定局网站群工作取得的成绩，同时对网站群建设提出要求。

5 月 24 日，市国土局总规划师丁晓主持会议研究北京市农村集体经营性建设用地入市试点工作。会议听取大兴区关于入市试点工作进展情况，对落实 2016 年计划各项任务、拆除腾退与占补平衡衔接、大兴区城乡结合部改造试点与入市试点的对接问题、土地增值收益调节金收取等有关问题进行研究，对下一步工作进行安排部署。耕地保护处处长关爱军，大兴分局局长芦亚静、书记苏贤清，土地利用处、不动产登记处、利用中心、不动产登记中心及市发展改革委、市财政局、大兴区政府等部门相关人员参加会议。

六月

6 月 1 日，市国土局在北京市地质研究所组织地质灾害防治培训会。副巡视员周旭峰、副巡视员陈一昕，地环处、矿开处、应急中心，10 个山区分局主管局长、地矿科科长及 10 个山区分局聘请的应急调查队相关人员参会。国土部地质灾害应急指导中心副主任刘传正以《重大地质灾害与案例分析》为题进行授课，北京市地质研究所所长王翊虹就做好突发地质灾害应急调查工作进行讲解，地环处处长于秀治对汛前地质灾害防治检查情况进行小结。陈一昕和周旭峰分别就如何做好汛期地质灾害防治工作提出要求。

6 月 12 日，新版“一张图”系统上线试运行，实现界面风格的扁平化设计，菜单、地图功能模块的归类处理，图层管理等 15 个组件的样式改版；新增城市副中心数据，应用情况实时统计，已选图层排序，属性查询新增图片、视频附属信息以及遥感、现状、规划和附件的关联查询等 10 项功能升级。

6月14日，荷兰基础设施与环境部秘书长（副部级）李德薇女士一行到市国土局就土地利用规划等内容进行为期半天的实地考察。副巡视员周旭峰陪同荷兰基础设施与环境部代表团一行考察首钢总公司，参观群明湖、高炉和冬奥广场。李德薇女士对首钢发挥企业文化，保留传统文化，增强核心竞争力的发展理念表示肯定。

6月17日，市国土局在北京水泥厂有限责任公司凤山矿组织开展矿山突发地质灾害应急演练。演练模拟汛期凤山矿由于出现滑坡引起主采区边坡坍塌，并造成人员受伤和设备损坏。演习过程中，各参演单位按照应急预案，展开救援和现场处置，达到演练预期目的效果。副巡视员陈一昕对此次应急演练进行点评，一方面检验矿山企业应对突发地质灾害反应能力和应急预案的可行性，另一方面锻炼应急队伍，同时，要求矿山企业必须要做好汛期突发地质灾害的防治工作，各项工作要落实到位，坚决避免人身伤亡。

6月17日，市国土局组织召开平谷、怀柔、密云、延庆四区城市周边永久基本农田划定核实举证成果专家论证及部门会审会，有关专家及市农委、市农业局、市发展改革委、市规划委、市园林绿化局、市水务局、市环保局负责同志参加会议。会议对4个区永久基本农田划定核实举证成果进行论证审核，明确四区城市周边永久基本农田划定任务。此次平谷等4区城市周边永久基本农田划定核实举证成果通过论证审核，加之前期已通过国土资源部论证审核的重点城市范围内10个区，北京市属除东、西城的14个区的城市周边永久基本农田划定核实举证工作已经全部完成论证审核工作。

6月28日，市国土局副巡视员樊文祯主持召开不动产登记历史档案数据整合工作会，专题审议不动产登记历史数据整合技术方案。不动产登记处、地籍处、财务处、审计处、市登记中心、市权籍中心、信息中心等部门相关人员参加会议。会议听取整合工作办公室对北京市不动产登记历史档案数据整合技术方案总体框架和思路的介绍，各参会部门对技术方案具体内容进行讨论和修改。樊文祯对数据整合技术方案予以肯定，并就下一步工作提出具体要求。

6月29-30日，市国土局地籍处、权籍中心组织召开全市不动产权籍调查工作培训会议。市国土局不动产登记处、不动产登记中心、信息中心，各分局主管局长及地籍科、不动产登记中心业务骨干参加会议。培训内容涉及工作实施要点、不动产单元设定与代码编制、不动产测量等专题，并组织分组讨论。副巡视员樊文祯参加培训并就相关工作提出要求。

七月

7月4日，市国土局总规划师丁晓主持召开局系统土地督察自查清理工作推进会，局相关处室、各分局参会。调控和监测处通报各单位土地督察工作开展情况，提出当前工作落实中仍然存在的突出问题和下一步工作要求。顺义、密云、东城分局结合国家土地督察驻点，分别介绍工作情况和经验体会，各分局就督察工作落实情况进行汇报。丁晓就推进土地督察自查清理工作明确具体要求。

7 月 4 日，市国土局总规划师丁晓主持召开会议，研究北京市农村集体经营性建设用地入市试点有关政策。会议研究大兴区城乡结合部改造试点项目与集体经营性建设用地入市试点对接问题，重点就供地模式、返还物业建设用地及使用权办理问题以及土地增值收益调节金的收取问题展开研究探讨。会议还研究镇级联营公司自主开发集体经营性建设用地等相关问题。市发展改革委、市规划委、市财政局、市住建委、大兴区政府和市国土局耕地保护处、财务处、征地处、法制处、地籍处、土地利用处、不动产登记处、大兴分局等单位部门相关人员参会。

7 月 6 日，市国土局副巡视员周旭峰带领执法总队和海淀、房山、怀柔分局相关人员，赴平谷区开展国土资源部 2015 年度土地矿产卫片执法检查验收工作。平谷区主管副区长吴小杰及相关镇政府、区各有关部门负责同志参加会议。周旭峰听取平谷区政府相关工作汇报，并就下一步工作与吴小杰进行沟通交流。

7 月 8 日，市国土局副巡视员周旭峰带领执法总队和海淀、房山、平谷分局相关人员，赴怀柔区开展国土资源部 2015 年度土地矿产卫片执法检查验收工作。怀柔区副区长鲍晓健及相关镇政府、区各有关部门负责同志参加会议。周旭峰听取怀柔区政府相关工作汇报，并就下一步工作与鲍晓健进行沟通交流。

7 月 19 日，市委副书记、市长王安顺主持召开第 124 次市政府常务会，讨论并原则通过《北京市“十三五”时期土地资源整合利用规划》。《规划》对土地资源整合利用进行全面统筹：聚焦建设用地减量发展战略，确定到 2020 年建设用地总规模控制在 3720 平方公里以内，比现行规划指标减少 97 平方公里，城乡建设用地规模控制在 2800 平方公里以内，比 2014 年末现状规模减少 103 平方公里；强化耕地数量质量生态“三位一体”保护，耕地保有量不低于 166 万亩，比现行规划指标减少 156 万亩，基本农田保护面积不低于 150 万亩，比现行规划指标减少 130 万亩；大力推进生态文明建设，共同构建京津冀区域绿色生态空间。

7 月 23 日，市政办公厅印发《关于设立北京市规划和国土资源管理委员会 北京市城市管理委员会的通知》（京政办发［2016］33 号），正式设立北京市规划和国土资源管理委员会，列入市政府组成部门，同时作为首都规划建设委员会的办事机构，挂首都规划建设委员会办公室牌子，负责本市城乡规划管理和土地、矿产资源管理。不再保留北京市规划委员会、北京市国土资源局。

7 月 29 日，北京市规划和国土资源管理委员会正式揭牌。市委常委、副市长陈刚，国土资源部副部长赵龙、住房和城乡建设部副部长黄艳，市委组织部、市编办、市人力社保局等部门领导出席揭牌仪式。

八月

8 月 1 日，市规划国土委总工程师丁晓主持召开 2016 年土地督察存量用地自查中不符合城乡规划城镇存量建设用地情况自查工作推进会。用地处、科技信息处、调控和监测处、规划处、地籍处、规划中心、权籍中心、16 个区规划分局、国土分局参会。调控和监测处处长王兵介绍北京市国家土地督察工作开展情况、目的和要求，并通报不符合城乡规划城镇存量建设用地情况自查表填报情况，大兴区、朝阳区介绍自查表填报工作经验，明确自查技术路线和口径。丁晓就后续工作提出具体要求。

8 月 2–3 日，执法总队在怀柔区举办“2016 年北京市国土资源执法工作业务培训班”，邀请市政府法制办和东城区人民法院专家进行授课。市规划国土委委员周旭峰参加培训并组织调研座谈，就进一步做好国土资源执法工作提出明确要求。各分局执法队（科）长、国土所长、负责案卷评查和执法数据填报的工作人员、总队各执法室全体人员参加培训。

8 月 5 日凌晨，房山区霞云岭乡庄户台村台儿港片山体发生一起崩塌灾害，据估算，崩塌方量约 10000 方，受损房屋 17 间（其中掩埋 7 间）。由于该村地质灾害群测群防员（石广利）及时发现、及时报告，霞云岭乡政府提前组织受威胁群众成功避险转移，此次崩塌灾害未造成人员伤亡。

8 月 8 日，市规划国土委和市发展改革委联合印发《北京市“十三五”时期地质灾害防治规划》。《规划》结合北京市地质灾害隐患点的分布特点，针对存在的薄弱环节，以保护人民群众生命财产安全为根本，以建立健全地质灾害防治规章制度、调查评价体系、监测预警体系、防治体系、应急体系和科技支撑体系为任务，强化全社会地质灾害防范意识和能力，科学规划，突出重点，整体推进，全面提高北京市地质灾害防治水平。到 2020 年，北京市将健全完善地质灾害调查评价、监测预警、综合防治和应急处置体系，基本解决防灾减灾体系的薄弱环节，增强地质灾害防御能力，使公众防灾减灾意识明显提高、受地质灾害威胁人数减少 33%、每年造成的损失在同等致灾条件下明显下降。

8 月 11 日，国土分局网站不动产登记频道全面开通。网站不动产登记频道呈现三个特点，一是提供不动产登记系统登录入口，设置不动产登记一次性告知单、政策法规、不动产机构地址和电话、不动产登记依法收费、不动产登记办事指南宣传片和存量房交易服务平台6个公共栏目；二是根据各分局实际业务情况，选择设置证书作废公告、送达公告、初始登记公告、遗失声明等栏目；三是实现市、区两级网站间信息的共享、调用，提供多条件的组合查询功能，为公众查询不动产登记相关信息提供便捷条件。

8月11日，不动产登记处、不动产登记中心组织召开涉及不动产登记行政诉讼、行政复议和信访工作培训会，16个区分局和经济技术开发区分局不动产登记部门工作人员参加会议。会议邀请法制处、信访处等部门负责人和兰台律所律师分别针对涉不动产登记行政诉讼、行政复议和信访工作规范化办理流程有关问题进行培训。

8月12日，针对《北京市不动产登记工作规范》制定过程中遇到的重点难点法律问题，副主任李军主持召开座谈会，市高级法院、市司法局、市三中院、市公证协会，西城法院、市长安公证处、市信德公证处、委法制处、不动产登记处、不动产登记中心，国土西城、朝阳、海淀、丰台分局等单位参会。参会单位就取消强制公证后因继承、受遗赠取得不动产的登记办理程序进行商讨，探析不动产登记机构的审核职责要义，就履行司法判决、司法协助的程序进行进一步沟通，对国有农用地登记、抵押登记的审核等其他问题进行充分探讨。

8月23日，国土资源部副部长曹卫星来到市国土资源监测指挥中心，调研北京市智慧国土建设情况，在充分肯定北京市智慧国土建设在综合性、先进性和实用性等方面所取得成绩的同时，建议国土资源信息化建设应从优化规划设计、提升技术内涵和加快示范应用等三方面打造智慧国土升级版。截至目前，北京市国土资源综合监管平台已建成集地政管理、矿政管理、地质环境管理、综合事务管理和门户网站五位一体，具有信息聚集、动态监测、决策支持、在线指挥、移动办公等功能的综合信息监管平台；市区所三级在一个大平台上办公，实现全业务、全流程、全覆盖；实现5个100%，即：100%业务覆盖、100%网上审批、100%带图作业、100%综合统计、100%网上公开。

8月25日，市规划国土委主任魏成林主持召开视频会，贯彻落实市委副书记、市长王安顺协调2016年重点工程会议精神，委相关处室和各分局领导参加会议。会议传达市政府关于重点工程工作的指示精神及下一步工作要求，针对210个重大工程中需重点协调推进的51个项目逐个梳理，尤其对于涉及市规划国土委审批环节的项目，要求相关部门现场汇报进展情况和存在问题。魏成林要求进一步完善重大项目审批机制，成立专门工作领导机构，加强项目协调力度，推进重大工程投资落地，并及时向市政府报送项目进展情况。

8月31日，市规划国土委委员陈一昕主持召开“北京市城市地下资源环境三维模型建设的探索与实践”调研课题研讨会。课题组汇报前期调研、地质资料收集、地质钻孔数据处理的情况，提出课题示范区选取及三维建模方案，并演示玻璃地球平台。与会专家及课题组同志围绕相关工作进行讨论，委研究室对下一步工作提出意见建议。陈一昕强调地下资源环境三维模型建设成果应为政府部门决策服务，为城市规划、建设、管理服务，要将通州区纳入三维建模示范区，在推进课题工作的同时考虑做好相关后续工作。

九月

9 月 20–21 日，市规划国土委组织召开 2016 年汛期地质灾害防治工作总结会暨地质灾害防治培训会，地环处、财务处、研究室、信息中心（地灾应急事务中心）、市地研所（应急调查队）有关负责同志和 10 个区国土分局主管局领导、地矿科科长、国土所、应急队等相关人员参加会议。会议总结 2016 年汛期地质灾害防治工作，听取有关 2016 年地质灾害灾情和应急调查工作情况汇报，委员陈一昕宣读市规划国土委关于表彰 2016 年地质灾害防治先进个人的通报，并就下一步地质灾害防治工作提出要求。与会人员实地考察房山区霞云岭乡庄户台村地质灾害成功避险现场。

9 月 23 日，市规划国土委副主任李军主持专题研究会，就近期不动产登记高峰出现的号贩倒号、舆论报道、业务对接问题进行商讨。市公安局、市住房城乡建设委、市地税局等有关部门参加此次会议。各部门就合力打击违法违规的中介行为、地税缴税系统同登记信息系统的共享、房屋交易与不动产登记职责合理设计等问题进行沟通，并达成初步意见。

9 月 28 日，市规划国土委主任魏成林主持召开 2016 年第 3 期土地公开交易项目规划协调会，这是国土规划合并之后首期土地公开交易项目规划协调会，市发展改革委、市住建委、市水务局等相关委办局参会。会议共审议 21 个项目，涉及顺义、平谷等 10 个区，会议要求各参会单位要加快手续办理，提高土地供应效率，尽快推动土地形成有效供应。

9 月 30 日，市规划国土委总工程师丁晓主持召开会议，全面部署 2016 年土地督察整改工作，各相关处室、各区国土分局、规划分局主管领导参会。会议传达国家土地督察例行督察意见书主要精神，通报下半年整改工作计划、整改工作的相关要求。7 个重点督察区汇报本区整改工作开展情况。

十月

10 月 9 日，住建部城乡规划司副司长俞滨洋带队到市规划国土委调研北京市地面沉降相关情况，听取北京市地面沉降现状、存在问题、采取的措施和规划对策情况汇报。与会双方就规划编制中地面沉降影响因素如何细化考虑，地下开发建设对地面沉降影响，以及调查和监测成果对地面沉降管控作用进行座谈交流。委员陈一昕，委总体规划处、地质环境处、市规划院相关负责人参会。

10 月 12 日，加拿大女王大学专家代表团一行 6 人来市规划国土委针对农村发展规划方面的相关内容进行访问交流。代表团考察南口镇花塔村，听取村镇建设情况介绍，围绕村民就业、农业生产、个人收入等问题进行咨询交流。

10 月 18 日，市规划国土委委员陈一昕在通州国土分局主持召开北京地区地质工作中间成果对接交流会。国土资源部地勘司副司长车长波、中国地质调查局及 6 个直属单位、市地勘局及 4 个直属单位，委总体处、地热处、地环处、勘储处，通州、延庆、昌平、顺义、大兴国土分局，规划通州分局等单位负责人参加会议。围绕北京通州城市副中心、大兴首都新机场、延庆冬奥会场馆、顺义首都机场等重点地区，参会地勘单位介绍北京地区地质调查工作取得的中间成果，参会人员就相关地质工作中间成果需求应用等进行沟通交流。

10 月 18 日，市规划国土委总工程师丁晓主持召开专题会议，传达市委办公厅、市政府办公厅关于加强信息发布和政策解读及重大敏感舆情回应的有关文件精神，通报 2016 年三季度舆情监测分析情况，会商四季度有关舆情工作。国土各分局、机关各处室、直属各单位新闻发言人或新闻宣传主管领导以及新闻宣传员参加会议。

10 月 20–11 月底，国家土地督察北京局启动对北京市土地督察整改情况实地督导检查工作，牛珏专员带队组成督导组，分别赴 16 个区督导相关问题整改落实情况，包括国家土地例行督察意见整改落实情况、永久基本农田划定情况、闲置土地处置情况、不动产统一登记工作情况、涉地信访处置情况、土地利用管理建章立制和共同责任机制落实情况等。

10 月 25 日，市规划国土委主任魏成林主持召开市农村集体经营性建设用地入市试点领导小组办公室会议，统筹协调推进大兴区农村集体经营性建设用地入市与土地征收制度改革试点工作。会议研究审议统筹协调推进两项改革试点工作的相关实施方案以及《北京市农村集体经营性建设用地入市试点不动产登记办法》等文件，并就下一步改革试点工作进行安排部署。市农村集体经营性建设用地入市试点领导小组办公室各成员单位相关负责同志参加会议。

10 月 25 日，市规划国土委会同市地勘局联合组织召开北京市土地资源质量综合地质评价（第一阶段：生态地球化学子课题试点）工作会议，协调推进 2016 年度工作进展。在技术承担单位专题汇报基础上，会议就北京市土地资源质量综合地质评价（第一阶段：生态地球化学子课题试点）有关问题进行专题研究。总工程师丁晓参会并就有关工作提出要求。

10月25日，驻市规划国土委纪检组组长赵潮英到执法总队调研党风廉政建设情况。执法总队党支部书记、总队长孙龙广代表班子就今年以来执法总队党风廉政建设情况进行汇报。赵潮英对执法总队执法监察工作和党风廉政建设情况给予肯定，同时强调：随着北京市行政审批制度改革的深入和北京城市副中心建设的全面推开，土地管理特别是执法监察工作的压力与之俱增。希望执法总队继续把党风廉政建设与执法监察工作挂钩，抓班子带队伍，把执法权用好。

10月27日，市规划国土委组织召开全市土地规划调整完善暨永久基本农田划定工作动员部署培训会议。主要任务是：认真贯彻落实国土资源部、农业部提出的新要求，按照全市工作统一部署，就按时保质完成全市土地规划调整完善暨永久基本农田划定工作进行再动员、再部署、再培训。市农业局，市规划国土委、市规划院，总体规划处、规划处、耕保处、地籍处、征地处、财务处、执法总队、规划中心、权籍中心、信息中心和各区国土分局参加会议。市规划国土委副主任师宏亚参加会议，并作题为《攻坚克难 全力以赴 按时保质完成土地规划调整完善暨永久基本农田划定工作》的讲话。

10月28日，市规划国土委发布《关于北京市海淀区“海淀北部地区整体开发”永丰产业基地（新）HD00-0401-0062、0166、0158地块等4宗地块国有建设用地使用权出让补充公告》。对前期已发布公告的4宗地块明确其全部试点采用“限房价、竞地价”的交易方式挂牌出让。这是北京市落实“9·30”新政的首批试点地块。根据《补充公告》，这4宗地块均设定合理土地上限价格，当竞买报价达到合理土地上限价格时，则不再接受更高报价，转为在此价格基础上，通过现场竞报企业自持商品住房面积的方式确定竞得人。企业自持的商品住房将全部作为租赁住房，不得销售。此次《补充公告》还首次提出投报高标准商品住宅建设方案的竞买方式。根据竞买规则，竞投自持面积比例达到100%的开发商要在现场竞投日后的第10个工作日递交投报的高标准商品住宅建设方案。由专家组成的评选委员会将对这些方案进行评分，评分的标准包括：绿色建筑星级、装配式建筑实施比例、其他节能环保技术应用、规划建设方案、企业自持商品住房运营方案等。

十一月

11月2日，市规划国土委总工程师丁晓主持召开会议，协调推进相关高校用地手续办理工作。市教委、北京邮电大学、中央民族大学、北京化工大学、中国人民大学、北京师范大学、北京工商大学、北京信息科技大学、北京城市学院、北京电影学院和市规划国土委相关处室参加会议。会议听取各高校项目用地手续办理情况及问题的汇报。市规划国土委结合“一会三函”等最新政策，有针对性地提出解决方案和建议。

11 月 4 日，市政府副秘书长张维主持召开闲置土地认定联席会议，会议对 20 宗涉嫌闲置项目用地进行讨论研究，对项目闲置原因进行认定。会议要求各区政府和相关职能部门共同研判，结合历史情况、非首都功能疏解及房地产调控等，规范闲置原因认定标准，优化处置方案，明确落实时限，进一步完善闲置土地处置工作。市规划国土委、市发展改革委、市住房城乡建设委、市园林绿化局、东城区政府、西城区政府、朝阳区政府、石景山区政府、大兴区政府、昌平区政府、怀柔区政府等有关单位负责同志参加会议。

11 月 10 日，市规划国土委主任魏成林主持召开专题会议，研究讨论村庄地籍调查试点工作情况及下一步工作安排。副主任李军及委办公室、地籍处、登记处、耕保处、法制处、权籍中心、登记中心参加会议。会议听取北京市农村村庄地籍调查试点整体工作完成情况及下一步工作安排的汇报。原则同意地籍处关于农村村庄地籍调查试点工作的汇报意见。魏成林和李军就下一步具体工作提出要求。

11 月 17 日，埃塞俄比亚的斯亚贝巴市土地综合利用信息中心代表团一行 5 人来市规划国土委就信息系统建设与维护、土地资源综合利用及城镇建设用地科学布局等方面内容进行考察交流。代表团实地调研市规划国土委信息中心建设情况，了解信息系统硬件设施及运维方式，并与信息中心、规划处、耕保处、土地利用处等相关部门人员进行座谈。

11 月 17 日，财政部监督检查局副局长王振东、财政部驻北京专员办副专员潘风华等赴门头沟国土分局督导专项检查工作。副主任李军和财务处及门头沟分局相关人员就非税收入收缴管理情况进行交流。财务处汇报市规划国土委近年来非税收入收缴整体情况，并就工作中存在的难点和下一步的工作设想提出建议。门头沟国土分局详细汇报辖区内建设项目用地预审、集体土地征收工作、矿产资源补偿费收缴、矿山管理和执法巡查工作等情况。王振东肯定市规划国土委非税收入收缴工作，介绍前期全国非税收入检查开展情况，希望做到以检促改，从规范程序入手，进一步完善工作机制，确保非税收入应缴尽缴、及时入库，充分发挥首都示范功能，为其他省市做好表率引领。门头沟区区委常委、常务副区长陈国才，市财政局副巡视员张宏宇参加会议。

11 月 23 日，国土资源部信息中心副主任魏铁军、调控和监测司处长曹清华等一行赴市规划国土委就自然资源管理体制改革等方面的内容进行座谈交流。总工程师丁晓出席并主持座谈会。办公室、研究室、法制处、人事处、调控和监测处、规划处、总体处、地籍处、不动产登记处、勘储处、矿开处、不动产登记中心、权籍中心相关领导参加会议。丁晓及相关处室就市规划国土委成立的背景和职能调整情况、土地利用规划和城乡建设规划编制调整情况进行介绍；就自然资源资产管理体制及监管体制改革、中央和地方政府分级代理行使全民所有自然资源资产所有权职责等方面提出工作建议。魏铁军希望市规划国土委在机构改革过程中进一步强化国土资源管理职能，同时表示部信息中心将在信息化和自然资源管理等方面加强与市规划国土委的合作研究。

11月22日，市规划国土委土地利用处与土地利用中心共同召开2016年土地利用管理工作会，各国土分局土地利用主管领导及相关负责人以及委相关处室、中心负责人参加会议，市规划国土委副主任谢俊奇出席会议并讲话。会议通报2016年土地利用相关工作情况及2017年重点工作思路、国土资源部土地市场动态监测监管情况及近期会议精神、贯彻落实《关于进一步加强土地利用管理工作的通知》情况，并对国土资源部《关于印发<产业用地政策实施工作指引>的通知》相关内容进行宣传贯彻。东城分局就土地利用日常工作中的创新举措和宝贵经验进行典型发言。谢俊奇对2016年的土地利用工作成效予以肯定，从审批管理、批后监管、基础性工作三个方面部署2017年的工作。

11月23日，市规划国土委委员陈一昕带领矿开处对密云固体矿山开发利用和安全生产情况，及密云打击非法开采工作情况进行现场检查，听取密云分局和矿山企业汇报。明确要求密云分局要加强对矿山企业的监督管理，对非法开采要持续保持高压态势，决不能放松，发现一起，查处一起，防止反弹。要求矿山企业依法开采，认真履行安全生产的主体责任，避免生产安全事故的发生。

11月25日，北京市印发《北京市不动产登记工作规范（试行）》。《规范》主要对登记权利种类、职责分工、基本原则及各环节办理业务的一般性标准等内容进行规定，明确原有证书有效原则和实施日期，规定不动产登记申请等文书格式。《规范》将于2017年1月1日起正式实施。

11月30日至12月2日，市规划国土委、市地质矿产勘查局、天津市国土资源和房屋管理局、天津市水务局、河北省国土资源厅、山东省国土资源厅和河南省国土资源厅，在北京市召开华北平原地面沉降防治省际联席会第二次会议。会议通报近年来“三省两市”地面沉降防治工作情况，认为“三省两市”的地面沉降形势依然十分严峻，南水持续供应华北地区，为本区域地面沉降防治工作迎来新机遇。今后，华北地区应抓住机遇，通过开展“地面沉降防治区划”“地下水禁限采区划定”“地下水回灌”等方面的一批项目，切实推进新形势下华北地区地面沉降防治工作。参会单位共同签订华北平原地面沉降联防联控工作补充协议，要求华北地区应进一步加强区域地面沉降联防联控工作，同步推进新形势下地面沉降防治工作，研究制订区域地面沉降防治规划。参会单位还考察北京市天竺地面沉降监测站和高丽营地裂缝监测站，交流相关监测、研究和防治工作经验。

十二月

12月1日，市规划国土委主任魏成林主持召开北京市土地规划调整完善暨永久基本农田划定工作推进会。会议通报全市永久基本农田划定工作进展情况，进一步强调国土资源部和农业部的相关工作要求，听取各区划定工作进展情况及存在问题。参会13个区主管区长均表示将按要求全力以赴落实好永久基本农田划定工作。魏成林强调：一是各区要统一思想，深刻领会两部永久基本农田划定工作的部署要求，严格遵循“大稳定、小调整”的原则，杜绝随意调整已有基本农田布局；二是切实改变“以占定划”观念，牢固树立“以保定划”“以划定占”理念，优先划定基本农田保护红线，切实落实北京市城乡建设用地减量化要求；三是各区政府要充分发挥划定工作主体责任作用，各区国土分局和农业主管部门作为具体实施部门，应在区政府的统一组织领导下倒排工期，抓紧推进，确保按时保质保量地完成好全市永久基本农田划定工作。

12月2日，市规划国土委副主任师宏亚主持召开北京市2016年度国有建设用地供应调度会。市相关部门、各区政府主管领导，区规划、国土部门负责同志参会。会议通报北京市2016年度1-10月国有建设用地供应计划执行情况，对明年的计划编制提出相关要求；各区政府分组梳理汇报12月份拟供地项目具体情况及加大土地供应的措施。师宏亚就进一步加大国有建设用地供应力度提出具体要求。

12月2日，市农村集体经营性建设用地入市试点工作领导小组印发《北京市农村集体经营性建设用地入市试点不动产登记办法（试行）》，对入市试点中不动产登记的基本原则、登记程序、相关要求及申请要件等内容进行规范，为完善入市地块的不动产权利及权能提供有力保障。

12月7-18日，市规划国土委分三期组织召开市不动产登记工作规范培训会，对全市不动产登记工作人员1100余人进行培训。副主任谢俊奇出席开班动员会并讲话。培训会就不动产登记工作规范起草情况，工作规范总则、分则，档案查询及继承、遗赠工作程序相关内容做详细解读，明确工作程序和要件标准，为全市不动产统一登记工作顺利开展提供相应保障。

12月15日，市规划国土委委员周旭峰带队赴通州区对该区的土地执法工作情况进行调研，执法总队队长孙龙广、通州区副区长张德启、通州分局局长靳京陪同参加调研。通州分局就目前土地执法监察工作中的视频监控、国土所建设等重点事项作详细汇报。周旭峰就其中较突出的问题进行详细询问了解，对存在的困难予以指导，并对分局

土地资源管理

土地资源概况

【辖区范围】

北京市是中华人民共和国首都，全国政治文化中心，也是全国交通运输枢纽。地理坐标是，南起北纬 39°28′，北到北纬 41°05′，西起东经 115°25′，东至东经 117°30′。市域北接滦平、丰宁、赤城和承德等县（市）；西临怀来、涿鹿等县（市），南临涞水、涿州、永清、固安、廊坊及天津市的武清等县（市）；东与大厂、香河、三河、兴隆和天津市的蓟县等县（市）为邻。

北京市位于华北平原西北隅，地势西北高，东南低，海拔最高处 2303 米，最低处仅为 10 米。西部山地属太行山脉；北部山地属燕山山脉，北部与内蒙古高原相连；东北与松辽大平原相通，东南面向华北平原，距渤海仅约 150 公里，往南与黄淮海平原连片。北京平原的海拔高度在 20 至 60 米，山地一般海拔 1000 至 1500 米，与河北交界的东灵山海拔 2303 米，为北京市最高峰。境内主要河流有永定河、潮白河、北运河、拒马河、泃河等，均属海河水系，其中永定河斜贯本市西南部，是北京地区的最大河流。

北京市下辖 16 个区，截至 2015 年 12 月 31 日，北京市土地调查总面积 1640616.06 公顷。按照“三大类”分类，其中农用地 1147831.24 公顷，占 69.96%；建设用地 357049.02 公顷，占 21.76%：未利用地 135735.80 公顷，占 8.28%。按照国标《土地利用现状分类》，其中耕地 219326.49 公顷，占 13.37%；园地 134857.89 公顷，占 8.22%；林地 737078.88 公顷，占 44.93%；草地 85066.77 公顷，占 5.19%；城镇村及工矿用地 304393.05 公顷，占 18.55%；交通运输用地 47062.78 公顷，占 2.87%；水域及水利设施用地 78304.28 公顷，占 4.77%；其他土地 34525.92 公顷，占 2.10%。

土地利用现状面积详见表 3-1。

表 3-1　　2015 年度北京市土地利用现状汇总　　单位：公顷

行政区域		土地调查面积	耕地（01）	园地（02）	林地（03）	草地（04）	城镇村及工矿用地（20）	交通运输用地（10）	水域及水利设施用地（11）	其他土地（12）
名称	代码									
北京市	110000	1640616.06	219326.49	134857.89	737078.88	85066.77	304393.05	47062.78	78304.28	34525.92
东城区	110101	4182.04	0	0	0	0	4182.04	0	0	0
西城区	110102	5033.13	0	0	0	0	5033.13	0	0	0
朝阳区	110105	45478.12	2528.58	658.99	3442.55	12.1	34140.49	2235.02	2088.94	371.45
丰台区	110106	30552.63	2127.05	756.73	4198.46	78.47	19231.37	2737.71	1227.65	195.19
石景山区	110107	8438.21	66.58	65.45	2362.27	6.8	5390.69	221.19	308.87	16.36
海淀区	110108	43076.87	2014.38	2527.93	10349.47	47.06	24480.12	1559.35	1664.35	434.21
门头沟区	110109	144785.16	877.71	5173.17	100441.28	22977.86	8172.17	1467.19	1457.34	4218.44
房山区	110111	199472.67	24919.73	15678.74	60574.8	45527.05	31165.9	5169.18	6979.7	9457.57
通州区	110112	90579.21	33528.9	3450.26	7807.49	120.37	30281.35	4812.59	8577.86	2000.39
顺义区	110113	101950.63	33598.84	4924.11	15169.12	1739.09	28607.57	7235.6	7621.69	3054.61
昌平区	110114	134246.74	11601.44	12565.16	63249.54	1440.37	34218.18	5141.34	4137.55	1893.16
大兴区	110115	103633.66	40561.33	8062.42	6404.52	327.45	34884.42	4163.36	6600.76	2629.4
怀柔区	110116	212282.33	10030.46	17661.82	162666.7	1643.35	10587.03	2936.93	4821.48	1934.56
平谷区	110117	94824.04	11707	23389.8	34859.61	6115.73	10495.74	2578	4040.22	1637.94
密云区	110228	222592.14	17447.8	29307.08	130058.26	2295.34	14053.99	3263.51	22368.5	3797.66
延庆区	110229	199488.48	28316.69	10636.23	135494.81	2735.73	9468.86	3541.81	6409.37	2884.98

土地利用规划

【专项规划编制】

年内，根据《国土资源部关于印发全国土地利用总体规划纲要（2006—2020年）调整方案的通知》(国土资发〔2016〕67 号）（以下简称《调整方案》）、《国土资源部办公厅关于做好土地利用总体规划调整完善工作的通知》（国土资厅函〔2016〕1069 号）有关要求，会同市发展改革委、市农委、市农业局、市园林绿化局、市水务局、市环保局等相关部门，结合城市总体规划修改、多规合一及农业生产空间划定等重点工作，形成《北京市土地利用总体规划（2006—2020 年）》市级指标调整方案，并上报市政府（市规划国土文〔2016〕285 号）审核批准，待市政府同意后，以市政府名义将市级指标调整方案上报国务院审批。

国土资源部采纳北京市制定的“两减一增”的土地利用总体规划调整战略(即主动削减建设用地、务实核减耕地和基本农田、不断增加绿色空间)，同意北京市因生态建设需要相应核减 2020 年耕地保有量和基本农田保护面积指标，分别从 322 万亩和 280 万亩核减为 166 万亩和

150万亩，核减比例将近一半；同时，将北京市2020年建设用地总规模从3817平方公里核减为3720平方公里（具体调整情况见表3-2和表3-3）。

表3-2　　北京市土地利用总体规划（2006-2020年）有关指标调整情况

单位：万公顷

指标	原规划指标	2014年现状	调整后指标
耕地保有量	21.47	22	11.07
基本农田保护面积	18.67	18.67	10
园地	14.39	13.51	14.39
林地	71.76	73.75	79
牧草地	0.2	0.02	0.02
建设用地总规模	38.17	35.55	37.2
城乡建设用地规模	27	29.07	28
城镇工矿用地规模	19.7	17.39	19
交通水利及其他建设用地规模	11.17	6.48	9.2
新增建设用地规模	8.19	—	8.19
新增建设占用农用地	6.39	—	6.39
建设占用耕地规模	3.99	—	2.1
整理复垦开发补充耕地义务量	3.99	—	2.1（1为实际补充量，剩余1.1由国家统筹解决）
国家整理复垦开发重大工程补充耕地规模	—	—	—
人均城镇工矿用地（平方米）	120	104.82	100

表3-3　北京市报国务院审批城市土地利用总体规划（2006-2020年）有关指标调整情况

指标		北京市
耕地保有量（万公顷）	原规划指标	21.47
	2014年现状	22
	调整后指标	11.07
基本农田保护面积（万公顷）	原规划指标	18.67
	2014年现状	18.67
	调整后指标	10

续表 3-3

指标		北京市
建设用地总规模（万公顷）	原规划指标	38.17
	2014 年现状	35.55
	调整后指标	37.2
城乡建设用地规模（万公顷）	原规划指标	27
	2014 年现状	29.07
	调整后指标	28
中心城区建设用地规模（万公顷）	原规划指标	7.78
	2014 年现状	9.05
	调整后指标	8.18
人均城镇工矿用地（平方米）	原规划指标	120
	2014 年现状	104.82
	调整后指标	100

积极推进北京市区、乡两级土地利用总体规划调整完善工作，相继完成区、乡土地规划调整方案编制要点、规划数据库标准和制图规范初稿。在报市政府审定的土地利用总体规划市级指标调整方案基础上，研究制定区级指标分解方案，上报市政府审批（市规划国土文〔2016〕305号），待市政府批准同意后下发到各区（具体指标分解情况见表 3-4）。

表 3-4　《北京市土地利用总体规划（2006-2020 年）调整方案》区级主要调控指标

	基本农田保护面积（万亩）	耕地保有量（万亩）	建设用地总规模（平方公里）		
			总计	城乡建设用地规模	交通水利及其他建设用地规模
东西城区	—	—	92	92	0
朝阳区	1.4	1.55	306	269	37
海淀区	1	1.11	270	227	43
丰台区	0.6	0.66	218	173	45
石景山区	—	—	64	57	7
大兴区	27	29.88	393	296	97
通州区	18	19.92	338	275	63
顺义区	23.7	26	354	277	77

续表 3-4

	基本农田保护面积（万亩）	耕地保有量（万亩）	建设用地总规模（平方公里）		
			总计	城乡建设用地规模	交通水利及其他建设用地规模
昌平区	7	7.75	398	262	136
房山区	18.3	19.92	364	282	82
门头沟区	0.5	0.55	97	70	27
平谷区	10.8	11.62	130	104	26
怀柔区	6.2	6.64	142	96	46
密云区	16.2	17.7	245	132	113
延庆区	20.8	22.7	153	88	65
预留机动指标	—	—	156	100	56
总计	151.5	166	3720	2800	920

按照国土部《关于开展第三轮矿产资源规划编制工作的通知》（国土资发〔2014〕35号）要求和部署，进一步修改完善《北京市矿产资源规划（2016-2020年）》初稿，建立矿产资源规划数据库，开展规划方案、环境影响评价报告和专题研究的编制与论证工作，并广泛征询各方面意见。《北京市矿产资源规划（2016-2020年）》成果已通过专家评审，并按专家及各方面意见进行修改完善。

【开展建设领域改革，推动“两图合一”工作】

年内，按照城市规划建设管理体制改革专项小组制定的重点任务分工，以加强“两规合一”为抓手，配合总体处、规划院积极研究土总规调整完善工作中建设用地相关指标的调整制定工作。搭建“两图合一”工作平台和两规衔接长效机制。多次与规划部门进行土地分类标准的对接、认定，形成《北京市两规合一规划校核工作说明》，已发各区开展区级层面校核工作。统筹研究、共同开展城市增长边界和永久基本农田红线的划定工作。

【永久基本农田划定】

年内，为落实《国土资源部农业部关于划定基本农田实行永久保护的通知》要求，在去年北京市全面推开永久基本农田划定工作的基础上，加大全市永久基本农田划定工作的推进力度。会同市农委、市农业局，按时完成国土资源部和农业部下达北京市32.55万亩城市周边永久基本农田图斑进行逐地块核实举证工作。按时完成各级永久基本农田划定方案编制和论证审核工作，市级永久基本农田划定方案已通过国土资源部和农业部的论证审核。全市区、乡永久基本农田划定方案已通过市规划国土委、市农委和市农业局论证审核工作。

【土地利用规划实施管理】

建设用地预审。年内，北京市共批复用地预审项目 720 件，用地总面积 8733.75 公顷，同比 2015 年减少 9.18%。其中农用地约 3584.15 公顷（其中耕地 1657.41 公顷），占 41.03%；建设用地约 4904.24 公顷，占 56.15%；未利用地 245.36 公顷，占 2.80%。按预审项目用途分类，储备用地 2937.52 公顷，占 33.63%；公共管理与公共服务用地 1389.36 公顷，占 15.90%；交通运输用地 2324.40 公顷，占 26.61%；住宅用地 1827.70 公顷，占 20.92%；水域及水利设施 60.60 公顷，占 0.69%；工矿仓储用地 44.69 公顷，占 0.51%；商服用地 143.40 公顷，占 1.64%；特殊用地 5.81 公顷，占 0.07%。

【优化审批工作，推进重点项目落地】

为贯彻落实国土资源部相关文件精神，进一步改进和优化建设项目用地预审工作，转发国土部《建设项目用地预审管理办法》（第 68 号令）和《关于改进和优化建设项目用地预审和用地审查的通知》（国土资规〔2016〕16 号），并对用地预审的有效期和自有用地取消用地预审等事项进行规范。会同市水务局、市发改委等部门及委内相关处室共同研究，就水务工程用地预审手续的办理形成初步意见。研究起草《北京市规划和国土资源管理委员会关于按照“一会三函”工作流程办理用地预审有关事项的通知》，以出具用地意见函复的方式，解决“一会三函”工作流程中无法办理用地预审的问题。

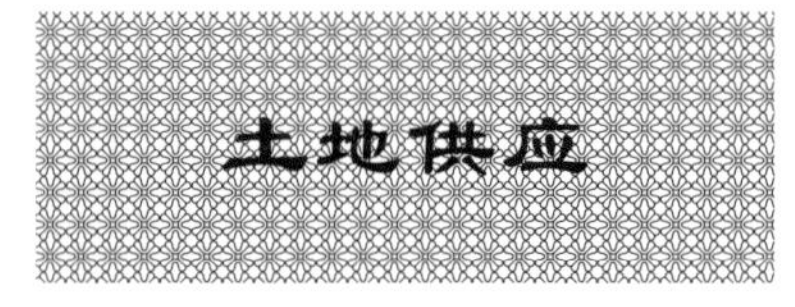

【年度土地供应计划编制】

按照“五位一体”总体布局和“四个全面”战略布局，牢固树立和贯彻落实创新、协调、绿色、开放、共享的发展理念，准确把握新时期首都战略定位，主动适应首都经济发展新常态，积极推动京津冀协同发展，统筹“功能疏解、人口控制、用地减量、空间优化”的目标任务，努力打造国际一流的和谐宜居之都，努力实现“十三五”良好开局，保障首都经济社会持续稳步发展的合理用地需求，按照《国有建设用地供应计划编制规范》（试行）（国土资发〔2010〕117 号）要求，结合《北京城市总体规划（2004-2020）》《北京市土地利用总体规划（2006-2020 年）》和市政府 2016 年度工作部署，市国土局会同市发展改革委、市规划委共同编制 2016 年度国有建设用地供应计划，并印发《关于印发北京市 2016 年度土地供应计划的通知》（京国土调〔2016〕145 号）正式公布实施。

全年北京市国有建设用地计划供应总量 4100 公顷，其中新增建设用地控制在 1850 公顷以内，鼓励和引导利用存量建设用地 2250 公顷。

全年土地供应总量按用途类型分：交通运输用地 1600 公顷，水域及水利设施用地 70 公顷，特殊用地 30 公顷，公共管理与公共服务用地700公顷，工矿仓储用地100公顷，住宅用地1200公顷，商服用地400公顷。

全年土地供应总量按空间结构分，严格落实“城六区、平原、山区”的区域功能定位，城六区的土地供应量不高于全市土地供应总量的20%，平原土地供应量不低于全市土地供应总量的65%，山区土地供应量不高于15%。优化城市区域功能，统筹区域发展，形成城市功能由中心城和新城共同支撑的格局，规划新城范围内土地供应量占土地供应总量的70%以上，其中，重点新城规划范围内土地供应量约占土地供应总量的30%。

【年度供应计划实施】

保障性安居工程用地仍“应保尽保”，全年北京市供应各类保障性安居工程用地366公顷，完成计划的105%。

产业用地供应在严格执行科技创新战略的前提下，优选新增产业项目，盘活存量项目供地，产业用地供应178公顷，完成计划的89% 。

保障公共管理和公共服务、商服等用地供应。公共管理和公共服务用地供应639公顷，完成供应计划的91%、商服用地供应317公顷，完成供应计划的79%，满足环境治理、基础能源设施建设、通州副中心建设等重点项目用地需求。

交通运输等基础设施用地供应受新机场建设进度调整等影响，供应526公顷，完成供应计划的33%。

北京市商品住宅用地供应主动适应非首都功能疏解，服务于人口调控目标，服从房地产调控要求，采取谨慎收紧的措施。商品住宅用地供应103公顷，完成计划的12%，主要原因：其一，年初商品住宅用地计划指标由已审议的450公顷按照国土部要求调整到850公顷，指标调整较大；其二，北京作为本轮房地产调控的热点城市，为避免出现“地王”，供应总量与进度谨慎收紧；其三，土地储备过程中征地难、拆迁难的问题越来越突出，致使土地一级开发周期延长，达到可供应标准的地块逐年减少。

地价监测

【地价监测】

自2001年以来，我国逐步建立城市地价动态监测体系，北京市作为国家首批地价监测城市之一，监测工作已开展16年。2008年，根据国土资源部《关于进一步加强城市地价动态监测工作的通知》（国土资发〔2008〕51号）要求，进一步夯实基础性工作，重新划定监测范围和地价区段，布设标准宗地，按照“政府主导、市区联动、协会监督、专业实施”四位一体的组织管理模式开展工作。北京市地价动态监测分国家级监测范围及市级监测范围，国家级监测范围为城市中心区居住、商业及工业集聚区内的工业三种用途，市级监测范围为十一个规划新城为主的区县城区内居住、商业以及全市范围内办公用途。

年内，北京市总计监测标准宗地465宗，其中，国家级监测范围内标准宗地共276宗（居住97宗、商业94宗、工业85

宗），市级监测范围内标准宗地共189宗（居住39宗、商业31宗、办公119宗）。

年内，北京市共63家评估机构230名注册土地估价师、20名专家参与地价监测工作，召开4次“地价形势分析和工作布置大会”、5次“地价监测专家会商会”。每宗地由两名估价师背对背独立工作。估价师完成标准宗地的地价信息和相关信息的采集，累计完成3720份宗地评估报告。

年内，加密规划新城等郊区监测标准宗地布设，增加138宗标准宗地，重点布设在近年发展较快的区，突出通州区等地价监测意义。增加标准宗地数量后，监测成果将更准确地体现首都功能疏解后北京各区的地价动态变动，监测成果更精细化。

上线“北京市地价监测信息采集与管理系统”。系统面向估价专业人员、技术实施单位和主管部门提供地价监测信息统一采集、上传、测算和统计分析环境，构建北京市地价监测信息采集与管理系统，从而建立与国土部实施数据对接的地价监测体系，全面提升北京市地价监测工作的信息化水平，为北京市基准地价成果动态更新提供全面的数据支撑和技术支撑，增加地价信息的公开和透明度。

中国土地勘测规划院授与北京市在2015年度105个国家级地价动态监测城市年度工作综合评比中成绩优秀奖，表彰北京市在近年来地价监测工作方面的成绩。

【主要成果】

根据《城市地价动态监测技术规范》（TD/T1009—2007）2016年北京市国家级监测范围内地价监测结果见表3-5、表3-6：

表3-5　国家级监测范围各用途增长率（季度）

土地用途	2016年一季度	2016年二季度	2016年三季度	2016年四季度
居住	4.54%	4.48%	4.79%	5.32%
商业	2.93%	1.95%	2%	2.15%
工业	1.48%	1.41%	1.97%	1.57%
平均	4.09%	3.85%	4.12%	4.56%

表3-6　城市地价动态监测指数（年度）

年度	2015年	2016年
全市平均水平	333	392
一、住宅用地	459	553
二、工业仓储用地	249	266
三、商业、旅游、娱乐用地	277	302

土地储备

【土地一级开发】

受国务院《关于加强地方政府性债务管理的意见》（国发〔2014〕43号）及京津冀协同发展有关工作要求影响，经商相关委办局并请示国土部，本年度储备开发计划初稿编制完成后并未公布实施。

年内，北京市完成土地储备开发460.81公顷；土地储备开发实现投资约437.69亿元；新增土地储备开发项目4个，面积约158公顷。

2月，财政部、国土资源部等四部委联合印发《关于规范土地储备和资金管理等相关问题的通知》（财综〔2016〕4号），提出规范土地储备行为，调整筹资方式，以及积极探索土地储备政府购买服务等要求。围绕落实上述要求，中心积极与财政部、国土部进行沟通，会同市财政局、人民银行营管部、北京银监局、部分区政府进行多次认真研究。联合市财政局上报市政府《关于进一步完善我市土地储备工作模式的请示》（市规划国土文〔2016〕157号）并获市政府批准，明确规范北京市土地储备行为，调整筹资方式，以及积极探索土地储备政府购买服务等事项，土地储备开发模式调整工作稳步推进。

【政府土地储备】

年内，新增收购储备项目3个，土地面积约35.35公顷。

【土地储备开发融资】

年内，全市新增土地储备专项债券410亿元，其中新增债券5亿元、置换债券405亿元；全市储备机构归还债务788亿元，其中银行贷款483亿元，保险资金210亿元，信托贷款95亿元。全市土地储备机构债务余额873亿元，其中银行贷款余额583亿元，保险资金290亿元。

【机构与职责】

北京市土地整理储备中心（简称储备中心）于2001年4月28日成立，编制100名，内设“七部一室”，即财务管理部、储备管理部、开发管理部、市场交易部、项目开发一部、项目开发二部、项目开发三部、综合办公室。

主要工作职责：承担全市土地储备开发、建立政府土地储备库和土地市场交易相关工作。

领导班子：

主任	曹　慧（女）
党总支书记	孙立钢
副主任	吕振库
副主任	燕新程
总经济师	黄永芳（女）
副主任	丁红梅（女）

【土地市场供应】

年内，北京市土地市场共成交经营性用地34宗，土地面积约413公顷（其中住宅用地约141公顷，商服用地约272公顷），建筑规模约589万平方米（其中住宅约293万平方米，商服约296万平方米），成交地价总额约922亿元。政府土

地收益约467亿元（含溢价约204亿元）

年内，全市累计完成保障性安居工程新增落实用地366公顷，完成计划指标的105%，各房型用地结构任务均超额完成。其中，公租房用地19公顷，棚改安置房用地118公顷，定向安置房用地148公顷，中央单位、军队部门保障房用地81公顷。

【国有建设用地使用权交易】

年内，北京市土地交易市场和10个远郊区、北京经济技术开发区土地交易分市场共成交土地47宗，土地面积约477.29万平方米，规划建筑面积669.59万平方米，成交价款929.99亿元，其中，政府土地收益468.62亿元。

表3-7　　2016年北京市国有建设用地使用权入市交易成交统计

交易地点	成交宗数	土地总面积（公顷）		规划建筑面积（万平方米）	成交价款（亿元）
		合计	其中建设用地		
市土地交易市场	34	412.78	388.81	589.21	921.59
远郊区土地交易市场	13	64.51	59.42	80.38	8.40
合计	47	477.29	448.23	669.59	929.99

【历年土地市场公开出让交易情况】

2001年至2016年，全市共有2033宗17839.23万平方米土地入市成交，成交价款为12697.84亿元，其中政府土地收益6189.29亿元。

表3-8　　2001-2016年北京市国有建设用地使用权入市交易成交统计

年度	成交宗数	交易类型			土地面积（公顷）		规划建筑面积（万平方米）	成交价款（亿元）	
		招标	拍卖	挂牌	合计	其中建设用地		合计	其中政府收益
2001	1	1	0	0	13.97	13.97	14.14	3.17	0.59
2002	8	2	1	5	250.48	174.79	331.26	61.35	14.93
2003	48	3	1	44	201.7	158.7	277.87	49.14	19.05
2004	89	4	0	85	537.92	403.53	609.51	115.31	32.85
2005	50	2	0	48	357.39	242.12	451.97	117.51	39.31
2006	87	29	1	57	856.2	594.96	935.05	257.67	92.11
2007	85	41	0	44	897.92	600.63	1233.01	438.1	204.34
2008	184	26	0	158	1573.43	1110.19	1810.43	500.12	170.82
2009	250	20	1	229	1965.16	1385.27	2391.19	966.28	556.76
2010	280	81	0	199	3012.04	2070.15	3350.46	1677.27	948.05
2011	257	52	0	205	2044.54	1447.75	2481.32	1113.29	463.17
2012	169	27	0	142	1340.4	995.17	1722.22	670.61	238.09

续表 3-8

年度	成交宗数	交易类型			土地面积（公顷）		规划建筑面积（万平方米）	成交价款（亿元）	
		招标	拍卖	挂牌	合计	其中建设用地		合计	其中政府收益
2013	223	53	0	170	2118.64	1342.34	2448.74	1853.15	846.81
2014	141	16	0	125	1295.26	937.67	1663.01	1916.90	964.77
2015	114	10	0	104	896.89	714.57	1532.03	2027.98	1129.02
2016	47	7	0	40	477.29	448.23	669.59	929.99	468.62
合计	2033	374	4	1655	17839.23	12640.04	21921.8	12697.84	6189.29

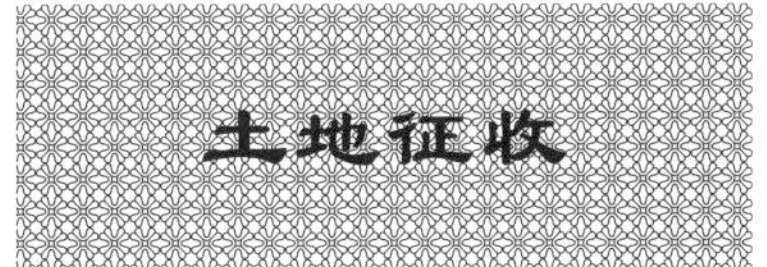

【统筹编报三年滚动土地利用计划】

为落实京津冀一体化发展战略，疏解非首都核心功能，严格控制新增建设用地，积极盘活存量土地，坚持最严格的耕地保护制度，年内，编制上报2016-2018年三年滚动土地利用计划，重点向保障性住房、生态环境整治等民生领域倾斜，优先保障交通、水利、能源等基础设施用地，合理安排新农村建设用地计划。

【保障重点工程项目落地】

年内，对北京新机场、北京城市副中心、怀柔科学城、冬奥会、世园会及相关配套工程实行全程跟踪服务，完成北京城市副中心、通州文化旅游区、中国人民大学东校区（通州校区）整建制转非安置、预留产业用地的报批工作，积极推进已经国土资源部批准先行用地的兴延高速公路征地手续申报工作，并对京沈客运专线、京张城际铁路主动进行协调，切实加快组织先行用地及正式用地申报前期工作，为北京市依法依规使用土地创造条件。

【推进征地多元化补偿安置调研】

年内，以深化土地征收制度改革为契机，进一步推进征地多元化补偿安置试点工作，加快制定征地多元化补偿安置指导性文件，规范征地多元化补偿安置机制，在对各区征地多元化补偿安置方式实际应用情况调研的基础上，借鉴外省市已有经验，形成征地多元化补偿安置的初步意见。

【征地信息公开平台正式对外运行】

年内，北京市征地信息公开平台于1月正式运行，通过市规划国土委网站“集体土地征收及农用地转用”栏目，对社会主动公开2008年以来已批准征地及农用地转用项目涉及的政府批准文件、一书四方案、征地补偿安置协议、征地补偿安置公示、征地公告、征地结案共6项信息，最大限度地方便群众快速查找，实现市、区征地信息高度融合共享和统一管理，进一步增强政府在征地工作中的公信力和执行力。

【征地及农用地转用审批情况】

年内，国务院及北京市政府共审批征地及农用地转用总用地面积约1652公顷，涉及新增建设用地约902公顷，其中农用地约843公顷，耕地约440公顷。

耕地保护

【耕地保护责任目标履行情况】

年内，开展市政府与区政府之间年度耕地保护目标管理责任书签订工作。印发《关于抓紧开展年度耕地保护目标管理责任书签订工作的函》（京国土耕函〔2016〕579号），完成13个区政府主要领导和市政府主要领导签署责任书工作。

责任书的内容包括：各区的耕地保有量、基本农田保护面积、土地整治新增耕地任务、耕地占补平衡和占用耕地的违法用地案件查处情况等内容。此外，在往年内容基础上，今年对年度土地整治新增耕地任务分解下达各区。

【耕地占补平衡】

年内，为促进北京市重点建设项目落地，积极采取措施，多途径破解耕地占补平衡问题。本着市、区各层面推进，各部门联动，各环节衔接的原则，从争取国家统筹政策支持、后备资源调查、增减挂钩试点、下达新增耕地任务、签订责任书、推进在施项目等多种措施并举提高解决占补平衡的能力。

一是提前谋划，积极申请国家政策支持。针对重大交通基础设施等项目，北京市多次向国土资源部沟通汇报，积极申请国家政策支持，全力推进重大项目落地。6月，国土资源部同意由国家统筹解决北京新机场、城市副中心及18条京津冀交通基础设施等25个重大项目补充耕地指标3352公顷（约5万亩），并已上报国务院。

二是摸清底数，深入开展宜耕后备资源调查。全面查清全市耕地后备资源情况，北京市后备资源宜耕面积约2万亩、可复垦建设用地约20万亩，做到地块图斑、现状图、数据库三统一，并将底图、数据下发各区，各区已依据此成果开展土地整治规划及项目实施等工作。

三是挖潜存量，促进减量，积极开展城乡建设用地增减挂钩试点。为解决建设用地复垦难度大的问题，印发《北京市城乡建设用地增减挂钩试点管理办法》，指导督促各区开展增减挂钩试点，缓解占补平衡压力，同时促进北京市建设用地减量发展。

四是下达土地整治新增耕地任务。为促进全市补充耕地指标的可持续性，根据各区耕地后备资源等情况，下达年度土地整治计划，明确各区应完成的新增耕地指标任务量，要求各区政府采取有效措施，组织落实土地整治项目，为北京市重大建设项目落地创造有力条件。

五是签订耕地保护目标责任书。为确保下达任务的有力落实，将土地整治任务及新增耕地指标任务纳入北京市耕地保护目标管理内容，组织各区政府与市政府签订《耕地保护目标管理责任书》，督促各区政府切实落实耕地保护责任并及时完成土地整治任务。

六是加大土地整治实施力度。下放土地整治项目立项权限，及时督促各区政府加快推动在施土地整治项目建设和验收进度，加快新增耕地形成；印发《关于加快推进土地综合整治项目整改的意见》（京国土耕函〔2016〕637号），为解决平原造林占用土地整治项目范围、历史遗留等问题提供有力解决方案和政策指导。截至年底，全面完成国土资源部下达的112万亩“十二五”高标准基本农田建设任务。

七是严格落实耕地占补平衡。印发《关于预审阶段做好补充耕地安排有关事宜的通知》，引导非农建设项目选址避让耕地和基本农田，不占或少占耕地，切实落实补充耕地任务。研究拟定《关于进一步加强我市耕地保护落实占补平衡加快推进建设项目进度有关意见》，完善北京市耕地占补平衡管理机制。2016年共批准占用耕地建设项目共计83个，总用地面积约1313公顷，占用耕地约390公顷，全部落实耕地占补平衡，为北京市重点基础设施建设及民生工程项目及时落地提供有力支撑。

【土地整治】

年内，完善管理模式，加快推进土地整治项目。进一步规范土地整治立项、实施及验收管理。制定印发《北京市国土资源局关于加强土地整治工作的意见》（京国土耕函〔2016〕523号）和《北京市国土资源局关于加快推进土地综合整治项目整改的意见》（京国土耕函〔2016〕637号），进一步明确管理职责，规范审批程序，细化工作要求，为加快土地整治项目实施与验收提供制度保障。截至年底，全市验收土地整治项目31个，验收总建设规模21.80万亩，其中新增耕地面积1.28万亩。

下达年度土地整治新增耕地计划。为切实做好耕地保护工作，落实非农建设占用耕地占补平衡，实现北京市耕地数量不减少，质量有提升，印发《北京市国土资源局关于分解下达2016年土地整治新增耕地计划任务的函》（京国土耕函〔2016〕534号），同时将新增耕地计划任务纳入区政府年度耕地保护责任目标考核内容，要求各区加强领导，采取有效措施，强化土地整治项目补充耕地工作。

开展建设占用耕地耕作层土壤剥离利用。积极指导各分局按照《关于开展建设占用耕地耕作层土壤剥离利用工作的函》要求，开展建设占用耕地耕作层土壤剥离利用工作，北京新机场安置房（礼贤组团）建设占用耕地耕作层土壤剥离利用项目已经完成并通过验收。

指导海淀区开展创新土地整治规划机制的实施工作。一是指导海淀分局建立健全创新土地综合整治工作体系，做好建章立制工作。二是按照创新土地整治规划机制实施的思路及政策，积极推进海淀区土地整治规划实施，开展农用地整治及“一镇一园”的实施工作，推进海淀区土地的节约集约利用。

积极推进城乡建设用地增减挂钩工作。积极指导督促各区实施增减挂钩试点项目，解决耕地占补平衡，落实减量化发展。昌平、房山、海淀等区已启动城乡建设用地增减挂钩试点项目。积极研究增减挂钩与土地一级开发项目衔接中的实际问题，不断完善有关政策规定。开展政策业务培训，推进试点项目相关工作。

加快推进土地综合整治项目整改工作。按照土地督察及审计要求，积极研究政策措施，努力推进土地综合整治项目实施与整改工作。经与国土部有关司及督察北京局的多次沟通，起草并印发《北京市国土局关于加快推进土地综合整治项目整改的意见》（京国土耕函〔2016〕637号），在严格规范管理，落实耕地占补平衡规定的同时，也结合实际及北京功能定位，推进历史遗留土地综合整治项目的整改工作。

【集体建设用地管理】

年内，统筹协调推进农村土地制度改革试点工作（市政府折子工程86号）。研究拟定《北京市农村集体经营性建设用地入市试点办法》等配套政策。在深入调研和沟通协调基础上，研究制定《北京市农村集体经营性建设用地入市试点办法》《入市审核管理程序》等13项配套政策，明确入市主体、准入条件、入市途径、入市方式、土地用途、入市期限、审核管理、土地价格、抵押融资、收益分配、责任监管等内容，并通过郭金龙书记主持的市委全面深化改革领导小组会议和王安顺市长主持的市政府常务会审议后印发实施。

进一步完善入市配套政策。以《试点办法》为依据，研究制定试点民主决策程序、抵押融资、镇级联营公司自主开发集体经营性建设用地有关配套政策，明确历史遗留建设项目与入市试点对接的解决方案；结合不动产统一登记条例等规定，印发《北京市农村集体经营性建设用地入市试点不动产登记办法》；按照财政部、国土部关于土地增值收益调节金有关规定，积极研究制定增值收益调节金有关政策。

完成首宗集体经营性建设用地入市交易。以《试点办法》等试点政策为依据，对大兴区5个镇16个地块筛选比对后，确定西红门2号地B地块为入市首选地块，并于1月15日在北京市土地市场大兴分市场进行挂牌竞价会。10家公司经过67轮竞价，竞拍人北京赞比西房地产公司最终以8.05亿元成功竞得。

组织编制集体建设用地规划。坚持多规合一，综合考虑大兴经济社会、土地总规、城乡规划、生态、交通、环保等规划，实现城市规划向镇村全覆盖，北京市已批准《大兴区集体建设用地试点规划实施意见》。除榆垡、礼贤2个镇因新航城规划影响，北京市已批准黄村、瀛海、西红门、旧宫4个镇的镇级城乡统筹规划实施方案，北臧村、青云店、长子营等7个镇实施方案已通过技术审查。

完善入市实施主体的组建运行和民主决策程序。在研究制定《北京市农村集体经营性建设用地入市试点民主决策程序及实施主体组建运营管理暂行办法》的基础上，进一步细化完善实施主体组建运行程序、民主决策及决议、收益分配等内容。研究制定集体资产股权管理指导意见，建立健全股东登记台帐制度，进一步落实集体资产股权的占有、受益权，规范股权继承、转让的机制和流程，为增值收益合理分配奠定坚实基础。

全面筛选入市备选地块，做好入市地

块前期手续办理等工作。结合大兴区现有地块的区位条件、配套基础设施及地上物等现状情况，深入筛选比对地块情况，拟定年内入市备选地块。

积极探索专项金融产品，加大前期整治融资力度。已有5家金融机构围绕土地整治、建设、运营三个阶段，推出“土地整治贷款”“开发建设贷款”“产业运营贷款”及“商业用房按揭贷款”4款产品。年底，大兴区入市地块前期整治和项目贷款累计总金额已超过200亿元。规范土地增值收益调节金征收管理。根据财政部、国土资源部《农村集体经营性建设用地土地增值收益调节金征收使用管理暂行办法》（财税〔2016〕41号），进一步完善土地增值收益调节金征收和使用管理，规范征收基数、比例以及资金使用与监管。第一宗已入市地块的土地收益除分配给农民保既得收入，入市收益优先用于项目滚动发展。统筹推进两项改革试点任务。

组织编制和上报统筹协调推进北京市集体经营性建设用地入市与土地征收制度改革试点实施方案；组织开展改革试点任务中期评估，总结试点经验和做法，提出有关法律法规修改建议。

年内，统筹利用集体建设用地，做好相关管理。探索研究集体土地管理中的新问题。开展统筹利用集体建设用地试点，研究拟定《关于统筹利用集体建设用地政策的有关意见》，已经市政府专题会审议通过；对海淀北部集体产业园（一镇一园）项目、朝阳区小红门乡、将台乡绿隔产业用地项目等集体产业用地项目建设用地主体等相关问题进行研究，并提出解决方案；会同原市规委研究提出京昌路楔形绿地棚户区改造项目集体产业用地模式意见。

认真开展集体建设用地利用专项调研。开展《集体建设用地利用与耕地保护联动研究》自主调研课题研究，建立以建设用地利用与耕地保护之间的联动机制，通过统筹集约利用，使分散的耕地资源“联合起来”，切实强化耕地保护工作，提高耕地利用综合效益，已形成调研报告并上报；按照《国土资源部办公厅关于调研进城落户农民工宅基地使用权处置情况的函》（国土资厅函〔2016〕931号）有关要求，对北京市进城落户农民工宅基地的使用及其处置情况进行深入调查和研究，形成《关于调研北京市进城落户农民工宅基地使用权处置情况的报告》。

做好集体建设用地信访咨询答复和日常管理。依法办理信访、信息公开事项；审核办理农村公共设施和乡镇村企业占用现状农村集体建设用地项目8个。

【专项工作】

开展北京市2015年耕地质量等级年度更新评价与监测工作。按照国土资源部《关于部署开展2015年全国耕地质量等别调查评价与监测工作的通知》（国土资厅发〔2015〕17号）整体部署，继续组织开展北京市耕地质量等别调查评价工作。结合2013年年度耕地质量等别更新评价成果，以2014年土地利用变更调查耕地图斑为基础，进行年度变化耕地图斑的等别更新评价，形成与2014年土地利用变更调查耕地图斑相匹配的耕地质量等别数据库，保持耕地质量等别数据的现势性，服务于土地管理的日常工作。该工作成果已通过国土资源部组织的验收。

基本农田保护标志牌设立预算编制与工作任务下达。组织编制北京市永久基本农田划定保护标识牌设立可行性研究报告、标识牌设立项目预算申请工作。全市基本农田标识牌设立项目预算通过市财政评审中心的评审，市财政已将年度经费拨付给各分局。印发《关于我市基本农田保护标志牌设立工作有关事项的函》，全面部署标志牌设立工作。

积极配合审计部门开展工作。配合审计部门开展的王安顺市长经济责任审计工作。一是按照审计小组的要求提交耕地保护责任目标考核、耕地占补平衡、土地整治、高标准基本农田建设有关文件、台账及有关项目材料；二是积极沟通汇报各专项工作开展情况、任务落实情况。配合审计署京津冀特派办开展的北京市本年二季度贯彻落实稳增长等政策措施情况跟踪审计。

配合督察部门开展本年土地督察自查清理。一是按照国家土地督察北京局工作要求，赴相关区实地开展工作，重点是对耕地保护责任目标的落实情况、耕地保护的现状、土地开发整理工作的进展，以及农村集体建设用地使用等情况进行实地核查；二是按照督察部门要求，汇总填报有关耕地和基本农田保护的自查任务清单，进一步摸清耕地保护有关数据资料。三是印发《北京市农村工作委员会 北京市规划和国土资源管理委员会关于开展土地例行督察发现问题整改工作的函》，要求各区整改落实土地督察发现的问题。

组织开展耕地占补平衡调研和边补边占自查。依据国土资源部《关于开展耕地保护和耕地占补平衡有关情况调研的函》（国土资厅函〔2016〕593 号），组织各区开展相关调研和统计调查，撰写调研报告。落实《国土资源部办公厅关于开展承诺补充耕地落实情况检查的通知》（国土资厅函〔2016〕1621 号）有关要求，统一部署各区进行自查，全面梳理 2009 年至 2014 年期间重点建设项目边补边占补充耕地和 2015 年度以承诺方式补充耕地项目情况，系统分析在施土地整治项目存在的各类问题，提出工作推进计划和整改措施。

同步开展市、区两级土地整治规划编制工作。按照国土资源部整体部署，制定印发《北京市国土资源局关于开展区县级“十三五”土地整治规划编制工作的通知》（京国土耕〔2015〕504 号），开展区级土地整治规划编制工作。通过政府采购选定技术协作单位，开展北京市“十三五”土地整治规划编制工作。

按时保质保量完成人大代表和政协委员建议和议案办理。共办理北京市十四届人大四次会议人大建议和市政协十二届四次会议政协提案 16 件。其中主办 4 件，会办 12 件。

【集体建设用地使用权确权登记发证】

年内，及时向市政府汇报北京市集体

建设用地使用权确权登记发证工作开展情况及取得的成果，1月向市政府上报《关于北京市农村集体建设用地使用权确权登记发证工作情况的报告》（京国土籍〔2016〕17号）。同时组织开展集体建设用地使用权确权登记发证相关后续工作，重点完善集体建设用地使用权日常确权登记发证工作程序，加强工作成果的共享应用，为农村资产管理提供基础资料。

【农村村庄地籍调查试点】

在上年开展试点工作的基础上，3月份市农村土地确权登记颁证工作领导小组办公室对全市试点村的工作成果组织检查验收。北京市除东城、西城、石景山区的13个区的农村村庄地籍调查试点工作全部完成，共调查宅基地5163宗，调查面积1307548.12平方米（约130.75公顷）。年底会同北京市农村工作委员会向市政府上报《关于北京市农村村庄地籍调查试点工作情况及有关问题的意见》。

【权籍调查】

根据国土资源部《关于做好不动产权籍调查工作的通知》（国土资发〔2015〕41号）要求，进一步加大不动产权籍调查工作研究力度。2月制定并印发《北京市不动产权籍调查工作方案（试行）》（京国土籍〔2016〕61号），明确权籍调查的职责分工、调查程序及相关衔接工作；6月29日至30日组织召开全市不动产权籍调查工作培训会议，重点对工作实施要点、不动产单元设定与代码编制、不动产测量等五个专题分别进行详细讲解和培训，指导各区推进不动产权籍调查工作。

【土地权属纠纷调处】

积极稳妥处理土地权属纠纷调处工作，年内全市按照土地权属争议调查处理程序累计受理27件权属争议案件，办结19件，正在处理的8件，结案率为70.37%。同时为解决好涉及部队的有关土地确权问题，会同原市规划委、住建委等相关部门，查阅历史档案资料，办结“93704部队办理土地使用证问题”和“93615部队南苑营区建设审批问题”的人大建议。

【土地调查】

年内，全面完成北京市第二次全国土地调查工作。4月12至13日国务院第二次全国土地调查领导小组办公室在京组织召开第二次全国土地调查省级汇总成果验收会，北京市第二次全国土地调查省级汇总成果验收合格标志着北京市二次全国土地调查后续工作的全面完成。完成季度遥感监测工作，4月公开招标确定本年度变更调查与遥感监测项目承担单位，及时组织开展本年度第1、2、3季度新增建设用地季报和遥感监测工作；全面完成上年度变更调查工作，3至4月北京市内外业成果一次性通过国家组织的抽样核查，8月在全国变更调查汇总会上得到国家最终确认，9月向各区部署年度变更调查数据库，同时完成全市地籍区、地籍子区划分成果的上报工作。截至2015年12月31日，北京市土地调查总面积1640616.06公顷。按照“三大类”分类，其中农用地1147831.24公顷，占69.96%；建设用地357049.02公顷，占21.76%；未利用地135735.80公顷，占8.28%。按照国标《土地利用现状分类》，其中耕地219326.49公顷，占13.37%；园地134857.89公顷，占8.22%；林地737078.88公顷，占44.93%；草地85066.77公顷，占5.19%；城镇村及工矿用地304393.05公顷，占18.55%；交通运输用地47062.78公顷，占2.87%；水域及水利设施用地78304.28公顷，占4.77%；其他土地34525.92公顷，占2.10%。

不动产统一登记

【机构设置】

不动产登记处成立于2015年6月，其主要职责是负责指导监督本市土地登记、房屋登记、林地登记等不动产登记工作；会同有关部门起草不动产统一登记的地方性法规和规章草案，建立不动产统一登记制度，拟订不动产权属争议的调处政策；推进不动产登记信息管理基础平台建设。

现有人员5名，其中，正、副处长各一名，主任科员3名。

【政策制定】

年内，为规范登记行为，更好实施统一登记制度，起草完成《北京市不动产登记工作规范（试行）》。同时，为落实取消继承权公证书作为继承（受遗赠）不动产登记申请必要材料的政策变化，起草制定《北京市（继承）受遗赠不动产登记工作程序（试行）》。两个文件已于11月25日印发，并于12月上中旬开展三期培训，对全市不动产登记工作人员1100余人进行新规范的业务知识培训。

【信息化建设】

年内，做好升级和完善过渡期不动产登记信息系统功能的工作，实现接收存量房网签系统推送的非交易权属系统、非不动产登记系统发证房屋数据，增加登记部门核查、反馈数据的各项功能，为存量房房源核验职责分工的实现提供系统支撑。起草制定《北京市不动产历史登记档案整合工作方案》《北京市不动产登记历史数据整合工作技术方案》，完成全市不动产历史数据整合招投标工作。

【林权纳入统一登记进入实施阶段】

经过多次调研，全面了解原有林权登记情况，对原有发证档案进行摸底调查。12月6日，市规划国土委与市园林局联合印发《关于做好林权登记资料移交工作的通知》，下发《北京市林权登记资料移交工作方案（试行）》。方案规定资料移交工作目标、基本原则、移交范围与内容，并明确具体的工作要求和时间安排。12月20日，市规划国土委会同市园林局召开北京市林权登记资料移交工作部署会。至此，林权纳入统一登记正式进入实施阶段。

【两委联席会制度】

市规划国土委会同市住房城乡建设委建立疑难问题协商联席会制度，自统一登记后已召开过4期。市规划国土委作为登记工作牵头部门，积极收集上会议题，主动对接联席会成员单位。参会部门始终坚持及时沟通共同协商、积极履职依法行政和便民利民对接顺畅的原则，对日常工作中遇到的难点疑点重点问题进行集中商议，通过完善工作程序措施、出具职责部门认定意见以及建立部门间信息沟通机制等方式，对具体问题提出针对性解决措施。

地质矿产资源

矿产资源概况

北京市位于华北平原西北隅，总面积16410平方公里，其中山区面积10072平方公里。北京地区大地构造位置处于中朝准台地燕山台褶带中段，各时代地层除缺失下元古界、上元古界震旦系及古生界的上奥陶统至下石炭统，从太古界古老变质岩系直至新生界第四系均有沉积。地质构造演化漫长而复杂，成矿作用显著。地层出露良好，厚度大，沉积类型与沉积相比较复杂，生物化石繁多，沉积矿产丰富。

截止2016年底，共发现各类矿产127种（含亚矿种，下同），其中固体矿产121种，其他矿产6种。

【固体矿产资源】

全市查明资源储量并已编入《北京市矿产资源储量表》的固体矿产有67种354处矿产地（详见表3-9及附表1）。

表3-9　　北京市矿产种类统计

<table>
<tr><td colspan="2" rowspan="2">矿　类</td><td colspan="3">探明有资源储量并编入储量表的矿种</td><td colspan="2">已发现但尚未探明资源储量的矿种</td></tr>
<tr><td>名称及矿产地数</td><td colspan="2">矿种数</td><td>名称</td><td>矿种数</td></tr>
<tr><td colspan="2">合　　计</td><td>354</td><td colspan="2">67</td><td></td><td>60</td></tr>
<tr><td colspan="2">能源矿产</td><td>煤(29)</td><td colspan="2">1</td><td>地热、石油、天然气</td><td>3</td></tr>
<tr><td rowspan="2">金属矿产</td><td>黑色金属矿产(53)</td><td>铁(46)、锰(1)、铬(2)、钒(2)、钛(2)</td><td>5</td><td rowspan="2">19</td><td></td><td></td></tr>
<tr><td>有色、贵金属及稀有稀散元素矿产(63)</td><td>铜(8)、铅(7)、锌(9)、铝土矿(1)、钨(3)、铋(1)、钼(8)、镁(2)、铂(1)、钯(1)、金(14)、银(5)、镓(2)、镉(1)</td><td>13</td><td>镍、钴、锡、汞、锑、铑、铱、钌、锇、铌、钽、铍、锆、锶、铈、锗、铟、铊、铼、硒、碲、铀、钍</td><td>23</td></tr>
</table>

续表 3-9

<table>
<tr><th colspan="2" rowspan="2">矿　类</th><th colspan="2">探明有资源储量并编入储量表的矿种</th><th colspan="2">已发现但尚未探明资源储量的矿种</th></tr>
<tr><th>名称及矿产地数</th><th>矿种数</th><th>名称</th><th>矿种数</th></tr>
<tr><td rowspan="3">非金属矿产</td><td>冶金辅助原料非金属矿产(44)</td><td>红柱石(1)、普通萤石(1)、熔剂用灰岩(12)、冶金用白云岩(13)、冶金用石英岩(4)、铸型用砂(1)、冶金用脉石英(4)、耐火粘土(7)、铁矾土(1)</td><td>9</td><td rowspan="3">47</td><td>兰晶石、矽线石、堇青石</td><td>3</td></tr>
<tr><td>化工原料非金属矿产(43)</td><td>硫铁矿(3)、电石用灰岩(8)、制碱用灰岩(1)、含钾砂页岩(2)、含钾岩石(1)、泥炭(28)</td><td>6</td><td>磷、硼、重晶石、蛇纹岩</td><td>4</td></tr>
<tr><td>建筑材料及其它非金属矿产(122)</td><td>石棉(2)、石墨(2)、滑石(1)、长石(2)、叶腊石(1)、透辉石(3)、玉石(4)、水泥用灰岩(23)、建筑石料用灰岩(5)、制灰用灰岩(11)、泥灰岩(1)、玻璃用石英岩(1)、玻璃用砂岩(1)、水泥配料用砂岩(5)、建筑用砂(9)、砖瓦用砂(3)、水泥配料用脉石英(1)、天然油石(2)、陶粒页岩(3)、砖瓦用页岩(6)、水泥配料用页岩(2)、陶瓷土(3)、砖瓦用粘土(7)、水泥配料用粘土(6)、饰面用角闪岩(1)、饰面用辉长岩(1)、饰面用闪长岩(1)、铸石用辉绿岩(2)、建筑用花岗岩(1)、饰面用花岗岩(4)、饰面用大理岩(7)、饰面用板岩(1)</td><td>32</td><td>兰石棉、石膏、高岭土、蛭石、沸石、石榴子石、伊利石、累托石、海泡石、冰洲石、云母、电气石、方解石、方柱石、板岩、陶粒用粘土、白垩、砚石、光学水晶、熔炼水晶、压电水晶、刚玉、麦饭石、透闪石</td><td>24</td></tr>
<tr><td colspan="2">水气矿产</td><td></td><td colspan="2"></td><td>地下水、矿泉水、医疗矿泉水</td><td>3</td></tr>
</table>

注：矿种后括号内数字为矿产地数

（一）基本情况

1. 矿产种类

固体矿产包括能源矿产、金属矿产和非金属矿产，在已编入《北京市矿产资源储量表》的67种固体矿产354处矿产地中，能源矿产1种29处矿产地，占

8%；金属矿产 19 种 116 处矿产地，占 33%；非金属矿产 47 种 209 处矿产地，占 59%。

从已探明资源储量的矿种分布上看，建筑材料及其他非金属矿产种类最多，共 32 种，占总矿种数量的 47.76%；能源矿种最少，仅煤 1 种，占 1.49%（图 3-1）。

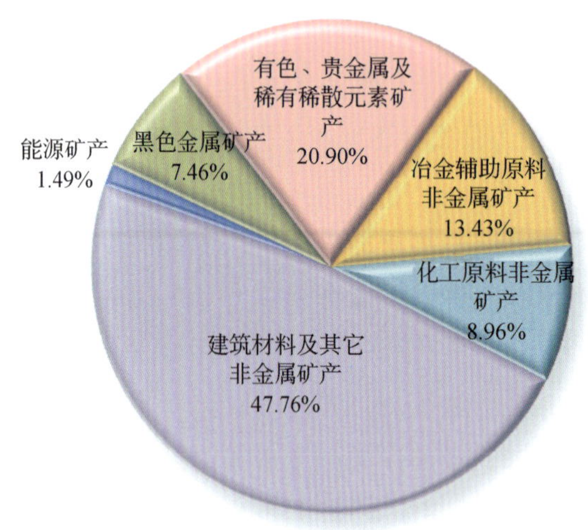

图 3-1　北京市各类固体矿产上表资源矿种数量示意

2. 资源储量

保有资源储量。已编入储量表的 67 种固体矿产资源截至年底的保有资源储量情况详见附表 1。矿产资源勘查程度总体偏低，基础储量所占比例不高，32 个矿种基础储量为零。主要矿产的基础储量在其资源储量中所占比例情况如图 3-2。

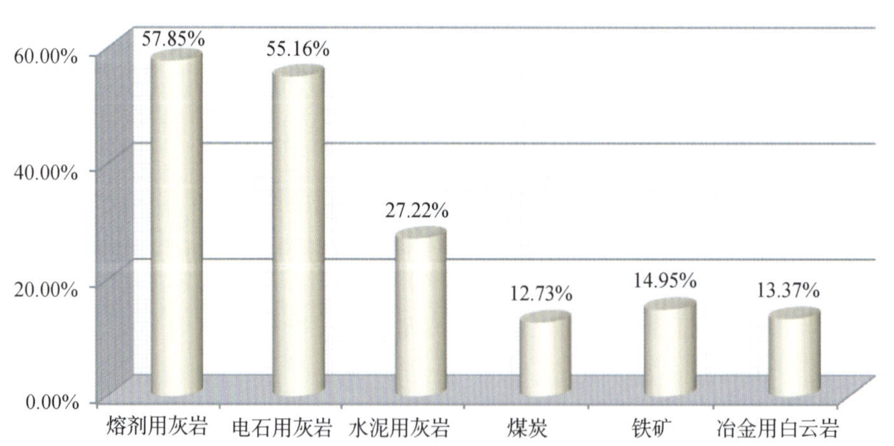

图 3-2　主要矿产的基础储量在其资源储量中所占比例示意

矿产资源储量规模。354 处矿产地中，大型矿产地 42 处，中型矿产地 101 处，小型矿产地 196 处，矿点 15 处，分别占总矿产地数的 11.8%，28.5%，55.5%和 4.2%，见图 3-3。

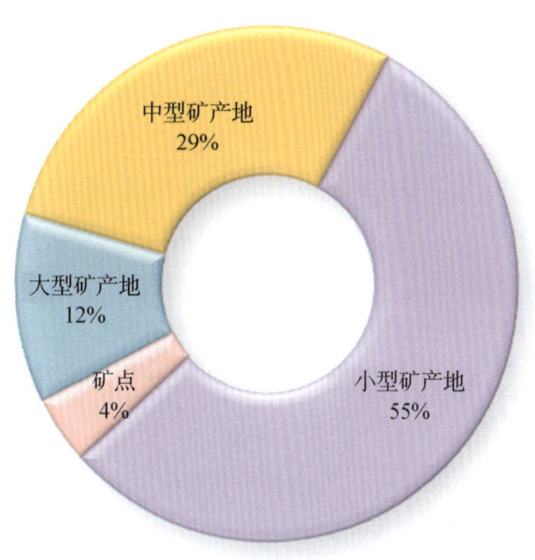

图 3-3　北京市各类矿产地总体情况示意

按矿种分类，矿产地有 10 个以上的矿种依次为：铁矿 46 个，煤矿 29 个，泥炭 28 个，水泥用灰岩 23 个，金矿（岩金、伴生金）14 个，冶金用白云岩 13 个，熔剂用灰岩 12 个，制灰用灰岩 11 个，见表 3-9。

3. 矿产资源的分布

北京市固体矿产资源分布不均衡，具有分布广泛、矿种相对集中，以远郊区为主的特点（矿产地分布情况见图 3-4）。煤矿 90%以上的查明矿产资源保有储量集中于门头沟区和房山区；铁矿 93%以上的查明矿产资源保有储量分布在密云区；化工、冶金及建筑用各类石灰岩、白云岩等矿产主要分布于山区与平原交界的西部与北部山前地带。排名前 10 位的矿产资源主要分布于房山区、门头沟区、密云区、昌平区、怀柔区和延庆区，具体分布情况见表 3-10。

表 3-10　　北京市矿产资源（前 10 位）在各区的分布比例

序号	矿产名称（储量单位）	丰台	海淀	门头沟	房山	顺义	昌平	平谷	怀柔	密云	延庆
1	煤炭（千吨）		2%	59%	32%	7%					
2	铁矿（千吨）								4%	93%	3%
3	水泥用灰岩（千吨）		13%	2%	42%	4%	28%		9%	2%	
4	熔剂用灰岩（千吨）			65%	26%		2%			6%	
5	冶金用白云岩（千吨）	1%		1%	50%		44%			4%	
6	饰面用大理岩（千立方米）			21%	37%		2%			40%	
7	饰面用花岗岩（千立方米）						90%	8%	2%		
8	制碱用灰岩（千吨）								100%		
9	电石用灰岩（千吨）			57%	39%		3%			1%	
10	冶金用石英岩（千吨）						10%		47%		43%

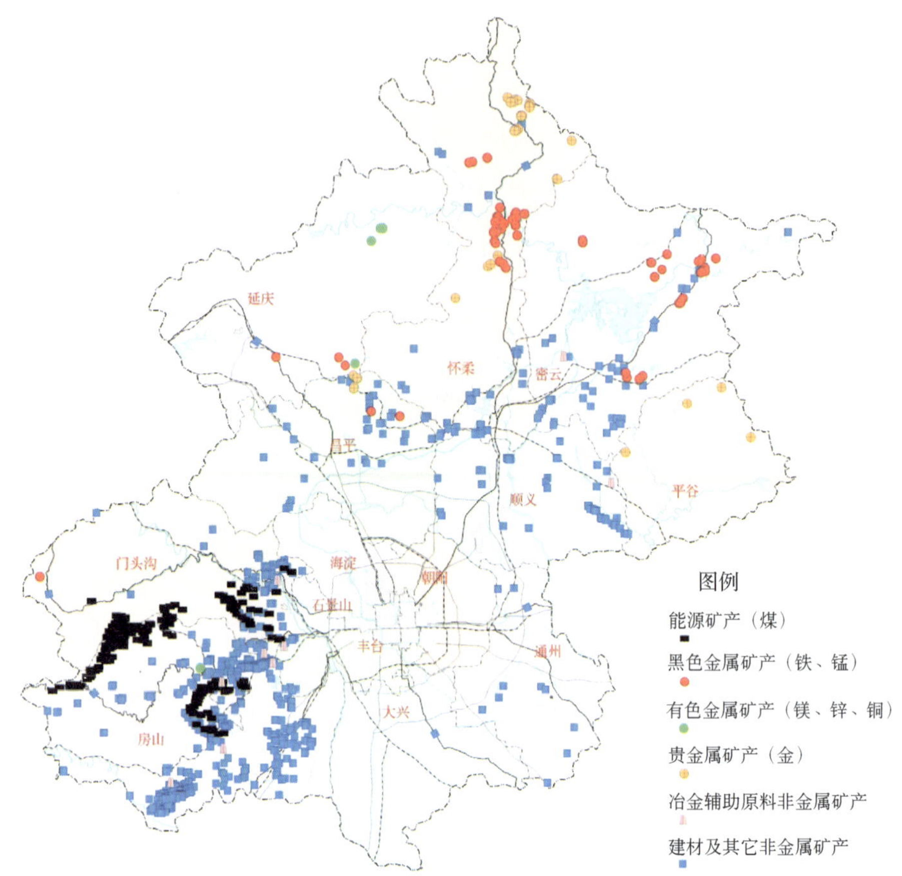

图 3-4　北京市固体矿产资源分布示意

（二）矿产资源评述

1. 矿产资源特征

（1）矿产资源总量不足，仅有煤炭、铁、水泥用灰岩、冶金用白云岩、建材非金属等矿种总量相对丰富。

（2）固体矿产资源分布相对集中，一些矿产的地区优势明显。

（3）固体矿产资源矿床规模以小、中型为主，可供规模开采的矿产地有限。

（4）多数金属矿产贫矿多，难采、难选，富铁、有色金属矿产明显不足；化肥用矿物原料及石油、天然气、工业用煤等明显短缺。

（5）共（伴）生矿产多，由于受采、选、冶条件的限制，综合利用程度低。

2. 矿产资源基本形势

受首都城市的性质、功能和发展方向限制，北京市矿产资源开发利用程度不高，铁、煤只能部分满足需求，有色金属矿产全部、贵金属及化工矿产资源大部分需从外地调入，建筑用砂和砖瓦用粘土等矿产资源将全部靠外地调入。

（三）开发利用

1. 基本情况

为贯彻落实习近平总书记视察北京重要讲话精神，加快疏解非首都功能，近年来，我市合理引导部分固体矿山企业逐步停止采矿业活动，固体矿山数目逐年减少。

北京市矿产资源比较丰富，矿种也较多，但不同矿种的矿产资源利用率差异较大，见表 3-11。

表 3-11　　截止 2016 年底矿产利用情况统计

矿类名称	矿产地数	开采利用情况				
		已利用矿产地数	矿产地已利用率	正在利用矿产地	矿产地正在利用率	矿山数
能源矿产	29	15	51.72%	3	10.34%	3
黑色金属矿产	53	19	35.85%	5	9.43%	6
有色金属矿产	39	10	25.64%	0	0.00%	0
贵金属及稀有元素矿产	24	6	25.00%	0	0.00%	0
冶金辅助原料矿产	44	20	45.45%	1	2.27%	2
化工原料非金属矿产	43	27	62.79%	0	0.00%	0
建材非金属矿产	122	87	71.31%	4	3.28%	7
总计	354	184	51.98%	13	3.67%	18

根据矿山储量动态监测结果，年度煤炭、铁矿和水泥用灰岩等主要开采矿种的开采量较上一年度均有所下降（表 3-12），熔剂用灰岩和冶金用白云岩的开采量有所增加。

表 3-12　　2014-2016 年部分主要矿种开采量情况统计

矿　种	2014 年开采量（万吨）	2015 年开采量（万吨）	2016 年开采量（万吨）
煤	459.0	450.40	317.64
铁	357.7	231.46	275.66
水泥用灰岩	363.2	266.89	179.00

2. 矿山企业及生产情况

(1) 矿山企业

截至年底，全市共有固体矿山企业 18 家，较 2015 年减少 4 家。其中，建材非金属矿山企业 7 家，占总矿山数的 39%；能源矿产（煤）3 家，占 17%；黑色金属矿产（铁）6 家，占 33%；冶金辅助原材料矿产 2 家，占 11%；无有色金属、贵金属及稀有元素矿产、化工原料矿山企业，见表 3-11。固体矿山企业主要分布于房山区、门头沟区、顺义区、昌平区、怀柔区及密云区，开采的矿种以煤、铁、水泥用灰岩为主，各区固体矿山企业分布情况见表 3-13。

表 3-13　　北京市各区固体矿山企业分布统计

矿　种	矿山企业数					
	密云	怀柔	昌平	顺义	房山	门头沟
煤矿	0	0	0	0	1	2
铁矿	5	1	0	0	0	0
其他	1	0	1	3	2	2
合计	6	1	1	3	3	4

（2）从业人员

全市共有采矿从业人员 15738 人，较 2015 年增加 1201 人。其中，股份有限公司 7016 人，占 44.58%；国有企业 1798 人，占从业人员的 11.42%，详见表 3-14。按矿种分类统计，从业人员以开采煤炭和铁矿为主，占总从业人数的 93.37%，两者分别为 5959 人和 3558 人，所占比例为 58.46%和 34.91%。

表 3-14　　从业人员按企业经济类型分类统计

企业经济类型	从业人员数量（人）	占总量比重（%）
国有企业	1798	11.42
集体企业	538	3.42
股份合作企业	59	0.37
有限责任公司	4317	27.43
股份有限公司	7016	44.58
私营企业	225	1.43
其他内资企业	1516	9.63
港、澳台商投资企业	204	1.30
外商投资企业	65	0.41

（3）矿石产量

全年度固体矿石产矿量 942.47 万吨，同比降低 19.87%，达到实际开采能力的 72.34%。开采量较大的为煤矿（33.70%）、铁矿（29.25%）、水泥用灰岩（18.99%）、建筑石料用灰岩（5.87%）、熔剂用灰岩（5.30%），各矿种矿石产量情况见表 3-15。

（4）矿业收益

全年全市固体矿产资源工业总产值为 32.08 亿元，人均产值 31.48 万元；总利润-3.03 亿元。矿业收益主要以煤矿、铁矿为主，产值 25.50 亿元，占总产值的 79.48%；煤矿利润 17350 万元而铁矿亏损 4.77 亿元，各固体矿产资源收益情况见表 3-15 和图 3-5。人均产值较高的（>50 万元）有水泥用灰岩和建筑石料用灰岩，分别为 201.92 万元和 61.47 万元；人均利润率较高的（>10%）有煤炭，为 10.09%。

表 3-15 2016 年度北京市固体矿产资源开发利用情况(按矿种分列)

矿种	矿山企业数					从业人员(个)	年产矿量		实际采矿能力(万吨/年)	工业总产值(万元)	综合利用产值(万元)	矿产品销售收入(万元)	利润总额(万元)
	合计	大型	中型	小型	小矿		万吨	万立方米					
合计	24	6	12	6	0	10193	942.47	0	1302.91	320835.75	16794.26	263000.77	-30271.9
煤炭	4	2	2	0	0	5959	317.64	0	520	171947	0	190448	17350
铁矿	6	0	6	0	0	3558	275.66	0	381.91	83052	13386.64	66112	-47725.4
熔剂用灰岩	2	0	2	0	0	127	49.97	0	50	2448.95	630.35	948.5	50.2
叶蜡石	1	0	0	1	0	80	1.2	0	2	1485	0	1800	8.8
水泥用灰岩	5	1	2	2	0	283	179	0	230	57142.8	2777.27	2592	961.5
建筑石料用灰岩	1	1	0	0	0	76	119	0	119	4672	0	952	-917
制灰用石灰岩	1	1	0	0	0	10	0	0	0	0	0	148.27	0
建筑用砂岩	1	1	0	0	0	0	0	0	0	0	0	0	0
砖瓦用页岩	1	0	0	1	0	0	0	0	0	0	0	0	0
建筑用页岩	1	0	0	1	0	0	0	0	0	0	0	0	0
饰面用大理岩	1	0	0	1	0	100	0	0	0	88	0	0	0

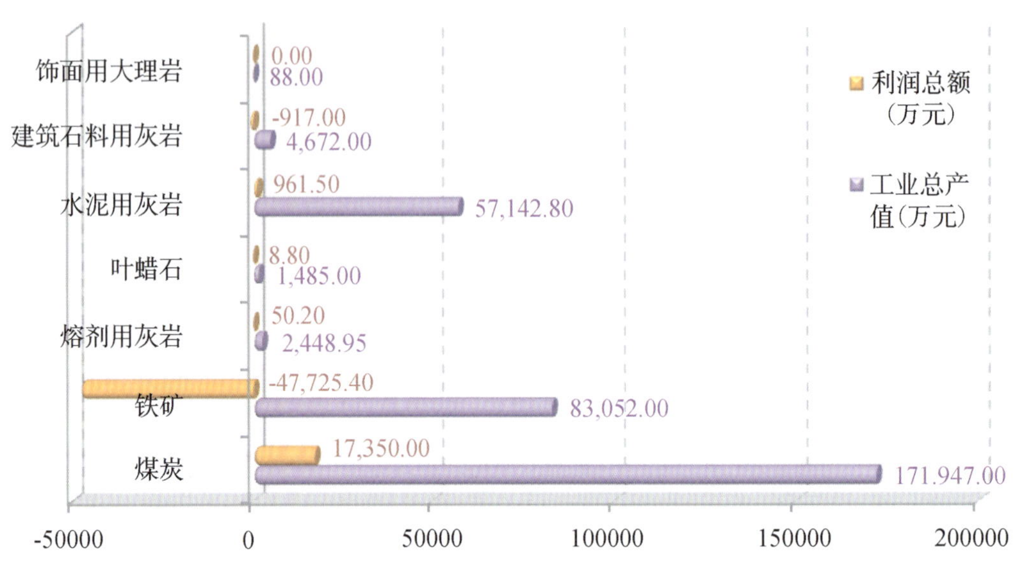

图 3-5 部分固体矿种矿业收益情况（单位：万元）

【液体矿产资源】

（一）地热

1. 资源概况

北京市是世界上四个具有地热资源的首都之一，主要分布于平原地区（含延庆盆地），以碳酸盐岩类地层作为主要的热储层，其中：蓟县系热储层由于厚度大、分布范围广，构成北京平原最有开发价值的热储层。北京地热属沉积盆地型低温（小于 90℃）地热资源，主要以热水型地热为主，地热井出水温度一般为 50~70℃（目前最高为 117℃）。北京地区地热水一般有一至两项组分达到医疗矿水标准，矿化度小于 1g/L，为低矿化医疗热矿水，有一定的医疗、保健、养生功效，但不宜直接饮用。

根据《北京市 2006-2020 年地热资源可持续利用规划》，北京平原地区深度 3000 米内温度大于 50℃ 的地区面积约 2760 平方公里，构成相对独立又有一定联系的 10 个地热田（图 3-6），地热田基本情况见表 3-16。

截至年底，全市已实施钻探地热井 509 眼，其中开采井 148 眼，回灌井 34 眼，观测井 11 眼，报废井 33 眼，待用井和未成井 283 眼。全市 16 个区均有地热井分布，见图 3-7。全市地热井最大深度已超过 4000 米，最高出水温度 117℃。

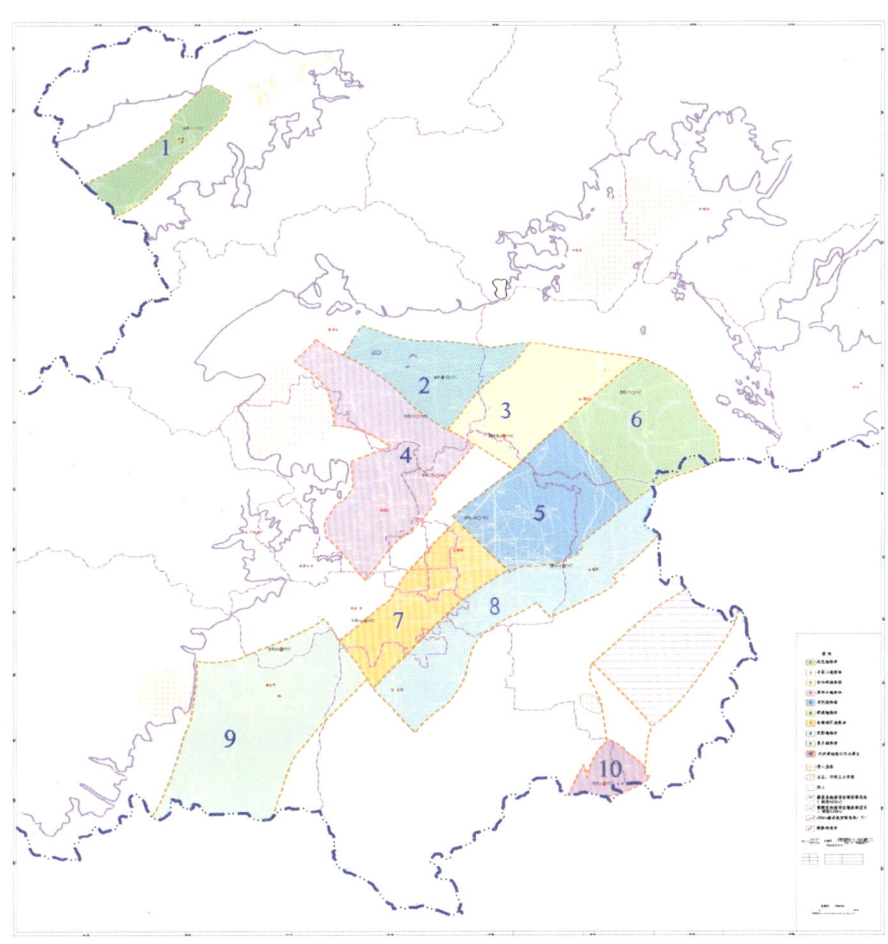

图 3-6　北京市地热田分布示意

表 3-16　北京市地热田基本情况一览

序号	地热田	面积（km^2）	地热田最高温度地热井		
			编号	温度（℃）	井深（m）
1	延　庆	121.88	延热-2	70	2500
2	小汤山	186.42	汤热-30	70	1905
3	后沙峪	239.85	顺后热-2	75	2920
4	京西北（沙河）	363.21	沙热-13	76	2603
5	天　竺	290.75	京热-128	89	3688
6	李　遂	273.04	遂热-13	55	1300
7	东南城区	207.44	京热-59	88	3610
8	双　桥	339	通热-4	58	2509
9	良　乡	475.77	京热-96	70	2950
10	凤河营	262.51	兴热-12	117	3356

图 3-7　北京市地热井分布示意

2. 开发利用情况

北京市地热开发主要用于地热采暖、温泉洗浴、农业温室种植养殖、地热博览、康乐休闲、养生保健等方面。

从目前掌握的情况看，以开采量为统计依据，全市地热开发用途以地热供暖和温泉洗浴为主，分别占 51.8%和 43.3%。另外，医用占 4.6%，水产养殖占 0.3%。

（二）矿泉水

北京市矿泉水主要为低钠、低矿化度或中等矿化度的淡矿泉水，有四种类型：锶型、偏硅酸型、锶—锂复合型、锶—偏硅酸型。

全年全市共有饮用天然矿泉水水源水水质检验合格品牌 17 家（表 3-17），年生产矿泉水 2.98 万立方米。

表 3-17　北京市饮用天然矿泉水水源水水质检验合格品牌

序号	矿泉水品牌	矿泉水企业名称	矿泉水类型	
1	燕京	北京燕京啤酒集团矿泉水厂	锶型	合格
2	蓝涧	北京中宝饮用水有限公司	锶型	合格

续表 3-17

序号	矿泉水品牌	矿泉水企业名称	矿泉水类型	
3	中信金陵	中安国信（北京）矿泉饮品有限公司	偏硅酸型	合格
4	中门清泉	北京中门清泉矿泉水厂	锶型	合格
5	天怡然	北京居庸山庄矿泉水饮料厂	锶、偏硅酸复合型	合格
6	宇亚麦饭石	北京宇亚麦饭石矿泉饮料有限公司	偏硅酸型	合格
7	岳岩	北京奥陶矿泉饮料有限公司	锶型	合格
8	石雪	北京市华城饮料有限责任公司	锶型	合格
9	龙庆峡	北京乐得天然矿泉水有限责任公司	偏硅酸型	合格
10	双源	北京双源矿泉水厂	锶型	合格
11	乐百氏	乐百氏（广东）饮用水有限公司—北京分公司	锶、偏硅酸复合型	合格
12	庄园雪	北京大唐庄园饮品有限公司	锶、偏硅酸复合型	合格
13	不老村	北京不老保健饮料有限公司	偏硅酸型	合格
14	赛冰	北京山口饮料有限公司	锶型	合格
15	樱桃泉	北京樱桃泉矿泉水厂	锶型	合格
16	京润泉	北京市自来水集团京润泉饮用水有限公司板井分公司	锶型	合格
17	领先	北京领先饮食品有限公司	偏硅酸型	合格

地质勘查工作及主要成果

年内，开展了基础地质调查、矿产资源勘查、地质环境与地质灾害调查评价、地质科学研究与技术方法创新等地质勘查工作，年度投入资金 23392. 24 万元，同比增长 2. 66%。资金来源：中央财政 10030. 94 万元，占总量的 42. 88%，同比增长 6. 67%；地方财政 7454. 72 万元，占总量的 31. 87%，同比增长 6. 87%；社会资金 5906. 58 万元，占总量的 25. 25%，同比减少 7. 8%。全市共开展了 125 个地质勘查项目，其中矿产资源勘查项目 13 个，基础地质调查项目 12 个，地质环境和地质灾害调查项目 41 个，地质科学研究与技术方法创新项目 59 个。

【矿产资源勘查】

年内，共开展 13 个矿产勘查类项目，钻探进尺 81304. 5 米（同比减少 58. 45%）。共投入资金 3456. 34 万元，其中，地方财政 298. 79 万元，占总量的 8. 64%；社会资金 3157. 55 万元，占总量的 91. 36%；无中央财政资金投入。地热资金投入 3117. 55 万元，开展项目 9 个，钻探 79381. 3 米；汉白玉（大理岩）298. 79 万元，开展项目 1 个，钻探 1923. 2 米，槽探 3000 立方米；地下水勘查资金投入 40 万元，开展项目 3 个，无钻探。主要项目见表3-18。

表 3-18　　主要矿产勘查项目基本情况统计

	项目名称	工作量	投入资金情况
1	北京市大兴区魏善庄镇北京星明湖度假村地热勘探	成井深度 2505.18m，出水量 1549.67m3/d，水温 46°C。	年度经费 371.2856 万元，社会资金
2	北京市延庆县延庆农场地热勘探	钻凿地热井两眼，单井成井深度 2500m，出水量 600m^3/d，出水温度 50℃	1084.01 万元，企业自筹
3	北京市昌平区九华山庄汤热-71 地热开采	成井深度 2005m，出水量 2005 m^3/d，出水温度 58℃，目前已验收完毕，为优良井。	年度经费 400 万元，社会资金
4	北京市通州区永顺镇北马庄地区地热资源勘查	完成钻探进尺 2506.53m，出水量和出水温度均超过设计要求，目前已验收完毕，为优良井。	年度经费 525 万元，社会资金
5	北京大学医学部地热勘查施工工程	共完成钻探进尺 2286m。	年度经费 560 万元，社会资金
6	北京市房山区高庄地区汉白玉（大理岩）资源普查	共完成钻探进尺 1923.2m，槽探 3000 立方米。	项目经费 298.79 万元，市财政资金。年度经费 109.52 万元

【基础地质调查工作】

年内，共开展 12 个基础地质调查类项目，投入资金 2791 万元，其中中央财政 2152 万元，占总量的 77.10%；地方财政 600 万元，占总量的 21.50%；社会资金 39 万元，占总量的 1.40%。调查类别包括区域地质调查、区域地球物理调查、遥感地质调查、区域地质矿产调查等方面。主要项目情况如下：

（一）区域地质调查

开展了“北京 1：5 万琉璃河（J50E003009）、庞各庄（J50E003010）、安次（J50E003011）幅区域地质调查”项目，项目总经费 519 万，年度资金投入 90 万元。项目完成了 1：5 万重力剩余异常图和航磁异常图修编工作，重新编制了以上 3 个图幅基岩地质图、主要活动断裂分布图等系列成果图件；建立了测区第四系标准地质剖面；确立了第四系岩石地层划分标准，并进一步厘定了上新世地层界限。为首都二机场建设、地热开发利用提供重要参考。

（二）区域地球物理调查

开展了“沙河镇幅、顺义县幅、杨镇幅、大厂回族自治县幅、三河县幅 1：5 万区域重力测量”项目，项目经费 240 万元，由中央财政出资。该项目将以上 5 个图幅的数据与北京平原区中南部已有的 1：5 万重力数据连片处理，建立以重磁异常信息为主体的断裂构造与断陷、断隆构造的特征标志，初步进行场地评价和区域划分，为北京市平原区的区域工程地质调查、防灾减灾和规划提供基础资料。

（三）矿产远景调查

开展“北京市密云地区矿产地质调查”项目，工作周期为2014-2016年，总经费273万元，年度经费90万元。项目完成1∶5万水系沉积物测量100平方公里，1∶1万土壤剖面测量10公里，1∶5万化探综合分析（16元素）560件，1∶1万土壤分析样（10元素）263件，槽探100立方米，并且将完成提交矿产地及找矿靶区3-4处。

（四）其他项目

1. 中国能源与矿产资源安全动态评价与决策支持系统建设

项目隶属于中国地质调查局地质矿产调查战略与规划支撑工程，工作周期2016-2018年，预算资金3528万元，年度资金1200万元。通过分析百年来国际石油价格走势及其影响因素，对未来国际石油价格进行预判和中国应对的政策建议，并形成国务院上报稿，支持国家宏观决策。科学分析未来全球及中国矿产资源供需格局及市场走势，服务国家新一轮矿产资源规划编制。

2. 通州城市副中心地区重大地质问题调查与评价

项目总经费1896.6万元，年度经费600万元，由市财政出资。项目编写了“通州城市副中心地区重大地质问题调查与评价项目工作初步成果简介”，针对活动断裂、地面沉降、砂土液化、岩溶塌陷等地质问题提出了防治措施和合理化建议，并针对地下空间建设进行了适宜性评价、提出了规划建设建议，提交北京市政府相关部门及通州项目办使用，为下一步“综合研究”提供了大量的基础数据。

3. 中国铁铜铝等资源循环调查评价

项目起止时间为2016-2018年，经费预算1564万元，其中2016年经费为200万元。该项目的完成将解决资源环境和基础地质问题，构建中国资源-经济-环境运行分析框架，清楚认识典型矿产资源在全产业链的流动状态以及效率和效益。项目测算了中国铁的实际消费量，支撑中国进行全球治理以及享受正当权利、承担合理义务；以铜为例，进行二次资源调查评价，总结二次回收规律及未来回收趋势，对矿产资源供应以及地质调查有着指导作用。

【地质环境与地质灾害调查评价】

年内，共开展41个项目，投入资金5927.73万元，其中中央财政302.94万元，占总量的5.11%；地方财政5325.27万元，占总量的89.84%；社会资金299.52万元，占总量的5.05%。主要工作内容有：

（一）水文地质调查评价

年内，共开展10个项目，投入资金总额690.59万元，中央财政76.66万元，地方财政541.76万元，社会资金72.17万元。主要项目情况如下：

1. 国家地下水监测工程监测站点建设（北京市）

总经费60万元，项目将北京国家级地下水监测站点由原来的50眼增加到

289眼，提高了北京地下水监测的精度和密度。项目将获取基础的地下水位监测数据，为将来水位资源评价提供了数据支撑。

2. 怀柔水源地迁建勘察建设工程勘察

年度经费380.76万元，建立了地下水三维水流概念模型和数学模型，并进行了综合分析和研究；查清了勘察区的地质和水文地质条件；摸清了水源地的开采现状，确定了迁出方案和建设方案。项目成果对于进一步保障北京市怀柔区供水保障能力起到了支撑作用，具有巨大的社会和生态效益。

（二）环境地质调查评价

年内，共开展11个项目，投入资金总额3811.02万元，其中中央财政226.28万元，地方财政3372.39万元，社会资金212.35万元。主要项目情况如下：

1. 北京市土地资源质量综合地质评价（第一阶段：生态地球化学子课题试点）

总经费2949.2098万元，年度经费1200万元，由市财政出资。项目采集了20个大气干湿沉降点样品、16314件土壤样品、1500件农作物样品和150件灌溉水样品，并完成了样品加工及测试工作。开展了北京市通州区、大兴区和房山平原区三个试点区的生态地球化学土地质量评价工作，建立了评价体系及空间数据库，为实行土地差别化管理、调控修复污染土壤、调整农业种植结构、实现土地资源的质量和生态管护提供科学依据。

2. 1∶5万马驹桥镇幅（J50E002011）环境地质调查

年度经费160.28万元，由中央财政出资，完成工作地质剖面绘制3条，工程地质柱状图30个，第四纪地质柱状图30个。项目围绕非首都功能疏解区及城镇化发展对地质工作的需求开展，项目的实施可针对工作区内的主要环境地质问题提出防治对策建议，为规划建设区的经济建设、国土空间开发利用、生态文明建设与新型城镇化建设提供技术支撑，为地质信息进行社会化服务搭建平台。

3. 北京市平原区地下水环境监测网运行（2016年度）

年度市财政经费1136.23万元，该项目的实施为北京市水环境保护、水资源合理开发利用以及《环境质量公报》的编写提供资料，为环保部门定期发布地下水环境质量信息提供技术支持，为“优水优用，分类分质供水”以及水资源的合理配置、确保北京市民饮用水安全提供科学依据。

4. 北京市土壤地质环境监测网运行（2016年度）

年度经费198.64万元，由市财政出资。基于以往的多期土壤地质调查成果，建立了北京市土壤地质环境监测网络，其中包括120个区域监测点和60个重点监测点。区域监测主要以掌握土壤地质环境总体变化规律为目的，重点监测包括工厂区、水源保护区、农业种植区及元素异常分布区等。

（三）地质灾害调查评价

年内，共开展19个项目，投入资金总额1406.12万元，其中地方财政1391.12万元，社会资金15万元，无中央财政资金投入。重点项目工作情况如下：

1. 北京市地面沉降防控区划

年度经费42.2878万元，建立了北京平原区地面沉降控制区划体系；绘制完成了地面沉降现状分布图、地面沉降发育程度分区图、地面沉降危害程度分区图及地面沉降控制分区图；编制了《北京市地面沉降控制区划（2016-2020年）》及区划编制说明。为政府开展地面沉降控制和地下水控采工作提供决策依据和技术支持。

2. 北京市地面沉降监测系统运行（2016年）

年度经费1152.97万元，项目提交了北京市地面沉降监测站季度报告；编写了北京市地面沉降监测年度报告、简本及专题研究报告。为北京市城市建设规划、土地资源管理和水资源合理开发利用提供了科学依据和合理建议。

【地质科学研究与技术方法创新】

年内，共开展59个项目，投入资金11140.37万元。其中，中央财政7576万元，占总量的68%；地方财政1153.86万元，占总量的10.35%；社会资金2410.51万元，占总量的21.63%。重点项目工作情况如下：

1. 北京市地下空间资源调查评价及关键技术研究

总经费2000.7万元，年度经费600.248万元，项目完成了城市副中心155平方公里面积的三维地质建模工作（120米深度），对地下空间资源量进行了估算和综合评价，与北京市规划委员会达成合作协议，开展了通州副中心地区地下空间调查研究工作，成果已被相关政府部门应用。

2. 北京山洪泥石流预测预警关键技术研究与示范

总经费453.2万元，项目对泥石流沟道进行了详细调查；开展了岩土体物理力学室内实验；完成了雨量计、土壤含水率、泥位计等24台（套）设备的安装；选取了房山区南窖沟、门头沟区达麽沟及密云区大洼沟三种代表性的泥石流沟，进行了不同降雨类型条件下物源启动的现场物理模拟与室内物理模型试验的几何尺寸、降雨量、降雨时间及物源量等各类数据计算；完成了北京地区泥石流灾害数据库建设；完成了系统平台的搭建工作；提出了北京地区区域泥石流预警模型及1条典型泥石流小流域预警模型。

【境外矿产勘查】

年内，共有4家地勘单位开展了境外矿产资源勘查工作，涉及7个国家。实施项目14个，其中预查、普查和详查项目10个，综合研究和信息服务项目3个，勘探和矿山建设项目1个。投资总额5125.97万元，其中当地地方投入资金465万元，国内企业投入社会资金4660.97万元。

投入主要实物工作量为：钻探45610米、坑探870米、槽探1646立方米、浅井1173米。333及以上新增资源量：地下水64220立方米/日、砂金0.0433吨、岩金0.2044吨、铝土矿366万吨、石墨（晶质）510万吨；334及以上新增资源量：地下水64220立方米/日。

地质环境

【地质灾害】

北京市突发性地质灾害和缓变性地质灾害均有发育。突发性地质灾害有泥石流、崩塌、滑坡和地面塌陷等类型，主要分布在西山和北山的沟谷、陡坡、采煤分布集中地区及构造活动较强烈的地区。全市突发性地质灾害易发区面积为 9169.2 平方公里，占全市总面积的 55.87%，其中高、中、低易发区面积分别为 3019.3 平方公里、3491.1 平方公里、2658.8 平方公里，占全市总面积的 18.40%、21.27%、16.20%（图 3-8）。截至 2016 年底，全市突发地质灾害隐患点共 4736 处，威胁乡镇 97 个，行政村 742 个，受威胁住户 21128 户，58220 人。缓变地质灾害主要有地面沉降和地裂缝两种，主要分布在朝阳区、昌平区、大兴区和通州区等平原地区。

1. 地质灾害发生情况

（1）突发性地质灾害

2004 至 2016 年，全市共发生地质灾害 239 起，其中 2012—2016 年共发生 174 起，占总数的 72.8%；灾害类型以崩塌为主，灾情级别以小型为主；多发生在房山、门头沟、延庆、密云、怀柔和海淀 6 个区，见图 3-9。

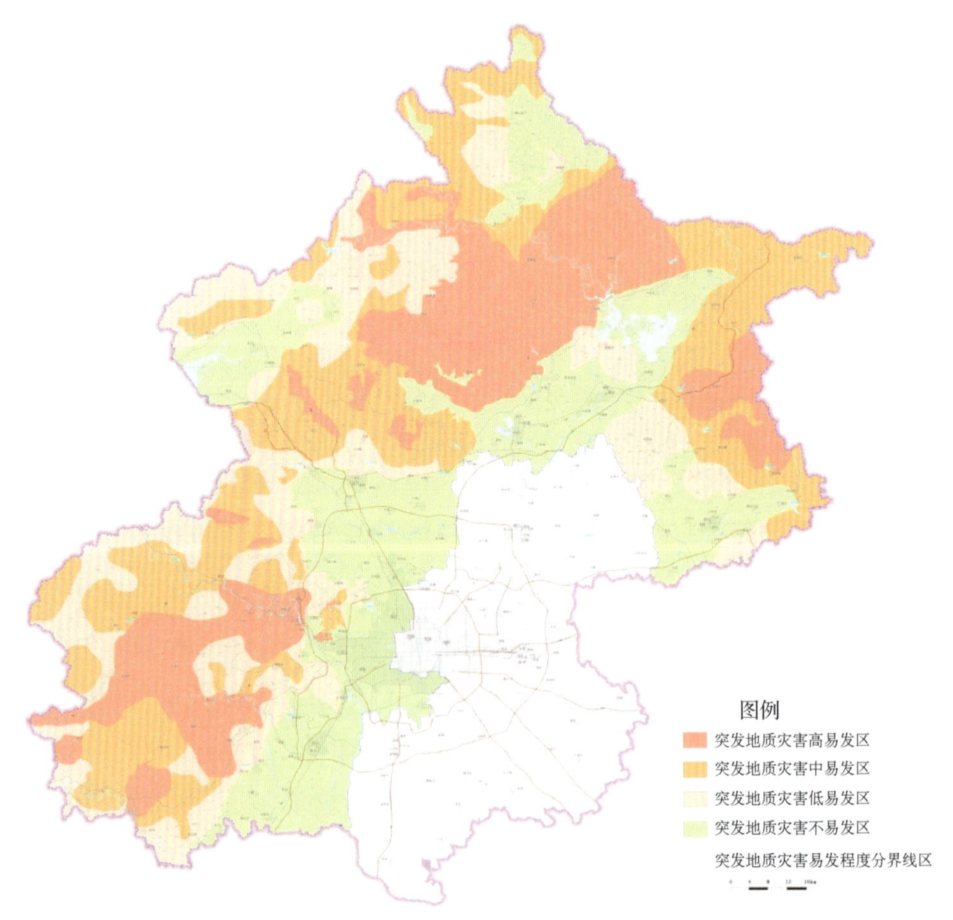

图 3-8　北京市山区突发性地质灾害易发程度分区

表 3-19　北京市突发性地质灾害隐患点统计

区	险村险户数量				受威胁对象类型及数量						地质灾害隐患点类型及数量					
	乡镇	险村	威胁户数	威胁人数	居民点	道路	景区	矿山及水库	中小学	其他	崩塌	滑坡	泥石流	不稳定斜坡	地面塌陷	合计
房山区	15	123	9611	25243	427	297	28	5	3	59	359	8	140	277	35	819
怀柔区	11	82	1686	5068	230	320	73	0	0	96	420	7	225	67	0	719
门头沟区	13	154	2060	5107	154	372	31	0	5	86	476	3	42	81	46	648
密云区	15	113	2556	6690	395	383	93	2	1	162	344	4	271	417	0	1036
延庆区	13	131	1412	4066	223	277	10	0	0	55	366	1	65	132	1	565
昌平区	7	49	800	2479	191	160	21	8	1	28	235	0	42	132	0	409
平谷区	12	68	2316	7413	221	159	32	6	0	36	175	13	84	176	6	454
丰台区	2	4	15	43	4	3	18	1	0	2	17	0	3	8	0	28
海淀区	5	9	14	64	11	10	7	0	0	6	19	0	7	7	1	34
石景山区	4	9	658	2047	14	8	1	0	0	1	9	0	1	14	0	24
北京市	97	742	21128	58220	1870	1989	314	22	10	531	2420	36	880	1311	89	4736

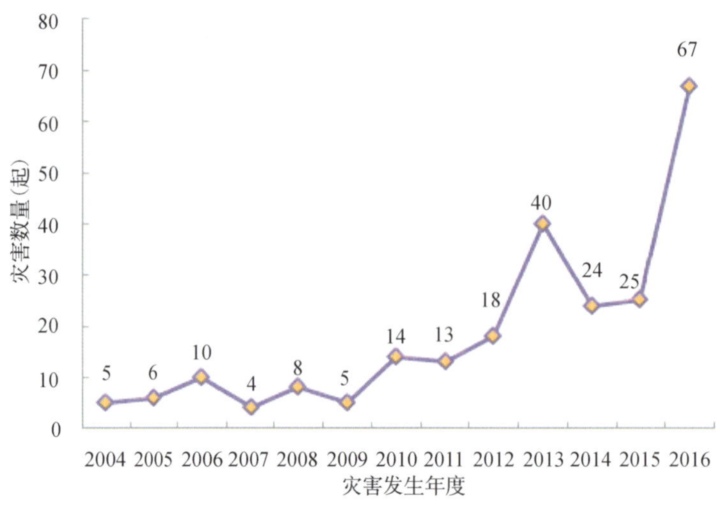

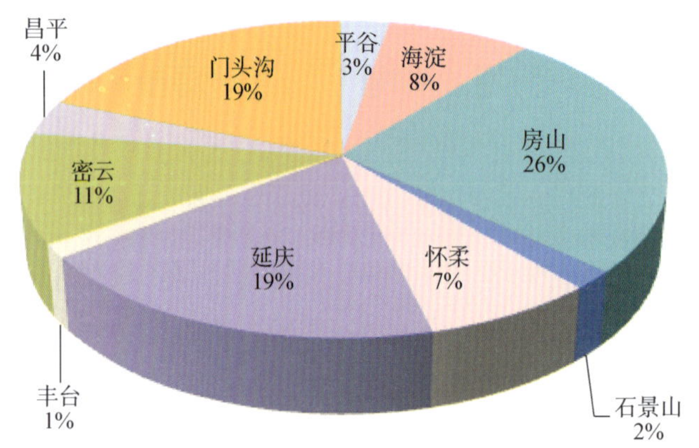

图 3-9　2004-2016 年北京市突发性地质灾害发生情况统计

全年全市共发生突发地质灾害 67 起，以小型崩塌为主，其中公路崩塌占灾害总数的 55%。灾害主要发生在 7 月份，均未造成人员伤亡，多分布于门头沟区、房山区、密云区和延庆区等区域，见表 3-20。

表 3-20　2016 年北京市突发性地质灾害发生情况一览

序号	时间	地点	灾害类型	灾情级别
1	05. 02	密云区北庄镇朱大路龙潭沿	崩塌	小型
2	05. 03	延庆区滦赤路（S309 省道延庆段）K110+250m	崩塌	小型
3	05. 12	密云区北庄镇营椴路京冀交界西北 150m	崩塌	小型
4	06. 22	密云区冯家峪镇冯家峪村河东 184 号院	崩塌	小型
5	06. 28	延庆区玉海路（X019）K5km+500m	崩塌	小型
6	06. 28	密云区冯家峪镇三岔口村张保峪沟	崩塌	小型
7	07. 18	门头沟区斋堂镇斋马路 K4+220m	地面塌陷	小型
8	07. 20	怀柔区九渡河镇杏树台村西流石	崩塌	小型

续表 3-20

序号	时间	地点	灾害类型	灾情级别
9	07.20	丰台区长辛店镇太平岭村南	滑坡	小型
10	07.20	房山区大安山乡宝地洼村	崩塌	小型
11	07.20	密云区冯家峪镇番榆路石湖根隧道东 150m	崩塌	小型
12	07.20	门头沟区妙峰山镇门大铁路 1#隧道南口	崩塌	小型
13	07.20	门头沟区龙泉镇龙泉雾村药王庙山下的张家坡 60 号院	崩塌	小型
14	07.20	房山区霞云岭乡白草畔景区公路（N 39°48′23"，E 115°36′19"）	坡面泥石流	小型
15	07.20	房山区霞云岭乡白草畔景区公路（N 39°48′25"，E 115°36′15"）	坡面泥石流	小型
16	07.20	房山区霞云岭乡白草畔景区公路（N 39°48′29"，E 115°36′07"）	坡面泥石流	小型
17	07.20	海淀区香山街道塔后身村	崩塌	小型
18	07.20	房山区霞云岭乡堂上村江心台沟	泥石流	小型
19	07.20	门头沟区潭柘寺镇定都阁景区公路	崩塌	小型
20	07.20	延庆区滦赤路 K135+100m 至 K135+200m	崩塌	小型
21	07.20	延庆区滦赤路 K143+900m 至 K143+920m	崩塌	小型
22	07.20	延庆区八达岭镇石峡路	崩塌	小型
23	07.20	延庆区八达岭东沟村新建住宅楼东侧	崩塌	小型
24	07.20	昌平区流村镇北禾路	崩塌	小型
25	07.20	昌平区流村镇北禾路禾子涧村东 1km	坡面泥石流	小型
26	07.20	昌平区安四路（S213 省道昌平段）K49+900m	崩塌	小型
27	07.20	门头沟区斋堂镇王龙口村东房屋下方坡体	崩塌	小型
28	07.20	门头沟区斋堂镇王龙口村东房屋上方坡体	崩塌	小型
29	07.21	昌平区望宝川村（N 40°19′44"，E 116°17′56"）	崩塌	小型
30	07.21	昌平区望宝川村（N 40°19′51"，E 116°17′40"）	崩塌	小型
31	07.21	昌平区 S308 公路 41km 处近延寿镇沙岭村	崩塌	小型
32	07.21	门头沟区王平镇东马各庄村刘万芝房屋处	崩塌	小型
33	07.21	门头沟区王平镇东王平村西北坡	崩塌	小型
34	07.21	门头沟区王平镇东王平村 72 号屋后	崩塌	小型
35	07.21	海淀区温泉镇白家疃	崩塌	小型
36	07.21	房山区大安山乡大安山村	崩塌	小型
37	07.21	密云区琉辛路（S310）大龙门桥	崩塌	小型
38	07.21	怀柔区渤海镇铁矿峪—三岔公路	崩塌	小型

续表 3-20

序号	时间	地点	灾害类型	灾情级别
39	07.21	房山区 G108 国道复线 K9+720m 至 K9+770m	崩塌	小型
40	07.21	门头沟区妙峰山镇上苇甸村甲 98#	崩塌	小型
41	07.21	延庆区南红门村险户姚广利房屋东北角	崩塌	小型
42	07.21	延庆区帮水峪村险户张海房屋西侧	崩塌	小型
43	07.21	密云区西田各庄镇西智村老路距西智村 650m 处	崩塌	小型
44	07.21	平谷区黄关路黄土梁隧道以西 200m	崩塌	小型
45	07.22	延庆区四宝路 K23+850m 至 K23+870m	崩塌	小型
46	07.23	门头沟区沿向路	崩塌	小型
47	07.23	门头沟区灵山路 K15+0m 至 K15+600m	崩塌	小型
48	07.24	海淀区温泉镇防火通道	坡面泥石流	小型
49	07.24	延庆区昌赤路 K43+500m	崩塌	小型
50	07.24	海淀区苏家坨镇七王坟村南沟	泥石流	小型
51	07.24	海淀区苏家坨镇管家岭村	崩塌	小型
52	07.25	延庆区滦赤路 K134+200m	崩塌	小型
53	07.25	房山区十渡镇六合村	崩塌	小型
54	07.25	房山区蒲洼乡森水路隧道口	崩塌	小型
55	07.25	石景山区五里坨街道陈家沟村	滑坡	小型
56	07.26	密云区石城镇密关路黑龙潭支线 K0+950m	崩塌	小型
57	07.31	延庆区滦赤路 K134+200m 至 K134+300m	崩塌	小型
58	08.04	延庆区滦赤路（S309 省道延庆段）K132+850m	崩塌	小型
59	08.05	房山区霞云岭乡庄户台村台儿港	崩塌	小型
60	08.17	房山区 G108 国道 K120+600m	滑坡	小型
61	08.17	门头沟区斋堂镇双石头村	地面塌陷	小型
62	08.25	密云区不老屯镇转山子村秀才峪王万玉家屋后	崩塌	小型
63	09.04	密云区太师屯镇车道峪村孟忠祥家屋后	崩塌	小型
64	09.07	延庆区京银路（G110 国道进京方向）K63+600m	崩塌	小型
65	10.08	延庆区刘干路 K14+430m 至 K14+460m	崩塌	小型
66	10.19	延庆区 X004 县道（刘干路）K15+500m	崩塌	小型
67	10.30	延庆区 S309 省道（滦赤路）K132+500m 至 K132+550m	崩塌	小型

2. 缓变性地质灾害

(1) 地面沉降

北京地面沉降以大兴瀛海庄—长子营—通州于家务—永乐店一带为界分为“北区”和“南区”两大集中区域，七个主要沉降中心，全市地面沉降总体格局基本保持不变，2016 年地面沉降较 2015 年有所减缓。“北区”面积较大，主要包含平原区北部和东部的昌平区（八仙庄）、海淀区（西小营）、朝阳区（金盏、三间房、黑庄户）和通州城区六个沉降中心；“南区”面积较小，主要为平原区南部大兴区榆垡—礼贤沉降中心。据监测成果统计，2016 年全市平原区累计地面沉降量大于 10 毫米的区域面积为 2867 平方公里，累计地面沉降量大于 500 毫米的地区面积为 1547 平方公里，累计地面沉降量大于 1000 毫米的地区面积为 390 平方公里，见图 3-10。

2016 年，全市平原地面沉降平均沉降速率为 18.12 毫米/年，与 2015 年相比减小 0.68 毫米/年。水准测量最大沉降点位于朝阳金盏地区，年沉降量为 131.6 毫米，沉降速率比 2015 年增加了 6.6 毫米。昌平八仙庄、朝阳三间房、朝阳黑庄户、大兴榆垡—礼贤、海淀西小营和通州城区沉降中心本年度沉降速率均小于 2015 年，见图 3-11。

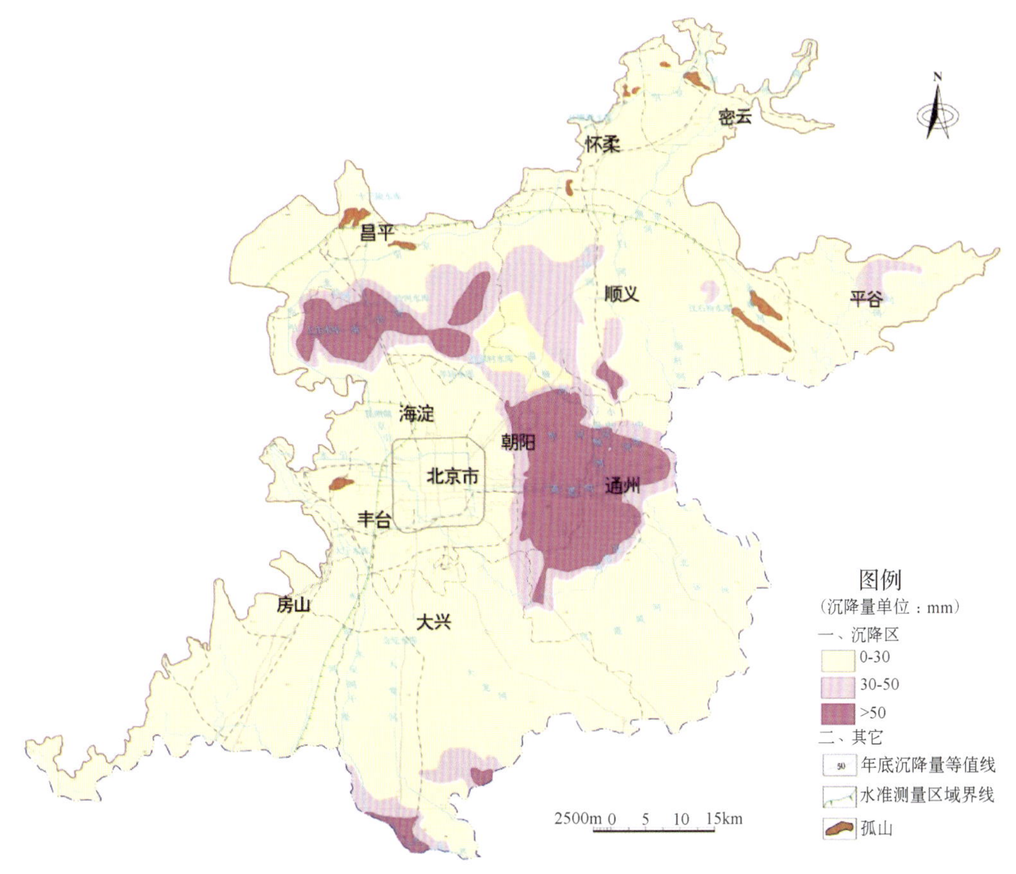

图 3-10 2016 年度北京市平原区沉降量色斑

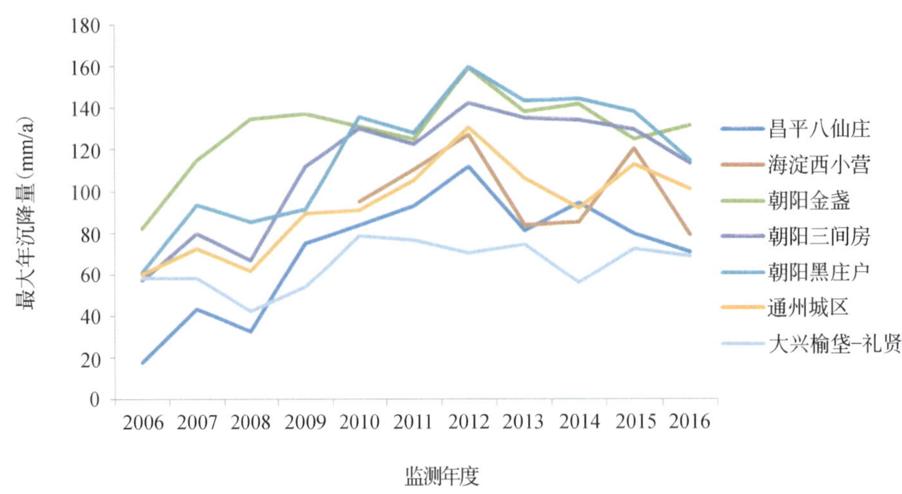

图 3-11 近年来各主要沉降中心最大年沉降量统计

(2) 地裂缝

截至年底，发现的地裂缝主要有顺义地裂缝、高丽营地裂缝、羊房地裂缝、北彩地裂缝、庙卷地裂缝和宋庄地裂缝等。

年内，在通州地区发现了宋庄地裂缝，该地裂缝南起小中河北，向东北延伸至平家疃村潮白河以西，长约 8.7 公里。调查分析结果显示，地层结构是宋庄地裂缝形成的地质背景，人类活动尤其是地下水过量开采是宋庄地裂缝形成的主要原因。

2016 年水准监测成果显示，高丽营地裂缝垂直上累计变形量达到 57.29 毫米，仍处于上盘下降状态，水平扭动方向累计变形量为 14.16 毫米，水平拉张方向累计变形量为 33.17 毫米。

(二) 地质灾害防治

1. 地质灾害防治规范化

(1) 组织编制《北京市突发地质灾害应急调查技术指南（试行）》

为加强地质灾害应急调查管理，指导应急调查队伍开展地质灾害应急调查工作，组织编制了《北京市突发地质灾害应急调查技术指南（试行）》，明确了北京山区常见的崩塌、滑坡、不稳定斜坡、泥石流和地面塌陷等突发地质灾害应急调查的任务、基本要求和调查流程等。

(2) 组织编制《北京市突发地质灾害隐患排查技术指南（试行）》

为及时掌握北京市突发地质灾害隐患的动态变化，指导地质灾害防治部门和应急调查队伍统一规范地开展地质灾害隐患排查工作，组织编制了《北京市突发地质灾害隐患排查技术指南（试行）》，明确了北京山区常见的崩塌、滑坡、不稳定斜坡、泥石流和地面塌陷排查的基本要求、工作方法和排查内容。

(3) 组织编制《汛期地质灾害应急值守工作守则》

为做好汛期地质灾害应急值守工作，组织编制了《汛期地质灾害应急值守工作守则》，明确了应急值守人员的工作职责和工作要求，制定了技术及后勤保障措施。

(4) 组织编制《地质灾害气象风险预警管理办法》

为提高地质灾害气象风险预警发布的

规范化和标准化，组织编制了《地质灾害气象风险预警管理办法》，明确了预警制作、预警审批和预警发布的流程和基本要求。

2. 汛期地质灾害防治

（1）坚持执行“三查”制度、督促工作落实到位

汛前，市规划国土委组织实地检查了16个乡镇、19个村、22处地质灾害隐患点和8处地质灾害治理工程及清洁空气行动计划项目现场。汛中，对重要隐患点进行了有针对性的巡查和排查，进一步加强调研、摸索规律。“7·20”强降雨后，市、区两级国土部门出动70余车辆次、300余人次，对1500余处重要隐患点进行了隐患雨后排查，并针对发现的问题提出整改要求和意见。

（2）夯实群测群防基础、强化地灾应急演练

年内，市规划国土委和各区国土分局对基层群测群防员开展相关业务培训20余场次1000余人次，并配发了防汛物资。组织开展市级地质灾害应急演练3次，参加演练650人，区级地质灾害应急演练70次，参加演练4660人。编制完成地质灾害“一点一预案”，覆盖全市地质灾害隐患点，确保地质灾害发生时或预警发布后，群众避险转移能够协调、高效、有序进行。

（3）群测群防员守土有责、受险群众成功避险

8月2日下午，房山区群测群防员石广利在巡查时发现霞云岭乡庄户台村台儿港片山体出现裂缝，有崩塌危险，立即向上级报告。8月5日凌晨，台儿港片山体发生崩塌灾害，崩塌方量约1万方，受损房屋17间。由于提前组织受威胁群众转移避险，共有7户17人和23名游客成功避险，未造成人员伤亡。

（4）推动各区自主预警、提高地灾监测水平

年内，汛期，市规划国土委联合市气象局发布突发地质灾害气象风险预警10次，其中：橙色预警2次，黄色预警7次，蓝色预警1次。在此基础上，10个山区全部自主开展了地质灾害气象风险预警，共发布区级预警47次，其中：红色预警1次，橙色预警15次，黄色预警15次、蓝色预警16次，配合转移群众21850人。统筹使用各类监测设备142台（套），对127个行政村675个隐患点进行监测，实现对地质灾害的快速处置、应急管理和高效指挥。

（5）专业力量下沉一线、突发灾害高效处置

地质灾害应急调查队伍入驻10个山区国土分局，在应急专家组指导下参与应急值守和调查，全年共开展应急调查70次，出动应急人员近200人次，提交应急调查报告37份。

3. 地质灾害治理

自2015年，市规划国土委积极申请市财政资金支持，推进对威胁居民点地质灾害隐患点的治理工作，通过削坡、浆砌挡土墙和排水沟、清理危岩、绿化等工程措施改善治理区地质环境条件，消除或减轻地质灾害威胁。截至年底，全市计划开展治理项目124个，涉及隐患点161处，已完成或在施项目71个，涉及隐患点85处。

4. 地质灾害防治宣传

利用“5·12”防灾减灾日宣传周活动向市民宣传地质灾害防灾避险知识，发放各类宣传物品20000余份；通过微博、微信和电子地图等移动新媒体，及时发布地质灾害预警内容和防治知识；制作了地质灾害防治MG动画系列宣传片，并在网络媒体进行播放和转发，使公众了解和掌握地质灾害防范基本知识；完成了险村险户明白卡发放和警示牌补竖工作，共发放防灾避险明白卡16000余份，补竖各类警示牌400块；在10个山区23处公交场站张贴宣传海报，在山区景区入口安装90余套地质灾害语音宣传警示装置，开展地质灾害防治知识宣传。

【地质遗迹与地质公园】

（一）地质遗迹概况

北京市地质遗迹资源丰富，种类较多，全市共有基础地质类、地貌景观类和地质灾害类三大类重要地质遗迹资源50处（详见附表4），其中世界级2处、国家级7处、省级41处。区域分布较为集中，如西山的周口店-石景山一带、十渡地区、圣莲山地区、斋堂地区；北山的千家店地区、云蒙山地区、黄松峪地区，集中了全市60%的地质遗迹资源（图3-12）。

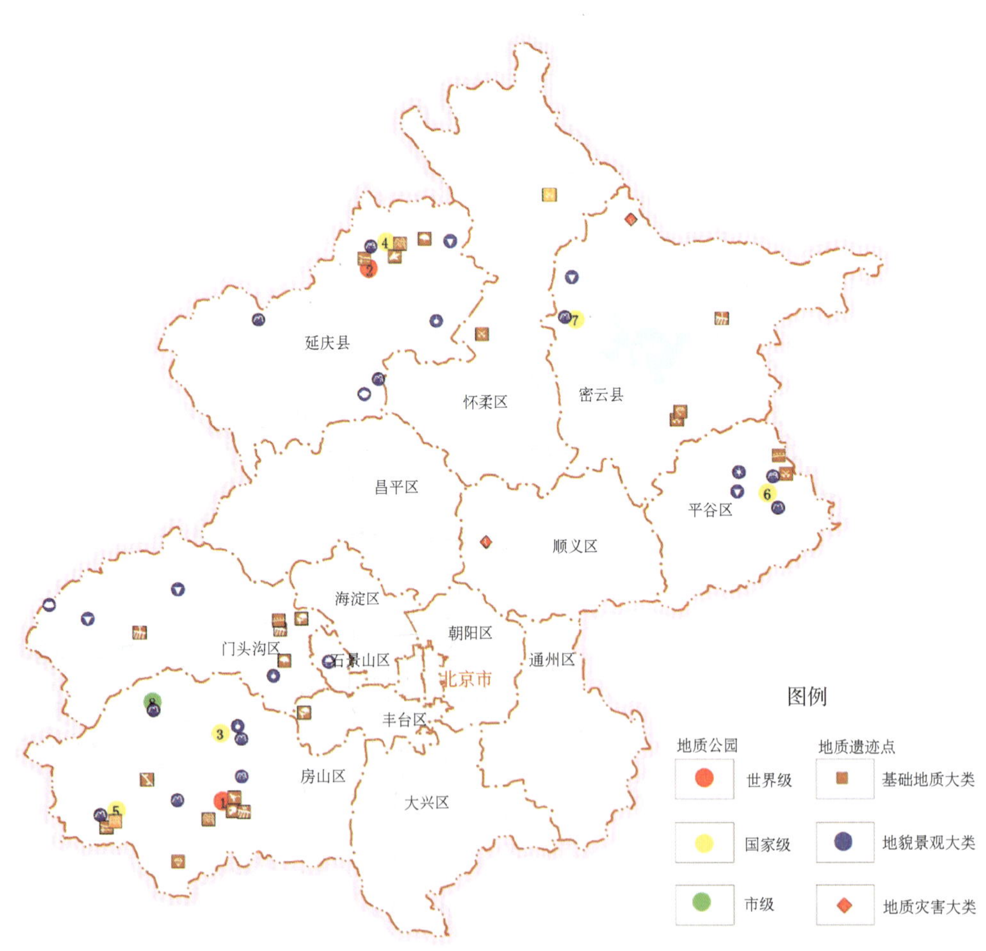

图3-12 北京市重要地质遗迹资源及地质公园分布示意

（二）地质遗迹保护

全市共建立地质遗迹自然保护区 3 处，见表 3-21，其中市级自然保护区 2 处，区级自然保护区 1 处，总面积为 53.49 平方公里。

表 3-21　　北京市地质遗迹自然保护区一览

序号	保护区名称	级别	所在区县	面积（km^2）	批建时间
1	房山石花洞地质遗迹自然保护区	市级	房山区	36.5	2000.12
2	延庆下德龙湾木化石自然保护区	市级	延庆区	16.62	2001.12
3	平谷大溶洞地质遗迹自然保护区	区级	平谷区	0.37	1997

● 编制完成《北京市“十三五”时期地质遗迹保护规划》，提出了地质遗迹保护工作的指导思想、规划目标和规划原则，明确了“十三五”期间地质遗迹保护方面的主要工作任务，完善了地质遗迹保护工作保障措施。

● 完成了对平谷黄松峪国家级地质遗迹保护项目验收后的抽检工作，确保了保护工程使用、维护状况良好。

（三）地质公园

全市共建立地质公园 8 处，其中 2 处世界地质公园，5 处国家地质公园，1 处市级地质公园，见表 3-22。

表 3-22　　北京市地质公园一览

地质公园名称	级别	遗迹类型	面积（km^2）	审批文号	批建时间
中国房山世界地质公园	世界级	古生物类、地质地貌类	1045	联合国教科文组织	2006.9.17
中国延庆世界地质公园	世界级	古生物类、地质地貌类、水文地质遗迹	620.38	联合国教科文组织	2013.9.9
北京石花洞国家地质公园	国家级	地质地貌类（岩溶地质遗迹）	33.5	国土资发［2001］388 号	2001.12.10
北京延庆硅化木国家地质公园	国家级	古生物类、水文地质遗迹	141.40	国土资发［2001］388 号	2001.12.10
北京十渡国家地质公园	国家级	地质地貌类（岩溶地质遗迹）、水文地质遗迹	290.37	国土资发［2004］16 号	2004.1.19
北京平谷黄松峪国家地质公园	国家级	火构造类、地质地貌类	36.4	国土资发［2009］110 号	2009.8.19
北京密云云蒙山国家地质公园	国家级	地质地貌类（花岗岩地貌遗迹）	238.2	国土资发［2009］110 号	2009.8.19
北京房山区圣莲山地质公园	市级	地质地貌类（岩溶地质遗迹、水文地质遗迹	28	市国土房管环［2004］666 号	2004.6.10

● 延庆世界地质公园完成了四个园区的地质遗迹调查工作，对原有141处地质遗迹点进行深入调查，新增古崖居、莲花山、云瀑沟等地质遗迹点52处，新发现足迹点3处，其中最大的足迹长80厘米，是华北地区发现的最大的蜥脚类恐龙足迹之一；邀请希腊莱斯沃斯木化石森林世界地质公园专家，对2株硅化木开展了两期次的保育工作。

● 房山世界地质公园启动了史家营百花山地区地质遗迹调查和评价工作；实施了溶洞藻类无害化处理、环境监测、隔离保护等措施；积极参与并多次接待联合国教科文组织、国内外地质公园的交流、会议和互访；9月在联合国教科文组织世界地质公园大会上获得2016年度联合国教科文组织世界地质公园最佳实践奖。

● 组织申报“十三五”地质公园保护利用设施建设项目，其中“北京市房山世界地质公园‘十三五’保护利用设施建设项目”和“北京市延庆世界地质公园‘十三五’保护利用设施建设项目”被列入项目储备库。

【矿山地质环境】

截至年底，全市有矿山企业44家，其中固体矿山18家，矿泉水26家（有9家停产）。固体矿山地质环境问题主要表现为矿山次生地质灾害、地貌景观破坏、水环境破坏、土地资源破坏、环境污染5种类型。

（一）矿山地质环境治理

1. 矿山环境恢复治理保证金缴存

自2009年建立保证金制度以来，全市累计缴存保证金34777.73万元，累计返还矿山企业保证金29368.07万元。截至年底，全市在生产固体矿山企业均编制了矿山地质环境保护与治理恢复方案，并按方案实施了工程建设，已实施的治理恢复项目累计投入工程治理费用38710.28万元。治理恢复项目的实施，消除了地质灾害隐患，改善了由矿山开采造成破坏的环境。

2. 清洁空气行动计划

截至年底，北京市清洁空气行动计划子项目——废弃矿山生态环境修复治理项目累计投入治理资金21248.95万元，共完成46个项目，涉及房山区、怀柔区、门头沟区、密云区、昌平区、延庆区和顺义区共7个区，治理总面积978平方公里，植树104.69万株。

表3-23　北京市废弃矿山生态环境修复治理项目一览

序号	行政区	治理项目数量（个）	治理面积（km^2）
1	房山	38	790.98
2	门头沟	3	32.62
3	怀柔	1	82.44
4	昌平	1	12.78
5	延庆	1	11.00

续表 3-23

序号	行政区	治理项目数量（个）	治理面积（km^2）
6	密云	1	19.16
7	顺义	1	28.92
合计		46	978.00

（二）矿山公园建设

截至年底，全市共申报建立国家矿山公园 4 处，见表 3-24。

表 3-24 北京市矿山公园一览

序号	矿山公园名称	所在区县	面积（km^2）	批建时间	建设情况
1	北京平谷黄松峪国家矿山公园	平谷区	1.86	2005 年	已开园
2	北京首云国家矿山公园	密云区	3.58	2009 年	已开园
3	北京圆金梦国家矿山公园	怀柔区	5.56	2009 年	建设中
4	北京史家营国家矿山公园	房山区	58.5	2013 年	建设中

● 北京圆金梦国家矿山公园在清理原有景区的基础上，开发了新的路线、景点，并开始设计科普教育活动、开发新的研学旅游产品、建设“中国科学探险（怀柔）基地”，正在逐步推进国家级地质、矿业文化基地的建立。

【地下水环境】

北京市地下水监测复合网络覆盖平原区（含延庆盆地）6528 平方公里，由地下水水位监测网和地下水环境监测网组成，分别监测 50 米以下，50—100 米，100—180 米，以及 180—300 米等四个含水层组地下水位及水质状况。北京市地下水监测对象主要为平原区地下水水位监测和水质监测两部分。

（一）地下水水位监测

截至年底共有地下水水位监测井 618 眼，其中潜水监测井 264 眼，承压水监测井 311 眼，基岩水监测井 43 眼；按监测方式分人工监测井 458 眼，自动监测井 160 眼。

平原区 2016 年 12 月地下水位与 2015 年 12 月水位比较，第一层（潜水）水位平均（加权平均）上升 0.48 米，第二层（第一承压）水头平均（加权平均）上升 0.34 米，第三层（第二承压）水头平均（加权平均）上升 0.04 米，第四层（第三承压）水头平均（加权平均）下降 0.56 米。

（二）地下水水质监测

地下水环境监测网共有水质监测井 822 眼，自上而下共监控 4 个含水层组（见表 3-25），主要监测 32 项无机指标（见表 3-26）。

表 3-25　　地下水环境监测网各含水层基本情况

立体分层	底界埋深	监测井控制面积（km^2）	监测井井数（眼）
第一层（潜水）	小于 50m	6528	370
第二层（第一承压）	80～120m	4770	221
第三层（第二承压）	150～180m	3995	142
第四层（第三承压）	300m	3068	89

表 3-26　　地下水无机监测指标

指标分类	指　　标	项数
感官性状和一般化学指标	色度、浑浊度、嗅和味、肉眼可见物、pH 值，溶解性总固体、总硬度、氯化物、二价铁和三价铁、锰、挥发性酚类、硫酸盐、钠、铝、氨氮、耗氧量（COD）	16
毒理学指标	硝酸盐氮、亚硝酸盐氮、氰化物、铬（六价）、砷、氟化物、汞	7
放射性指标	总 α 放射性、总 β 放射性	2
其他指标	电导率、钾、钙、镁、碳酸盐、碳酸氢盐、游离二氧化碳	7

1. 地下水综合质量状况

据 2016 年丰水期（9 月）地下水监测资料的综合分析，见图 3-13 和表 3-27，第一、第二含水层组水质量相对较差，第三、第四含水层组水质总体较好。

表 3-27　　地下水综合质量状况

立体分层	占总监测面积比率（%）		超标指标
	优良、良好	较差、极差	
第一层（潜水）	42.25	57.75	总硬度、锰、溶解性总固体、氨氮和硝酸盐氮
第二层（第一承压）	73.79	26.21	锰、氨氮、总硬度、溶解性总固体、硝酸盐氮
第三层（第二承压）	93.72	6.28	锰、氨氮、亚硝酸盐氮
第四层（第三承压）	100	0	—

备注：据 GB/T 14848-93《地下水水质标准》。

2. 地下水单指标质量状况

平原区地下水主要超标指标为总硬度、锰、溶解性总固体、氨氮和硝酸盐氮。主要超标指标中，总硬度超标面积最大，其次为锰、溶解性总固体、氨氮，硝酸盐氮超标面积最小。

平原区地下水质总体上具有如下特征：平面上，平原区北部地下水质好于南部，远郊区好于城近郊区；垂向上，第一含水层组水质最差，随着含水层组深度的增加，水质逐渐变好。

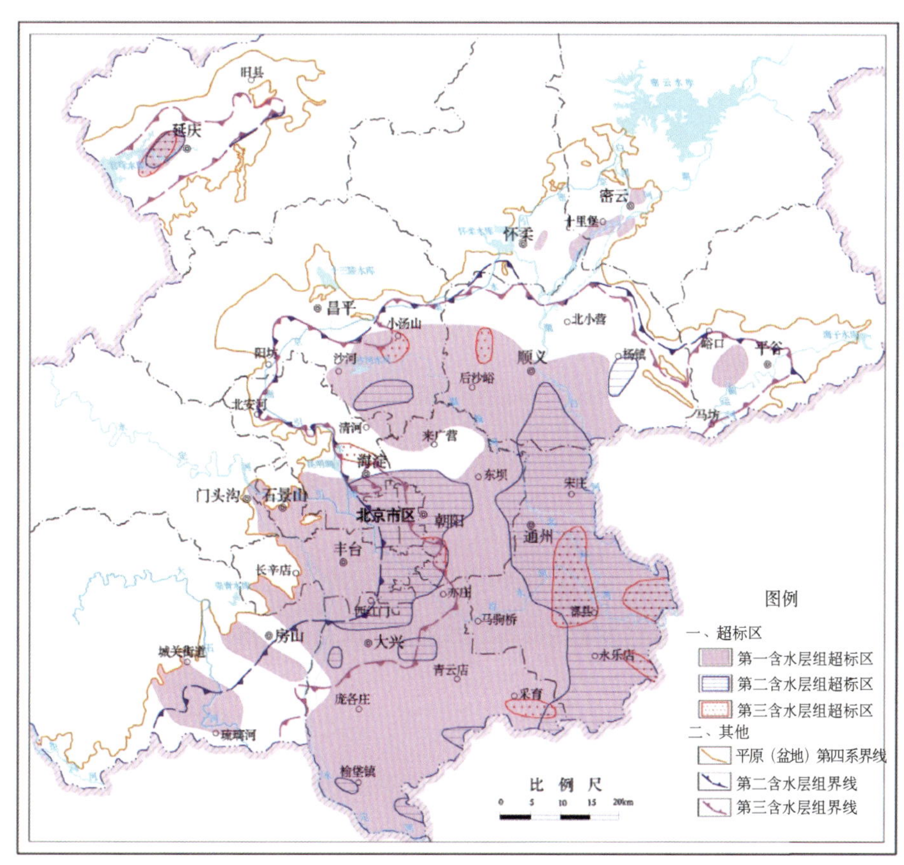

图 3-13 2016 年丰水期综合质量评价超标区分布

地矿行政管理

全年北京市地矿行政管理工作严格按照《北京市矿产资源总体规划》《北京市人民政府办公厅转发市国土局关于加强矿产资源管理工作意见的通知》（京政办发〔2006〕15 号）及其他有关要求扎实有序开展。

【地质矿产勘查管理】

（一）探矿权管理

全年共受理探矿权延续 5 个，全部为地热。全年接收探矿权评估报告 8 件，经审核确认，出具价款确认书 6 件，完成探矿权公开交易 4 件，签订探矿权出让合同 4 件，收取探矿权价款 32 万元。对 11 个有效探矿权进行了信息公示，涉及 8 个区，6 家勘查单位。经复核审查，参检的 11 个探矿权项目全部合格。

（二）地质勘查资质管理

截至年底，全市具有地质勘查资质证书的单位共计 144 家，其中 74 家单位具有甲级资质，108 家单位具有乙级、丙级资质（其中 38 家单位同时具有国土资源部颁发的甲级地质勘查资质证书）。各类各级地质勘查资质共计 352 个，具体情况见图 3-14，附表 2。

全年组织集中两次受理审批工作，共办理34家，其中新立7家，延续3家；全年办理资质变更19件，注销5家；完成了本年度全市地勘单位地质勘查资质监督检查工作。

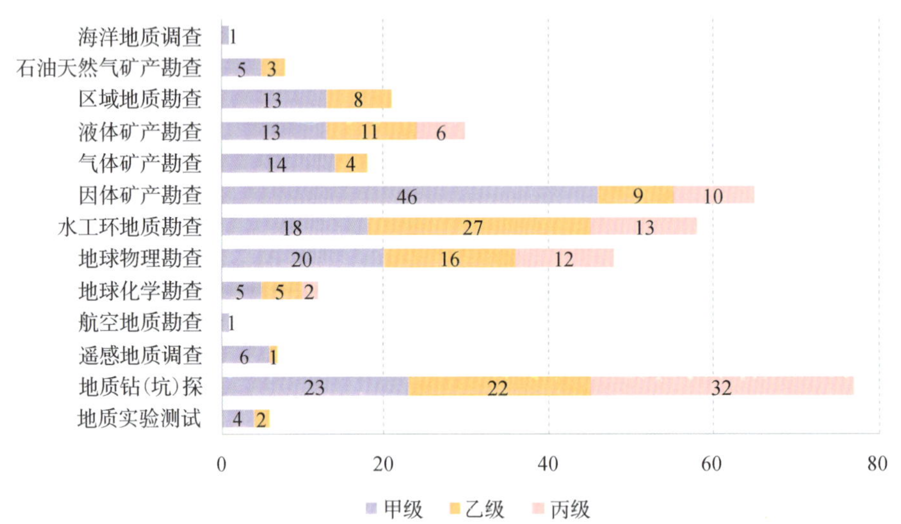

图3-14 北京市各级各类地质勘查资质构成

（三）地质灾害资质管理

北京市现有83家单位获得地质灾害危险性评估、勘查、设计、施工、监理资质，共200项，其中甲级资质145项、乙级资质6项、丙级资质49项（见表3-28，附表3）。

表3-28 2016年北京市地质灾害评估及治理工程资质数量统计

资质 等级	评估	勘查	设计	施工	监理	小计
甲级	36	36	35	32	6	145
乙级	2	0	1	2	1	6
丙级	17	10	10	12	0	49
合计	55	46	46	46	7	200

（四）地质勘查项目管理

全市开展各类地质勘查项目125项，基础地质调查项目12项，占勘查总项目9.6%；矿产资源勘查项目13项，占勘查总项目10.4%；地质环境和地质灾害调查项目41项，占勘查总项目32.8%；地质科学研究与技术方法创新项目59项，占勘查总项目47.2%。

（五）地质行业形势统计

组织开展全市地勘单位地质勘查成果通报工作和地质勘查行业基本情况调查工作，完成了半年度和年度《北京市地质勘查成果通报》，进行了地质勘查行业形势发展分析并上报国土资源部。

【矿产资源储量及地质资料管理】

（一）矿产资源储量管理

1. 矿山储量动态监督管理

开展了2015年度矿山储量动态监测工作，在生产的13家固体矿山企业全部参加，提交了经评审的矿山动态储量年报并在所属区分局备案，其中密云区5家、门头沟区4家、房山区2家、顺义区1家、昌平区1家，开采的矿种以煤炭、铁矿和水泥用灰岩为主；同年9月份部署了2016年度在生产矿山的储量动态监测工作。

2. 矿产资源储量评审备案工作

年内，出具矿产资源储量评审备案证明35份，涉及7个区，其中门头沟区22份、怀柔区和房山区各4份，主要是压覆矿产资源核查报告。完成了4个季度的储量评审备案直报系统的填报工作，上报数据均通过国土资源部审核。

3. 矿产资源登记统计

开展了年度矿产资源统计工作，根据矿山企业报送的年度统计基础表，审核汇总并录入数据库，完成了《截至2015年底北京市矿产资源储量表》的编制工作。

4. 建设项目压覆重要矿产资源核查

此项工作由建设项目所在地国土分局负责，共办理139件，主要分布在东城区、西城区、朝阳区、海淀区、丰台区、石景山区、大兴区、通州区。8月份，组织召开了业务培训会议，解读了国土资源部和北京市的有关政策，讲解了建设项目压覆重要矿产资源评审备案程序及涉及分局的工作重点。

（二）地质资料管理

1. 地质资料馆藏情况

截至11月底，北京地质资料馆馆藏成果地质资料10064种，数字地质资料达到9516种，数据量达到891.97GB，电子化率达到94.55%；实物地质资料总数达到116档，包括：两个项目的岩心1084箱计5345.66米，2014-2016年开展的实物地质标本项目采集的各类地质标本2246块，三个区域地质调查项目的光薄片2005片，四个项目土壤化学样品50164瓶，138口地热井岩屑样75440件。

2. 地质资料汇交

全年共接收成果地质资料203种，纸质资料、电子资料齐全，电子化率100%；接收、新增实物地质资料6种，其中4种为2016年度新增项目，2种为原有项目补充。包括：5口地热井勘查项目形成的岩屑样2283件，区域地质类1种，为“北京市1：10万区域地质图编制项目”的实物光薄片，共计2盒109片。另外还有本年度继续开展的“实物地质标本采集项目”在平谷、密云、门头沟等地共采集的岩矿石标本588件；接收原始地质资料29种，其中水工环类24种，占新接收量的80%。

3. 地质资料服务利用情况

年内，到馆借阅共计133人次，查阅资料797份，共50872件；复制资料51人次，复制利用涉及资料537份，共17564件，数据量8.09GB。通过网络、电话服务共404人次，其中网站点击共217人次。

4. 地质资料信息服务集群化产业化

截至年底，北京市在全国地质资料汇交监管平台上监管项目总数为1069个，到期应汇交项目数309个，由于项目延期到期未汇交项目数25个，汇交率为91.9%；发放汇交凭证44个，主要为水工环类项目；继续加大向地勘单位、汇交人推广地质资料汇交监管平台的延伸使用，目前有17家地勘单位完成注册使用；开展监管平台日常运行和维护工作，保证各类地质项目纳入监管平台，有效地促进了地质资料的及时汇交。

【矿产资源开发管理】

（一）固体矿产与矿泉水采矿权管理

年内，共完成19个行政审批事项，其中采矿权延续12个、变更3个、注销4个；完成10个采矿权项目的公开交易工作，其中采矿权延续9个、整合延续1个；办理的采矿登记和采矿权管理全部进入矿业权交易市场进行公开交易。矿业权交易网上监测系统能对矿业权交易的过程全程监督，现运转正常。

（二）固体矿产与矿泉水资源补偿费及采矿权价款征收

根据北京市财政局、北京市发展和改革委员会《关于停止征收矿产资源补偿费的通知》（京财综〔2016〕1266号）要求，我市自2016年7月1日起矿产资源补偿费费率降为零，暂停征收矿产资源补偿费，本年度共征收固体及矿泉水矿产资源补偿费88.4695万元（不含地热）。

年内，审核确认13家矿山企业的采矿权出让价款，确认价款总金额9889.31万元，其中本年应收取6406.31万元，已收取3377.25万元。

（三）绿色矿山建设

全市共有18家固体矿山企业，8家已建设成国家级绿色矿山，3家已是国家级绿色矿山试点单位，3家已编制完成绿色矿山建设规划进入建设阶段，另4家处于停产状态。

3月份，组织召开专题会议，部署全市绿色矿山建设工作，会上明确要求到2017年底前全部固体矿山均需建设成为绿色矿山，并系统讲解了绿色矿山建设标准、规划编写提纲、评估方法等内容。

（四）打击非法开采矿产资源工作

继续开展严厉打击非法开采行动，平谷区“5.14”案件发生后，积极落实市领导指示，会同市公安局、市安全监管局在全市7个区开展了以“严厉打击非法开采、全面清查关闭矿山、防止人身伤亡”为重点的专项行动，并印发了《关于开展严厉打击非法开采防止人身伤亡专项行动的函》（京国土矿函〔2016〕559号），召开了专题会议。全年共出具破坏矿产资源价值鉴定24份。

加强对非法勘查、开采地热资源的监督管理工作，通过不定期的巡查、行政许可前期现场核查以及动态监测等形式，及时发现并制止违法勘查、开采等行为，2016年移交执法总队进行查处的案件5件。

（五）矿产资源开发监督管理

按照“产量逐年减产、矿井逐年停

产、分解疏解退出”的原则，引导固体矿山企业逐步停止矿业活动。2016年固体矿山减少4家。为贯彻落实国务院关于煤炭行业化解过剩产能实现脱困发展有关文件精神，配合市发改委等部门按照《北京市化解煤炭过剩产能实施方案》，完成了北京昊华能源股份有限公司长沟峪煤矿、王平村煤炭的闭坑工作，并注销了采矿许可证。会同市安监局就引导我市部分非煤矿山企业在“十三五”期间逐步关闭、退出矿业活动等事宜与密云区、顺义区、房山区政府进行了沟通；集中多部门针对固体及矿泉水企业开展了矿山开发利用情况年度检查。全市共有矿山企业48家，应检矿山32家，实检矿山32家，16家企业停产未参加年检，年检率和实地检查率均达100%；实地抽查矿山8家，抽检率为25%；31家合格并通过年检，1家不合格限期整改，年检通过率96.87%；完成年检工作总结并按时上报国土资源部。

【地热资源管理】

（一）地热资源采矿权管理

全年受理并办结各项采矿权行政审批类业务20件，出具允许开采通知书24件，并向开发单位提出具体管理要求。截至2016年底，全市共设置地热采矿权164个。组织地热资源采矿权年检工作，共计年检地热采矿权152家，其中112家单位通过年检，年检通过率73.7%。年检结束后，对未能通过本年度年检的单位提出明确的要求，责令其限期改正。

（二）地热资源补偿费及矿业权价款征收

自2016年7月1日起，停止征收矿产资源补偿费，本年度征收地热矿产资源补偿费共计900万元。确认采矿权价款11件，完成采矿权公开交易12件，收取采矿权出让价款287万元。

（三）地热资源动态监测

继续对各热田的开采量以及各主要热田的热储水位、水温和水质实施监测，反映出各主要热田热储水位、水温和水质的变化规律如下：

（1）全市开采地热水总量为912.38万立方米，比上年（1009.58万立方米）减少97.2万立方米，平均单井开采量6.16万立方米。全市总回灌量为404.39万立方米，比上年（455.97万立方米）减少51.58万立方米，平均单井回灌量11.89万立方米。全市净开采量为507.99万立方米，比上年（553.62万立方米）减少45.63万立方米（表3-29、图3-15）。

表3-29　　2016年北京市各热田开采量统计

热田名称	开采井数	开采量（万 m^3）				
		雾迷山组	铁岭组	寒武系	其他	总计
小汤山	37	311.03	0.00	10.59	0.00	321.62
东南城区	36	125.34	14.61	0.00	0.00	139.95

续表 3-29

热田名称	开采井数	开采量（万 m^3）				
		雾迷山组	铁岭组	寒武系	其他	总计
京西北	18	68.02	0.00	49.01	0.00	117.04
良乡	16	104.42	0.00	0.00	0.00	104.42
天竺	16	67.44	0.00	0.00	0.00	67.44
李遂	5	31.51	0.00	0.00	11.22	42.74
延庆	7	84.84	0.00	0.00	0.00	84.84
后沙峪	1	0.00	0.00	0.00	2.61	2.61
双桥	5	20.29	0.00	0.00	0.00	20.29
凤河营	0	0.00	0.00	0.00	0.00	0.00
其他	7	11.22	0.00	0.00	0.22	11.44
合计	148	824.12	14.61	59.60	14.05	912.38

（2）各主要开采热田的热储静压力下降速度全面趋缓，除京热-66井，其他长期固定监测井的压力下降幅度都小于0.6米，远远小于各自多年平均值。另外，小汤山铁岭组热储和良乡热田雾迷山组热储分别接收了更多人工补给和天然降水补给，本年度热储平均静压力还出现明显抬升，见表3-30。

（3）全市各地热田地热水温度无明显变化。

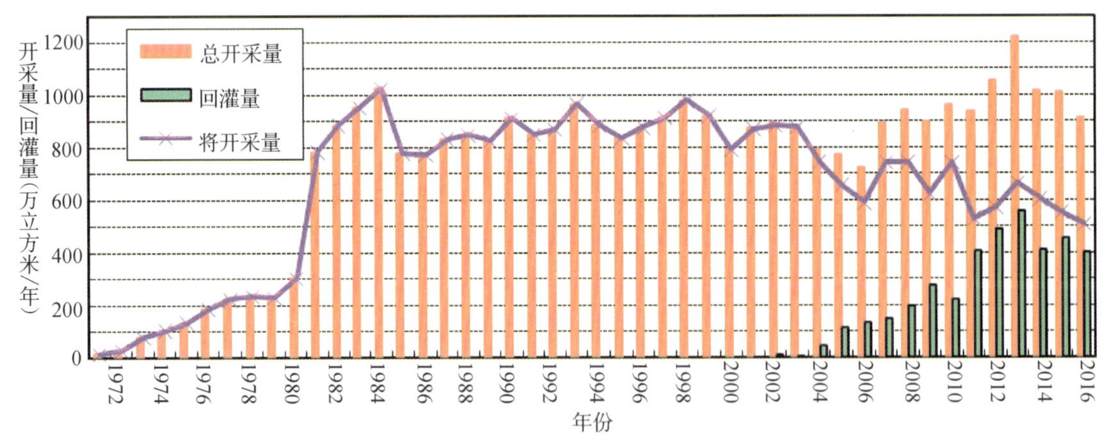

图 3-15　北京市主要热田开采量历年趋势

表 3-30　2016 年全市各监测井静压力监测统计

序号	热田名称	监测热储	井号	年度地热流体液面埋深（m）				多年平均静压力下降幅度（m）
				日最低	日最高	年平均	比去年下降	
1	东南城区	蓟县系雾迷山组	京热-50	77.80	67.82	72.30	0.1	1.20（2011-2015 年）
2			京热-60	88.25	79.36	83.47	0.32	1.04（2011-2015 年）
3			京热-66	92.31	84.23	88.04	1.34	1.24（2011-2015 年）
4			京热-71	90.24	81.98	85.52	0.32	0.90（2011-2015 年）
5		蓟县系铁岭组	京热-51	91.93	82.79	86.97	0.52	1.29（2003-2015 年）
6			京热-2	94.94	86.09	90.07	0.25	1.12（2010-2015 年）
7	小汤山	蓟县系雾迷山组	汤观-1	50.69	43.85	47.07	0.15	1.45（1985-2015 年）
8		蓟县系铁岭组	苗圃观测井	42.56	39.36	41.24	-1.77	1.60（2009-2015 年）
9	李遂	蓟县系雾迷山组	208-4	56.24	54.90	55.44	0.57	2.35（2003-2015 年）
10	良乡	蓟县系雾迷山组	B-4	90.84	88.03	89.73	-0.62	1.29（2003-2015 年）
11	天竺	蓟县系雾迷山组	顺热-1	111.82	106.01	109.35	2.17	4.76（2013-2015 年）

（四）浅层地热能开发利用管理

北京市浅层地温能资源开发利用项目以公共建筑为主，建筑类型包括办公楼、商业建筑、工业厂房、教学楼、居民建筑、旅馆酒店、卫生建筑以及文化与体育建筑等。全年评审浅层地热能（地埋管地源热泵）项目 14 个，出具浅层地温能地质条件评估意见 13 件，涉及项目总面积为 400649 平方米，见表 3-31。

表 3-31　浅层地热（地埋管地源热泵）申请项目的地质条件评估项目一览

序号	项目名称	项目地点	服务面积（万 m^2）
1	北京市房山区韩村河镇人民政府	房山	1.1630
2	北京富来宫会议中心有限公司	昌平	3.1900
3	北京同仁堂科技发展股份有限公司	大兴	9.5510
4	北京东方阳阳餐饮管理有限公司	大兴	1.4905
5	北京温彻斯工贸有限公司	大兴	1.7332
6	北京市海淀区教育委员会	海淀	8.0893
7	北京市通州区教育委员会	通州	3.2526
8	北京市大兴区卫生和计划生育委员会	大兴	2.1685
9	北京市大兴区卫生和计划生育委员会	大兴	1.0396
10	北京市大兴区卫生和计划生育委员会	大兴	1.0000
11	北京未来科技城昌融置业有限公司	昌平	3.4000
12	北京金乔家申科技有限公司	顺义	2.8901
13	海特光电有限责任公司	昌平	1.0971
合计			40.0649

专项管理

北京市国土资源局执法监察总队

【机构设置与职责】

北京市国土资源执法监察总队（简称执法监察处）下设办公室、土地执法监察一室、土地执法监察二室、土地执法监察三室、信息科技室、业务指导室、违法线索受理室7个部门，在职执法监察人员37名。

主要工作职责：负责本市国土资源方面的执法监督工作，按照管理权限查处有关违法案件，受理有关投诉和举报，指导区县国土资源行政主管部门的执法监督工作。具体职责：国土资源违法案件的查处工作；涉及国土资源违法违规行为的信访工作；本系统国土资源执法监察工作制度建设；国土资源违法举报投诉受理工作；本市国土资源执法监察管理，组织开展卫片执法检查和动态巡查工作。

领导班子：

党支部书记、总队长　孙龙广
副书记、副总队长　江　卫（女）
副总队长　郑继培
副总队长　赵英伟

【土地矿产案件查处】

年内，共立案查处1204件（同比上升92.03%）828.87公顷（同比下降13.66%），拆除违法建（构）筑物38.32万平方米，没收违法建筑物和其他设施96.37万平方米，收缴罚款4740.31万元；矿产违法案件本年立案45件，结案26件。

年内，通过市主要新闻媒体公开曝光9起案件。总队直接立案查处6起国土资源违法案件，目前已结案5起。

【卫片执法检查】

年内，共发现违法用地2626宗837.26公顷（其中耕地347.91公顷）。同2014年度卫片相比，北京市2015年度卫片违法用地宗数同比减少9.48%，面积同比减少49.05%，违法占用耕地面积同比减少48.45%。全市计入问责耕地面积41.7公顷，问责比例4.5%，计入问责的耕地面积及比例同比上年度分别下降35个百分点和1.4个百分点。全市各区问责比例均低于15%。共发现矿产疑似违法图斑59宗，其中合法8宗，占比13.56%；

实地伪变化 43 宗，占比 72.88%；违法 8 宗，占比 13.56%。

【信访与 12336 违法举报】

年内，违法线索受理共接听电话 5898 个，比去年同期的 5735 件上升 2.8%，其中共受理举报线索 2127 件（含国土资源部转办 144 件），占接听总数的 36.1%，比去年同期的 2018 件上升 5.4%。在受理的举报线索中，反映土地违法违规问题的 1957 件，占线索总数的 92%；反映矿产违法违规问题的 170 件，占线索总数的 8%。全市 12336 违法线索到期应反馈核查报告 2058 件，已反馈核查报告 2053 件，反馈率达到 99.8%。国土部转办线索反馈率 100%，每季度受到国土部通报表彰。

【视频监测】

年内，国土资源执法监察远程视频监控系统基本建成，全市共布建 382 个土地执法视频监控摄像机，24 个矿产执法视频监控摄像机，可实现对全市 90% 的耕地、95%的基本农田以及顺义区 31 个矿产易发区的实时监控。国土资源执法初步形成“天上看、地上查、群众报、视频探”的立体管控格局，弥补现有执法手段发现滞后的不足，大幅提高早发现的机率，为实现“发现在萌芽、解决在初始”的“四早”目标奠定坚实基础。年内，顺利完成市委常委副市长陈刚、国土资源部副部长曹卫星，及国土部执法局、国家土地督察北京局领导现场调研指导的汇报任务。截至年底，委指挥中心共发现疑似违法线索 1051 个，10 个委统建区分中心及国土所监控点共发现疑似违法线索 228 个，3 个自建区分局共发现疑似违法线索 110 个（为三个分局自报数据）。

【国土所管理】

进一步推动国土所基础工作的科学化、规范化、制度化，全面落实《北京市国土资源管理所标准化建设规范（试行）》（京国土监〔2011〕615 号）、《北京市国土资源管理所标准化建设考核暂行办法》（京国土监〔2011〕616 号），会同法制处、监察处、人事处、财务处组成市局检查组，组织完成 2015 年国土所标准化建设检查工作，研究形成工作报告，总结经验，分析问题，并在考核表彰、力量配备、队伍建设、业务培训等方面提出建议。

【清理整治高尔夫球场】

3 月份国家发改委等 11 部委关于高尔夫球场清理整治工作全面核查启动后，在国土资源部执法监察局指导下，及时抽调骨干力量对北京市 64 个高尔夫球场开展面积范围、整改落实及处罚执行等方面的全面核查工作。为确保北京市高尔夫球场涉地问题整改到位，及时梳理未整改到位球场名单，组织约谈会对相关球场负责人进行集中约谈。按照国土部执法局要求和市发改委统一安排，多次对高尔夫球场清理整治情况进行确认和举证说明。由于时间紧、任务重、要求高、基础差，在全面核查期间，总队各执法室和有关分局同志放弃周末休息时间，启动“5+2”“白加黑”的工作模式，按时保质完成全面核查任务。年内，除 8 家球场取得用地手续或已整改不作球场经营，其余需要处罚的56家球场中，除丰台银泰球场因当事人对处罚面积争议，均完成处罚工作，累计处罚金额9亿元，并完成12家涉及占用约246.67公顷不符合规划耕地球场的退耕及复耕工作。其中昌平分局认真核对历年影像、梳理历年数据，多次到现场进行逐一勘查，按时按要求报送高尔夫球场清理整治工作成果。总体核查成果得到国土资源部执法监察局的充分肯定。

【违法用地上账、上图】

全力推动设施农业项目用地和公共公益项目违法用地上账（监管台账）、上图（“国土一张图”）、上网（政务信息网）。完成对2013—2015年有关用地项目的“上图、上网”工作，其中设施农业项目3044宗，占地面积1322.94公顷（含耕地460.40公顷）；公共公益违法项目1351宗，占地面积690.46公顷（含耕地139.81公顷）。目前，公众已可通过登录市规划国土委官网，查询上述项目的名称、发现途径、项目用途、用地单位（或个人）、所在位置，实现对涉农建设项目用地情况的精细化、信息化、网格化管理，提升北京市国土资源执法工作的质量水平。

【完善促进共同责任落实的措施办法】

年内，继续推进和完善政府收益拨付与各区遏制违法用地建设联动奖惩机制。一是会同市财政局抓紧完成对暂缓拨付制度的修改，制定违法用地上帐销账配套制度措施；二是做好2016年各季度各区违法用地核查和排名工作，通过财政制约手段，调动各区政府查违拆违的积极性和主动性；三是加强暂缓拨付政府收益工作的规范化和程序化，做好相关政策措施的指导和解释工作，以季度排名、年末累计等为抓手，确保分局执法监察工作的不松不懈。

【加强执法监督制度建设】

年内，先后印发《关于在执法监察工作中进一步强化责任意识严格执法履职有关事项的通知》（京国土监〔2016〕99号）、《关于进一步强化依法履职切实做好国土资源违法行为查处立案处罚结案有关工作的通知》（京国土监〔2016〕187号）、《关于抓紧落实2013年以来市局信访举报督办事项的通知》（京国土监〔2016〕198号）、《关于切实做好涉矿违法行为行政处罚工作的紧急通知》（京规划国土发〔2016〕73号）、《关于规范国土资源重大疑难违法案件组织集体讨论有关事项的通知》（京规划国土发〔2016〕84号）、《关于加快推动自然保护区等特定区域内违法用地建设项目查处整改工作的紧急通知》（市规划国土发〔2016〕116号）。截至年底，市规划国土委填入北京市行政执法信息服务平台的行政处罚量共1053件。其中本年下达行政处罚并结案的481件，比上年的176件提高了171%；行政检查单数量为18700件。

北京市土地利用事务中心

【机构设置与职责】

北京市土地利用事务中心（简称利用中心）于2001年1月21日经市政府批准成立，现编制60人，内设办公室、出让科、综合一科、综合二科、综合三科、监管科、财务科、地价科和受理科、综合法制科。

主要职责为：受原北京市国土资源局委托负责按规定催缴土地有偿使用费用；承办本市征地及国有土地使用权划拨、出让、转让、出租、抵押以及地价评审的技术性、事务性、服务性工作。

领导班子：

主任　　朱　江

副主任　　杜　涛

专职副书记　　禹　佳（女）

【业务办理】

年内，共受理土地出（转）让许可类事项1454件，其中：出让合同173件，出让合同变更630件；受理管理类事项651件。

共办结许可类事项627件，其中出让合同157件，合同变更470件。办结服务类事项转让登记6件。办结管理类事项727件。其中：招拍挂出让项目49件，地价款缴纳核实678件。

【地价评审】

年内，召开地价办公室会25次，召开地价评审专家会8次，审定项目169个。

【欠费清缴】

核实2015年和2016年出让项目的地价款缴纳和欠缴情况316项（其中2015年出让合同206项，2016年出让合同110项）。通过发放《缴纳地价款通知单》和约谈等方式，对欠费地价款进行追缴。共发放《限期缴纳地价款通知单》32份，收缴欠费约10亿元。

【信息公开】

承办市规划国土委政府信息公开有关出让、划拨部分的工作。

主动信息公开事项方面：在市规划国土委外网网站上发布出让结果、土地出让变更信息、土地划拨结果公告。公示的出让结果内容包括项目的受让方、土地位置、宗地面积、规划建筑面积、签约时间、规划用途、土地成交地价款、合同开竣工时间、地上容积率；公示的土地出让变更项目内容包括项目的受让方、土地位置、宗地面积、规划建筑面积、规划用途、合同地价款、变更事项；公示的土地划拨结果内容包括项目名称、土地使用者名称、土地位置、宗地面积、划拨批复、划拨决定书。2016 年度土地出让合同办理情况、土地合同变更情况和土地划拨情况均已按月主动向社会公示。

依申请公开事项方面：办理依申请政府信息公开事项 199 项，均为书面申请，已全部办结。

【档案、数据统计、信息化】

基本完成前期遗留的各类案卷的清理，出（转）让档案。进入到随办随归的良性循环，与档案馆交接共 2107 件，与信息中心交接档案共 2347 件，与档案馆交接文书档案 250 件。

【行政公文】

年内，办理公文 1477 件，其中督办件 6 件，受理信访事项 63 件，全部办结。

【闲置土地处置】

年内，对 2013 年度出让项目中涉及闲置土地的进行全面清理、调查。对 14 批次 166 宗涉嫌闲置土地发《闲置土地调查通知书》，交由相关分局进行调查，其中完成调查 7 批 72 宗。整理、汇总闲置土地认定会商会材料 2 次。按国土部工作要求，将调查、处置数据逐一录入部监测监管系统。

【土地出让项目批后监管】

为落实土地利用动态巡查制度，与市规划国土委信息中心配合更新、升级批后监管系统，以实现同步巡查系统完全对接。每月提取系统数据，对各分局执行情况进行分析，并对各分局执行过程出现的问题进行具体指导。

将 1995—2016 年度出让项目总计 4453 个纳入市规划国土委监测系统，其中需要监测开发利用情况的（即协议新建和招拍挂出让项目）2090 个，其余不需监测的现状、竣工补办等出让项目为 2363 个。需监测项目中已对 1912 个项目进行监测并实现数据实时更新，占需监测项目数量总数的 91.5%。

规范土地出让合同约定开发建设延期审批，形成常态化、规范化的工作流程。年内共收到延期申请 45 件（协议出让 15 件、招拍挂出让 30 件），对符合延期标准的项目，已分 5 个批次上报委领导，已审核批准共计 13 件（招拍挂出让项目 11 宗，协议出让项目 2 宗，4 件为 2015 年申请）。年内，对 36 件不符合办理标准的项目，已告知不予办理。

【配合各级审计、督察工作】

配合北京市经济责任审计组完成政泉花园项目的审计工作。调取出让档案、梳理项目情况、核实相关数据、撰写大量文字材料，配合审计组圆满完成各项审计工作。配合国家土地督察局进行相关督查工作，同时为配合各区分局的督察工作借阅大量出让档案，并积极配合提供相关数据、报表、回复取证等工作。

【评估服务费支付】

全年评估服务费预算 500 万元，已申请支付评估服务费 7 次，共计 89 个项目，支出 4263071 元，并严格按照市规划国土委要求，执行资金内控系统逐级审批制度。结合本年度工作开展情况，申报2017年评估服务费预算300万元。

【土地出让政策研究】

1. 完善行政许可及服务类事项审批程序

研究解决个别招拍挂成交项目后期操作中遇到的问题。包括招标出让后增建教育配套面积问题，竣工项目因特殊原因暂未规划验收先行办理补充协议问题，不同地块间分别配建保障房集中建设问题，还建公建项目重新确认规划用途问题，招标成交项目受让人股权调整等问题。

招拍挂及协议出让项目的实测面积变更中，涉及现场踏勘方面的工作，交由各分局协助审核，并组织各区分局对协助审核等方面工作进行培训并答疑。

土地使用权转让登记由行政服务类事项变更为行政许可类事项，经与法制处共同研究，对相应的受理条件、要件及结果进行调整。年内继续对土地转让审批手续进行完善修改，并在具体工作中实施，进一步规范转让登记的审批程序和标准。

进一步细化协议类出让合同变更事项的程序及原则。针对基准地价调整后，深入研究相关政策，形成先审核后委估，并通过填写地价水平审批表等环节进一步完善评估环节。

完成行政审批中介服务事项的规范和清理工作。按照市规划国土委要求，对转让许可中由中介机构出具投资25%的证明事项进行清理，并整改为“申请人可自行编制也可委托有关机构编制”。

2. 土地政策研究

召开行政审批业务培训会，对目前各分局需承担的本区域内所涉及申报供地许可事项中现场踏勘、协议出让事项中带图作业、有偿供地项目申报竣工许可事项中现场踏勘、土地出让合同的动态巡查及闲置土地处置等业务办理工作进行详细的讲解。落实《北京市国土资源局关于进一步加强土地利用管理工作的通知》（京国土用〔2016〕155号）的部分具体工作，行政许可办理及系统的调整，已于7月1日开始执行。

积极配合利用处，就基准地价应用等问题提出具体意见与组织专家进行论证，并向国土资源部土地利用司进行专题汇报。结合专家论证会、国土资源部土地利用司的意见，行文上报市政府批准，基本解决单独选址类项目协议出让地价水平，协议出让项目增加地上、地下建筑规模，违法补办地价水平等相关问题。

针对“平房四合院”和“地下空间”评估时基准地价系数修正法和剩余法评估结果相差较大的问题，联合利用处委托北京市估价师协会对评估技术路线进行研究，通过专家论证的形式，出台《北京市“平房四合院”协议出让地价评估技术有关问题的说明》和《北京市地下空间协议出让地价评估技术有关问题的说明》。

北京市土地整理储备中心

【机构与职责】

北京市土地整理储备中心（简称储备中心）于2001年4月28日成立，编制100名，内设“七部一室”，即财务管理部、储备管理部、开发管理部、市场交易部、项目开发一部、项目开发二部、项目开发三部、综合办公室。

主要工作职责：承担全市土地储备开发、建立政府土地储备库和土地市场交易相关工作。

领导班子：

主任	曹　慧（女）
党总支书记	孙立钢
副主任	吕振库
副主任	燕新程
总经济师	黄永芳（女）
副主任	丁红梅（女）

【土地市场供应】

年内，北京市土地市场共成交经营性用地34宗，土地面积约413公顷（其中住宅用地约141公顷，商服用地约272公顷），建筑规模约589万平方米（其中住宅约293万平方米，商服约296万平方米），成交地价总额约922亿元。政府土地收益约467亿元（含溢价约204亿元）

年内，全市累计完成保障性安居工程新增落实用地366公顷，完成计划指标的105%，各房型用地结构任务均超额完成。其中，公租房用地19公顷，棚改安置房用地118公顷，定向安置房用地148公顷，中央单位、军队部门保障房用地81公顷。

【土地一级开发】

受国务院《关于加强地方政府性债务管理的意见》（国发〔2014〕43号）及京津冀协同发展有关工作要求影响，经商相关委办局并请示国土部，本年度储备开发计划初稿编制完成后并未公布实施。

年内，北京市完成土地储备开发460.81公顷；土地储备开发实现投资约437.69亿元；新增土地储备开发项目4个，面积约158公顷。

2月，财政部、国土资源部等四部委联合印发《关于规范土地储备和资金管理等相关问题的通知》（财综〔2016〕4号），提出规范土地储备行为，调整筹资方式，以及积极探索土地储备政府购买服务等要求。围绕落实上述要求，中心积极与财政部、国土部进行沟通，会同市财政局、人民银行营管部、北京银监局、部分区政府进行多次认真研究。联合市财政局上报市政府《关于进一步完善我市土地储备工作模式的请示》（市规划国土文

〔2016〕157 号）并获市政府批准，明确规范北京市土地储备行为，调整筹资方式，以及积极探索土地储备政府购买服务等事项，土地储备开发模式调整工作稳步推进。

【政府土地储备】

年内，新增收购储备项目 3 个，土地面积约 35.35 公顷。

【土地储备开发融资】

年内，全市新增土地储备专项债券 410 亿元，其中新增债券 5 亿元、置换债券 405 亿元；全市储备机构归还债务 788 亿元，其中银行贷款 483 亿元，保险资金 210 亿元，信托贷款 95 亿元。全市土地储备机构债务余额 873 亿元，其中银行贷款余额 583 亿元，保险资金 290 亿元。

【国有建设用地使用权交易】

年内，北京市土地交易市场和 10 个远郊区、北京经济技术开发区土地交易分市场共成交土地 47 宗，土地面积约 477.29 万平方米，规划建筑面积 669.59 万平方米，成交价款 929.99 亿元，其中，政府土地收益 468.62 亿元。

表 3-32　2016 年北京市国有建设用地使用权入市交易成交统计

交易地点	成交宗数	土地总面积（公顷）		规划建筑面积（万平方米）	成交价款（亿元）
		合计	其中建设用地		
市土地交易市场	34	412.78	388.81	589.21	921.59
远郊区土地交易市场	13	64.51	59.42	80.38	8.40
合计	47	477.29	448.23	669.59	929.99

【历年土地市场公开出让交易情况】

2001 年至 2016 年，全市共有 2033 宗 17839.23 万平方米土地入市成交，成交价款为 12697.84 亿元，其中政府土地收益 6189.29 亿元。

表 3-33　2001-2016 年北京市国有建设用地使用权入市交易成交统计

年度	成交宗数	交易类型			土地面积（公顷）		规划建筑面积（万平方米）	成交价款（亿元）	
		招标	拍卖	挂牌	合计	其中建设用地		合计	其中政府收益
2001	1	1	0	0	13.97	13.97	14.14	3.17	0.59
2002	8	2	1	5	250.48	174.79	331.26	61.35	14.93
2003	48	3	1	44	201.7	158.7	277.87	49.14	19.05
2004	89	4	0	85	537.92	403.53	609.51	115.31	32.85
2005	50	2	0	48	357.39	242.12	451.97	117.51	39.31

续表 3-33

年度	成交宗数	交易类型			土地面积（公顷）		规划建筑面积（万平方米）	成交价款（亿元）	
		招标	拍卖	挂牌	合计	其中建设用地		合计	其中政府收益
2006	87	29	1	57	856.2	594.96	935.05	257.67	92.11
2007	85	41	0	44	897.92	600.63	1233.01	438.1	204.34
2008	184	26	0	158	1573.43	1110.19	1810.43	500.12	170.82
2009	250	20	1	229	1965.16	1385.27	2391.19	966.28	556.76
2010	280	81	0	199	3012.04	2070.15	3350.46	1677.27	948.05
2011	257	52	0	205	2044.54	1447.75	2481.32	1113.29	463.17
2012	169	27	0	142	1340.4	995.17	1722.22	670.61	238.09
2013	223	53	0	170	2118.64	1342.34	2448.74	1853.15	846.81
2014	141	16	0	125	1295.26	937.67	1663.01	1916.90	964.77
2015	114	10	0	104	896.89	714.57	1532.03	2027.98	1129.02
2016	47	7	0	40	477.29	448.23	669.59	929.99	468.62
合计	2033	374	4	1655	17839.23	12640.04	21921.8	12697.84	6189.29

【大事记】

4月19日　储备中心组织召开朝阳区百子湾国有土地使用权收购补偿方案审核会，会议审议项目收购补偿费为303856.91万元，并议定由中心按照审议的补偿方案开展收购相关工作。

4月28日，市政府批准市国土局上报的《关于朝阳区百子湾项目国有土地使用权收购有关问题的请示》（京国土储〔2016〕153号），同意中心与北京祥龙百子湾物流有限公司签订朝阳区百子湾广渠东路6号项目收购合同，收回该项目用地国有土地使用权。

7月28日　储备中心与金融街商务区分中心签订《政府储备土地代管协议》，将朝阳区关东店26号政府储备土地交与商务区分中心代管。

10月24日　储备中心组织召开2016年第四期国有土地使用权收购补偿方案审核会，会议就石景山区首钢园区东南区项目国有土地收购补偿方案进行评审，并议定由储备中心继续推进上述国有土地使用权的收购工作。

11月9日　储备中心收储的朝阳区百子湾项目、兆峰陶瓷厂项目通过2016年第5次市规划国土委主任办公会的审核，会议同意项目的收购方案和收购补偿款资金拨付额度。

11月10日　储备中心与原土地使用权人签订《国有土地使用权收购合同》，将朝阳区管庄288号项目纳入政府储备。该项目总用地面积约0.86公顷，总投资约2.1亿元。

11月18日　储备中心与原土地使用权人签订《国有土地使用权收购合同》，将朝阳区化工路5号（东院）（原兆峰陶瓷厂）项目纳入政府储备。该项目总用地面积约14.49公顷，总投资约17.86亿元。

11月18日　首钢园区东南区项目取得市政府正式批复，同意该项目国有土地收购补偿方案。该项目总用地面积约87公顷，收购补偿款约214亿元。

11月24日，储备中心组织召开首钢园区东南区项目收购补偿合同研讨会。会议初步拟定该项目收购补偿款付款节奏，待首钢总公司进一步梳理后，尽快签订收购补偿合同。市财政局、首钢总公司及储备管理部相关人员参会。

12月22日　储备中心与市投资中心签订《公租房建设协议》，对亚林西公共租赁住房（审计署公租房）项目建设内容、付款时序、交付条件等内容进行约定，确保按时交付公租房。

12月23日　储备中心组织召开西城区棉花片胡同项目收购补偿方案审核会，会议原则通过该项目的收购补偿方案。

北京市国土资源勘测规划中心

【机构与职责】

北京市国土资源勘测规划中心（简称规划中心）于2007年5月11日正式成立，是北京市国土资源局直属的正处级全额拨款事业单位。中心编制15人，内设综合办公室、土地规划管理科、土地信息管理科。

主要职责：承担市国土局交办的土地利用总体规划、专项规划和矿产资源规划等有关规划编制（修编）的组织落实工作，负责有关规划成果和信息的汇总、整理、分析、应用等方面的事务性工作。

领导班子：

主　　任　　　茹小斌

副 主 任　　　陈　景

（2016年5月调离）

副 主 任　　　徐　典

（2016年12月任职）

专职副书记　　范为革（女）

【土地规划核心管理工作】

1. 土地利用总体规划调整完善工作

土地利用总体规划调整完善是国土资源部顺应新时期经济社会发展要求部署的一项全国性重点工作，根据国土资源部的部署要求，按照原北京市国土资源局和规划中心的工作计划，积极推进市级和区县级土地利用总体规划调整完善工作。年内，中心完成了以下几个方面的工作：严格制定工作标准，在衔接全市土地规划调整方案内容的基础上，完成《北京市区乡土地利用总体规划调整完善方案编制技术要点》、《北京市区级及乡镇级土地利用总体规划调整完善数据库建设指南》、《北京市区级及乡镇级土地利用总体规划调整完善制图规范》等多项规范性标准的编写工作，完成规划指标分解下达工作，初步完成市、区、乡三级土地利用总体规划方案编制工作。指导区县开展实施评价工作．对各区县上报的区县级土地利用总体规划实施评价成果进行认真审查，分批次和区县分局进行开会讨论，对接修改意见，年内区县级土地利用总体规划实施评价成果审查工作顺利完成。开展区乡土地利用总体规划调整完善成果审查招投标工作，年内完成开标、合同签订和审查准备等前期工作。

2. 土地规划日常管理工作

年内，共完成审查土地规划调整方案项目76件（其中规划修改项目20件，市级动态维护项目56件），按时保质完成148个项目的维护备案和93个项目的数据更新工作，及时将更新成果汇交局监管平台和反馈相关区县分局，确保“一张图”的现势性和重点建设项目的顺利实施。完成规划信息资源数据整合 27.77GB，新增元数据 165 条，规划信息资源整合数据量约为 677GB，入库元数据 10089 条，为土地规划日常业务的开展提供基础数据资源，方便业务开展和工作量提升。

3. 土地利用总体规划（2015 年度）实施评价

年内，在梳理往年实施评价工作成果的基础上，结合京津冀一体化、城市总体规划修改、三线划定以及土地规划调整完善等工作要求，积极探索指标体系的创新、评价方法的创新、表现形式的创新以及管制办法的创新，体现全市关于土地资源管理“减量提质”的新任务和新要求，完成 2015 年度土地利用总体规划的实施评价工作。

4. 市区乡三级基本农田保护区专项规划编制工作

5 月 31 日，市国土局正式批复《昌平区市区乡三级基本农田保护区专项规划（2010－2020 年）》，至此，全市市区乡三级基本农田保护区专项规划编制和审批工作全面完成。

【统筹区域协调发展工作】

1. 完成“十三五”市级重点专项规划编制工作

根据市“十三五”规划编制工作部署要求，“十三五”市级重点专项规划《北京市“十三五”时期土地资源整合利用规划》由北京市国土资源局牵头编制，具体工作由规划中心承担。年内，在上年度完成专项规划初稿撰写的基础上，按照“十三五”工作总体部署，积极推进规划成果完善及论证工作。组织开展专项规划初稿征求意见工作，向市相关委办局和各区政府致函就专项规划成果征求意见和建议，并根据反馈意见对专项规划进行修改完善。组织召开专家论证会，3 月初组织中国人民大学、中国农大、中国土地勘测规划院的著名专家对专项规划成果进行论证，并根据专家意见对专项规划进行完善。通过北京市“十三五”规划领导小组办公室组织开展的衔接性审查，将专项规划成果报送北京市“十三五”规划领导小组办公室进行衔接性审查，根据审查意见对专项规划进行完善后，通过衔接性审查，之后报市政府审议，经 7 月 19 日王安顺市长主持召开的第 124 次市政府常务会讨论并原则通过后，正式发布实施。

2. 京津冀土地优化利用一体化管控关键技术与应用项目

针对京津冀协同发展在土地利用管理方面的政策和技术要求，上年度规划中心会同市国土局信息科技处牵头开展为期三年的《京津冀土地优化利用一体化管控关键技术与应用》国土资源公益性行业科研专项课题的研究工作。年内，规划中心参加了 3 月在中科院举办的项目启动会、示范数据需求研讨会、5 月在中国农业大学举办的“京津冀土地利用一体化管控关键技术与应用”科技周活动及 10 月 14 日在中国人民大学举办的京津冀土地利用优化一体化管控研讨会，积极推动项目研究，年内完成本年度项目研究经费拨付事宜。

【重点专项工作】

1. 城市周边永久基本农田核实举证工作

根据《国土资源部办公厅农业部办公厅关于切实做好106个重点城市周边永久基本农田划定工作有关事项的通知》要求，推进城市周边永久基本农田划定工作，在对各区上报成果进行整理汇总、开展外业核查的基础上，及时将北京市核实举证成果上报国土资源部并于4月初通过审查，在全国106个重点城市中排名靠前。

根据国土部要求，配合规划处组织开展城市周边范围外的其他城市周边永久基本农田划定核实举证工作（涉及平谷、怀柔、密云、延庆4区），通过明确标准并制作下发核实举证图斑、督促指导各区开展工作、组织技术审查等一系列工作，于6月底联合市农业部门向4区发函对最终成果进行确认，并将相关成果报国土部备案。

2. 永久基本农田划定工作

根据国土资源部、农业部有关要求，配合规划处开展北京市永久基本农田划定工作。配合开展市级基本农田划定方案编制及论证工作；在城市周边永久基本农田划定工作的基础上，编制完成《北京市永久基本农田划定标准》并下发各区；补充申报永久基本农田划定成果外业核查工作预算，研究形成“核查工作手册”规范核查工作；制定《区乡永久基本农田划定方案审核论证成果数据汇交及审核办法》并制作下发备选地块图层，便于各区开展划定工作；完成各区区乡级永久基本农田划定方案的论证审核工作。年内，完成项目承担单位招标工作，启动规划成果核查工作。

3. 配合规划处完成北京市耕地和基本农田保护面积核减工作

落实习近平总书记考察北京时的重要讲话精神和市领导的指示，结合本市《关于调结构转方式发展高效节水农业的意见》，配合规划处会同市农委、市农业局、市林业局等相关部门多次开会研讨，形成北京市耕地和基本农田保护面积核减初步方案，经征求各区意见将相关情况上报市规划国土委领导批准，年内上报市政府待审批。

4. 完成国家科技支撑项目子任务

承担“十二五”国家科技支撑计划重点项目“村镇区域空间规划与集约发展关键技术研究”的子任务“空间规划地理信息多技术组合快速成图方法研究与标准研究”，5月底该项目顺利通过科技部教育司组织的专家评审验收。

5. 积极推进耕地质量更新与评价相关工作

配合耕保处完成《北京市耕地质量等别年度更新与监测评价》（2016）委托合同签订，完成《北京市耕地质量等别年度监测评价试点》（2014）项目绩效工作。

【党建工作】

加强党建工作，发挥党支部的战斗堡垒作用。

一是按照原市国土资源局党组《关于开好“三严三实”专题民主生活会的通知》及《补充通知》要求，以“三严三实”内涵要求为主题，紧紧围绕“严以修身、严以用权、严以律己，谋事要实、创业要实、做人要实”的要求，召开“三严三实”专题民主生活会，严肃认真的进行批评与自我批评，增强党性和班子的凝聚力。二是按照原市国土资源局“两学一做”学习教育活动的总体部署，组织全体党员通过个人自学、集中朗读、答题测验等多种形式深入学习《中国共产党党章》，并学习党章制定和修订完善的历程，让全体党员干部更准确的把握我们党的发展历程和前进方向；与规划处支部联合开展主题党日活动，参观抗战时期平北地区第一个抗日民主政权“昌延联合县政府”旧址，缅怀了革命先烈的光荣事迹，同时开展了新党员宣誓和老党员重温誓词活动。三是重视理论学习，制定全年学习计划表，召开支部专题会学习习近平同志在庆祝中国共产党成立95周年大会上的讲话、《中国共产党问责条例》、《关于新形势下党内政治生活的若干准则》和《中国共产党党内监督条例》等。四是开展“政府工作报告知多少”答题和党纪条规百分测试活动。响应上级机关号召，组织中心全体党员干部参加“政府工作报告知多少”答题活动，均达到满分；全体党员参加党纪条规百分测试，并及时将测试结果报驻委纪检组。五是全面落实党员“亮身份”行动。响应上级党组织号召，在全体党员中严格落实“亮身份”要求，确保全体党员在工作时间必须佩带党徽，要求党员之间互相提醒，邀请中心群众进行监督。六是做好党员考察培养工作。

北京市不动产登记事务中心

【机构与编制】

北京市不动产登记事务中心（简称登记中心）于2015年6月17日成立。编制36名。内设办公室、登记一科、登记二科、档案管理科、信息管理科、监督指导科、法制科、综合研究科。

主要职责：承担在京中央单位、驻京部队、保密单位等不动产登记的事务性工作；承担不动产登记资料汇交管理和信息共享工作；承担不动产登记数据管理和利用工作；承担重大不动产登记争议案件调查处理的事务性工作。

领导班子：

书记、主任	詹　奕
副主任	赖俊峰
副主任	彭文晖（女）
调研员	王慎言
副调研员	滑　丽（女）

【不动产登记】

1. 完善不动产登记制度

年内，制定印发《中央单位、驻京部队及涉密不动产权籍调查工作流程（试行）》，明确工作流程和职责，理顺市区两级不动产登记职责分工，做好市区不动产登记工作衔接。制定印发《配合完成中央单位、驻京部队及涉密不动产登记的有关工作要求（试行）》，实现市区两级不动产登记无缝衔接，有效避免登记风险。为有效解决疑难问题，中心成立疑难会商委员会，印发《不动产登记疑难问题会商办法》，探索建立破解疑难问题机制，通过集体会商等方式，解决疑难问题。

2. 规范不动产登记窗口建设

年内，增设3个窗口专门接待单位产咨询及受理，增加一个科室人员从事不动产登记工作。推行平行式受理、首问负责制，实行带班科长制、每日例会制，不断提高登记业务服务水平。

3. 不动产登记发证情况

全年，共受理中央在京单位、驻京部队、保密单位等不动产登记1594件，发放不动产证书1360个，不动产登记证明36个。

【档案管理】

1. 档案查询工作

全年，接待公检法等部门查询房产信息共计2515批次，查询对象60134人次；配合组织部查询失联党员等信息共计2批次，查询对象14880人次。

2. 档案管理制度建设

印发《关于配合部队查询本市不动产登记信息的通知》，将以被查询人身份信息为条件的查询权限下放到各区不动产登记事务中心，方便办事人员办案和查询。

3. 完成《北京市不动产登记档案管理信息系统需求分析研究》课题

该课题在前期调研的基础上，针对现阶段需求，提出北京市不动产登记档案管理信息系统的框架构建，提出系统四大模块：不动产登记业务管理、不动产登记档案管理、不动产登记信息查询和不动产登记信息共享，并对各模块功能进行系统说明，为今后北京市不动产登记档案管理信息系统建设提供指导。同时基于未来推动不动产登记档案管理工作朝标准化、电子化、信息化发展，进行一系列的理论和技术探索。

【开展不动产登记培训】

为确保《北京市不动产登记工作规范（试行）》顺利实施，各区不动产登记人员能够充分学习、理解工作规范，中心会同不动产登记处，年内组织三期不动产登记规范培训会，全市不动产登记人员1100余人参加培训，基本实现不动产登记人员全覆盖。为做好培训工作，中心与不动产登记处精心准备，编写培训手册，准备讲课内容，安排培训场地。培训会就不动产登记工作起草情况，工作规范总则、分则、档案查询，继承工作程序等内容作详细解读。参训人员普遍反映培训内容丰富，重点突出，帮助登记人员快速掌握和理解新规范，培训十分及时。培训会的组织和开展为全市不动产登记工作规范的实施提供充分保障。

【规范不动产登记行政诉讼、复议工作】

会同不动产登记处、法制处印发《关于进一步规范涉不动产登记行政诉讼、行政复议办理工作有关问题的通知》，自6月20日起，全市涉不动产登记类行政诉讼和行政复议案件办理的具体事务性管理工作由中心承担。自6月20日至年底，共收到行政诉讼案件251件，共接到由上级机关正式立案审查的行政复议案件42件。

【加强内部制度建设】

年内，印发《考勤及请销假暂行规定》，加强中心内部管理，强化人员纪律观念，改进工作作风，提高工作效率。印发《财务管理制度》，严格财务管理，支出报销实行三级审批制度，支出报销必须有请示报告，从严控制各项经费开支，坚决制止铺张浪费，提高资金使用效率。印发《印章使用管理规定》，明确印章使用流程，印章使用范围，履行签字手续，确保用章安全。建立不动产登记受理审核交接制度，明确首问负责制、交叉审核制、三级审核制，降低登记风险。建立便民服务热线值班制度，规范便民服务热线值班电话接听行为，严肃值班纪律，为群众提供优质、高效服务。

【不动产登记档案历史数据整合】

年初，多次与市财政局评审中心沟通，组织分局参加项目预算评审，确保项目经费审批顺利通过。全市2016-2017年度全市项目经费批复合计为2.42亿元，为开展整合工作提供有力保障。

3月，深入有关区开展调研工作，广泛征求各方意见，起草《北京市不动产登记历史档案数据整合工作方案》，4月1日以局发文件形式正式下发。市国土局成立历史数据整合工作领导小组，小组下设办公室，办公室设在登记中心，作为整合工作期间的专职机构，为项目提供强有力的组织保障，提供政策、规范、标准、技术支持和质量监督管理等工作。

为保证数据整合工作顺利实施，真正将数据整合到位，会同相关部门历时3个月反复讨论修改技术方案，于7月13日以市国土局名义印发《北京市不动产登记历史档案数据整合工作技术方案》。8月4日，市不动产数据整合领导小组召开工作会议，正式启动数据整合招标工作。历时2个月，各区陆续完成项目招标工作。为做好项目实施阶段工作，中心牵头制定《北京市不动产登记历史档案数据整合工作（项目实施阶段）实施方案》，明确项目实施阶段工作内容、管理机构、管理制度和工作安排。建立联络员制度、例会制度、周报制度，加强沟通协调和业务指导，成立3个工作组——业务组、信息组、督导组，各工作组各司其职，加强统筹，分步实施。各分局成立本区整合工作领导小组，编制本区的整合工作实施方案和工作计划。年内，各区历史数据整合工作稳步推进。

表 3-34

2016 年全市国有建设用地使用权及房屋所有权登记数据统计

项目	国有建设用地使用权及房屋所有权登记														
	1.国有建设用地使用权及房屋所有权初始登记						2.国有建设用地使用权及房屋所有权变更登记			3.国有建设用地使用权及房屋所有权转移登记			4.国有建设用地使用权及房屋所有权注销登记		
	(1)国有建设用地使用权初始登记			(2)房屋(建筑物、构筑物)所有权初始登记											
	业务数(件)	宗地面积(公顷)	房屋(建筑物、构筑物)建筑面积(万平方米)	业务数(件)	宗地面积(公顷)	房屋(建筑物、构筑物)建筑面积(万平方米)	业务数(件)	宗地面积(公顷)	房屋(建筑物、构筑物)建筑面积(万平方米)	业务数(件)	宗地面积(公顷)	房屋(建筑物、构筑物)建筑面积(万平方米)	业务数(件)	宗地面积(公顷)	房屋(建筑物、构筑物)建筑面积(万平方米)
甲	1	2	3	4	5	6	7	8	9	10	11	12	13	14	15
总计	517	1327. 4764	0. 0000	2993	0. 0000	2922. 4642	36191	1310. 2871	2379. 3109	577976	355. 8610	5639. 5960	2274	287. 8371	41. 3675
东城区	11	1. 3900	0. 0000	8	0. 0000	6. 0646	1409	7. 2200	72. 9471	18399	82. 2100	157. 1870	30	0. 0000	0. 2640
西城区	28	4. 8300	0. 0000	10	0. 0000	22. 8135	1298	6. 2400	71. 2299	28400	53. 1900	220. 7820	55	0. 0000	0. 3736
朝阳区	80	135. 5836	0. 0000	521	0. 0000	250. 0269	18661	172. 6410	670. 3757	133934	2. 7957	1325. 1270	181	230. 2808	4. 1416
丰台区	37	160. 7955	0. 0000	307	0. 0000	232. 5277	2658	43. 9143	81. 4543	56162	59. 1110	492. 3314	480	0. 0000	1. 5563
石景山区	26	44. 1500	0. 0000	52	0. 0000	58. 5434	688	50. 3800	13. 5657	17970		162. 3010	29	0. 9400	0. 5033
海淀区	46	57. 4921	0. 0000	162	0. 0000	237. 9674	4310	53. 4142	383. 7019	57498	0. 5605	558. 0416	92	12. 9795	6. 0541
门头沟区	27	82. 5687	0. 0000	97	0. 0000	86. 7020	210	19. 7186	12. 6041	5117	0. 7659	49. 9810	123	5. 2769	1. 7010
房山区	46	175. 5931	0. 0000	273	0. 0000	187. 0899	656	53. 8678	21. 4123	39311	0. 2470	340. 2771	189	1. 6758	1. 3735
通州区	50	100. 7469	0. 0000	411	0. 0000	459. 1578	1608	133. 5018	96. 1027	40258	31. 3786	378. 5777	635	18. 9379	4. 9094
顺义区	24	75. 30825	0. 0000	119	0. 0000	186. 2277	1115	230. 7820	276. 6057	33708	46. 3576	392. 0469	13	3. 8002	1. 8543
昌平区	41	119. 3549	0. 0000	490	0. 0000	300. 6604	2074	108. 7492	134. 6834	54225	2. 8259	576. 0947	164	0. 0000	2. 9395
大兴区	44	207. 0951	0. 0000	264	0. 0000	431. 8391	54	188. 5244	361. 4274	53901	2. 6918	509. 2985	112	0. 0000	11. 3108
怀柔区	6	16. 8942	0. 0000	57	0. 0000	53. 1820	214	76. 4782	12. 5190	7152	17. 2664	80. 9923	12	3. 3678	0. 4320
平谷区	22	49. 2044	0. 0000	136	0. 0000	72. 3991	200	46. 3003	22. 0974	7725		83. 2966	26	1. 2549	0. 7419
密云区	7	14. 0733	0. 0000	19	0. 0000	96. 8692	531	71. 8215	59. 5532	11271	6. 1642	113. 3970	6	2. 9550	0. 4685
延庆区	15	55. 7284	0. 0000	10	0. 0000	9. 7417	125	16. 4137	3. 4598	4075	6. 1901	39. 3401	117	1. 4867	0. 5465
北京经济技术开发区	7	26. 6679	0. 0000	57	0. 0000	230. 6518	380	30. 3201	85. 5713	8870	44. 1062	160. 5241	10	4. 8816	2. 1972

表 3-35

2016 年全市抵押权设立登记(含最高额抵押权设立登记)数据统计

项目	抵押权设立登记(含最高额抵押权设立登记)										
	1.国有建设用地使用权抵押权设立登记			2.国有建设用地房屋在建工程抵押权设立登记				3.国有建设用地房屋抵押权设立登记			
	业务数(件)	宗地面积(公顷)	被担保的主债权数额(亿元)	业务数(件)	宗地面积(公顷)	房屋(建筑物、构筑物)建筑面积(万平方米)	被担保的主债权数额(亿元)	业务数(件)	宗地面积(公顷)	房屋(建筑物、构筑物)建筑面积(万平方米)	被担保的主债权数额(亿元)
甲	1	2	3	4	5	6	7	8	9	10	11
总计	2075	6012.3802	870372.8329	43	135.0461	0.0000	347.1078	364781	0.0000	7394.0724	89432.2224
东城区	192	79.5100	4275.7700	0	0.0000	0.0000	0.0000	12988	0.0000	360.0092	3862.5513
西城区	150	116.2900	490.7000	0	0.0000	0.0000	0.0000	17221	0.0000	280.5156	1719.6051
朝阳区	298	939.5637	384169.3240	0	0.0000	0.0000	0.0000	95862	0.0000	1866.8240	67890.5443
丰台区	81	253.4316	30790.9615	0	0.0000	0.0000	0.0000	32929	0.0000	558.4430	2090.4152
石景山区	7	19.5600	124.9200	0	0.0000	0.0000	0.0000	10527	0.0000	110.3806	414.8766
海淀区	23	90.6347	8212.9641	0	0.0000	0.0000	0.0000	39804	0.0000	761.9984	5760.7316
门头沟区	15	63.6636	300188.2800	0	0.0000	0.0000	0.0000	3616	0.0000	49.8776	127.5691
房山区	80	204.2861	112674.1436	0	0.0000	0.0000	0.0000	16378	0.0000	220.7591	401.1284
通州区	211	882.2121	804.4902	0	0.0000	0.0000	0.0000	26350	0.0000	466.3413	1502.3079
顺义区	218	1157.0720	271.6742	0	0.0000	0.0000	0.0000	19432	0.0000	563.8102	1132.4581
昌平区	103	536.2574	680.9541	0	0.0000	0.0000	0.0000	35871	0.0000	497.9634	802.7347
大兴区	258	523.0904	1999.0645	31	87.1777	0.0000	272.2991	29208	0.0000	653.8451	1667.1892
怀柔区	132	248.6395	142.4527	0	0.0000	0.0000	0.0000	3549	0.0000	104.3850	452.8375
平谷区	45	135.4454	24416.1653	0	0.0000	0.0000	0.0000	5695	0.0000	147.6816	544.1394
密云区	95	232.7501	604.1651	0	0.0000	0.0000	0.0000	7557	0.0000	121.4557	329.9925
延庆区	27	71.2358	5.6507	0	0.0000	0.0000	0.0000	3334	0.0000	58.8650	63.2494
北京经济技术开发区	140	458.7378	521.152919	12	47.8684	0.0000	74.8087	4460	0.0000	570.9176	669.8921

北京市土地权籍事务中心（北京市矿产资源储量评审中心）

【机构与编制】

北京市土地权籍事务中心（简称权籍中心）于2015年6月18日成立，加挂北京市矿产资源储量评审中心的牌子。内设一室四部两馆，即办公室、调查一部、调查二部、信息部、权属部、档案馆、地质资料馆，编制28人，本科以上学历23名，其中博士1名，硕士9名。

主要工作职责：承担本市土地权籍调查、土地调查的事务性工作，承担土地确权、土地权属纠纷调处的事务性工作，承担土地调查数据和土地权籍数据的管理工作，承担国土资源档案以及地质资料收集、汇交等管理工作，承担矿产储量评审的事务性工作。

领导班子：

主　任　　　彭宏伟（女）

副主任　　　田凤艳（女）

副主任　　　匡晓宇

【土地调查】

年内，完成上年度土地变更调查与遥感监测工作。以2015年12月31日为标准时点，共调查遥感监测图斑6152个，在上报初步成果的基础上，丰台区、石景山区、通州区、怀柔区接受国家级外业核查，全面更新市级与县级数据库。截至2015年12月31日，全市土地调查面积1640616.06公顷，其中：耕地219326.49公顷，园地134857.89公顷，林地737078.88公顷，草地85066.77公顷，城镇村及工矿用地304393.05公顷，交通运输用地47062.78公顷，水域及水利设施用地78304.28公顷，其他土地34525.92公顷。

年内，按照政府采购相关规定，确定本年度土地变更调查与遥感监测项目作业单位。组织开展本年度第一、二、三季度土地遥感监测工作，共提取监测图斑8621个。按照国土资源部要求，及时组织开展本年度土地变更调查与遥感监测工作。截至年底，全面完成外业调查、日常用地信息收集和数据汇总，形成2016年度土地变更调查与遥感监测初步成果上报国家。

年内，按照国土资源部要求开展并完成上年度城镇地籍调查数据更新汇总工作，通过中国土地勘测规划院的项目验收。上年度，共更新16个区292个街道（乡镇）的城镇建设用地166552公顷。

年内，完成不动产权籍调查有关政策的制定，业务培训手册的编写，出台不动产权籍调查技术规范，开展全市范围的业务培训，对各区开展的权籍调查工作分类指导，协调督促，为不动产统一登记做好基础性工作。

【信息统计】

年内，研究制定省级地籍区（子区）成果汇交工作方案，按照国土部要求完成省级成果的汇交上报工作。组织各区地籍区（子区）数据和资料汇交，并对汇交的数据和资料进行检核分析。

年内，组织相关技术协作单位为14个区分局部署上年度土地变更调查数据，集中统一管理系统的授权更新，协调各区部署安装数据。有针对性组织土地利用变更调查数据库管理系统和上年变更调查数据成果的应用培训。

【档案管理】

年内，开展档案业务指导，提供各类档案查询服务。研究行政公文网上审批模式下文书档案归档方式，指导机关处室和局属单位做好归档工作，接收各类档案7837卷/3246件。充分利用数字档案馆系统积极开展档案利用服务，提供各类档案利用服务1546人次、6288卷（件）次。

年内，推进档案信息化建设。组织开展“档案数字化成果整合建库”项目，对现有数字化成果数据整理入库并进行备份，完善数字档案馆系统软件功能，进一步提升档案信息化水平。研究电子公文的归档及管理，提出管理思路，探索制定管理规范。

年内，组织开展登记档案向分局移交工作。通过将市国土局馆藏的房屋和土地登记档案移交分局，实现登记档案的集中统一管理，保证分局登记档案信息的完整和有效衔接，有利于发挥档案在不动产登记工作中的查考和凭证作用。

【地质资料管理及矿产储量评审】

年内，加强地质资料管理，做好借阅服务。全年接收成果地质资料203种，提供借阅服务133人次，查阅地质资料797份、50872件次；接收实物地质资料6种；接收原始地质资料29种，并对新接收的各类地质资料进行检查验收、整理归档。

年内，积极开展地质资料汇交监管平台日常运行和维护工作，保证各类地质项目纳入监管平台，有效促进地质资料的及时汇交。北京市在监管平台项目总数为1069个，全年发放汇交凭证44个。同时向地勘单位、汇交人推广地质资料汇交监管平台，截至年底有17家地勘单位注册使用。

年内，进一步完善地质资料管理信息系统。完成501档纸质地质资料扫描数字化，完成1001档地质资料整理、涉密清理及更新入库；完成地质资料管理与服务系统的完善和升级，进一步提高地质资料馆的业务管理效率。

年内，继续开展实物地质标本采集工作。完成588件标本采集，其中岩矿石标本331件，雾迷山组和铁岭组两个组级地层标本257件，丰富了馆藏实物地质资料，为建成的新馆布展打下基础。

年内，实物地质资料目录数据库初步建成。按照国家实物地质资料中心的部署，对馆内保存的实物地质资料进行分类建档整理，并逐档逐件采集有关信息入库，完成馆藏的 114 档 166 条实物资料目录库信息采集，实物地质资料目录数据库基本建成。

年内，进一步规范矿产资源储量评审。制定《储量评审工作规则》及实施细则，评审专家费用改由财政专项经费支出。全年完成各类报告评审 56 份，其中储量报告 33 份，勘查实施方案 10 份，地源热泵地质条件评估报告 13 份，为矿政管理提供技术支撑。

北京市国土资源局信息中心
（北京市地质灾害应急事务中心）

【机构与职责】

北京市国土资源局信息中心（简称信息中心），加挂北京市地质灾害应急事务中心牌子，是原北京市国土资源局直属正处级全额拨款事业单位，成立于 2005 年 3 月。中心人员编制 30 名，内设办公室、规划发展科（分局联络科）、数据运行科（数据运行中心）、技术保障科和地灾应急科；本科以上学历 23 人，其中博士 3 名，硕士 9 名。

主要工作职责：承担北京市国土资源信息化建设工作，负责国土资源信息系统运行的技术支持和保障工作，是局网络安全和信息化工作领导小组办公室的常设机构，负责贯彻执行局网络安全和信息化工作领导小组的决定，承办局网络安全和信息化工作领导小组的日常工作。承担地质灾害应急值守、险情汇总和上报工作，承担汛期地质灾害气象风险预警工作，协助开展地质灾害汛期排查、汛中巡查和汛后复查工作，开展地质灾害应急信息平台建设、运行管理和维护，指导各区相关机构开展地质灾害应急响应工作，协助汛期地质灾害应急调查等事务性管理工作。局领导交办的其他工作。

领导班子：

书记、主任	尹　岷
副书记	付顺国
副主任	王　丰
副主任	李天中
副主任	张克锋

【不动产登记信息化】

上线一年以来，共受理不动产登记申请 130.1 万件，发放不动产权证 100.8 万本，落宗登簿 123.5 万件，回复网上问答 10505 条，接听电话咨询 10026 人次。10 月，完成北京不动产数据接入国家级平台。编制《平台总体设计方案》《数据库建设标准》《空间数据处理规范》等标准规范；开发央产房子系统，首次实现将非涉密的军产、武警产、央产、市产等房屋纳入统一管理；开发房源核验功能，系统自动反馈市住建委存量房网签系统推送的信息，保障存量房交易安全；不动产登记频道上线运行，整合市住建委原房屋登记的 8 个栏目，移植历史数据 22828 条；与地税、法院、人保等 10 多家政府和金融部门数据共享和协同。

【开创三屏融合办公新模式】

实现监测指挥中心大屏、国土政务本

移动屏、PC 终端屏“三屏”融合办公，数据实时交互，不同岗位高效协同，开创移动互联办公新模式。

通过北京市国土资源综合监管移动平台，整合移动局长桌面、移动一张图、移动地灾、移动执法、移动 OA 和移动一点通等 12 个应用模块，关键岗位全覆盖，业务办理突破空间、时间限制。1 月，与办公室联合发布《关于市局公文实施无纸化办理的通知》，实现无纸化移动办公，累计办理公文 18570 件。

建成监测指挥中心，开展应急指挥、决策会商、值班值守等工作。接入市应急办视频会议系统、突发地质灾害气象风险预警会商等 10 余个系统；将 664 个移动基站视频监控点实时接入，覆盖全市 95% 以上的基本农田，及时发现违法占用耕地和私挖盗采现象；将市地勘局地灾监控摄像头接入，在汛期直接调取各隐患点雨情及灾情实时信息，对 4496 处地质灾害隐患点进行预警预报，连续五年实现安全度汛。

【综合监管平台应用】

形成集地政管理、矿政管理、地质环境管理、综合事务管理和门户服务“五位一体”的综合监管平台 3.0，实现“3 个 100%”，网上审批 100%、带图作业 100%、党政办公 100%，做到全领域、全要素、全流程信息化。

落实“放、管、服”要求，实现行政审批改革突破。土地划拨、出让等业务全面实施“三审制”，减少审批层级，缩短审批时限；批后监管系统，监测出让项目 1176 个、划拨项目 185 个，监测率达到 90%以上；持续推进在线审批全程化。实现从外网申报到内网审批的全程网上运行，以及全业务的流程闭合、数据档案闭合，全年系统共受理案卷 5062 条，办结案卷 4473 条。

建立全息档案，进行数据关联，提升决策系统性。建立全市 14 万宗土地全息档案，将宗地的影像、规划、现状等数据串联，衔接发改、工商等共享数据，进行关联分析；打造土地集约利用评价系统等，对全市和六高四新工业区办理预审、征地、供地的建设项目情况进行梳理，为市领导研究产业用地布局优化和产业转移提供决策参考。

【国土资源“一张图”】

完成一张图样式改版和功能升级。6 月，新版一张图采用扁平化设计理念，对菜单分类、图层管理等 15 个组件样式进行改版，对视频附属信息、附件关联查询等 10 项功能进行升级。

年内，完成第一、二、三季度遥感影像，2013 年耕地质量等别数据，开发区土地集约利用评价等 76 项、3.2T 数据的接收、质量检查和入库工作。加大对海量、多源、异构的空间数据的集中、分类、管理和利用，对 6.36G 数据进行坐标转换。新增城市副中心等现势性强的数据，提供 11 大专题、1558 个图层的在线浏览服务。

协助各处室深化数据利用。协助耕保处、规划中心等 9 个处室开展耕地质量等别调查评价、土地利用总体规划调整、执法监察视频监控等 23 个项目的数据加工利用工作；协助执法总队、利用处等 10

个单位完成首都环线数据、视频执法摄像头点位、征地划拨出让数据审计等17次统计分析工作。协助审计署、昌平检查院、东城分局等6个单位完成卫星影像图等59幅专题图的制作；完成17T国土资源重要数据的异城备份工作；完成日常案卷处理1449卷，网上电子报盘审核126卷，后期案卷处理1939卷，公文扫描6627份，协执案卷处理879份，为综合监管平台的正常运行提供数据支撑。

【信息公开和信息服务】

让“数据多跑路，百姓少跑腿”，推进互联网+政务服务。1月7日，新版“集体土地征收及农用地转用”栏目上线，以批准文号为主线公开2008至2016年共两千多个征地项目全流程信息，主要包括“政府批准文件、一书四方案、征地补偿安置协议、征地补偿安置公示”等文件；对接北京市投资项目在线监管平台，推送审批事项办理环节信息6980条、证照信息32290条；与市政服务大厅固定资产投资系统对接，推送1772宗审批信息、共享审批材料7039件；为法院协助执行信息系统录入查封、解封裁定等信息数据943条；行政审批事项全部提供网上申报服务，实现网上服务与实体大厅的有效结合，目前已申请203647件；向社会公众提供依申请公开服务，申请人在线提交申请，结果可在线查询，也可通过邮寄、传真等多种方式回复；公开全市4787个违法用地位置，标点定位每块违法用地，曝光各违法用地点的位置村、违法主体、处理进展和案件来源等信息。

年内，网站群开通职权信息、矿业权价款评估结果公示等54个栏目，优化调整初始登记公告、证书作废公告、土地招拍挂项目、压覆重要矿产资源审批等栏目，分局开通不动产频道。加强网站群制度和考评工作。发布和修订《政府网站群管理办法》《政府网站群考评工作实施方案》《网站群信息发布格式规范》《关于进一步加强我局政府网站群信息发布审查工作的通知》《2016年国土资源政务信息网上公开任务分解》等系列文件。组织召开3次栏目主持人专题会、1次全系统栏目主持人大会、印发网上公开工作情况通报12次，要求更新不及时的单位限期整改，进一步加强信息发布的考评工作。

【地灾应急防治工作】

年内，市区两级共发布预警信息57次，完成汛前巡查任务1988个、日常巡查任务142个，保障汛期地质灾害应急响应工作。

年内，完成全市4736个地质灾害隐患点和1094个险村险户避险场地台帐的更新工作，并通过市规划国土委官网向社会公布。完成地质灾害应急决策指挥系统及一张图数据更新工作，截至年底，完成66起突发地质灾害的数据更新工作，其中崩塌54起、泥石流7起、滑坡3起、地面塌陷2起。

加强地质灾害防治宣传，提高民众防灾减灾意识。制作“5.12”防灾减灾日宣传活动展板22张；与市应急办合作在市政务外网应急门户上制作“地质灾害防治”专题；地质灾害应急决策指挥系统新增“5.12专题”模块。

【信息安全和保障工作】

确立“等级保护、动态防控、安全可控+关键信息基础设施重点保护”的安全工作总体思路，在实施等级保护制度的基础上，对不动产登记系统和政务网站群实行重点保护，保障各项业务工作稳定开展。

召开网信领导小组办公室专题会议。集体学习习总书记在网络安全和信息化工作座谈会上讲话视频，传达市网信领导小组2016年工作要点，学习国家、国土资源部以及北京市相关文件精神，会议确定将网络安全工作放在国土资源信息化工作最为重要的位置。

对综合监管平台、外网网站和丰台、房山分局网络系统开展信息安全测评；所有新建和升级改造系统，通过软件测试和安全测试方可上线运行；开展安全事件处置、日志分析、渗透测试和应急演练等工作。全年组织应急演练2次，漏洞扫描14次，渗透测试18次，正版化检查1次。积极配合保密办开展保密检查工作。

网络环境方面。完成不动产登记中心接入局业务网工作，建设覆盖全国土资源系统市区所三级的VPN内网，山区最远国土所也能通过内网开展业务；国土部主干网、市政务外网，满足数据汇交及横向协同共享的需求；移动政务网，满足开展外业移动办公的需求，极大拓展系统服务的空间和时间范围。

基础设施建设方面。按照“分域、分层、分区、分池”总体思路，形成弹性虚拟主机环境、主从数据库集群环境、大数据分布式并行处理环境，开展市政务云测试工作。

加强信息化运维保障工作。建设“监、管、控”一体化的运维管理系统，对异常和突发情况可实现24小时自动报警。共解决5310次运维请求，完成服务器主机设备日常巡检207次，数据库日常巡检206次，完成备份工作4971次，排除数据库告警19次，排除纵向VPN网络故障51次，排除服务器主机故障12次，召开各类视频会议69次。

加强安全培训提高安全意识。网信办组织信息安全形势及信息系统等级保护工作学习交流，参加电子政务信息安全员持证上岗培训、“首都网络安全日”活动、网络安全标准技术与应用等14次学习。在内网办公门户设立专题栏目，学习《网络安全法》等内容。

【大事记】

4月20日，市委常委、副市长陈刚带领市财政局、监察局、市规划委等单位领导，到市国土局调研远程视频监控系统大厅，局长魏成林及相关局领导陪同调研。

5月24日，市国土局副局长谢俊奇主持召开“北京市国土资源局网站群栏目主持人工作会”，机关各处室、直属各单位、各区分局主管领导及栏目主持人参会。

8月23日，国土资源部副部长曹卫星带队到北京市国土资源监测指挥中心听取“智慧国土”建设情况的汇报。魏成林、金兴利、李军、丁晓、周旭峰等委领导参加调研。

8月30日，市规划国土委副主任谢

俊奇主持召开网络安全和信息化工作领导小组办公室会议，集体学习习总书记在网络安全和信息化工作座谈会上讲话视频，传达国土资源部和市网信领导小组等相关文件要求。

11 月 29 日，全国国土资源信息化工作会议在京召开，副主任谢俊奇代表北京做典型发言。信息中心主任尹岷、李建林参加了会议。

北京市国土资源局业务受理中心

【机构设置与职责】

北京市国土资源局业务受理中心（简称受理中心）是市国土局常设非正式机构，承担着由市国土局负责办理的23项行政审批事项（按照行政审批制度改革要求，对原业务事项进行取消、合并和下放）的受理、分办、催办、发件、收费、统计及业务咨询等工作，同时负责对各区分局行政服务大厅实施业务指导。

根据全程办事代理制“窗口受理、限时办结、规范收费、统一发件”的要求，国土局在市政府统一协调管理下，对外设立了行政服务窗口。包括土地（预审征地、供地）、矿产、行政公文、收费共4类5个业务窗口（不动产登记类业务暂未进驻，压减4个窗口），负责相关业务（含中央和军队及央企）的受理、办理工作。

【业务事项受理情况】

年内，市国土局受理各类业务事项共1694件，比2015年增加546件，受理量增加47.6%。其中：土地管理类1548件，占受理总量91.4%；矿产管理类146件，占受理总量8.6%。

年内，区分局受理各类业务事项共1386件（不动产登记类业务未纳入统计），比2015年减少98件，受理量减少6.6%。其中：土地管理类1247件，占受理总量90%；矿产管理类139件，占受理总量10%。

【业务事项办结情况】

年内，市国土局办结各类事项1596件，比2015年增加392件，办理量增加32.6%。其中：土地管理类1448件，占办结总量90.7%；矿产管理类148件，占办结总量9.3%。

年内，区分局办结各类事项1376件（不动产登记类业务未纳入统计），比2015年减少31件，办理量减少2.2%。其中：土地管理类1240件，占办结总量90.1%；矿产管理类136件，占办结总量9.9%。

【业务事项费用收缴情况】

全年，市国土局收费窗口共收缴土地有偿使用收入1322.48亿元，其中包括前期成本442.29亿元。

地矿类收费收入5462.38万元。其中：矿产资源补偿费1655.55万元，探矿权、采矿权使用费及价款收入3806.83万元。

【其他工作】

继续推行窗口服务承诺制。2016年，

国土局继续推行窗口服务质量公开承诺制，从优化服务、依法行政、改进作风等方面向社会做出承诺。

逐月编制发布工作简报。通过发布工作简报的方式，逐月对系统内业务办理情况进行统计分析，对市局存有挂起件的单位进行督办。

行政管理

北京市国土资源局概况

根据市委十一届十次全会相关部署和《北京市政府办公厅关于设立北京市规划和国土资源管理委员会 北京市城市管理委员会的通知》（京政办发〔2016〕33号），设立北京市规划和国土资源管理委员会，列入北京市政府组成部门，同时作为首都规划建设委员会的办事机构，挂首都规划建设委员会办公室牌子，负责本市城乡规划管理和土地、矿产资源管理。不再保留北京市规划委员会、北京市国土资源局。2016年7月23日，北京市规划和国土资源管理委员会（首都规划建设委员会办公室）正式成立。

截至2016年底，北京市规划和国土资源管理委员会（原市国土局）设19个机关处室，另含机关党委（基层工作处）、工会、离退休干部处以及市纪委派驻纪检组监察处；9个直属单位，各区设16个分局，为市国土局的派出机构。实有干部职工总数2591人，其中公务员652人，参照公务员法管理人员781人，事业单位工作人员1158人。

综合行政

【公文管理】

年内，办公室窗口共收到来文 9140 件。其中：办文 4181 件；阅文 1727 件；督办件 199 件；杂文 631 件；协执 1095 件；政府信息 893 件；密件 414 件；全部公文均按要求完成登记、扫描工作，并根据文件内容研提拟办意见，呈报领导批示或提请相关处室、单位办理。

【审发公文情况】

年内，共发出市国土局编号文 283 个，编号便函 891 个，党组文件 47 个，局务会 2 次，局长办公会议纪要 7 期，局长专题会议纪要 17 期，一般性会议纪要 19 期，党组会议纪要 9 期。市规划国土编号文件 252 个，编号便函 585 个，党组文件 16 个，专题会 17 期，一般性会议纪要 15 期。全年共代政府发文（划拨决定书）17 个，简报 23 期。

【专项工作督办情况】

年内，共收到市政府等上级部门领导批示件 644 件，其中需研提意见及报送决策督查项目进展情况的公文 199 件，199 件督办文中已完成 169 件，近期批转及其他原因正在办理中的 30 件，办结率 85%；阅示、阅处、落实的公文 445 件（含市国土局上报市政府请示、报告的批示件）。2016 年共上报市政府请示 199 件，报告 37 件，印发各区分局市领导批示转阅单 114 件。

【会议组织情况】

年内，组织安排年度工作会，市委、市政府、国土资源部大型视频和电视电话会，局长（委主任）办公会以及安排局（委）领导和处室领导参加局外部工作会、协调会；处理提请局（委）领导或处室领导出席会议通知 2466 个。

调查研究

【国土资源改革】

年内，统筹协调各专项改革小组和各项改革任务的牵头单位，持续深入推进国土资源改革工作。在经济体制改革领域，重点是继续深入推进大兴区农村集体经营性建设用地入市试点工作。在城市规划建设管理改革领域，推进“两规合一”改革工作，修订完善土地利用总体规划。制定促进存量工业用地转型或转变用途或退出的政策，探索实行新增建设用地弹性年期制。在生态文明建设改革领域，积极做好有关基础工作。主要有：落实完善严格的耕地保护制度，拟定《北京市城乡建设用地增减挂钩试点管理办法》，印发《北京市不动产登记工作规范（试行）》，开展北京市开发区土地集约利用评价社会经济用地质量效益数据整合与空间化落实研究，促进产业用地精细化管理，开展基准地价动态更新工作。

【调查研究】

年内，印发《北京市国土资源局2016年调研计划课题》，确定49项课题作为2016年调研计划课题。完成上年度自主调研计划课题的结题和重点课题的评审工作。开展自主调研成果评优工作，推荐《北京市农村集体经营性建设用地入市制度研究》调研成果参加由市委研究室、市人力社保局组织开展的2014-2015年优秀调研成果评选活动，获得优秀奖。将上年主要的调研成果汇编成册。组织调研工作培训会，邀请市委研究室领导围绕北京市当前经济社会发展形势，如何结合国土资源管理工作实际有效开展调查研究进行专题授课培训，努力提高市规划国土委调查研究工作水平，提升调研成果质量。加强与相关单位研究部门的交流学习，就城市规划建设管理领域调查研究工作交流经验和做法，对促进调研工作水平提高起到积极作用。

【综合性文稿撰写】

年内，完成市国土局年度工作报告《求真务实 勇于担当 努力实现“十三五”国土资源工作良好开局》、上半年工作总结和下半年工作思路的起草工作。按照市政府办公厅的安排，为做好迎接国家审计署对王安顺市长任职期间的经济责任审计，起草王安顺市长任职期间的述职报告，起草《北京市2012—2015年自然资源资产管理情况（国土资源部分）》并上报。起草市长换届相关材料《2012-2016年我市国土资源管理工作情况》。按照市委办公厅的安排，为做好市委十一届十次全会文件起草工作，起草《中共北京市委、北京市人民政府关于全面深化改革提升城市规划建设管理水平的意见》涉及国土资源管理方面的材料并上报，并针对市委十一届十次全会文件征求意见稿，多次组织有关部门研究讨论，提出修改意见建议并反馈。紧扣优化土地管理主题，以问题为向导，汇总梳理北京市土地管理中存在的问题及相应的对策建议。按照市政府办公厅安排，起草《关于全市城市规划建设管理工作会议市领导讲话材料》（有关国土资源部门的建议稿）。起草魏成林局长纪念第 26 个全国土地日署名文章《节约集约用地 切实保护首都耕地资源》和在 2016 年北京土地科学管理学术论坛上的主题演讲稿《深入推进节约集约用地 促进京津冀协同发展》。按照市规划国土委党组“三严三实”专题教育活动的安排，做好由研究室负责的有关文稿的起草工作，包括《北京市国土资源局领导班子对照检查材料》《北京市国土资源局领导班子民主生活会整改方案》等。起草国土部曹卫星部长调研汇报材料和北京市城市工作经验座谈会交流材料。按照中办督查室有关要求，针对北京市城乡结合部等重点区域风险点多管理薄弱的问题进行深入研究，提出对策建议。完成《北京工作》供稿任务。起草市规划国土委关于国务院开展第三次大督查的自查报告、上半年全市经济形势分析会材料、“两学一做”学习教育交流座谈讲话材料。

【“两会”期间新闻热点备答】

在全国和北京市“两会”召开前夕，市规划国土委提前谋划、精心准备，梳理拟定 3 篇新闻通稿和 5 条新闻热点备答口径。在北京市“两会”召开期间，主动向市属主要媒体发布“十二五”期间北京市保障性安居工程供地 4166 公顷可提供约 102 万套保障房等新闻通稿进行主动正面宣传。

【不动产登记工作舆论引导】

年内，北京市不动产登记业务量大幅超出正常受理范围，市场上出现了“一号难求”“黄牛倒号”等舆情。市规划国土委积极研究应对措施，多次召开专题会研究部署，将舆论引导与实体工作同研究、同部署、同推进。及时发布 7 条政务微博信息，加强便民服务措施的主动宣传。主动策划，发布“尽最大努力满足群众办证需求，坚决打击倒号行为”新闻通稿，第一时间通过主流媒体充分公开信息，客观介绍情况，稳定民心。主动组织宣传报道，通过《北京日报》、《北京晚报》等主流媒体对朝阳、丰台、昌平等舆情反映较多的区进行跟踪报道，客观全面反映基层不动产登记工作情况和一线工作人员付出的辛苦和责任担当，增进社会理解和共识，倡导共同维护北京市不动产登记工作秩序。及时澄清不实传言，对朝阳、昌平等地出现的黄牛倒号、恶意抢占号源等严重影响公共服务资源的不实舆情第一时间通过政务微博予以澄清，主流媒体纷纷跟进客观报道，及时稳控舆情，保障不动产登记工作有序开展。加强业务工作与宣传工作的统筹协同，把业务量大、办事群众最为关注的常见问题进行系统梳理，运用广播、H5 等多种形式开展正面宣传。

【北京土地市场和土地供应工作的宣传解读】

1月4日，市国土局组织召开土地市场形势分析座谈会。邀请市外宣办、市网信办、中央和市属主要媒体负责同志及跑口记者、专业机构专家参加座谈，介绍土地市场运行情况，听取各方对促进北京市土地市场健康持续发展的意见建议。会议通报2015年土地供应有关情况，同时以内部通报的形式，介绍北京市不动产统一登记、农村集体经营性建设用地入市试点等热点问题的工作进展情况，对于稳定市场预期、促进社会公众客观了解情况、消除外界疑虑起到积极作用。4月12日，市政府常务会议审议通过《北京市2016年国有建设用地供应计划》，市国土局同步对有关情况进行解读，《北京日报》独家进行报道，切实增强土地供应计划的公开性和透明度，为全市土地供应工作营造良好的舆论环境。适时发布土地市场建设和地块入市交易有关数据，介绍工作进展，加强政策解读，通过市属主要媒体、官方网站和官方微博及时进行权威发布，稳定市场预期。9月，按照市政府关于加强房地产调控的工作要求，积极落实“9·30”政策，在开展多次舆情会商的基础上，不断分析研判舆论风险点，制定稳妥有效的舆论引导措施，发布《我市推出4宗“限房价、竞地价”试点地块》等2篇新闻通稿，全面深度解读北京市采取加大土地供应、完善土地交易规则等措施，进一步稳定房地产市场预期。

【地质灾害防治工作宣传】

年内，参与市应急办组织“5·12”防灾减灾日主题宣传活动，通过设置站台、专业讲解、发放宣传手册、现场解答等形式，加强对汛期突发性地质灾害防治工作的正面宣传。在入汛之初，通过《京郊日报》主动发布“灾害易发区严阵以待”“如遇险情提前转移”等防灾知识和提示公众的消息。在市委宣传部、北京电视台的大力支持下，推出“汛期山区出行 防范地质灾害”公益宣传短片在北京电视台多频道滚动播出，宣传片提炼出“上网、慎行、识标、救助”的四知道避险方法，用动画形式进行推广介绍。有效应对“7·20”强降雨，及时通过政务微博、微信、主要报纸、电视台、网络等渠道发布地质灾害预警和便民提示信息，促进公众及时、客观、准确了解北京市地质灾害防治工作情况、掌握地灾防治避险常识，提高防灾减灾意识和避险自救能力，避免灾害谣言炒作。加强突发地质灾害快速响应。8月5日凌晨，房山区霞云岭乡庄户台村台儿港口后山体发生崩塌灾害。由于基层群测群防员石广利同志提前发现上报，当地政府及时组织群众成功避险转移，崩塌灾害未造成人员伤亡。市规划国土委会同房山国土分局第一时间赴现场进行核查并开展突发事件应急响应，在政务微博、微信、北京电视台、《北京日报》等新闻媒体报道此次地质灾害成功避险过程和石广利同志的先进事迹，起到较好宣传效果。

【世界地球日、全国“土地日”宣传】

4月22日，为纪念第47个世界地球日，市国土局联合市地勘局，策划“走进校园”，在北京市第十四中学举办地球日主题宣传活动。本次活动以“节约资源、保护环境、做保护地球小主人”为主题，旨在唤起人类爱护地球、保护家园的意识，倡导节约集约资源和绿色简约生活，促进资源开发与环境保护协调发展。北京电视台、《北京日报》等四家媒体记者参加活动并进行报道。在第26个全国土地日到来之际，市国土局与中国国土资源报社联合开展主题宣传活动，策划出版“北京特刊”，魏成林局长发表题为《节约集约用地 切实保护首都耕地资源》的署名文章，同时刊登北京市耕地保护、节约集约用地、永久基本农田划定和不动产统一登记等与社会公众密切相关的工作内容。策划“绘好北京城市副中心蓝图——京津冀协同发展中的通州区用地观”的报道，并做好采访报道的组织协调和服务保障工作。

【政务微博】

在积极应对7月20日强降雨过程中，进一步发挥政务微博传播优势，发布3次地质灾害气象风险预警信息、4条雨天减少山区出行提示信息和避险自救常识、2部6集地灾防治宣传短片，同时通过微信平台传播和向媒体推送。加强舆情监测，针对灾害谣言，及时回应记者问询，通过政务微博、微信发布和转发辟谣信息，稳定公众情绪，避免谣言炒作。按照市领导对山区灾害防治和做好宣传舆论工作要求，于7月21日上午，通过政务微博跟进发布【雨停了，别急着进山区，注意防范地质灾害】便民提示信息，并通过北京政务发布厅、微信进行转发和扩展传播，该条信息在2小时内阅读量超过10万次，是市国土局政务微博开通以来短时间内阅读量最大的一条微博信息。经监测，19日至21日，市国土局政务微博共发布各类地质灾害信息16条，舆情整体平稳，传播效率和阅读覆盖效果明显。8月17日，通过舆情监测发现《证券日报》记者谢若琳通过今日头条刊文《北京朝阳区二手房过户一号难求黄牛号叫价12万元 年内飙涨60倍》，引发舆论热点。市规划国土委立即开展舆情应对，当天通过政务微博连续发布3条微博信息（【别上当！网传黄牛12万倒卖朝阳区二手房过户号，根本不靠谱！】，【坚决打击“倒位”行为，提醒公众谨防上当受骗】，【网上预约须填写详细信息，后端审核逐一核对，保证预约真实性，避免黄牛倒号】），向公众澄清事实、提示风险。同时向市外宣办报送情况并争取协同发声支持，“北京微博微信发布厅”官方微信援引市国土局微博信息协助发布澄清信息。多家媒体纷纷以市国土局微博为基础刊发客观报道，有效扭转舆情被动局面。市委宣传部对市国土局在处理这一舆情热点时的快速回应、采取妥善措施主动引导舆论取得的成效予以充分肯定。

【政策解读】

年内，市国土局外网（国土资源）政策解读栏目发布信息6篇，分别为《规

范行政处罚裁量 全面推进依法行政——关于印发〈北京市国土资源局行政处罚裁量基准〉（2016 年版）的通知》的解读、《关于支持旅游业发展用地政策的意见》的解读、《什么是不动产首次登记?》、四部门《意见》支持水利水电工程建设国家重点工程可先行用地（政策解读)、解读《关于补充耕地数量与提升耕地质量相结合落实占补平衡的指导意见》和《北京市不动产登记工作规范（试行）》政策解读。

【开展 4 期“在线访谈”】

年内，开展 4 期“在线访谈”并在市国土局网站同步播出。内容分别为：“地热井勘查与开采行政审批政策介绍”；“门头沟区汛期地质灾害防治工作开展情况”；“不动产统一登记走进你我”；“《北京市不动产登记工作规范（试行）》解读”。

【发布“舆情监测”174 期】

年内，进一步健全舆情监测制度和舆情分析制度，全年共发布“舆情监测”174 期，增加热点、敏感舆情的专报和分析研判。针对北京市不动产统一登记有关问题、“9・30”房地产调控政策及后续在土地供应、交易规则等具体落实情况进行舆情重点监测，及时报告并制作舆情专报，加强分析研判，为领导决策提供参考。

【开展“国土宣传业务讲坛”培训】

4 月 27 日，邀请中华全国新闻工作者协会党组书记、常务副主席翟惠生同志作“学习领会党的新闻舆论座谈会精神”专题辅导，局领导、市局机关各处室、直属事业单位全体干部职工及各分局新闻发言人和新闻宣传员在市国土局主会场参会，各分局全体工作人员在各分会场参会。翟惠生结合国土资源管理工作，从新闻舆论要遵从党性和人民性相统一、理解宣传工作的相融性两大方面进行授课，对干部职工学习领会习近平总书记在党的新闻舆论座谈会上的讲话精神具有很强的指导意义。

【修志】

年内，进一步加强对修志工作的组织、督促，建立月例会制度，及时汇总修志工作情况，推进修志工作开展。《国土资源志》方面，根据年初定稿的初审审读报告意见，开展三篇初审稿修改完善工作，从志书体例、资料补全、数据核实、文字推敲等各方面着手修改初审稿内容。大事记的编写工作于年底前启动。基本完成第二轮《政府志》中涉及土地部分的相关内容的初稿编纂工作，于 8 月正式上报《政府志》初审稿，12 月《政府志》编委会对初审稿内容与修志办进行沟通，得到充分肯定，并被推荐到全市《政府志》培训工作会议上作典型经验发言。开展《国土资源志》和《政府志》图片的收集整理工作。

【年鉴】

年内，完成《北京市国土资源年鉴 2016》的编撰、出版工作。《北京市国土资源年鉴 2015》荣获第二届北京市年鉴编校质量评比三等奖。

【北京市国土资源管理规范用语实用手册】

年内，编纂完成《北京市国土资源管理规范用语实用手册》。《手册》包括主体和附录两个部分。主体共分为土地资源管理、地质与矿产资源管理、国土资源综合管理及相关用语三篇，总计930个用语。附录包括北京市国土资源概况、北京市《土地利用现状分类与城乡规划用地分类对照表（试行）》、北京市国土资源行政管理机构三个部分。《手册》突出实用性、规范性和北京特色，着重选取北京市国土资源管理工作中经常使用和有别于其他省市的用语，从内涵及外延进行释义并规范名称，是一本具有基础性、综合性、全面性特点的工具书。7月，时值市规划国土委成立，发至全委干部人手一册。

信息公开

【主动公开】

年内，市国土局主动公开政府信息7000条，主动公开数量比2015年减少2745件，全文电子化率100%。其中增加规范性文件2条。

【依申请公开】

年内，市国土局收到公民、法人和其它组织提交的政府信息公开申请6371件，比2015年增加763件。其中，当面申请4636件，占72.77%；以传真方式申请3件，占0.05%；以互联网方式申请70件，占1.1%；以信函形式申请1662件，占26.08%。申请内容主要涉及土地预审、征地批复、土地一级开发授权批复及相关内容，不动产登记情况及政策信息、土地利用及出让相关材料等内容。

年内，市国土局答复政府信息公开申请6160件，比2015年增加1057件。其中：同意公开3622件，占58.80%；同意部分公开18件，占0.29%；不予公开122件，占1.98%；信息不存在的1488件，占24.16%；非本机关掌握的112件，占1.82%；申请内容不明确的232件，占3.77%；非政府信息的103件，占1.67%；已主动公开的459件，占7.45%；其他途径获取的4件，占0.06%。

【收费情况】

年内，市国土局共收取依申请公开政府信息检索费、复印费4575.90元，其中免收困难人员政府信息检索费、复印费660.60元，对政府信息的邮寄费用全部免收。

【咨询服务】

年内，市国土局接受公民、法人及其他组织政府信息公开方面的咨询7886人次。其中，现场咨询4834人次，占总数的61.3%；电话和网上咨询3052人次，占总数的38.7%。

【其他工作】

1. 创新信息公开形式

土地管理频道调整上线。根据业务类型对栏目进行整合归并，形成土地市场、土地划拨、土地出让、土地征收等一级栏目。其中，土地市场以宗地名称为主线，对应公开土地交易公告、交易动态及结果，并提供用地性质、类别、所在区等组合查询功能，方便公众集中、快速查找土地交易的各环节相关信息。

2. 及时公开发布权力清单和行政处罚清单

国土资源管理权力清单共涉及行政征

收 8 项、行政检查 12 项、行政确认 2 项、行政奖励 9 项、行政裁决 4 项、其他类 16 项。行政处罚权力清单共涉及 101 项，并绘制行政处罚权力运行流程图，制定《北京市国土资源局行政处罚裁量基准（2016 年版）》。

3. 建立政务舆情回应制度和回应机制

建立健全舆情监测和分析制度，增加对热点、敏感舆情的专报和分析研判。定期刊发《舆情监测》，建立季度舆情分析报告制度和舆情第三方评估制度，对北京市国土资源工作相关舆情进行系统评估。在门户网站设立“局长信箱”“信访信箱”“问题咨询”和“民意征集”等政民互动栏目，安排专人负责收集意见建议。年内，共受理各类网上咨询投诉 3321 条，均在规定的时限内及时给予回复。

科技与对外合作

【科技工作】

年内，加强科技管理工作。加强对已立项科研课题的督促、检查和指导，督促检查《京津冀土地优化利用一体化管控关键技术与应用》等国土部公益性行业科研专项项目，及《非首都核心功能疏解的用地保障研究》市级科技计划绿色通道项目。

年内，申报推荐本年度国土资源科学技术奖。推荐《北京平原区活动断裂监测专项地质调查》《首都国土资源高频度监测技术系统研制与示范》和《松辽盆地梨树断陷构造沉积演化与隐蔽油气藏研究》3个项目，为本年度国土资源科学技术奖推荐项目。

【国土资源标准化工作】

全面清理国土资源各类标准。对国土资源行业标准情况进行全面清查，更新国土资源标准目录，采取集中统一购置的办法补全标准文本，对国土资源标准文本进行逐项扫描，统一制作完成标准PDF版本，为标准宣贯打下坚实基础。对内网“标准文本库”的展示形式进行改造升级，增加标准检索、查询、分类、下载等功能。纳入“标准文本库”中的国土资源标准共519项。其中：国家标准158项；地质矿产行业标准310项；土地资源类行业标准45项；北京市地方标准6项。

完成《国土资源标准化工作调研》。完成《北京市国土资源标准化工作调研》课题研究，采取实地走访、学习借鉴等形式，深入开展调查，及时将成果转化应用于国土资源管理业务，夯实标准化工作的基础，填补北京市国土资源地方标准管理的空白。2月1日，市国土局召开《北京市国土资源标准化工作调研》课题评审会，评审组充分肯定该课题调研成果对实际工作的指导作用。

开展地方标准制修订项目。与相关委办局联系沟通，在标准立项阶段做好协调工作，把好标准立项关。经市质监局批准，市国土局《地质灾害治理项目实施技术规范》已列入本年北京市地方标准制修订项目计划，为一类制定项目。按照地方标准管理办法的要求，积极推进项目实施，加紧对时间节点的控制，履行好规定的审查程序。

完成《文创产业用地标准》验收工作。市国土局委托北京大学开展《北京重点发展的一类文化创意产业用地技术标准》研究工作，该课题是标准化研究项目，经过一年多的项目实施，课题组对文化创意产业用地标准开展系统的调研。6月，该项目通过专家组验收。

【科普工作】

积极开展第47个世界地球日科普绘画作品征集活动。2月初，联合北京服装学院、北京徐悲鸿中学和北京地质矿产勘察开发局，组织开展第47个世界地球日科普绘画作品征集活动。绘画作品以“节约集约利用资源，倡导绿色简约生活”为主题，重点围绕危机地球、爱护地球、美丽地球三个方面进行设计构思。征集绘画作品600余幅，将获奖作品制作成宣传展板，在地球日活动周期间通过各分会场及宣传站点向社会公众进行展示。

举办“节约资源、保护环境、做保护地球小主人”主题宣传活动。4月22日，在北京市第十四中学举办以“节约资源、保护环境、做保护地球小主人”为主题的地球日宣传活动。旨在唤起人类爱护地球、保护家园的意识，倡导节约集约资源和绿色简约生活、促进资源开发与环境保护协调发展的绿色理念。师生们结合活动主题，以《Earth is our mother》为题进行英语演讲；针对资源开发利用应该以人为本还是以自然为本的两种不同观点进行辩论。

指导各分局开展科普活动。朝阳分局分别开展“我为朝阳国土事业发展风雨无阻撑起一片天”倡议活动和“共绘融合之美，共奏青春乐章——2016年春季健步走”活动。丰台分局结合“双百双千”城乡共建机制，开展地球日宣传活动。各分局还积极开展国土资源科普知识进校园、进企业、进乡村、进社区等宣传活动。各分局在完成主场宣传活动外，结合本区实际，还在乡镇街道、社区、景区、辖区内交通枢纽或人口密集地区等场所设立49个宣传站点，向群众发放地球日宣传资料和宣传品，现场解答群众询问，为地球日活动宣传营造气氛扩大范围。地球日期间，充分利用电视、广播、网络、报刊、微信、微博等多种媒体渠道宣传科普工作。通过青年宣讲团进社区、业务部门进用地单位和在不动产登记大厅发放宣传册、咨询解答等形式，宣传地球日科普知识。

发挥科普基地优势，开展“三个一”科普活动。地球日活动期间，房山世界地质公园、延庆硅化木国家地质公园、首云矿山国家地质公园等国土资源科普基地免费或优惠向公众开放，结合自身特点和资源优势，积极开展“走出去”和“请进来”活动。延庆世界地质公园为千家店小学送去名为《神秘脚印的“故事”》的科普课。房山世界地质公园管理处举办“云科普大讲堂暨房山世界地质公园成立十周年”专题讲座，联手云居寺园区石经博物馆共同开展以“文化科普”为主题的“流动的博物馆”进校园活动。

注重务实高效，完成各类保障工作。地球日期间，共组织重要地球日活动17场次，设立宣传站点49个；制作地球日宣传横幅20条、宣传展板70块；发放宣传手册、折页、挂图、报刊等各类宣传材料76000余份；发放扇子、围裙、环保袋、帽子、扑克、五子棋、水彩笔、笔袋、跳绳、挪车标识等宣传品53000余份；赠送科普图书4000本。主要受众群体为中小学生、社区居民、游客及过往群众，受众人数约12000余人。

【对外交流与合作】

因公出国（境）考察、培训工作。贯彻执行财政部、外交部《关于印发〈因公临时出国经费管理办法〉的通知》及市委外事领导小组《关于印发〈北京市关于进一步规范局级以下国家工作人员因公临时出国的办法〉的通知》要求，认真执行因公出国管理相关规定，严格控制经费支出。年内，共组织委系统45人因公出访和培训，其中自组出访团1批6人；自组培训团1批22人；参加随团出访和培训17人。

出访团组管理措施。按照规定，市国土局自组的出访团组均有明确的公务目的和实质内容，且严格限定在本局业务主管范围内。实行出访团组团长负责制，申报出访任务时，出访日程需经团长本人亲笔签名确认。采取集中形式对团组全体人员进行行前教育，严格执行对外方针政策，严守外事纪律。加强因公出访成果的转化和利用。

推动国际交流与合作。积极探索建立国际友好国土局的渠道，与国外相关机构进行广泛深入的友好磋商和洽谈。年内，接待俄罗斯登记、地籍与测绘局代表团、荷兰基础设施与环境部代表团、加拿大女王大学代表团、埃塞俄比亚亚的斯亚贝巴代表团等来访任务，为开展对外友好合作与交流奠定基础。

财务审计

【非税收入上缴】

年内，北京市土地出让总收入上缴财政专户1322.48亿元，其中土地储备前期成本442.29亿元，政府收益880.19亿元，顺利完成全年1200亿元预算目标。

年内，征收其他非税收入9.36亿元，包括涉矿收入0.55亿元，其中矿产资源补偿费0.17亿元，探矿权、采矿权使用费以及价款收入0.38亿元；耕地开垦费收入6.10亿元，房屋登记费1.32亿元；执法罚没收入1.39亿元。

【年度预决算】

年内，批复部门预算372.80亿元，其中基本经费6.07亿元，一般项目经费7.59亿元，土地储备前期成本339.14亿元，国有土地收益基金20亿元。

全年年终决算全年收入386.8亿元，其中财政资金372.8亿元，经营收入1980.27万元，其他收入7.27亿元；全年支出380.1亿元。

【预算支出管理】

完善考评机制。各单位将本年度项目预算执行计划进行分解，并作为预算执行和考核的依据；同时建立预算执行率内网公示制度，每月月底对各分局、机关处室、事业单位预算执行进度进行统计排序，并将结果上传至内网财务专栏进行公示，督促和提醒提高预算执行效率。

加强沟通协调。协调市财政局以及相关委办局，加快推动不动产人员聘用经费、不动产登记信息系统开发、不动产设备购置、永久基本农田标识牌制作、朝阳分局不动产登记中心新址装修、废弃矿山环境生态治理等项目预算评审工作，促进项目顺利开展。

完成预算编报工作。统一部署全系统财务部门完成2017年部门预算编报工作；向市人大财经委专题汇报2017年部门预算总额、结构以及重点项目进行情况；会同业务部门就“北京市平原区高精度地面沉降和地裂缝调查”等两个项目，参加市财政局组织的绩效预评价工作；规范市国土局内审核程序，组织做好500万元以下项目的预算审核工作。

【内控建设】

严格执行内控制度。自2016年起，市国土局机关各项经费审批全部纳入内控管理信息系统。全年通过系统审批支付资金873项，总支出264.1738亿元；其中合同支付198项，支付资金9849万元。经过系统调试，自6月6日起，各局领导及部门正职的移动政务本试运行。

组织开展基础性评价工作。印发《关于开展内部控制基础性评价和财务检查工作的通知》（市规划国土发〔2016〕30号），制定《内部控制基础性评价和财务检查工作实施方案》，成立内控评价检查组和工作小组，采取先自查自评后再互查互评的方式开展实施内控基础性评价工作，并形成评价报告。门头沟分局和东城分局逐步实施内控信息化建设，经评价取得较好效果。

【政府采购管理】

全面推动政府采购工作。全局系统纳入本年预算需实行政府采购的项目共176个，采购资金63161.88万元；已完成采购165个，涉及采购资金61364.49万元，采购结果为60148.61万元，通过采购节约资金1215.88万元。

完善政府采购制度建设。重新修订《北京市国土资源局服务机构库管理办法》。新办法赋予设库处室和使用单位更广泛的选择权，更加机动灵活的选择方式，为局系统各单位政府采购工作提供更加公平、合理、科学的制度设计和操作平台。

加强政府采购机构库建设。配合执法大队完成测绘机构库的设立，配合矿开处、耕保处完成探矿权采矿权评估、矿产资源破坏情况调查、土地整理可行性研究报告及规划设计方案编制、土地整理土地重估、土地整理验收技术支持、北京市土地整治项目监理服务招标项目中标监理、审计机构等七个到期中介机构库的重新入围招标工作，为各单位选取便利化、选取优质中介机构创造条件。

【资产管理】

加强资产管理日常工作。及时准确录入资产数据变动信息，确保数据信息全面、准确；落实资产报告管理办法，完成资产数据汇总工作，及时上报资产报表；为方便分局资产管理工作，将资产处置由1年1次调整为1年2次，并严格按照规定程序完成报批审核。

开展行政事业单位资产清查和产权登记工作。在全系统内开展一轮资产核对工作，组织各单位进行业务培训，协调事务所进行入户审计，逐一核实办公设备的使用情况，重新梳理资产产权并进行登记，使资产管理工作更加完善。

积极做好公车改革工作。积极协调市财政局，争取政策支持，实事求是地解决各分局行政及规范管理事业单位的公车改革；另一方面，对各分局名下实有车辆进行信息核实，按照行驶证上登记户主信息对分局所有车辆进行甄别和汇总，并与市财政局车辆库信息进行核对，摸清情况，为全系统公车改革工作提供基础和前提。

【项目验收和绩效评价】

年内，配合市财政局完成对上年度项目“昌平新城地热资源调查评价”的绩效评价工作，取得较好评价效果；完成上年度全过程预算绩效跟踪评价的自评工作；完成上半年全过程预算绩效跟踪评价的自评工作，并按时向市财政局报送两份自评报告。

加强重点项目绩效自评价工作。年内，完成废弃矿山生态环境治理项目涉及门头沟、房山等7个区，总投资1.01亿元的项目验收。为加强项目绩效管理，委托审计机构对该项目进行专项绩效评价工作。

做好项目财务验收工作。参与完成项目验收工作，对于资金量较大的工程类项目，提前进行财务预检以及专项审计，加强造价审核，注重项目绩效，及时发现项目执行过程中可能存在的资金问题，使财政资金发挥最大效益。

【其他工作】

继续教育培训。年内，对150多名财务人员分两批开展继续教育，重点围绕财政支出绩效评价、政府采购、营改增相关政策解读等内容进行讲解，提升财务人员工作水平。

预决算公开。按时在政府信息公开网站进行本年部门预算以及上年决算信息公开，并做好相应的解释说明工作。

会计档案管理。按照档案管理标准，整理2011-2015年会计档案，共整理成卷896册，2006-2015年共有656份合同实现电子备案。

财政性结转结余资金消化盘活工作。每月及时跟踪检查财政性结转结余资金，汇总上缴财政资金。

工资管理工作。完成新增52名老职工住房补贴备案、申报、发放工作；完成全年110名新增无房新职工住房补贴申报及增减变动申报。

银行账户开立及清理工作。年内，海淀、丰台分局新设2个一般账户，变更怀柔、密云分局的零余额账户开户银行，开立东城、朝阳两个分局不动产登记分中心基本账户，石景山分局开立食堂基本账户。全面清理检查市国土局及所属各分局、事业单位共计302个银行账户。

审计检查工作。年内，完成审计署的市长经济责任审计和市审计局2015年度部门预算审计。迎接国务院涉企减免收费检查、财政部非税收入检查、市财政局非税收入票据检查等。

【预算执行审计工作】

按照年度审计工作计划，年内开展房山分局上年度预算执行审计工作。

【经济责任审计工作】

按照党组决定和人事部门的通知，年内完成原市国土局海淀分局局长梁桂明、原市国土局门头沟分局局长王桂忠、原市国土局顺义分局局长韩凤桐、原市国土局怀柔分局局长孙宪海、原市规划中心主任陈少琼、原市权籍中心主任陈轲、原市利用中心主任曹慧等7位领导干部经济责任审计。累计完成36人次的领导干部经济责任审计。

【重大项目审计工作】

开展北京市不动产登记历史档案整合项目、北京市废弃矿山生态修复项目专项跟踪审计工作。针对制度建设、项目招投标、成果管理、预算执行等方面提出审计建议，努力做到早规范、早提醒，并通过发现好的经验做法，相互学习提高。

【审计问题整改工作】

配合北京市住房保障办公室做好上年度保障性安居工程审计问题整改工作，本次整改涉及8个区分局，35个项目。根据审计问题清单逐项分解梳理，将整改情况及时反馈市住保办。

信访工作

【信访处基本情况】

信访处于2012年4月正式成立，前身为信访室，2004年10月成立，隶属于市国土局办公室。信访处现有信访工作人员6名。

目前，市局信访处主要接收办理群众来信、来访、网上信访（含“政风行风热线”、“市长信箱”、局长信箱、网上咨询、民意征集），以及国土资源部、国家土地督察北京局、市信访办等上级部门转办的信访件；负责市国土局系统的矛盾纠纷排查调处和维护稳定工作；承办领导交办的其他事项。

【信访工作概况】

年内，国土系统共办理信访请求7852件次，与上年同期相比上升16.1%。其中，市国土局信访处办理信访请求4883件次，与上年同期相比上升10.7%；各区分局共办理信访请求2969件次，与上年同期相比上升26.2%。

年内，共办理来访请求1129批次/2362人次，与2015年同期相比批次、人次分别下降15.7%、4.8%，其中，登记受理来访183批次/623人次，同比批次、人次分别下降42.1%、23.7%。登记受理集体访33批次/363人次，同比批次下降26.7%、人次上升2.5%。登记受理重复访13批次/34人次，同比批次、人次分别下降72.9%、76.7%。

年内，信访处共办理来信920件次，同比下降2.9%。920件次来信中，联名信98件次/3244人次，同比件次下降8.4%、人次上升14.6%。

年内，信访处共办理电子信访件2834件次，同比上升31.3%，按时办结率100%。其中，政风行风热线104件次；市长信箱51件次；局长信箱1388件次；网上咨询1291件次。

年内，共受理复查申请15件次，复查量继续保持较低水平。

年内，信访处登记来信、来访反映的主要问题：反映违法用地问题413件次，占来信来访登记总数的37.4%，较2015年下降14.9%，仍是群众关注的热点问题；反映征占地补偿安置问题124件次，占来信来访登记总数的11.2%，较上年度上升2.3%，仍需持续加以解决；反映不动产登记问题244件次，占来信来访登记总数的22.1%，较上年度上升15%。不动产登记工作涉及众多历史遗留问题，牵涉群众切身利益，已成为当前信访工作的一个重点。

【落实信访工作责任制】

年内，严格按照《信访工作责任制实施办法》要求，加强信访工作组织领导，健全完善信访工作责任制。魏成林主任全年15次听取信访工作汇报，对150多封群众来信作出批示，10多次深入基层调研检查信访工作，化解重点难点信访问题，其他委领导认真落实“一岗双责”，坚持下访约访制度，协调化解分管工作中的大量重点、疑难信访问题。年内，委局处领导共接待信访群众232批次/745人次。

【加强信访规范化建设】

年内，严格落实国家信访局《关于进一步加强初信初访办理工作的办法》，实行首办负责制，坚持“属地管理、分级负责，谁主管、谁负责，依法、及时、就地解决问题与疏导教育相结合”的原则，确保初信初访及时化解。开展“信访基础业务规范化建设年”活动，对受理、转送、办理、送达、录入和督察督办等关键环节进行规范，采取个人学习、以老带新、以会代训、互相交流等方式，加强信访基础业务培训，信访工作规范化建设水平得到有效提升。

【推进信访法治化建设】

年内，贯彻落实上级关于推进信访工作法治化建设要求，印发《北京市国土资源局关于通过法定途径分类处理信访投诉请求工作的通知》（京国土访〔2016〕94号）和《通过法定途径分类处理信访投诉请求清单及主要依据》（京国土访〔2016〕177号），对涉及国土资源领域信访投诉请求应该纳入法定途径解决的内容和法定途径、主要依据进行细化，为全系统信访工作法治化建设提供依据。建立完善律师参与或代理接访制度，信访答复意见由律师把关制度，逐步将全系统信访工作纳入到法治化轨道。

【加强信访信息化建设】

年内，市国土局信访处和各分局信访部门信访信息系统全部上线运行，实现信访信息系统互联互通，网上信访工作运行顺畅。对网上信息系统中来访、来信、网信、复查复核、督查督办和人民建议征集六个模块，明确责任分工，做到专人负责。认真做好信访信息的录入工作，实现“应录尽录”，按时办结。

【开展信访积案化解集中攻坚活动】

年内，认真落实国家信访局、国土资源部和市信访办开展化解信访积案集中攻坚活动要求，扎实开展积案化解工作。市国土局成立信访积案化解工作领导小组，主管委领导亲任组长，亲自组织研究，推进攻坚落实。实行积案化解“周对帐”、“月通报”制度，对涉及多个政府部门的疑难信访案件，夯实“属地管理”责任，协调地方党委政府和相关委办局，形成合力，共同化解。年内，上级交办信访积案35件、市国土局排查出信访积案29件，全部按时办结。

人事教育

【机构编制工作】

年内，完成各区不动产登记事务中心参公划转工作。指导各分局办理完成各区上划人员行政关系接收手续；推进不动产登记事务中心参公事宜。按照相关规定，与市人力社保局沟通，积极推进办理新设立的各区不动产登记机构纳入参照公务员法管理范围相关工作，完成参公过渡人员范围和类别的确定工作，组织过渡人员考核与考试工作，完成上划人员信息录入和报批等工作。根据市编办批复的职责，并结合各区实际情况，调整优化各区不动产登记事务中心内设机构设置方案，统一内设机构名称和主要职责，并明确各内设机构编制数；协调各区不动产统一登记上划人员工资衔接问题，并与市人力社保局和市财政局沟通过渡期工资总额发放问题，向市人力社保局报送《各区不动产登记事务中心上划人员 2016 年度工资总额申报方案》；协调有关单位办理原土地登记中心事业单位注销登记工作，并向市编办报送完成 16 个土地权属登记事务中心注销材料。

办理信息中心和服务中心规范管理事宜。按照相关规定，与市人力社保局沟通，积极推进办理两中心规范过渡相关工作，完成规范过渡人员范围和类别的确定工作，组织过渡人员考核与考试工作，完成人员信息录入和报批等工作。按照规范管理单位的政策，优化调整两个中心的内设机构及科级领导职数，并通过市人力社保局审核。

【领导班子和干部队伍建设】

年内，共召开市国土局党组（扩大）会议 9 次，市规划国土委党组（扩大）会议 9 次，讨论干部工作 18 次，组织系统内竞争性选拔 1 次，民主推荐 34 次，提拔处级干部 59 人。2015 年 12 月底启动副处级领导职位竞争性选拔工作，2016 年 3 月完成，选拔 15 名优秀科级干部任副处级领导。

【人才引进】

年内，完成考试录用公务员工作。国土资源系统共招录公务员 41 名，包括 16 名应届毕业生和 25 名两年以上基层工作经历社会在职人员，其中硕士研究生学历 23 名。

年内，实施事业单位公开招聘工作。严格按照《北京市事业单位公开招聘工作人员实施办法》和《北京市国土资源局关于进一步加强和规范事业单位公开招聘工作有关问题的通知》等政策要求，组织开展面向社会公开招聘事业单位工作人员工作。国土资源系统44个事业单位共录用工作人员27名，全部为本科以上学历，其中硕士研究生10人，占录用人员总数的37%；社会在职人员17人，占录用人员总数的63%。

年内，完成军转干部安置工作。共接收军转干部7人，其中团职干部4名，非团职干部3名，全部具有大学以上学历。

【干部交流】

年内，做好“三个一百”干部挂职锻炼工作，选派5名处级干部分别到西藏自治区、中央企业、市城乡办、世园会事务协调局挂职，选派1名科级干部到新疆自治区挂职，选派4名科级干部到市重点村挂职，接收1名央企干部到机关挂职。

【教育培训】

制定印发《北京市国土资源局关于2016年干部教育培训工作的意见》，按照组织重点班次培训、抓好各类业务培训、积极开展自主培训、落实全员在线培训的要求，分步骤组织实施干部教育培训工作。一是做好局级领导干部和处级干部参加各类主体班、专题班及任职培训班组织保障工作，共有10名局级领导干部参加市委组织部组织的“学习贯彻五大发展理念”和“学习贯彻党的十八届六中全会精神”轮训、专题培训、组织调训(出国培训)。选派8名处级干部参加市委组织部各类专题培训、21名处级干部参加市人力社保局任职培训、56名处级和科级干部参加国土资源部市（地）、市(县）国土局长和国土所长培训；二是开展具有国土特色的专题教育培训班，自主组织90名处级领导干部能力提升培训、83名人事干部培训、78名科级干部任职培训、68名新招录公务员和事业单位工作人员初任培训，以及赴加拿大不动产统一登记信息系统及数据共享平台建设培训任务等。

全年累计培训8210人次，其中：局级干部32人次，处级干部1924人次，科级及以下干部5843人次，专业技术人员411人次。全局系统全部完成干部教育培训的目标任务（处级干部每年110学时、处级以下干部每年100学时、专业技术人员每年72学时继续教育）。在线学习参学人数883人，实现完成率100%目标。

【干部考核】

完成年度考核。委党组组织对各分局、直属各单位领导班子进行考核测评，并对全系统公务员进行量化考评。国土资源系统公务员共1168人参加考核，225人考核等次为优秀，55人获三等功，224人获嘉奖。事业单位（不含参公和工资规范管理的事业单位）共942人参加考核，183人考核等次为优秀。

【职位管理和流动调配】

加强职位管理和流动调配工作。年内，共办理国土资源系统机关、事业单位干部核定职务210人次。其中晋升干部职务170人次，交流轮岗干部40人次。办理公务员转任22人次，调任16人次。

【因私出国（境）管理和个人有关事项报告】

年内，完成向出入境管理部门报备干

部信息 73 人次。其中新增报备 32 人次，更新报备 14 人次，撤销报备 27 人次。完成处级领导干部报告个人有关事项工作。

按照市委组织部有关要求，认真组织完成市国土局系统本年度处级领导干部个人有关事项集中报告工作，报告人数 249 人，报告率 100%。按照报告人数 10% 的比例对市国土局系统 26 名处级领导干部报告个人事项信息进行抽查核实。同时，做好干部选拔和各分局的“两代表一委员”人选个人事项重点核查工作，共核查 77 人次并提出相应审核意见。

【干部人事档案专项审核】

年内，继续组织开展局系统干部人事档案专项审核工作。督促各区分局和直属单位做好科级干部档案审核工作，日常进行政策指导，适时督促检查；继续完成处级干部人事档案审查工作，经调查核实后，上会认定 13 名处级干部的基本信息，并完成签字确认和归档工作；配合市委组织部完成科级档案审核进度的统计工作，报送统计报表两次；按要求完成局系统干部人事档案核查工作的总结与统计报表工作，截至 6 月底，局系统应审核档案 1860 卷，完成认定 1636 卷。其中，“三龄二历一身份”不存在问题的共 1287 卷，占审核总数的 69%，信息记载不一致的干部档案共 556 卷，占审核总数的 30%。其中，重新认定出生日期 33 卷，参加工作时间 55 卷，入党时间 12 卷，学历学位 26 卷，工作经历 19 卷。

【国土规划机构改革】

按照市委十一届十次全会关于改革城市管理体制的要求，国土规划机构改革领导小组积极与市编办、市规委相关部门沟通联系，积极推进机构改革进程。梳理本系统的公务员和事业单位人员编制、领导和非领导职数等情况，摸清家底，并将相关数据上报市编办，为机构改革打好基础；与业务处室和综合处室分别召开多次座谈会，了解处室三定情况、现有工作情况和业务流程情况，探讨业务流程简化、内设机构优化设置等；全面梳理内部职责和业务关系。基于现有处室和所属单位设置的“三定”现状，以落实中央城镇化工作会议、中央城市工作会议和市委全会精神为指引，以“两规合一”为改革主线，在与市编办充分沟通的基础上，梳理本系统内部职责和业务关系，与市规委人事处共同研究提出新机构“三定”职责和内设机构设置方案初稿，上报市编办；组织相关处室对市编办编写的新机构主要职责和内设机构职责进行逐字逐句讨论和修改，形成新的修改意见报市编办；学习兄弟单位经验，开展调研活动。分 3 个组分别赴上海、武汉、深圳三地的规划国土部门开展调研，学习三地的机构改革经验。

法制建设

【行政审批制度改革】

落实通州副中心试点工作。认真落实市政府《关于公共服务类建设项目投资审批改革试点实施方案的通知》（京政发［2016］35 号），结合市国土规划委实际，于 10 月制发了《北京市规划和国土资源管理委员会关于印发北京市公共服务类建设项目投资改革试点实施办法的通知》（市规划国土发［2016］54 号），对北京城市副中心道路、停车设施、垃圾和污水处理设施及教育、医疗、养老等公共服务类建设项目，涉及国土资源管理的相关审批事项提出了取消、简化、下放意见，并下发市国土规划委机关处室、事业单位和通州国土分局执行。

做好机构合并后法制工作的协调和衔接。7 月下旬，市国土规划委正式挂牌后，按照市国土规划委要求，以机构整合为契机，配合原市规划委法制处全面梳理城乡规划和国土资源管理工作，优化职能设置和工作流程，进一步简化审批环节，为合并后机构设置提供依据。

【梳理并对外公布权力清单】

按照《北京市人民政府关于建立市政府部门权力清单责任清单制度的通知》（京政办【2015】62 号），对权力清单进行了梳理，并于 4 月份通过市国土局门户网站对外公布。其中行政征收 8 项、行政检查 12 项、行政确认 2 项、行政奖励 9 项、行政裁决 4 项、其他类 16 项（行政许可 23 项和行政处罚 101 项，已于 5 月底对外公布）。

7 月中旬，按照市政府审改办《关于非行政许可审批事项清理及权力清单动态调整的通知》要求，将市国土局关于《市级部门实施的非行政许可审批终审事项清理表》和调整权力清单的申请函报市政府审改办。将《北京市国土资源局市级行政审批事项清单（2015 年版）》中的 9 项非行政许可审批事项予以取消或调整，对行政许可、行政裁决、行政检查、其他类事项进行了相应调整。

【建立“双随机”监管工作机制】

根据市政府办公厅《关于推广随机抽查规范事中事后监管工作的实施意见》（京政办发【2015】58 号）要求，制定市国土局《关于开展随机抽查规范事中事后监管实施方案》（京国土法【2016】132 号），经 2 月 28 日局务会通过后予以印发。建立随机抽取检查对象、随机选派执法检查人员的“双随机”抽查机制。确定了随机抽查事项清单和不适合随机抽查事项清单，明确了抽查主体、事项、内容、对象、方式、依据等，于4月15日通过市国土局门户网站向社会公布。

【行政复议和行政诉讼工作完成情况】

截至12月20日，原市国土局总计发生由上级机关正式立案审查或者裁决的行政复议案件381件，作出行政复议管辖权告知16件。按照案件类型划分，信息公开191件，举报答复95件，用地批复24件，其他案件71件（包括行政处罚、行政答复等）。信息公开案件占总案件数的50%，举报答复案件占25%。从案件审理结果看，维持142件、驳回27件、终止3件、撤销38件，确认违法2件，尚未审结169件。

截至12月20日，原市国土局共接到行政诉讼案件374件。374件案件中，原告不服政府信息公开结果的142件，不服行政答复的139件（109件为对土地违法行为举报的答复），认为用地、权属等行政行为违法并要求撤销的24件，不服行政处罚的16件，要求行政赔偿的7件。截止12月底共审结案件219件，诉讼案件共36件，其中信息公开败诉16件，违法举报类的行政答复败诉18件，其他类型败诉2件。

3月组织召开市国土局系统近三年复议诉讼工作形势分析会，对近三年来行政复议案件数量、类型、败诉情况进行统计，分析败诉原因，对今后复议诉讼工作提出改进建议和具体措施。

【立法工作情况】

年内共办理行政规范性文件备案2件，分别为《北京市继承（受遗赠）不动产登记工作程序（试行）》《北京市不动产登记工作规范（试行）》。

起草《北京市国土资源局行政机关负责人出庭应诉办法》（征求意见稿）、《北京市国土资源局关于报送涉嫌违反行政纪律问题线索实施办法（试行）》（草案）、《关于委托各国土分局办理举报答复等事项的通知》等。

【办理代表委员建议提案情况】

根据市国土局“2016年市十四届人大四次会议、市政协十二届四次会议建议提案办理表”分工，法制处主办左欣委员提出的“关于开展我市城市地质管理工作立法的提案”，会办金明秀代表提出的关于“加大一绿试点项目乡审批公开力度”的建议。法制处主动与相关部门沟通，征求对建议提案的意见，分别于5月4日将“北京市十四届人大四次会议第0108号建议的会办意见”报送主办单位（市农委）、于6月15日将“北京市政协十二届四次会议第0688号提案的答复意见”报送左欣委员。7月4日收到左欣委员的“委员提案答复征询意见表”。

组织开展第26个土地日宣传周活动。市国土局机关和各区国土分局精心组织、提前谋划，围绕主题、突出特色。一是“6. 25”全国土地日当天，各区国土分局在本地区设立宣传站点，摆放宣传展板、播放宣传片、发放宣传材料、现场咨询答疑，开展主题宣传活动；二是宣传周活动期间，各区国土分局组织人员深入村镇、社区、项目现场等，宣传国土资源法律法规；三是在《国土资源报》发行《北京市国土资源局全国土地日特刊》。通过宣传周活动，营造珍惜土地资源、节约集约用地的良好氛围，促进全社会合理利用土地资源。

【依法组织闲置土地听证会】

4 月下旬依职责组织了北京市汽车工业高级技工学校、北京中星微电子有限公司、北京景藏健康置业有限公司 3 个单位的闲置土地听证会。

党群工作

【党员队伍教育管理】

抓学习教育，增强理想信念和党性修养。年内，深入学习党章党规和系列讲话。把学习党章党规、学习系列讲话作为首要任务，突出重点，抓住关键，引导机关党员干部坚定信仰信念、强化政治意识、树立清风正气、勇于担当作为，做合格共产党员。党组中心组带头学，印发《市国土局 2016 年局党组中心组学习计划》，制定了学习内容，每月集中学习不少于 1 次。加强党员干部学习，共组织集中辅导、学习 15 次，做到经常性教育与集中培训相结合，引导党员自觉按照党员的标准规范言行，进一步强化宗旨意识和理想信念。

开展“两学一做”，重在知行合一。年内，党组书记带头讲党课，党组中心组率先垂范，带头逐条逐句通读学习《党章》，深刻领会《习近平总书记系列重要讲话》精神。围绕“对党忠诚、做合格党员”“合格党支部建设规范和合格党员行为规范”组织研讨，各支部纷纷开展形式多样的知识问答和交流研讨活动：组织学党章党规宣讲会、建立党员微信群、开展主题征文交流、组织学党章党规抢答活动等，将学习教育生活化、常态化，调动党员学习热情，取得良好的学习效果。全面开展民主生活会和民主评议，广泛征求意见、寻找突出问题和薄弱环节，并提出相应整改措施。确保全体党员修身正己、自律自省，保持公仆情怀、密切联系群众，自觉按照党员标准规范自己，坚定理想信念，提高党性觉悟，增强政治意识、大局意识、核心意识、看齐意识。

切实贯彻落实好十八届六中全会精神。年内，召开全委处级以上领导干部大会，学习党的十八届六中全会精神、习近平总书记在全会上的重要讲话精神和《关于新形势下党内政治生活的若干准则》《中国共产党党内监督条例》的基本要求；制定印发《学习贯彻党的十八届六中全会精神的工作安排》，分层次明确学习重点、学习方式和学习内容，要求全委各级党组织把学习全会精神作为重要的政治任务，纳入“两学一做”学习教育，制定周密的学习计划和方案，确保学习质量。

【开展能力建设，提升履职能力】

突出党员干部先锋模范作用。年内，开展“国土能力建设年”活动，着力提高广大干部履职担当、善作善为的四种能力：即懂全局、管本行的能力，抓重点、破难题的能力，抓落实、求实效的能力和崇廉洁、拒腐蚀的能力。增强国土资源系统广大干部的责任意识和使命意识，努力提高工作能力和履职本领。

强化党员干部正面激励。年内，按照“亮明身份，公开承诺，示范带头，接受监督”的要求，在全体党员中开展佩戴党徽上岗活动。通过佩戴党徽、设立标牌等方式，亮出党员身份，强化工作监督，增强党员的荣誉感和责任感；以纪念建党95周年为契机，组织评选先进基层党组织、优秀共产党员和党务工作者。

引领党员切实履行党员义务。年内，按照中央和市委相关要求，积极部署落实党费收缴工作。通过思想发动、制定方案、明确机构、搭建系统等方法，积极协调沟通，核定下达党费收缴标准和计算基数，党费收缴工作圆满完成。46个党支部共计补缴党费425人次，补缴党费141.8万元。

【狠抓建设，夯实阵地】

强化支部建设。强化组织保障，理顺支部设置。年内，配齐配强支部书记和委员，健全工作制度，完善党员信息系统，健全基层支部组织结构，强化党员日常监督管理；开展党员组织关系排查，摸清党员情况，理顺组织关系，使每名党员都纳入党组织有效管理；进一步强化局领导干部参加双重组织生活制度，充分发挥支委会的领导作用，召开支部建设研讨会，交流支部作法，选树先进典型，把机关基层党支部建设不断引向深入；召开专题组织生活会和开展民主评议党员工作，集中学习教育，开展谈心谈话，广泛征求意见，积极查找问题，开展批评与自我批评，召开党员大会进行民主评议并抓好整改落实，以此为契机进一步加强基层党建工作。

强化队伍建设。年内，机关党委纪委积极参加市直机关工委专题培训班，提升理论与工作水平；在机关处室和直属单位开展支部书记和党务干部培训，引导支部书记发挥主体作用，把党建工作抓到位；做好党员干部思想引领，组织处以上干部、党员干部以及全体干部职工听辅导、党课，定期与市委讲师团联合邀请专家学者开展“坚定理想信念展现党员品格”“习近平总书记七一讲话精神——不忘初心，继续前进”以及“深入学习贯彻党的十八届六中全会精神”等专题辅导报告，激励党员干部坚定理想信念，切实发挥好示范带头作用。

强化宣传引导。年内，建立和完善信息交流平台，加强正面宣传引导，为机关党建工作营造良好的舆论氛围。设立网上“两学一做”和“贯彻落实十八届六中全会”专栏，及时刊发文件资料和交流信息；购置《党的十八届六中全会文件学习辅导百问》《关于新形势下党内政治生活的若干准则、中国共产党党内监督条例辅导读本》等参考书籍，供支部党员学习交流；印制宣传海报，深入宣传学习教育的重大意义、决策部署和进展情况；开展学党章党规答题活动，发挥微信、公众号、客户端等新媒体作用，及时交流推送好经验做法，广泛宣传广大党员学习党章党规、坚定理想信念的新实践，学习系列讲话、统一思想行动的新成效，在全局上下营造宣传教育的浓厚氛围。

【继续强化廉政建设责任制】

切实落实党风廉政建设主体责任。年内，按照中央和市委关于党风廉政建设责任制主体责任落实工作部署，进一步明确责任，强化监督：建立责任清单，印发《2016年党风廉政建设和反腐败工作实施意见》，对全年党风廉政建设制定措施、提出要求，委党组定期分析党风廉政建设形势，研究解决党风廉政建设各类问题；签订党风廉政建设主体责任的责任书，层层传导压力，定期组织督促检查，有效强化各级领导干部“一岗双责”的责任意识；制定《市规划国土委关于推进领导干部落实党风廉政建设主体责任全程记实工作办法》，制作主体责任记实手册和工作台帐，对履职工作记实、大事记做出统一规范要求，进一步强化责任落实；研究印发《关于市规划国土委党风廉政建设责任制检查考核办法的通知》，并分解下达指标体系，分层次明确党组领导班子、主要负责人、班子成员主体责任，切实保障主体责任落实到位；印发《市规划国土委关于对党员干部进行提醒、约谈、函询和诫勉的程序规定》，切实加强对全委党员和领导干部的监督管理，落实从严治党要求。

深化治理“为官不为”“为官乱为”专项工作。年内，结合市政府折子工程，对去年专项治理工作中未解决的和重点难点问题，及时印发专项治理工作方案，召开全系统工作部署会，开展深入的自查工作，专题听取各分局及直属单位党组、支部落实党风廉政建设责任制情况报告，落实“两个责任”情况和党建情况、依法行政和责任追究情况，进行综合检查考核，对问题突出的单位领导班子和领导干部进行约谈督导，检查情况及时上报党组和市纪委。

【推进学习型工会建设】

深入学习贯彻中央和市委重要会议、文件及习近平总书记系列讲话重要精神，做好干部职工思想教育工作。年内，积极配合机关党委，采取听报告、看影片、学原著等多种形式加强政治思想宣传教育工作，积极引导广大干部职工把思想和行动自觉地统一到中央和市委市政府的决策部署上来。充分调动干部职工在工作中的主力军、生力军作用。

进一步提升干部职工综合素质，推进学习型机关、学习型工会建设。年内，利用市局办公楼十三层“职工自助图书角”、局内网“学习园地”、“电子图书”等软硬件设施在全机关内倡导全民读书。依托局机关读书兴趣小组，开展集体读书活动，不断扩大该学习组织的覆盖面和影响力。努力营造机关浓厚的读书氛围，推进学习型机关建设，弘扬首都国土文化。

【开展岗位建功】

大力开展岗位建功活动。年内，根据市总工会、市直机关工会工委的指示精神，迅速制定“践行新理念，建功十三五”岗位建功活动方案，对此工作进行安排部署，专程到市直工会学习取经。

大力弘扬劳模精神，组织劳模及各类先进的评选推荐工作。年内，用劳模的先进事迹和优秀品质教育职工、鼓舞职工、激励职工。尊重劳模、关心劳模、学习劳模、争当劳模。坚持开展“两节”送温暖、“五一”关爱劳模、劳模疗休养等慰问活动。引导干部职工以劳模先进为榜样立足本职、建功立业。选树建功典型，推进建功活动开展，以局信息中心、不动产登记中心等优秀集体为重点，逐步开展“践行新理念，建功十三五”主题活动。

【维护工会会员权益】

听取干部职工意愿呼声。掌握干部职工利益诉求，畅通维护干部职工合法权益的有效渠道。年内，在局内网建立“三委委员”及“工会小组长”群组。不定期召开工会干部工作会，举办“工会干部培训班”。

落实职工的保险福利待遇。年内，为市国土局全体干部职工办理职工重大疾病互助保险，为全体在职女职工办理特殊疾病保险。对本人或直系亲属患重大疾病的职工送去慰问补助。

关注特殊群体。年内，把“送温暖”作为一项经常性工作长抓不懈。深入一线慰问窗口单位干部职工，“五一”关爱劳模慰问，对本命年和即将退休的职工、因病住院职工、有新生子女职工等开展一系列慰问活动。“三八妇女节”“五四青年节”“八一建军节”等特殊节日举办相应慰问活动。将市直机关工会录制的“市直机关女职工流动课堂——职业女性话题十讲”和“市直机关健康大讲堂——心理健康流动课堂八讲”等视频资料上传到局内网“党群工作—学习园地”，满足新形势下机关女干部职工多元化培训需求。同时，邀请有关专家为机关女干部职工讲解职场形象礼仪、女性饮食养生、女性“两癌”预防、阳光心态与压力管理等相关知识。

【丰富干部职工文化生活】

组织机关兴趣小组活动。年内，局机关工会组建摄影、健步走、乒乓球、茶艺、烹饪、书法、瑜伽、读书、太极拳和跳操 10 个兴趣小组，报名参加各兴趣小组活动的人员共计 454 人，报名率达到 92%，利用工余时间做到天天有活动，月月有精彩。

开展职工喜闻乐见的文化体育活动。年内，精心组织春游、秋游，利用业余时间先后组织干部职工开展桥牌邀请赛、乒乓球友谊赛、迎新春扑克牌比赛等，活跃工作气氛，促进和谐机关建设。

积极组织参加市总、市直工会组织的各项活动。年内，组队参加市直机关第十届“和谐杯”乒乓球比赛，取得男子团体第九名历史最好成绩；组队参加市直工会组织的首都职工全国体育锻炼达标测试赛，取得个人总成绩第三名。

为纪念中国共产党建党 95 周年、中国工农红军长征胜利 80 周年，组织开展历时 3 个月的“致敬革命壮举、重走长征之路”纪念红军长征胜利 80 周年健步走活动。

【工会自身建设】

进一步建立健全机关工会组织。局机关各处室及局属各单位均通过民主程序选举确定工会小组长及工会负责人，在届中遇人员变化的，均能够及时通过民主程序予以调整，并报局直属机关工会，局直属机关工会也及时调整相应的工会工作组群。

建立健全各项规章制度及工作规范。根据工会的有关法规和局机关实际，局直属机关工会已经制定《工会会员缴纳会费的规定》《“送温暖”活动实施办法》等相关规定。在实际工作中，坚持做到相关事项及时向同级党组织请示汇报，及时通报三委委员、工会小组长及会员代表，进一步完善工会运行机制和日常工作制度。

定期组织工会干部进行培训。为全面贯彻落实中央及北京市关于加强和改进党的群团工作意见精神，进一步提高基层工会干部的综合素质和服务水平，拓宽工会干部知识面，加强工会干部队伍的建设，年内，定期举办工会委员、基层工会干部培训班。

【发挥团员青年生力军作用】

年内，结合“五四”青年节开展团队凝聚活动，强化对团员青年的思想政治引领；围绕推动“十三五”规划落实和京津协同发展，参与“京津冀机关青年论坛”；组织参与第二届“我为改革献一策”活动；推进市国家治理青年人才培养计划，市国土局两名青年同志获得五四青年奖章；选派年轻干部到农村担任第一书记工作，发挥青年生力军作用，利用业务优势对接农村宅基地调研、农村换届选举、农村脱贫等问题，积极协助探寻发展出路；发挥机关志愿服务联合会作用，广泛开展面向基层和社会的志愿服务活动。

离退休干部管理

【离退休干部管理概况】

截至年底，市国土局系统共有离退休干部687人。其中，离休干部24人，退休干部663人。离退休干部党员544人。

局机关共有离退休干部318人。其中，离休干部24人，退休干部294人。现有离退休干部党员268人。其中，离休干部党员23名，退休干部党员245名。

现有离退休干部专职工作人员11人，其中处级2人、科级6人、技师2人、中级工1人。

【离退休干部职工服务与管理】

年内，局离退休干部领导小组认真学习《关于进一步加强和改进离退休干部工作的意见》（中办发〔2016〕3号），领导小组副组长、局党组成员、副局长师宏亚同志于6月6日至8日，参加市委组织部与市老干部局联合举办的“老干部工作主管领导及局（处）长培训班”，对《意见》进行专题学习，并就贯彻落实《意见》进一步做好离退休干部工作提出具体要求。处（站）领导先后参加市直机关工委和市老干部局组织的专题培训班，对《意见》进行原汁原味的精研细学，并用自身的学习成果，认真指导处（站）工作人员深入学习、深刻领会《意见》精神实质和丰富内涵，引导大家进一步认清当前离退休干部工作面临的形势任务，提高做好新形势下局系统离退休干部工作的能力和水平。处（站）编印《北京市国土资源局2016年离退休干部工作材料》，分送局系统各分局、各单位的离退休干部工作主管领导和工作人员。各分局、各单位在认真学习《意见》的基础上，结合本单位退休干部的实际，分别制定贯彻落实《意见》的具体措施。《〈关于进一步加强和改进离退休干部工作的意见〉学习辅导材料》下发后，及时将《材料》发送到局系统每一名离退休干部手中，并组织老同志对《意见》的主要内容进行专题学习，加强老同志对《意见》的理解和认识。

【离退休干部思想政治建设】

坚持以理想信念和党性教育为主要内容，继续采取自学与集中学习相结合方式开展政治理论学习。年内，陆续组织离退休干部深入学习习近平总书记系列重要讲话特别是视察北京重要讲话精神，学习党的十八届五中、六中全会精神以及全国“两会”精神，学习市委十一届十次、十一次全会精神，学习中央、市委关于新形势下离退休干部工作的新要求和对离退休干部的新期望。为方便老同志能够同步进行自学，结合学习内容，向老同志印发《资料选编》14 期总计 4662 份，为老同志选购《习近平关于严明党的纪律和规矩论述摘编》《习近平总书记系列重要讲话读本（2016 年版）》《学习贯彻习近平同志“七一”重要讲话精神》《〈关于新形势下党内政治生活的若干准则〉〈中国共产党党内监督条例〉辅导读本》和《中国共产党第十八届中央委员会第六次全体会议公报》等学习辅导材料，发送到老同志手中，并积极引导离退休老同志通过网络和微信平台进行学习。组织离退休干部党员开展“学党章党规、学系列讲话、做合格党员”学习教育，专门制定实施方案，通过教育动员、专题学习、座谈讨论、知识问答、主题党日等形式，组织离退休干部党员开展学习教育，引导全体离退休干部党员以尊崇党章、遵守党规为基本要求，用习近平总书记系列重要讲话精神武装头脑、统一行动，自觉按照党员标准规范言行，积极发挥自身的政治优势、经验优势、威望优势，为党的事业增添正能量。

【离退休干部党支部建设】

年内，各离退休干部党支部活动有序开展，集体活动共 28 次，参加活动党员共计 475 人次。先后选派 11 名离退休干部党支部书记、委员参加市老干部局组织的离退休干部党支部书记培训班，努力提高他们从严抓好离退休党支部工作的能力和水平。按照局党组《关于开展党员组织关系集中排查的工作方案》的通知要求，认真开展离退休干部职工党员组织关系集中排查专项工作，完成全体离退休干部党员局内网和市委组织部《党内信息管理系统》的信息填报工作。为纪念中国共产党成立 95 周年，配合“两学一做”学习教育的深入开展，在离退休干部党员中开展“优秀共产党员”评选活动，张一峰等 13 名离退休干部党员受到市国土局党组的表彰。以党费收缴专项检查工作为契机，教育引导离退休干部党员充分认识交纳党费是做合格党员的基本条件，是对党组织应尽的义务，进一步增强全体离退休干部党员的党性观念，把党要管党、从严治党的要求具体落实到离退休干部党员队伍的管理之中。

【服务管理工作】

年内，陆续组织春节慰问、新春茶话会和“五一”“七一”“十一”慰问等大型活动，其中春节前对局机关全体离退休干部职工进行普遍慰问，让老同志们切实感受到组织的关怀和温暖。按照《关于建立退休干部信息库的通知》（京组通〔2016〕31 号）的要求，认真组织局系统信息库管理员业务培训，认真做好退休干部信息采集、信息库数据填报和信息数据汇总上报工作，圆满完成局系统退休干部信息库建设工作。按照市人保局和市社保中心要求，在时间紧、任务重的情况下，按时完成局机关 304 名退休老同志养老保险的信息采集和上报工作。按照上级通知精神，认真做好离休干部急救呼叫器升级更换有关工作，为 30 名离休干部发放生活补贴，为 51 名退休干部调整年龄补贴，协调解决 2 名离休局职干部遗属供暖费发放，保障老同志的合法正当权益。组织 220 名离退休老同志进行年度健康体检，探望住院离退休干部职工 25 人次，为 22 名离退休老同志变更定点医院，向老同志发放《老年心理健康 200 问》，为老同志编印《保健与养生》12 期总计 3996 份，帮助老同志调整心态，科学健康养生。先后为 20 名离休干部登门贺寿，家访老同志 35 人次，为 10 名退休干部申请发放困难补助，为 11 名离退休老同志做好送别及抚恤金、丧葬费用的发放，让老同志们共享社会发展的成果。做好局机关 8 名退休干部的接收工作，做好离退休干部的信访接待工作，做好机关事业单位养老保险制度改革的宣传解释工作，引导老同志顾大局、明事理、理性表达诉求。克服车辆少、司机少的实际困难，为老同志看病、参加活动派车 90 余次，尽心尽力做好服务保障。

【开展各类文体活动】

坚持以“展示阳光心态、体验美好生活、畅谈发展变化”为主题，结合纪念中国共产党成立 95 周年和红军长征胜利 80 周年，举办“歌颂长征、圆梦中华”诗书画影展，展现老同志为党的事业增添正能量的风采。在此基础上，精选出多幅作品参加市直机关工委的书画作品展，刘昌云和篆刻小组的作品入选。组织离退休干部深入开展“讲传统、话作风”征文活动，共收到征文 20 余篇，并向市直机关工委推荐作品 5 篇，其中高玉芳等 4 名同志撰写的征文入选市直机关工委编辑的征文集。以“带头做文明有礼的北京人”活动为载体，通过《资料选编》、离退休网页和微信平台组织引导老同志带头弘扬革命传统、带头践行文明礼仪、带头错峰绿色出行、带头垃圾减量分类、带头节约用水用电、带头促进社会和谐，为党的事业增添正能量。另外，还常态化地组织书画、歌咏、摄影、篆刻等兴趣小组活动 64 次，参加人数达 410 人次。

【自身建设】

认真开展“两学一做”学习教育，坚持从严从实标准，认真制定学习教育活动方案，认真组织专题学习，认真开展专题讨论，进一步强化大家的党员意识。年内，处（站）工作人员克服减员多（2 名退休、4 名患病），工作任务重的实际困难，坚持按照支部书记提出的“端正态度，贵在学；身体力行，贵在做；学做统一，贵在恒”的要求，始终以共产党员的标准严格要求自己，用心用情做好老干部工作。继续加强处（站）安保工作，严格落实安全生产工作规定，严格落实值班制度，严格对保安和临时用工人员的管理，确保处（站）的绝对安全。

后勤服务

【安全保卫】

年内，在重大节日和两会期间，利用实地检查和随时电话询问等方式，掌握机关和外围单位安全情况，发现问题要求当即整改或限期整改，及时消除安全隐患；配合市局信访处对上访人员进行劝说缓解矛盾，共计16次，涉及人员95人次。配合相关部门在新闻媒体通报会、听证会、土地市场竞价期间，维持现场安全秩序，起到保驾护航作用；针对东城区公安消防支队提出的消防整改问题，制定消防整改方案，组织实施消防整改，排除安全隐患；加强人员进出管理，办理出入登记27540余人次；为外来办事社会车辆提供停车服务3162次，安排临时会议停车70次。

【爱国卫生】

按照市爱委会统一部署，开展城市清洁日、卫生月活动，开展除四害活动，对特殊垃圾实施分类处理，办公环境得到不断改善。本年清除垃圾12吨，可回收物2.3吨，塑料制品1.6吨，办公楼实施消杀灭蟑6次。加强门前三包管理，增加巡视检查次数，保持良好卫生环境和秩序。坚持开展控制吸烟宣传活动，制作宣传展板、发放控烟宣传手册，组织开展控烟巡视检查10次，制止和劝阻吸烟人员10余人，引导大家正确认识烟草危害，提高全员健康意识。

【计划生育】

利用局域网宣传计划生育政策，刊登妇幼保健方面知识，为孕龄产妇发放育儿书籍，为职工办理计划生育服务证，落实独生子女父母奖励费发放工作。

【住房补贴】

依据北京市职工住房补贴政策，6月份上报局系统住房补贴人员41名，金额24万元，为100余名职工办理住房补贴及公积金申报、增减和支取。

【医疗与养老保险】

执行北京市医疗保险规定，年内，为181名机关工作人员办理变更定点医院、异地就医、增减员和个人信息变更等手续，为7人申报特殊病和工伤保险。审核报销职工子女医药费42人次，共计3万余元。

7月，按照北京市机关事业单位养老保险制度改革政策，协助完成局机关工作人员养老保险入库工作。

【公务用车管理】

组织开展驾驶员安全教育，定期进行

北京市国土资源局东城分局

【土地资源概况】

东城区位于北京市中轴线以东的城区东部，坐标为北纬 39°51′-39°58′，东经 116°21′-116°26′。东部、北部与朝阳区相连，南部与丰台区接壤，西部与西城区相接。辖区设东华门、景山、交道口、安定门、北新桥、东四、朝阳门、建国门、东直门、和平里、前门、崇文门外、东花市、龙潭、体育馆路、天坛、永定门外 17 个街道办事处。

东城区辖区总面积 4182.04 公顷，所属地类全部为城镇村及工矿用地。

【机构设置】

北京市国土资源局东城分局（简称东城分局）内设办公室、综合科、地籍科、国土资源利用科、重点工程科、财务科、政工科、执法监察科和纪检监察科 9 个职能科室。下设北京市东城区不动产登记事务中心、北京市东城区土地利用事务中心、北京市土地整理储备中心东城区分中心 3 个事业单位。在职人员 109 名（其中公务员 39 名，工勤人员 5 名，事业编人员 65 名）。

分局领导班子：

局　长　　林　毅
党组书记　　王震雪（女）
副局长　　童四见
副局长　　刘翠华（女）
副局长　　孔德智
副局长　　陈建宁（女）
纪检组长　　窦丰启

【建设项目用地预审】

年内，共 18 个建设项目通过用地预审，总用地面积约 63.53 公顷。其中公共管理与公共服务用地 6 个，约 2.28 公顷；住宅用地 2 个，约 46.72 公顷；商服用地 1 个，约 0.45 公顷；储备用地 1 个，约 3.98 公顷；交通运输用地 8 个，约 10.1 公顷。办理 4 件建设项目用地预审意见延期。

【土地供应】

全年土地供应计划共申报建设项目 19 个，约 27.48 公顷。其中公共管理与公共设施用地 3 宗，约 3.34 公顷；交通运输用地 7 宗，约 11.94 公顷；商服用地 8 宗，约 5.76 公顷。

年内，完成土地供应面积 24.05 公

顷，其中住宅用地 23.59 公顷；商服用地 0.46 公顷。提前超额完成东城区 2016 年度土地供应计划指标。

【土地储备开发】

年内，完成望坛棚户区改造项目一次性招标工作。加快前门东区棚户区改造，于 12 月 30 日向社会发布东城区前门东区三里河周边 B1 地块棚户区改造项目的招标公告。5 月 3 日完成东交民巷 29、31 号院联储项目最后一家被拆迁单位的搬迁工作。

【批后监管】

年内，对辖区内已供应土地进行监督管理，系统上报 57 个项目。启动第四批至第七批闲置土地调查工作，共计 28 个项目。国家土地督察北京局对东城区开展 3 次督察工作，督察组对 8 个空闲地块、26 宗出让项目进行现场踏勘。根据督察组提出的五大类问题涉及 50 个项目，制定整改台帐，明确整改措施和整改时限，目前已完成 18 个项目的整改工作。根据市国土局要求，督察整改共涉及三个方面、44 个项目，已完成整改项目 2 个，整改面积 1.87 公顷，占总面积的 3.46%。开展已供土地擅自改变用途调查工作，通过普查踏勘、分片落实的方式，用时 11 天完成了 289 宗地块的外业调查工作，共查出 5 宗擅自改变用途土地，形成踏勘记录表、位置图、现场照片等成果档案，并出具《东城区 2009－2015 年已供土地擅自改变用途调查情况的报告》。

【不动产登记】

自不动产统一登记整合以来，采取多项措施加强大厅服务建设：一是加强大厅现场引导；二是强化登记业务事前指导；三是采取实名制发号措施；四是适时调整号源分配；五是增设“绿色通道服务”。全年共受理申请 52230 件，颁发不动产权证书 20640 本，不动产登记证明 13087 份。

【地籍管理】

东城区地籍管理数据更新调查工作已基本完成。覆盖全区 17 个地籍区（街道）；55 个地籍子区、23068 宗地、面积约 41.84 平方公里。委托新兴华安测绘公司对部分院落进行复查，复查结果合格。完成地籍调查 271 件，开具权属审查告知单 26 件。

【依法行政、执法监察】

完成青年湖公园高尔夫练习场违法用地查处工作。核查“12336”土地违法举报 1 件，按照相关程序处理完毕。组织开展“4.22 地球日”“6.25 土地日”“12.4 国家宪法日”等主题宣传活动。

【信息化建设】

根据市国土局的统一部署，加大网络和信息安全工作力度，从“人防”“制防”“技防”和“物防”四个方面加强网络和信息安全管理。定期对分局的终端设备进行安全监测。主动公开政府信息 1998 条，微博信息 46 条、图片信息 67 条。继续全面深入开展软件正版化工作。在计算机等电子设备上贴上“加强知识产权保护严禁使用盗版软件”的标示，提高使用正版软件的思想意识。

【地热资源管理】

年内，完成地热采矿权年检工作，进一步加强了对东城区地热资源的跟踪管理，为更好地服务地热矿权单位夯实了基础。

【信访、诉讼工作】

年内，开展4次矛盾隐患排查。做到情况清、底数明、数字准。把矛盾纠纷化解在基层，人员吸附在当地。全年办理信访事项196件次，全部在时限内答复完毕。办理行政诉讼案件105件，行政复议10件。

【政府信息公开】

撰写本年度信息公开年报、修订信息公开指南。上网公开政府信息1105条，受理依申请政府信息公开198件，全部在时限内答复完毕。

【调研工作】

完成东城区本年度开发区土地集约利用更新评价，项目成果于12月中旬通过市国土局技术项目专家组验收。

【大事记】

4月25日，东城区首个以一次性招标方式出让的棚户区改造项目——望坛项目正式面向社会发布招标公告。

4月26日，国家土地督察北京局牛珏专员带队到东城区部署本年国土督察工作，并开展外业实地核查。东城区政府张立新副区长、市国土局丁晓总规划师、东城国土分局林毅局长及市国土局相关处室参加了对接会。

5月18日，东城分局对望坛棚户区改造项目进行投标、开标，并按照规定进行评标。5月19日，向项目中标人——北京城建集团有限责任公司发放中标通知书。

5月26日，市政府张维副秘书长主持召开东交民巷29、31号院项目推进协调会。

6月29日，国家土地督察北京局牛珏专员带队进驻东城区，围绕存量建设用地利用和管理、土地依法履职、落实节约集约用地、土地监管主体责任等情况开展了为期4天的深度核查。

10月26日，东城区政府李先忠区长、张立新副区长到东城分局调研并指导工作。区领导听取了局重点工作进展情况汇报，包括土地储备遗留项目有关情况、不动产登记整合后的问题及应对措施、闲置地处置情况等内容。

10月26日，国家土地督察北京局牛珏专员带队到东城区督导国土资源管理工作。李先忠区长、张立新副区长、市规划国土委相关领导、区政府办、国土分局、区发改委、重大办、规划分局相关领导参会。

11月30日，东城分局提前超额完成本年度土地供应计划指标，其中住宅用地完成23.59公顷，完成比例列全市第一。

12月30日，东城分局向社会发布东城区前门东区三里河周边B1地块棚户区改造项目的招标公告。该公告的发布，标志着前门东区整体改造工作的正式启动。

北京市国土资源局西城分局

【土地资源概况】

西城区是首都功能核心区之一，辖区面积 50.33 平方公里。东以鼓楼外大街、人定湖北巷、旧鼓楼大街、地安门外大街、地安门内大街、景山东街、南长街、北长街、天安门广场西侧、前门大街、天桥南大街、永定门内大街为界，与东城区相连；西以三里河路、莲花池东路、马连道北路为界，与海淀区、丰台区接壤；北以南长河、西直门北大街、德胜门西大街、新街口外大街、北三环中路、裕民路为界，与海淀区、朝阳区毗邻；南以永定门西滨河路、右安门东城根、右安门西城根为界，与丰台区相连。辖区设西长安街、新街口、月坛、展览路、德胜、什刹海、金融街、大栅栏、天桥、椿树、陶然亭、广安门内、牛街、白纸坊、广安门外 15 个街道。

西城区辖区总面积 5033.13 公顷，所属地类全部为城镇村及工矿用地。

【机构设置】

北京市国土资源局西城分局（简称西城分局）内设办公室、综合科、地籍科、国土资源利用科、重点工程科、财务科、政工科、执法监察科、纪检监察科 9 个职能科室和北京市西城区不动产登记事务中心、北京市西城区土地利用事务中心、北京市土地整理储备中心西城区分中心、北京市土地整理储备中心金融街分中心 4 个事业单位。在职人员 140 人。

分局领导班子：

党组副书记、局长	李　伟
党组书记、副局长	靳　薇（女）
副局长	吕仕锋
副局长	黄东华
纪检组长	刘宽新
副局长	高　扬（女）
副局长	刘兴起

【建设项目用地预审】

年内，共有 39 个建设项目通过用地预审，总用地面积约 46.88 公顷。其中商服用地 2 个，约 5.28 公顷；公共管理与公共服务用地 14 个，约 8.6 公顷；交通运输用地 17 个，约 18.99 公顷；住宅用地 5 个，约 13.96 公顷；特殊用地 1 个，约 0.05 公顷。

【土地供应】

年内，土地供应计划共安排项目 5

个，用地总面积约 7.75 公顷。其中公共管理与公共服务用地 2 个，占地约 0.81 公顷，占供应总量的 11%；商服用地 1 个，占地约 3.19 公顷，占供应总量的 41%；保障房用地 2 个，占地约 3.7 公顷，占供应总量的 48%。

年内，西城区共计完成土地供应面积约 6 公顷，其中区政府以划拨方式供应国有建设用地项目 3 个，占地面积合计约 2.18 公顷；以出让方式供应国有建设用地项目 1 个，占地面积合计约 3.82 公顷。

【土地储备开发】

年内，编制西城区 2017 年度土地储备开发计划。共申报建设项目 6 个（均为结转项目），约 21.6 公顷。计划完成开发项目 2 个，约 2.99 公顷；计划供应经营性用地项目 1 个，约 0.43 公顷；计划收购储备管理项目 1 个，约 0.25 公顷；计划总投资 5.55 亿元。

年内，西城区土地储备开发项目共计 10 个（全部为在施项目），占地面积 39.82 公顷，规划建筑规模 123.7 万平方米，累计实现投资约 21.18 亿元，完成计划投资规模的 171%。完成供地项目 1 个，占地面积 3.82 公顷，总成交价款 35.4 亿元，实现政府土地收益 13.08 亿元。

年内，加强对全区 10 个在施土地一级开发、25 个“城中村”环境整治项目的月监管，定期梳理项目信息、进展情况及存在的困难。顺利完成大栅栏煤市街以东 C3、H 地块招标工作，实现供地，总成交价款 35.4 亿元，政府土地收益 13.08 亿元；开展手帕口南街 64 号项目清算入库，根据开发企业工作进度已支付 12.06 亿元的清算入库补偿款，并已完成地上物拆除工作，待解除出让合同、注销相关产权证等相关工作后，纳入区土地储备库；办理广安联储一期项目各项手续延期，同时加紧完成剩余 216 户居民和 2 家单位的拆迁工作，整体已完成总拆迁任务的 90%；完成南菜园街 72 号等历史遗留项目收储工作；推进庄胜二期 L 地块成本分摊，加快完成其拆迁及后续供地手续；处理历史遗留项目，拟定《关于推进企业为主体土地一级开发项目工作方案》，区政府专题会审议通过。

【地籍管理】

根据国土资源部关于做好不动产权籍调查工作的通知（国土资发〔2015〕41 号）及北京市不动产权籍调查工作方案（试行），西城区不动产权籍调查工作于 3 月 1 日正式开展。截至年底，西城区共办理调查业务 91 件，其中权属审查 57 件，权籍调查 34 件。

【不动产登记】

全年受理登记业务 72712 件，不动产发证量达到 50908 本（其中颁发证书 33754 本，证明 17154 本），完成不动产登薄 58572 件，档案归集 58731 件，办理不动产限制登记 1618 件，存量房补录 18717 件；受理群众及公检法等部门不动产档案信息查询复制 23973 件。

【土地执法监察】

年内，开展“4·22 地球日”“6·25 土地日”“12·4 法制日”等执法宣传，宣传国土法规政策，发放宣传资料 5000

余份、宣传品2500余个。

【信息化建设】

年内，西城分局OA办公系统外出参会管理模块正式上线运行，运用信息化手段建立数据库，实现对外出参会的管理和督察；完成干部请休假模块的研发，实现对干部职工请假、休假工作的信息化管理；开展机房安全建设工作，完成机房综合布线、强电线路改造、门禁系统，气体消防灭火等建设工作，并于9月22日通过验收。

【地热资源管理】

开展上年度西城区地热资源开发利用年检工作。对辖区内3家开采单位地热矿井开发利用情况进行检查，核查证照及相关使用费用缴纳情况。

【信访工作】

年内，受理来信518件，接待来访417人次。妥善处理城镇私房历史遗留问题群访11起，避免矛盾激化，未形成到上一级机关的集体访，办结率100%。

【调研课题】

年内，完成《盘活存量用地促进人口功能疏解》《西城文保区腾退项目不动产登记探讨》《西城区不动产登记中若干问题解决建议》《西城区棚改一次性招标工作研究报告》《新形势下做好职工思想政治工作的思考》5篇调研，为加快非首都功能疏解和人口调控提供技术支撑和决策依据。《新形势下西城区旧城改建与土地开发模式探索专题研究》被评为北京市国土资源局2015年自主调研优秀成果，《西城区“十三五”时期土地资源节约集约利用路径研究报告》被评为西城区2015年度优秀调研成果二等奖，《北京西城区土地开发工作的难点与对策》等3篇青年论文荣获中国土地学会第十五期“全国土地日”网上论坛纪念奖。深化调研成果应用，完成一级开发、地铁织补等9类调研数据成果更新汇交。

【大事记】

4月22日，西城分局协助市国土局在北京市第十四中学举办“节约资源、保护环境、做保护地球小主人”为主题的世界地球日主题宣传活动。

6月25日上午，西城分局在大观园南门广场举办第26个全国“土地日”现场宣传活动，活动紧紧围绕“节约集约用地，切实保护耕地”的主题内容，深入宣传中国土地资源的国情、国策以及西城区土地节约集约利用成果和不动产登记工作。《西城报》等相关媒体参加了宣传活动，并进行报道。

12月30日，大栅栏煤市街以东C3H地块完成邀标供应，确保了市级重点项目的工作进度。该项目实现储备土地供应面积约3.82公顷，总成交价款35.4亿元，实现政府土地收益13.08亿元。

北京市国土资源局朝阳分局

【土地资源概况】

朝阳区位于北京市区的东部和东北部，介于北纬 39°48′-40°09′、东经 116°21′-116°42′之间。东与通州区毗邻，西与海淀、西城、东城三区毗邻，南与丰台、大兴两区毗邻，北与顺义、昌平两区毗邻。辖区设 41 个街道办事处（乡、镇）。

朝阳区土地面积 45478.12 公顷，土地利用现状面积详见表 4-1。

表 4-1　　2015 年度北京市朝阳区土地利用现状汇总　　单位：公顷

土地调查面积	45478.12
耕地（01）	2528.58
园地（02）	658.99
林地（03）	3442.55
草地（04）	12.1
城镇村及工矿用地（20）	34140.49
交通运输用地（10）	2235.02
水域及水利设施用地（11）	2088.94
其他土地（12）	371.45

【机构设置】

北京市国土资源局朝阳分局（简称朝阳分局）内设办公室、政工科、财务科、纪检监察科、综合科、耕地保护科（地质矿产科）、土地利用科、地籍科 8 个科室；下设北京市朝阳区不动产登记事务中心、北京市朝阳区国土资源执法监察队、北京市朝阳区土地利用事务中心、北京市土地整理储备中心朝阳分中心、北京市土地整理储备中心商务区分中心、北京市国土资源局朝阳分局第一、二、三国土资源管理所等 8 个事业单位。现有正式在编人员 212 名，其中公务员 29 名、机关工勤1名、事业单位人员182名。事业单位中参照公务员法管理的人员114名（朝阳区不动产登记事务中心），工资规范事业单位人员10名（朝阳区国土资源执法监察队）。

分局领导班子：

局　长　　　　　　赵北亭

（2016年12月离任）

党组书记、副局长　李　燕

（女，2016年12月主持工作）

副局长　　　　　　张雅明

纪检组长　　　　　吴　江

副局长　　　　　　武　鸿（女）

副局长　　　　　　胡良俊

副局长　　　　　　张长峰

【土地利用总体规划】

年内，编制完成《朝阳区土地利用总体规划调整完善工作方案》，已经区政府批准。修改完善《朝阳区土地利用总体规划中期评估》，已选定中标单位。全年完成规划动态维护项目5件，涉及总面积20.55公顷，进行规划动态维护面积8.38公顷；其中公益性项目4个，用地面积12.95公顷，调整面积为1.47公顷；经营性项目1个，用地面积7.6公顷，调整面积为6.91公顷。

【建设项目用地预审】

年内，办结建设项目用地预审81件，与上年基本持平；涉及土地面积1115.96公顷，比上年增长31.94%。其中建设用地面积为880.37公顷，农用地面积为235.51公顷，未利用地面积为0.08公顷。

【征地及农用地转用项目用地管理】

年内，受理集体土地占地项目2个，申请用地面积29.0465公顷；受理建设项目征地结案申请13件，用地面积为200.7461公顷。

【土地整理及耕地占补平衡】

年内，朝阳区金盏乡长店村土地复垦项目通过验收，取得区政府批复，新增耕地16.98公顷。启动土地综合整治项目整改工作，预计能为朝阳区发展提供后备占补耕地指标近千亩，已进入前期调研阶段。严格落实耕地占补平衡管理要求，保障土地储备等重点工程的顺利推进，实现耕地占补平衡的目标。

【耕地保护责任书签订】

年内，完成本年度耕地保护责任书签订工作。全区共签订区乡级责任书14份，乡村级责任书78份，做到耕地保护责任全覆盖、无死角、规范化。

【土地供应】

年内，以市国土局签订土地出让合同数据统计，市国土局出让涉及朝阳区土地12宗，土地面积40.05公顷。其中现状项目办理出让7宗，土地面积8.07公顷；新建项目办理出让5宗，土地面积31.98公顷。年内划拨土地供应11宗，土地面积45.19公顷，其中市国土局供应1宗，土地面积1.62公顷；朝阳分局供应10宗，土地面积43.57公顷。

年内，保障性安居工程用地计划供应

33 公顷，实际完成 56.06 公顷，完成比例为 169.88%，提前超额完成了 2016 年保障性安居工程供地计划任务。其中公租房 3 公顷，已供 3.33 公顷；棚户区 2 公顷，已供 19.8 公顷；定向安置房 28 公顷，已供 32.93 公顷。

【土地市场交易】

年内，公开供应一般经营性用地 4 宗，分别为朝阳区北土城中路北侧 OS-06A、OS-10B 地块 B4 综合性商业金融服务业用地（奥南 06A、10B 地块），朝阳区将台乡驼房营村 1016-34、36、40、41 地块 F2 公建混合住宅用地、A33 基础教育用地、R2 二类居住用地、U12 供电用地（亮马 K 地块），朝阳区崔各庄乡来广营北路 29-324 等地块二类居住及住宅混合公建用地（首农奶子房牛场企业利用自有地 45/55 项目），朝阳区东风乡豆各庄村 0311-610 等地块（东风乡农民安置房项目）二类居住及基础教育用地（东风商城农民定向安置房项目）。总供地体量 46.27 公顷，建设用地 33.74 公顷，建筑规模 97.08 万平方米，经营性建筑规模 69.7 万平方米。其中土地储备朝阳分中心为主体的项目供应 1 宗，供地体量 6.1 公顷。CBD 核心区已完成 Z16 地块的供应工作。

【土地储备开发】

年内，土地储备工作返还一级开发成本约 67 亿元（含企业带资实施项目亮马 K 地块成本约 44 亿），偿还到期银行贷款及利息共计约 215.03 亿元，年底债务余额为 517.73 亿元（含 162.38 亿元政府债券），比上年年底债务余额下降约 27%。重点推进了东坝、金盏、豆各庄、电子城等项目的征地拆迁工作，全年共完成 37 户住宅（2.56 万平方米）、132 家非住宅（81.15 万平方米）及 4 家国有单位（2.86 万平方米）的搬迁腾退工作。CBD 核心区已全面完成二期项目的拆迁和供地工作，正在全力推进土地前期开发工作，服务中国尊、中投、中期、正大、三星等市重点项目。

【地籍管理】

年内，办理土地权属审查 81 宗，其中，国有建设用地土地权属审查 66 宗，面积 158.55 公顷，集体土地权属审查 15 宗，面积 91 公顷。朝阳区农村村庄地籍调查试点工作通过市颁证办验收，共调查宅基地 2105 宗、集体建设用地 182 宗，试点调查宗地数据全市第一。

【不动产登记】

年内，不动产统一登记进一步深化，全面开展不动产登记历史数据整合工作，夯实登记工作基础。按照北京市编制机构委员会办公室批复的人员编制和机构设置方案，朝阳区不动产登记事务中心设置了 16 个科室，搭建起一正四副的中心领导班子。

全年共办理不动产登记业务约 46 万件，比上年增长 91%；完成登簿 389022 件，占全市登记总量的 29.02%；办理档案查询 70834 次；发放不动产权证书 126528 本、不动产权证明 82764 份。

以“空余预约与提前排队相结合，提前排队优先”为基本设计理念，升级不动产登记预约系统。全面实现现场实名取号。重拳打击倒号行为，全年抓捕号贩子63人。选取朝阳区鸿懋商务大厦作为办公新址，提供更多的办事空间资源，已完成装修设计工作。

【土地执法监察】

年内，立案查处违法用地案件101宗，其中已下达行政处罚决定77宗，涉及土地面积127.35公顷（1910.25亩），没收违法建筑物面积7.53万平方米，罚款金额为3273.87万元。顺利通过2015年度土地卫片执法检查工作市级部门验收，违法占用耕地面积占新增建设用地占用耕地总面积的比例（问责比例）为3.57%；依法履职到位118宗，履职到位率100%；整改到位率为82.9%，在全市14个区（除东城区、西城区）中问责比例排名第8位。

提升科技执法水平，开展国土资源违法综合管理系统（二期）建设。系统（二期）新增建设126个视频监控点位，使监测覆盖率从42.7%上升至95%以上，现已完成新增的全部摄像头安装工作。系统（二期）同步完成了与市国土局国土资源执法监察远程视频监控系统的对接，并尝试将视频监控信号连通至各国土所。

【土地出让批后监督管理】

年内，完成外业巡查任务568宗地，行驶里程16505公里。对本年度例行土地督察中发现的33宗闲置土地项目进行前期调查，现已有3宗取得开工证并开始建设，剩余30宗项目已完成前期的闲置土地调查，其整改措施得到了国家土地督察北京局的肯定。

【信息化建设】

年内，不断推进网站建设，在市国土局政务信息网上公开初查中荣获全市第三名，被推荐参加国土资源部政务信息网上公开评比。启动了机房整合建设项目，已完成整体布线和机房装修工程，硬件设备已全部到位，充分保障局内网络及信息系统安全稳定运行。

对历年权属审查档案逐步进行编辑整理及档案入库，准确掌握宗地信息，完善优化地籍数据库应用；土地执法监察档案已全部实现由纸质向电子化的转换。

【矿产资源概况】

朝阳区矿产资源主要是地热、矿泉水。全区共有114眼地热井，

其中报废井20眼、未成井3眼、成井后待用井47眼、观测井1眼、回灌井6眼、开采井37眼。有采矿许可证在用单位32家。原有2家矿泉水企业，现已全部停产，采矿权已注销。

【地质勘查储量管理】

年内，完成建设项目压覆重要矿产资源核查1件，办理地源热泵系统备案2件，完成1家探矿权项目年检。对8家地质勘查单位的地质勘查资质进行抽检，纠正了个别单位存在的问题。

【矿产资源开发管理】

年内，以非法开采砂石为重点，加强日常动态巡查，设立非法开采举报电话，建立完善了区、乡、村的三级监察网络。

累计出动30余人次，巡查2000余公里，发现和制止采砂问题2起。对停用矿泉水井进行检查。

【地热资源管理】

年内，组织32家有采矿权许可证的地热开发利用单位开展年检，对4家管理不力的单位提出批评并限期整改。开展了安全检查活动，促进涉矿安全工作的落实。

【地质灾害防治】

年内，组织制作朝阳区地质灾害分布图和矿产资源分布图。督促用地单位做好建设项目用地地质灾害危险性评估工作。结合“地球日”“防灾减灾日”深入街（乡）、学校进行宣传教育，发放宣传材料2000余份，提高了群测群防的积极性。

【信访工作】

年内，接到群众信访举报2181件，其中信访2115件，举报66件。全年未出现大规模群体访和越级访，2件信访答复被评为优秀答复。科学引导群众按照法定途径解决信访诉求，全年共有181件信访诉求引入法定途径。印发《信访事项督查督办制度》（试行）、《信访工作基本流程》、《关于规范局领导干部信访接待日有关事项》，促进信访工作的规范化运行。

【法制工作】

年内，办理行政复议113件，行政诉讼159件，案件总量约是上年同期的2倍。通过《行政诉讼与行政复议工作规程》的制定，败诉案件追责理念的引入，《行政诉讼和行政复议法律服务需求单》的应用，以及行政诉讼复议案件代理奖惩机制的建立，法制工作有了长足的发展。全年行政诉讼及复议仅败诉10件，败诉率与上年同期相比下降了约80%。

完成“4·22地球日”“6·25土地日”“12·4宪法日”等重要时间节点的法制宣传工作，努力营造合理利用国土资源的良好氛围。有针对性地开展法制教育培训，切实提升依法行政能力。

【政府信息公开】

年内，受理依申请信息公开294件，全部实现按期答复。进一步加大对征地项目的主动公开力度，系统整理了2008年至2015年的征地项目，并将相关材料在朝阳分局外网予以公开。建立信息公开培训材料学习库，全面总结办理信息公开的业务口径和工作方法。其办理信息公开的工作路径，被朝阳区政府作为先进典型上报至市政府。

【调研课题】

年内，开展《土地增值收益测算及分配研究》，完善土地储备业务理论体系，已通过专家验收；全面研究朝阳区1222宗无主土地利用现状，形成《朝阳区无主土地分析报告》；针对不动产登记业务流程中的潜在风险点，尝试探索可行的服务资源拓展方案，完成《不动产统一登记服务资源拓展与廉政风险防控——以朝阳区不动产登记事务中心为例展开》的调研课题。

【大事记】

1月19日，市农村土地确权颁证领导小组办公室全面检查朝阳区农村村庄地籍调查试点工作成果，并于3月31日通过验收。

3月8日，副市长陈刚一行到朝阳区不动产登记事务中心进行调研。

3月25日，朝阳区来广营北湖渠村环境整治平衡资金用地土地一级开发项目土地一级开发委托协议签订完成，确定由来广营乡政府作为实施主体负责该项目土地一级开发工作。

4月22日，朝阳分局围绕“节约集约利用资源，倡导绿色简约生活”开展第47个世界地球日宣传活动。

4月28日，朝阳分局联合区农委、区监察局、区联席办召开2015年度卫片约谈会议。对14个违法用地整改缓慢的乡政府进行约谈，下发整改任务书。

4月，CBD核心区涉嫌闲置土地处置工作取得阶段性进展。CBD核心区9宗涉嫌闲置的土地中已有2宗实现开工，2宗取得实质进展。

5月，朝阳分局编制“十三五”土地整治规划的初步预算并报经区政府批准，启动了规划编制单位的招标工作。

6月24日 朝阳分局围绕“节约集约用地，切实保护耕地”组织开展第26个全国“土地日”主题宣传活动。

6月27日 朝阳区被国土资源部授予“全国国土资源节约集约模范县（市）”荣誉称号，受到国土资源部的表彰。

6月29日 市国土局朝阳分局党总支选举产生新一届总支委员会。

7月1日 市国土局对朝阳区2015年度土地卫片执法检查工作组织验收，顺利通过验收。

7月18日，国家土地督察北京局进驻朝阳区开展土地督察工作。

8月，朝阳分局召开朝阳区不动产权籍调查工作推进会，正式启动权籍调查工作。

9月12日，朝阳区区长王灏、副区长黄晓伟召集区相关委办局，专题研究朝阳区土地储备开发情况及下一步推进思路。

9月20日早晨6:30左右，朝阳分局会同属地派出所严厉打击不法分子倒号行为，成功抓获不法分子13名。

10月19日，朝阳区将台乡铁路大环内土地一级开发项目完成招标工作，经评标委员会审议，确定北京星泰通府置业有限公司为中标人，作为该项目一级开发主体。

11月23日，国家土地督察北京局到朝阳区开展督察工作，就驻区例行督察发现问题整改情况进行核查。

12月14日 朝阳分局工会组织正式成立，召开了第一次代表大会，选举产生了第一届委员会、经费审查委员会和女职工委员会。

12月，土地储备朝阳分中心顺利偿还215.03亿元到期银行贷款及利息，2016年底债务余额为517.73亿元（含162.38亿元政府债券），同比上年年底债务余额降低约27%。

北京市国土资源局海淀分局

【土地资源概况】

海淀区位于北京市城区西北部，地理坐标北纬 39°53′-40°09′，东经 116°03′-116°23′之间，东连西城区、朝阳区，南邻丰台区、西城区，西接石景山区、门头沟区，北抵昌平区。地处太行山余脉西山山脉与华北平原西北边缘交会地带，地势西高东低。西部山区统称西山，面积不到70平方公里，山势基本为南北走向，以百望山为界，将海淀区天然划分为南、北两部分，山南习称“山前”，山北则称“山后”。辖区设22个街道，7个镇。

海淀区辖区面积 43076.87 公顷，土地利用现状面积详见表 4-2。

表 4-2　　**2015 年度北京市海淀区土地利用现状汇总**　　单位：公顷

土地调查面积	43076.87
耕地（01）	2014.38
园地（02）	2527.93
林地（03）	10349.47
草地（04）	47.06
城镇村及工矿用地（20）	24480.12
交通运输用地（10）	1559.35
水域及水利设施用地（11）	1664.35
其他土地（12）	434.21

【机构设置】

北京市国土资源局海淀分局（简称海淀分局）内设办公室、综合科、地籍科、土地利用科、耕地保护科、地质矿产科、财务科、政工科、纪检监察科 9 个科室；下设北京市海淀区不动产登记事务中心、北京市海淀区土地利用事务中心、北京市海淀区国土资源执法监察队、北京市土地整理储备中心海淀区分中心、北京市国土资源局海淀分局第一国土资源管理所、北京市国土资源局海淀分局第二国土资源管理所、北京市国土资源局海淀分局第三国土资源管理所7个事业单位。全局在编人员152人，其中公务员37人、事业单位人员113人、工勤2人，科级领导干部31人。

分局领导班子：

党组副书记、局长　王桂忠
党组书记、副局长　郎运波
副局长　和金庆
纪检组长　许荔（女）
副局长　纪妍（女）
副局长　向文（女）

【土地利用总体规划】

年内，完成海淀区创新土地整治规划实施机制相关的研究性工作，《七王坟村土地整治功能单元规划（2010－2020年）》《两山片区景观提升土地整治功能单元规划（2014-2020年）》《海淀区土地整治功能单元划定方案与技术说明》《海淀区土地整治功能单元规划编制审批管理若干意见》于2月5日得到市国土局批准，系列研究性成果于4月中旬通过终期评审验收。

继续推进土地利用总体规划调整完善工作，向市国土局上报了《海淀区土地利用总体规划实施评价报告》，合理提出全区实际可保有的耕地数量和基本农田保护面积。11月1日召开永久基本农田划定工作动员部署会，全面启动永久基本农田划定工作。制定《海淀区永久基本农田划定工作方案》，并向市国土局、市农业局和市农委上报区镇两级划定方案。

【建设项目用地预审】

年内，共办理建设项目用地预审57件，办件数量与去年基本持平；函复用地意见35件。在依法依规开展用地预审工作的前提下，通过加强主动服务、创新工作思路，探索不断呈现的新情况、新问题的解决路径，为永丰产业基地（新）C4、C5公租房、中关村西三旗科技园配套公租房及小学幼儿园项目因供地方式发生变化而重新出具了用地预审意见，为4个平原造林项目出具了函复意见，加强对棚户区改造项目的研究，基本理顺了在前期“四函”环节出具用地意见的内容和形式，为重点建设项目落地提供支撑。加强土地利用总体规划的用地引导和控制作用，保障重点项目用地需求，完成中央党校西墙外土地一级开发项目、T10地块集体产业用地等7个项目土地规划动态维护，积极推进上庄路、上庄再生水厂、两园之间村庄棚改安置房等重点项目规划动态维护。

【征地及农用地转用项目用地管理】

年内，共受理集体土地征收前期项目8件，拟征用集体土地面积54.78公顷，其中农用地38.17公顷，拟新增建设用地38.17公顷。取得征地批复的项目4件，批准征地面积38.83公顷，新增建设用地面积22.34公顷。办理征地结案13件，总用地面积323.38公顷，新增建设用地104.65公顷。对海淀区2008-2014年122个征地项目的批准文件、一书四方案、征地补偿协议、征地公示、征地公告和结案

表六项内容进行全面核查，并在市国土局网站公开。

【土地整理及耕地占补平衡】

年内，推进本年度海淀区北部地区城乡建设用地增减挂钩工作，编制完成《2016 年度海淀区北部地区城乡建设用地增减挂钩实施方案》，并经海淀区政府审核通过，推进海淀区首个城乡建设用地增减挂钩项目，组织项目主体落实《翠湖科技园（新）A1 地块城乡建设用地增减挂钩项目实施方案》编制工作，完成项目前期踏勘、选点布局、拆旧区土地复垦可行性研究和规划设计报告编制、可研评审等工作。推进指导海淀区苏家坨镇周家巷村土地复垦项目建设工作，完成项目规划设计专家评审、并取得海淀区政府规划设计及预算批复，完成施工招投标、工程监理单位、审计、土地重估及技术验收单位的抽选工作，并正式开始施工。组织开展《海淀区“十三五”土地整治规划》编制工作，落实项目经费，抽选项目招标代理公司，顺利完成规划编制技术单位招投标工作。积极开展海淀区土地综合整治项目整改工作，组织编制《海淀区土地综合整治项目整改工作实施方案》《海淀区唐家岭地区和北坞村土地综合整治项目整改及新增耕地核查报告》等相关成果，顺利通过专家论证和联席会审查，并经海淀区政府审核通过。

年内，市政府与海淀区政府、海淀区政府与山后四镇、山后四镇与所辖各村分别签订本年度耕地保护目标管理责任书。严格落实耕地“占补平衡”任务，占补平衡比例达到 100%。出具补充耕地方案 6 件，拟落实补充耕地指标 30. 30 公顷，其中由海淀区自行解决耕地指标的项目 5 件，由市国土局统筹解决的项目 1 件。向市国土局缴纳耕地开垦费的项目 2 个，缴纳金额 137. 27 万元，分别为北京海淀北部能源中心（燃气热电联产）项目和陕京三线输气管道工程北京段阀室工程（48 号阀室）项目。

【土地供应】

全年海淀区土地供应分解指标 152 公顷，实际完成供地 133. 05 公顷，其中商服用地 12. 55 公顷，公共管理与公共服务用地 15. 58 公顷，住宅用地 86. 53 公顷，交通运输用地 18. 39 公顷。供地项目包括小米移动互联网产业园、中科飞鸿军工项目研发运营中心等高新技术产业，中坞、树村、五路居回迁安置房等保障性安居工程，以及地铁 4 号线、6 号线站点等公共基础设施。加强土地批后监管，监管市国土局系统的项目用地 139 宗，监测上传数据 172 次；国土部系统的项目用地 103 宗，监测上传数据 208 次。

全年海淀区保障性安居工程用地任务指标为 45 公顷，共计 3 个项目。年内，海淀区完成保障性安居工程供地项目 2 个，用地面积共计 13. 79 公顷。

【土地市场交易】

年内，共完成土地供应 19 宗，建设用地面积约 45. 67 公顷，建筑规模约 94. 88 万平方米，供地总价约 222 亿元，完成供地总价指标的 102%。其中通过招拍挂方式供地 13 宗，土地面积 31. 77 公顷，建筑规模 63. 4 万平方米，土地收入约203.12亿元，政府收益83.99亿元。

【土地储备开发】

年内，海淀区在施土地一级开发项目54个，完成储备开发项目面积30.33公顷，建筑面积70.33万平方米；完成投资约65.23亿元，完成计划投资比例65.22%。其中分中心投资20.23亿元，完成比例约38.20%；社会企业（含储备中心为主体，企业带资实施项目）投资65.22亿元，完成比例约138.59%，其中储备中心为主体，企业带资实施项目完成投资34.78亿元。完成收储项目共5个，总用地面积约为184.42公顷，总建筑面积约为163.44万平方米，总收储补偿价格约为92.26亿元。其中清算入库4个，国有土地收购1个。年内实际回笼前期成本收入27.53亿元，完成收入预算总额的20.96%；实际支出总额为29.05亿元，完成支出预算总额的18.18%。同时，通过与区财政局、涉及企业签订确权协议的方式化解政府债务约188.48亿元。

【地籍管理】

年内，全面完成海淀区村庄地籍调查试点工作，实地调查宗地265宗，其中宅基地124宗，面积6.58万平方米；集体建设用地141宗，土地面积13.82万平方米，入户率、调查率、测绘率达到三个100%，并顺利通过市颁证办检查。完成土地权属审查约170余件，调查处理完成刘凤琴、张凤青宅基地纠纷案件2件，调查处理温泉邮政支局与北京老年医院土地权属争议。开展土地权属审查前的地籍调查工作，完成地籍调查约50余件。开展海淀区地籍区（子区）划分成果汇交工作，调整地籍区（子区）界线与行政界线不一致的宗地165宗。在全市范围内率先制定《海淀区权籍调查实施细则》，为全面实施权籍调查提供指导依据。完成2015年度土地利用变更调查工作。

表4-3　　海淀区土地利用变化情况统计表（2015）　　单位：公顷

地类	年初面积	年末面积	年内减少面积	年内增加面积	净变化量（负为减少）
耕地	2031.15	2014.38	16.77	0	-16.77
园地	2557.2	2527.93	29.27	0	-29.27
林地	10440.92	10349.47	91.45	0	-91.45
草地	47.25	47.06	0.19	0	-0.19
城镇村及工矿用地	24316.59	24480.12	0	163.53	163.53
交通运输用地	1565.74	1559.35	8.38	1.99	-6.39
水域及水利设施用地	1678.26	1664.35	13.91	0	-13.91
其他土地	439.76	434.21	5.55	0	-5.55
总计	43076.87	43076.87	211.52	211.52	0

【不动产登记】

年内，不动产登记大厅共累计接待群众近70余万人次，受理各类登记业务126000余件，同比增长近30%，实现新增入库档案13万余卷，受理社会查询达5万余件，同比增长20%。全年共颁发不动产权利证书11万余本，其中《不动产权证书》7万余本，《不动产登记证明》（抵押他项权证）4万余本，代市财政收缴非税收收入近1.8亿元。建立不动产登记业务预约系统，全年共办理预约业务29200余件，约占全中心业务的25%。开设过户专场8次，集中办理二手房过户1500余套，有效缓解了海淀区的登记压力。制定并实施《北京市海淀区不动产登记事务中心管理考核办法（试行）》，明确奖惩措施。

【土地执法监察】

年内，海淀分局共立案154宗，其中下发处罚决定73宗，自行整改58宗。拆除违法建设7.43万平方米，恢复耕地2.36公顷（35.46亩），罚款1525.63万元。2015年卫片执法检查问责比例为1%，履职到位率100%，整改到位率83%，顺利通过考核验收。2016年一、二季度变更调查发现需查处的一般违法用地34宗，占地面积5.10公顷（76.55亩）；已拆除整改20宗，占地面积2.99公顷（44.8亩）。以海淀区人口疏解工作为契机，开展历史违法用地专项查处工作，全区2003年以来未处理到位的一般性违法用地67宗，占地面积34.17公顷（512.59亩）；已拆除整改38宗，占地面积14.69公顷（220.4亩）。按照市政府批示和有关文件精神，完成海淀区19宗提前开工重点项目的处罚工作。高效履职清理西北旺镇违法“房车营地”，受到舆论好评。年内，累计巡查800余次，下达《责令停止土地违法行为通知书》200余件。完成远程视频监控系统建设，共设置8处网络摄像机，实现全区基本农田监控覆盖率96.8%，耕地监控覆盖率87.6%。自运行以来，通过视频发现49起疑似违法用地线索，并及时转交给镇政府及国土所进行现场核查、制止。

【信息化建设】

年内，持续推进数据服务中心建设，从业务部门汇集新数据，经过加工和处理后充实到数据中心，丰富了内容，在市规土委“一张图”基础上，又增加2个图层，扩展了应用范围。持续做好网站建设工作，不断完善外网栏目，增添了不动产登记、预约服务的专栏，制定了《北京海淀分局政府网站考评工作实施细则》，加强网站的制度化管理与使用，在市国土局组织的网站检查评比中，海淀分局荣获并列第一名。持续做好信息化硬件建设和管理工作，对海淀分局网络设备及服务器进行升级改造，购买了6台服务器，26台电脑，1台路由器，以及1台防火墙。落实不动产登记中心年度设备采购预算，购买电脑50台、打印机21台等一批电子设备，为提高登记效率奠定基础。

【地质灾害防治】

年内，海淀分局全面排查34处突发地质灾害隐患点，制定地灾防治方案和应急避险转移疏散方案，发放地质灾害防灾明白卡，在分局外网增设“地质灾害防治”飘窗，广泛开展防减灾宣传，组织针对性培训和应急演练。通过“减少灾害风险建设安全城市”为主题的地质灾害防治知识宣传活动发放突发地质灾害宣传手册1000余册、地质灾害防治避险公益宣传片光盘400余张，派送防灾小折扇、环保袋等宣传礼物1000余份。汛期加强应急值守、应急调查和应急处置工作，发布区级地质灾害气象风险预警7次，开展应急调查10次，汛期隐患巡查140人次，应急避险转移88人次。受强降雨影响，今年汛期海淀区新发生8处地质灾害，其中6处为新增地质灾害隐患点。

【信息公开工作】

年内，海淀分局共受理信息公开申请585件，接待信息公开咨询约600余次件，均按时办结、及时答复。年内，因信息公开引发的行政案件数量由2015年的55件减少至12件，群众的满意度得到极大提高。为提高依法行政整体水平，实行专职律师坐班制度，提供日常法律事务咨询服务，对各类答复（包括信息公开答复、信访答复、依法行政申请答复、非紧急救助答复等）进行法律审查。对近年来的典型案例编纂汇编，以案说法，指导后续工作开展。加强主动公开，完善国土信息主动公开目录，完成信息公开大厅与分局网站对接。

【信访工作】

年内，共处理各类信访件969件次，同比增加113%。其中，来信18件次，来访49批/70人次，网上信访电子件672件次，市国土局、区信访办转件230件次。为规范信访工作办理流程，完善了“接访、下访、约访”制度，落实通过法定途径分类处理信访投诉请求的有关要求。创新信访工作“五沟通”机制，受到区委区政府的充分肯定。

【人大建议政协提案】

年内，共收到市、区人大建议和政协提案12件，其中主办市级人大建议2件、区级人大建议4件，协办市级人大建议1件、区级人大建议3件；协办政协提案2件。所有建议和提案均按期办结，并提交办理报告。

【调研课题】

完成区级关注课题《海淀北部地区城乡建设用地增减挂钩整体实施工作研究报告》；完成市国土局部门课题《不动产登记办事大厅服务潜力研究——以北京市海淀区为例》。海淀分局《海淀区创新土地整治功能单元规划机制探讨》调研课题被海淀区委研究室评为优秀课题。

【大事记】

1月12日，市颁证办对海淀区农村村庄地籍调查试点工作的进行了检查，通过检查，成果质量合格，标志着海淀区农村村庄地籍调查试点工作顺利完成。

1月12日，《2016年度海淀北部地区土地开发计划和供地计划》通过审议。市国土局副局长师宏亚主持召开本年第一期土地储备开发项目成本预审会，审议通过本年度海淀北部地区土地开发计划和供地计划。

1 月 30 日，海淀分局组织召开海淀区不动产登记事务中心 2015 年总结大会，龚宗元副区长，区住建委、区房管局相关领导和不动产登记事务中心全体工作人员参加了会议。

2 月 3 日，市国土局下达《关于各区不动产登记事务中心内设机构设置方案及职数管理有关工作的通知》，明确《北京市海淀区不动产登记事务中心内设机构设置方案》。

2 月 5 日，市国土局批准《七王坟村土地整治功能单元规划（2010－2020 年）》《两山片区景观提升土地整治功能单元规划（2014-2020 年）》《海淀区土地整治功能单元划定方案与技术说明》《海淀区土地整治功能单元规划编制审批管理若干意见》。

2 月 23 日，市国土局批准《海淀区北部地区城乡建设用地增减挂钩项目整体实施方案》，同意海淀区开展城乡建设用地增减挂钩试点工作。

3 月 2 日，市农研中心、市国土局到海淀北部地区开展一镇一园相关工作调研。就海淀北部集体产业园区（一镇一园）项目立项主体、运作模式、收益分配等难点问题进行深入探讨，并到温泉镇 3-3 街区 351 地块集体土地租赁住房项目现场进行调研。

3 月 10 日，海淀分局组织各街镇、相关委办局，在区政府 604 会议室召开了海淀区 2015 年度土地卫片执法检查工作专题推进会。对海淀区 2015 年度土地卫片执法检查工作进行部署，通报违法用地查处工作的新要求，明确了各项工作的时间节点和整改标准。

4 月 8 日，海淀区委全面深化改革领导小组第八次全体会议听取海淀区创新土地整治规划实施机制工作情况汇报，会议充分肯定了该项工作取得的成果。

5 月 17 日，海淀分局围绕“减少灾害风险建设安全城市”主题，开展 5.12 防灾减灾活动周进校园系列科普活动。

5 月 25 日，海淀分局组织召开“两学一做”学习教育动员部署会，分局党员干部职工 100 余人参加会议。

6 月 2 日，海淀区本年首宗经营性用地在北京市土地市场以挂牌方式成交（即：北京市海淀区“海淀北部地区整体开发”HD-0303-0071 地块，建设用地面积约 1.33 公顷，规划建筑规模约 4.66 万平方米）。挂牌起始价格 6.8 亿元（折合楼面单价 14592 元/平方米），经 29 轮价格竞拍，最终由北京龙湖中佰置业有限公司及北京龙湖天行置业有限公司联合体以 14.1 亿元竞得，成交楼面单价约 30258 元/平方米。

6 月 7 日，市国土局党组第 7 次（扩大）会议研究决定：武克非同志任北京市国土资源局海淀分局调研员，免去其北京市国土资源局海淀分局党组成员、副局长职务。

6 月 20 日，海淀区荣获国土资源部颁发的“第三届国土资源集约节约模范区”称号，副区长龚宗元参加了国土资源部召开的第三届国土资源节约集约模范县（市）表彰会。

6 月 29 日，市国土局对海淀区 2015 年度土地卫片执法检查工作组织检查验收，并开展内、外业核查工作。海淀区的问责比例为 1%；履职到位率 100%；整改到位率 83%。顺利通过市级考核验收。

7 月 11 日，海淀分局编制的《2016 年度海淀区北部地区城乡建设用地增减挂钩实施方案》取得区政府正式批复，同意按照此方案组织实施。

8 月 12 日，海淀分局被市国土局和市人力社保局评为“北京市 2013－2015 年度国土资源管理先进集体”。

9 月 23 日，海淀分局机关党委组织部分党员代表受邀参加中共中央在军事博物馆举行的纪念中国工农红军长征胜利 80 周年主题展览开幕式活动，中央领导刘云山、刘延东、刘奇葆、郭金龙等同志参加纪念活动。

10 月 25 日，海淀区完成土地综合整治整改专家论证工作。由农业、土壤、生态环境建设等领域的专家组成专家组对该项工作核查情况进行评审。

11 月 1 日，海淀区政府召开永久基本农田划定工作动员部署会，海淀区全面启动永久基本农田划定工作。

11 月 4 日，海淀区综合行政服务中心国土受理窗口搬迁，办公地址变更为海淀区东北旺南路甲 29 号。

11 月 18 日，海淀区委党建工作督导组一行 4 人赴国土海淀分局对“三级联创”暨“两学一做”学习教育工作开展情况进行督导验收，分局党组书记郎运波同志，党组副书记、局长王桂忠同志，党组成员、机关党委委员以及各党支部书记参加了迎检。

11 月 24 日，国家土地督察北京局牛珏专员一行，在区委常委、副区长龚宗元，海淀分局局长王桂忠的陪同下对海淀区土地利用和管理方面进行实地督导检查。

12 月 2 日，海淀分局顺利完成海淀区首个城乡建设用地增减挂钩项目可行性研究评审工作。

12 月 22 日上午，海淀分局召开领导班子及领导干部 2016 年度考核会。市规划国土委考核组成员市规划国土委总工程师丁晓、市规划国土委机关党委调研员李日红列席会议，会议由分局党组书记、副局长郎运波同志主持。

12 月 25 日，海淀分局完成海淀区地籍区（子区）划分成果汇交工作，形成报告并报市国土局。

北京市国土资源局丰台分局

【土地资源概况】

丰台区位于北京市的西南部，坐标东经116°04′-116°28′，北纬39°46′-39°54′。东临朝阳区，北接东城区、西城区、海淀区和石景山区，西北为门头沟区，西南和东南为房山区和大兴区。辖区设21个街道办事处（乡、镇）。

丰台区辖区总面积30552.63公顷，土地利用现状面积详见表4-4。

表4-4　　2015年度北京市丰台区土地利用现状汇总　　单位：公顷

土地调查面积	30552.63
耕地（01）	2127.05
园地（02）	756.73
林地（03）	4198.46
草地（04）	78.47
城镇村及工矿用地（20）	19231.37
交通运输用地（10）	2737.71
水域及水利设施用地（11）	1227.65
其他土地（12）	195.19

【机构设置】

北京市国土资源局丰台分局（简称丰台分局）内设办公室（财务科）、综合科、地籍科、耕地保护科、土地利用科、地质矿产科、政工科、纪检监察科8个职能科室，其中办公室加挂财务科牌子；下设北京市丰台区不动产登记事务中心、北京市丰台区土地利用事务中心、北京市土地整理储备中心丰台区分中心、北京市丰台区国土资源执法监察队、北京市国土资源局丰台分局第一国土所、第二国土所、第三国土所7个事业单位。

截至年底，丰台分局编制内工作人员134名。其中处级干部7名（含调研员1名），科级干部33名（含主任科员2名、副主任科员 14 名)；公务员 27 名，机关工勤 4 名；参照公务员管理事业单位人员 53 名；纳入规范管理事业单位人员 9 名，全额拨款事业单位工作人员 41 名。

分局领导班子：

局长、党组副书记　李文忠
党组书记、副局长　尹宇虹（女）
副局长　董志坚
副局长　姜新焕（女）
副局长　姬　铮
纪检组长　石　莉（女）

【行政许可与服务事项】

年内，受理行政许可事项 88 件、服务事项 8 件；办结行政许可事项 77 件、服务事项 7 件。受理信息公开 516 件，完成答复 472 件。

【土地利用总体规划】

年内，在丰台区土地利用总体规划实施过程中，坚持规划的严肃性与科学性，对土地利用总体规划进行动态维护或局部修改。全年动态维护和规划修改项目共 16 个，包括 7 个商品房建设项目、7 个公共基础设施配套建设项目和 2 个土地复垦项目。截至年底，城乡建设用地机动指标 354.41 公顷，较 2015 年减少 2.93 公顷；特交水建设用地机动指标 973.65 公顷，较 2015 年增加 7.3 公顷。通过规划调整，保证项目依法合规审批。

【建设项目用地预审】

年内，完成土地预审项目 64 件，总用地面积约 505.38 公顷，涉及农用地 35.87 公顷，其中耕地 18.06 公顷；建设用地 413.23 公顷，未利用地 2.04 公顷。其中住宅用地 24 宗，储备开发用地 4 宗，交通运输用地 9 宗，公共管理与公共服务用地 19 宗，商服用地 8 宗。

【土地征收与耕地保护】

年内，土地征收工作稳步有序推进，共完成丰台区高立庄西城区旧城保护定向安置房项目、岳各庄 220 千伏输变电项目等 9 个项目的征地结案工作，完成结案面积 270 公顷。共完成征（占）地 11 宗，审批用地面积 221 公顷。其中 7 个项目使用耕地 30 公顷，全部实现占补平衡。严格农转用审批程序，严格执行土地利用总体规划，分别与丰台区 5 个乡、镇人民政府、1 个办事处、2 个国有农场及 36 个村委会签订耕地保护目标管理责任书，确保全区 2600 公顷耕地保有量的实现。

完成土地复垦项目新增耕地验收 4.47 公顷。另外，5 个土地复垦项目申报立项，7 个项目正在进行规划方案设计，3 个项目完成规划设计评审工作。

【划拨供应】

年内，区政府批准 13 个项目按划拨方式供应建设用地，总用地面积 63.27 公顷，其中建设用地面积 45.2 公顷，代征道路 11.98 公顷，代征绿化 4.61 公顷，代征城市公共用地 1.48 公顷；办理划拨决定书 18 件，划拨宗地面积 25.2 公顷，建筑规模 56.35 万平方米。

【土地供应】

年内，编制完成《北京市丰台区 2016 年度国有建设用地供应计划建议方案》和项目表，年度共有 27 宗用地办理了供地手续，土地供应 36.33 公顷。

年内，编制完成《丰台区 2016 年度保障性安居工程用地供应计划》，全年累计完成保障性安居工程新增落实用地约 61.44 公顷，全额完成年度计划指标；累计提供保障性安居工程规模约 106 万平方米，其中，棚户区改造定向安置房约 95 万平方米、土地一级开发定向安置房约 11 万平方米。

【土地市场交易】

按照首都功能定位和“十三五”发展规划关于“严控新增、优化存量”的要求，年内全市房地产市场调控力度加强，丰台区作为城六区之一，年内经营性用地未实现土地入市交易。

【土地储备开发】

年内，土地储备开发项目完成开发面积约 25.14 公顷，完成比例 19%；累计实现投资约 21.66 亿元，同比下降约 78%。其中，企业投资约 21.28 亿元，约占投资总额 98%；政府投资约 0.38 亿元，约占投资总额 2%。

【土地调查】

年内，前三季度土地变更调查涉及丰台区图斑 146 个，面积 53.64 公顷（804.6 亩），耕地 23.17 公顷（347.5 亩）。经核查，一般性违法图斑 53 宗，面积 10.4 公顷（156 亩），耕地 3.75 公顷（56.2 亩），拆除违法图斑 45 宗，恢复土地面积 8.37 公顷（125.5 亩），恢复耕地面积 3.75 公顷（56.2 亩）。已立案查处 6 宗。

国土部本年度土地变更调查涉及丰台区图斑 498 个，面积 218.57 公顷（3278.5 亩），耕地 105.43 公顷（1581.5 亩）。其中，新增建设用地图斑 328 个，总面积 40.53 公顷（1607.9 亩）。耕地面积 58.89 公顷（883.3 亩）；新增设施农用地图斑 10 个，总面积 3.49 公顷（52.4 亩），耕地面积 2.24 公顷（33.6 亩）；新增临时用地图斑 30 个，总面积 14.58 公顷（218.7 亩），耕地面积 10.55 公顷（158.2 亩）；新增沟渠图斑 1 个，总面积 1.32 公顷（19.8 亩），耕地面积 1.15 公顷（17.2 亩）；新增农村道路图斑 9 个，总面积 1.75 公顷（26.2 亩），耕地面积 0.35 公顷（5.3 亩）；维持原地类图斑 120 个，总面积 90.23 公顷（1353.5 亩），耕地面积 32.26 公顷（483.9 亩）。

【国土资源执法】

为有效遏制和打击违法用地违法建设，丰台区委、区政府印发《丰台区违法用地违法建设责任追究办法》，明确对违法行为严重和整改缓慢的乡镇（街道）党政一把手进行问责。

年内，通过卫片拆除违法用地 104 宗，总面积 24.35 公顷（365.2 亩），耕地面积 12.64 公顷（189.6 亩）。立案查处 39 件，涉及面积 38.47 公顷（576.99 亩），收缴罚款 1879339 元。

【不动产登记工作】

年内，共办理各类登记业务 119691 件，比去年增长 34.06%（2015 年办理 89280 件）。共发放权利证书、证明

101270件。其中新房12795件，存量房买卖31361件，抵押设立34676件，解除抵押24334件，非买卖转移4345件，非买卖变更6068件，初始登记275件，更正登记800件，异议登记55件，不发证业务2784件，补、换证业务1411件。非X京房源核验3901件，收缴土地出让金4.26亿元，不动产登记费0.12亿元。

【不动产登记大厅改扩建工作】

年内，丰台分局为更好地为办事单位和群众提供服务，争取丰台区财政资金支持，完成大厅的改扩建工作，增加办公面积750平方米，在原有30个窗口的基础上新增办事窗口15个，同时将大厅网络带宽从4M提升至百兆，公共服务能力全面提升。

【不动产登记历史数据整合工作】

按照《北京市不动产登记历史档案数据整合工作方案》（京国土登记〔2016〕119号）部署，结合丰台区项目实施阶段特点，丰台分局成立丰台区不动产登记历史档案数据整合工作领导小组，统一领导、组织、协调、督导丰台区不动产登记历史档案数据整合工作。

9月8日该项目进行招标评审，北京市测绘设计研究院联合体（北京市测绘设计研究院、河南方宇勘测规划设计有限公司、北京市新兴华安测绘有限公司、西安必特思维软件有限公司）中标丰台区不动产登记历史档案数据整合项目，中标金额2234.58万元。

项目最终目标是在2017年底建设完成满足登记发证和信息查询、共享、汇交等要求的不动产登记数据库，创建房地合一的“图、属、档”一体化管理模式，形成统一的不动产“一张图”。

【不动产档案管理工作】

收集、整理各类登记档案118878卷并全部完成数字化。

与市权籍中心、市不动产登记事务中心交接登记档案5855卷；与林业部门交接国有林权证及集体、单位个人林权证474本，林权登记申请情况表103页。

受理登记信息公开查询31388卷次，出具查询结果9069件；受理军队清理住房专项工作查询、工商卫生等部门协查、京籍人员外省市购房房屋登记信息查询、司法协助执行、挂失业务、房改售房核实、房产确认及接收房屋登记密码设立申请材料共计31930件；协助区教委为非京籍儿童入学核查不动产登记信息1628件。

【矿产资源概况】

丰台区主要矿产包括地热、矿泉水、冶金用白云岩、制灰用灰岩、水泥配料用页岩。年内，没有新增矿产地和新查明重要矿产资源储量。开发利用的矿种有矿泉水资源及地热资源2种。已开发利用矿产地22处，其中矿泉水2处，地热20处。

【地热资源管理】

年内，积极开展地热资源和矿泉水资源开发利用管理工作，对全区地热开采情况进行调查和年检，区内共有地热井30眼，其中有20眼正在使用，7眼待用，3眼停用，1眼报废。

【地矿灾害防治】

丰台分局与区气象局合作建立丰台区地质灾害气象预警预报机制，共发布地灾预警2次，其中蓝色和橙色预警各1次，转发市局预警2次，启动应急响应10次，开展应急调查6次，开展汛期巡查、检查78人次。加强汛期预警值守，确保安全度汛。

【地矿管理工作】

加强矿产资源监督管理，对易发生偷挖盗采地区定期组织开展巡查和检查，共计开展巡查检查20余次。

及时处理群众举报，第一时间组织地方乡镇政府到现场进行调查核实，及时排除是否属于非法开采矿产资源行为，共办理举报线索63起。

【出让土地批后监管工作】

年内，以市国土局出让土地批后监管系统为依托，严格按监测流程对丰台区出让土地开发利用情况进行调查，督促受让方依出让合同约定时限开竣工，不断加强动态巡查工作力度，确保巡查率100%，批后监管全覆盖，防止土地闲置，提高土地利用效率。全年共对129宗、约508.42公顷土地开展了282次调查工作，累计上传监管系统各类调查材料589页。

【闲置土地查处工作】

按照国家土地督察北京局及市国土局工作部署，依据《闲置土地处置办法》（国土资源部令第53号）、《北京市闲置土地处置方案（试行）》全力开展了丰台区10宗、18.08公顷闲置土地调查工作，制定丰台区闲置土地问题整改方案，及时配合报送整改方案半月报，加紧督促开工建设，积极推进项目整改到位。

【信访工作】

全年，信访工作以《北京市信访工作条例》为依据，以市国土局信访工作指示为指导，认真落实信访工作制度改革任务，围绕“事要解决”总体要求，突出“阳光信访、责任信访和法治信访”建设。着重从端正信访工作思想认识入手，强化各级履职尽责能力，加强基础业务规范，严格落实制度规定，运用“三到位一处理”工作方法，全力做好事项化解，有力推进了信访工作开展，促进了信访事项解决。

全年，共受理信访687件次，同比上升13%。其中信访事项57件次，同比下降66%；举报事项117件次，同比下降15%；咨询、投诉513件次，同比上升51%。来信13件次，同比上升18%；来访244批次/696人，同比上升33%；集体访12批次/381人次，同比下降68%；重复访171批次/4人次，同比上升59%；网上信访247件次，同比上升116%。

从反映内容看，不动产登记309件，占总数的44%；违法占地117件，占总数的17%；土地征收109件，占总数的16%；土地开发82件，占总数的12%；权属争议58件，占总数的8%；盗采砂石12件，占总数的3%。

【督察督办工作】

全年落实决策督察2项（区折子1

项，空气清洁计划工作1项）；专项督察32件，已回复32件完成率100%；重点工作督察3件，全部办理完毕；督办完成人大建议和政协提案办理工作共16件，满意率100%。同时分局经细致梳理后建立督查督办工作台账，加强了对目标、过程、结果三个环节督查，每季度在局长办公会上通报分局目标任务完成情况，推动领导决策和重点工作有效开展。

【大事记】

1月20日，丰台区生活垃圾循环经济园餐厨厨余垃圾处理厂项目征地结案工作圆满完成。

3月2日，经区委、区政府多次审议研究，《丰台区违法用地违法建设责任追究办法（试行）》正式印发执行。

4月13日，丰台分局会同区农委召开基本农田划定推进工作会，全面落实城市周边基本农田划定工作，迎接国家土地督察局专项督察。

4月15日，丰台国土分局召开本年工作部署和党风廉政建设工作会，局长李文忠同志代表分局领导班子对2015年及“十二五”时期工作进行总结，全面部署了本年度工作。

4月19日，丰台区人大副主席郭振江一行到丰台分局检查2016年承办的人大建议办理情况。

4月29日清晨，不动产登记中心工作人员配合辖区派出所民警一举抓获了占位收费的“黄牛党”6名，打击了“黄牛党”的嚣张气焰，有力维护了大厅办理秩序。

5月11日，吴继东副区长到丰台分局就不动产登记相关问题进行现场办公，指导不动产登记工作顺利有序开展。

5月12日，第八个防灾减灾日，丰台分局以“提高防灾减灾意识，构建和谐平安社会”为主题，开展了形式多样的宣传活动。

5月17日，市国土局师宏亚副局长、市储备中心曹慧主任等相关领导及部门负责人到丰台区进行调研，现场指导丰台区土地储备开发及经营性用地供应有关工作。吴继东副区长陪同调研并主持会议。

5月20日，国土部不动产登记中心登记制度处处长石珩等一行四人来到丰台区不动产登记中心，对北京市不动产登记资料查询情况开展调研。

6月23日，丰台分局组织区水务局、区农委以及社会专家等组成专家组，对《北京市丰台区花乡高立庄村土地复垦项目》进行了验收，项目区建设符合规划设计要求，达到验收标准，实现新增耕地4.47公顷，实现了丰台区自2000年以来新增耕地的“破冰”。

7月19日，市国土局师宏亚副局长、市储备中心曹慧主任等相关领导及部门负责人到丰台区现场指导丰台区土地储备开发及经营性用地供应有关工作。吴继东副区长陪同调研并主持调研。

8月15日，丰台区张仪村路东侧棚户区改造项目前期工作及拟改造土地使用权一次性招标项目，在北京市土地交易市场发布招标公告。

9月2日，丰台区委书记专题会议研究丰台区空间战略规划编制工作方案，国土分局就规划编制的工作方案从工作背景、目标、原则、任务、组织、进度安排和保障等七个方面进行汇报，与会相关部门进行了讨论。

9 月 20 日，丰台分局在第八届北京土地青年学术论文交流活动中成绩优异，获奖 14 篇，连续三年获得“优秀组织奖”。

11 月 21 日，市规划国土委谢俊奇副主任带队到丰台国土分局调研土地利用相关工作，土地利用处和土地利用中心领导陪同调研。

11 月 22 日，区委常委、副区长吴继东主持召开 2016 年第一期储备联席会及第九期土地供应调度会。

12 月 23 日，市规划国土委周旭峰委员及执法总队江卫副队长等一行到丰台分局开展执法监察工作调研。

北京市国土资源局石景山分局

【土地资源概况】

石景山区位于北京市西部，因永定河畔的石景山而得名。坐标为北纬 39°53′-39°59′，东经 116°07′-116°14′。东与海淀区相连，南与丰台区搭界，西与门头沟相邻，北与海淀区相接。辖区设 9 个街道办事处（含鲁谷社区）。

石景山区辖区面积 8438.21 公顷，土地利用现状面积详见表 4-5。

表 4-5　　2015 年度北京市石景山区土地利用现状汇总　　单位：公顷

土地调查面积	8438.21
耕地（01）	66.58
园地（02）	65.45
林地（03）	2362.27
草地（04）	6.8
城镇村及工矿用地（20）	5390.69
交通运输用地（10）	221.19
水域及水利设施用地（11）	308.87
其他土地（12）	16.36

【机构设置】

北京市国土资源局石景山分局（简称石景山分局）内设办公室、财务科、政工科、综合科、纪检监察科、土地利用科、地质矿产科、地籍科、土地利用中心 9 个职能科室，下设北京市土地整理储备中心石景山区分中心、北京市石景山区不动产登记事务中心、北京市石景山区国土资源执法监察队、北京市石景山区土地一级开发管理中心、北京市国土资源局石景山分局国土资源管理所 5 个事业单位。全局编制人数共 101 人，其中行政编制 27 人、事业编制 74 人。全局在编在岗人员共 97 人。

分局领导班子：

局长　　左小兵

党组书记、副局长　　霍　丽（女）（2016年5月调市局）

党组副书记、副局长　　唐于龙

副局长　　张　坚

纪检组长　　马桂兰（女）

副局长　　尚宏瑛（女）

【土地利用总体规划】

年内，编制完成《〈石景山区土地利用总体规划（2006-2020年）〉实施评价》《石景山区2017年度国有建设用地供应计划建议方案及附表》。年内计划供应18个项目，计划供地总量为59.53公顷。

【建设项目用地预审】

年内，完成17个项目的建设项目用地预审审批工作，审批用地面积约202.23公顷。

【征地及农用地转用项目用地管理】

年内，完成何家坟土地一级开发项目、北辛安棚户区改造B区土地开发项目的前期征地初审工作，共征收集体土地53.72公顷（805.76亩）。其中农用地转用6.95公顷（104.18亩）、耕地4.711公顷（70.66亩）。

【耕地保护】

年内，完成北京安泰兴业置业有限公司北辛安棚改项目占用耕地4.710公顷（70.66亩）占补平衡指标使用市级指标的申报审批工作。配合市国土局完成石景山区“十二五”时期耕地占补平衡情况统计、养老和医疗机构建设项目缴纳耕地开垦费自查情况和耕地指标交易统计等工作。开展设施农用地项目宣讲培训工作，指导设施农用地项目规范审批备案工作。完成衙门口村集体、八大处村集体2个项目设施农用地的备案工作。

【土地供应】

年内，编制完成国有建设用地供应计划和保障性安居工程用地供应计划，全年，石景山区计划供应13个项目，供地总量为47.47公顷。完成土地供应项目11个，供地面积42.68公顷。

年内，完成保障性安居工程用地计划落实总量为7.64公顷。

【土地市场交易】

年内，完成经营性用地土地入市项目3个，分别为绍家坡2号地公租房项目、中关村科技园区石景山园北Ⅰ区1605-637和641地块B23研发设计用地、中关村科技园区石景山园北Ⅰ区1605-639和649地块B23研发设计用地。总用地面积14.13公顷，建设用地面积14.13公顷，规划建筑面积26.69万平方米，总成交价36.16亿元，回笼一级开发成本19.41亿元，实现政府收益16.75亿元。

【土地储备开发】

年内，土地储备项目共计26个，按开发主体划分，其中市区联合储备项目8个，总用地面积605.66公顷，其中建设用地面积298.75公顷，规划建筑面积

473.07 万平方米。

【地籍管理】

年内，全面汇总上年度城镇地籍调查数据，收集年度地籍登记发证数据，使用最新汇总的土地利用类型和面积数据更新上年城镇地籍数据库，完成城镇土地利用现状更新汇总和年度城镇地籍调查数据。

【不动产登记】

年内，为缓解不动产登记办事群众取号难的实际问题，由石景山区不动产登记事务中心申请认证的“石景山不动产登记”微信公众号正式认证开通，以方便群众知情办事。年内，全面启动历史登记档案数据整合工作，此项工作计划两年完成。全年共受理各类登记业务 43917 件，业务量同比增长 30%。

【土地执法监察】

年内，核查 2015 年度卫片共计 30 个，其中新增建设用地 14 宗。合法用地面积 6 宗，违法用地 8 宗。8 宗违法用地已全部立案查处。

【信息化建设】

年内，为满足新办公环境及不动产登记大厅信息化建设需求，开展新办公楼机房建设，重新规划建设机房及办公楼综合布线，开展规划设计、资金申请、招投标等工作，积极推进信息化基础设施建设工作。同时，积极开展信息化设备日常运维工作，完成约 500 次的计算机现场维修工作，定期开展机房设备检查、数据备份、信息安全管理等工作。

【矿产资源概况】

目前石景山区域已探明的矿产资源有无烟煤、凝灰岩、陶粒岩、铸石辉绿岩、砂石、矿泉水、地热等矿产资源。

【地质勘查储量管理】

年内，完成矿产资源储量登记工作，办理建设用地是否压覆矿产资源核查工作。

【矿产资源开发管理】

年内，依法收缴本年度矿产企业采矿权使用费，开展矿泉水生产水质检测工作，办理辖区 5 个矿泉水企业年检工作，并办理华城矿泉水厂、奥陶矿泉水厂的采矿权延续等。

【地质灾害防治】

年内，结合区域地质灾害防治特点，扎实做好汛期地质灾害防治工作。汛期成立应急调查队伍，落实相关制度，完善分局年度地质灾害防治《方案》、应急《预案》，更新应急《通讯录》。完善地质灾害群测群防网络，与有关街道签订《责任书》，将隐患点监测落实到社区、责任人，把防灾贯穿到地质灾害防治工作全过程。

【信访工作】

年内，高度重视信访工作，多渠道化解群众诉求，共处理信访事项 96 起，主要围绕房屋产权登记等事项。妥善处理二管厂拆迁项目、公汽六厂、五里坨回迁安置房项目等集体信访。

【人大建议和政协提案办理工作】

年内，办理人大建议和政协提案，研究并提出区级人大建议11件（主办7件，会办4件）、区级政协提案9件（主办2件，会办7件）的主办和会办意见，均按期办结。

【调研课题】

年内，共开展2项调研课题，分别为《石景山区“边角地”现状、问题及相关政策建议》和《十三五时期石景山土地储备策略研究》，均已完成。

【大事记】

1月27日，石景山副区长肖平组织区发改委、住建委、西建办、集建办、规划分局等委办局和相关街道、企业，召开石景山区土地一级开发推进会。

3月25日，乌鲁木齐国土资源局信息中心到石景山分局调研不动产登记中心运行情况。

3月31日，石景山分局召开本年党风廉政建设工作会，签订廉政责任书。

5月25日，石景山分局党总支召开党员大会，动员和部署“两学一做”学习教育活动。

6月14日，荷兰基础设施与环境部秘书长李德薇女士一行赴首钢产业园区考察，石景山分局进行接待和全程陪同引导。

6月28日，石景山分局配合完成市审计局对石景山区专项债务置换情况进行审计的工作。

7月4日，石景山分局完成《石景山区“十三五”时期土地资源整合利用规划》编制工作。

7月11日，市国土局周旭峰副巡视员带领执法总队、执法一室相关人员到石景山开展调研工作。

7月20日，石景山副区长富大鹏带队到模式口等地质灾害点巡查，听取相关汇报，现场紧急部署地质灾害防范工作。

7月25日，国家土地督察北京局正式进驻石景山区开展为期一周的驻场督察。此次督察采取内业检查与外业核查相结合方式，主要围绕存量建设用地、节约集约利用土地、严格土地执法、维护群众合法土地权益等情况进行监督检查。

11月22日，石景山副区长肖平到石景山分局调研土地储备工作。

12月7日，中关村科技园区石景山园北Ⅰ区1605-637、641和639、649地块通过挂牌方式分别确定竞得单位。其中北Ⅰ区1605-637、641地块由北京京石科园置业发展有限公司竞得土地使用权；北Ⅰ区639、649由北京保险产业园投资控股有限责任公司竞得土地使用权。

12月8日，国家土地督察局北京局到石景山区开展土地督察整改督导工作。

北京市国土资源局门头沟分局

【土地资源概况】

门头沟区位于北京市西部，坐标为北纬 39°48′-40°10′，东经 115°25′-116°10′。东临海淀区和石景山区，南接房山区和丰台区，西部及西北部与河北省的涞水县、涿鹿县、怀来县接壤，北与昌平区为邻。辖区设 13 个街道办事处（镇）。

根据 2015 年度土地变更调查数据，全区土地总面积现为 144785 公顷，土地利用现状面积详见表 4-6。

表 4-6　2015 年度北京市门头沟区土地利用现状汇总　单位：公顷

土地调查面积	144785.16
耕地（01）	877.71
园地（02）	5173.17
林地（03）	100441.28
草地（04）	22977.86
城镇村及工矿用地（20）	8172.17
交通运输用地（10）	1467.19
水域及水利设施用地（11）	1457.34
其他土地（12）	4218.44

【机构设置】

北京市国土资源局门头沟分局（简称门头沟分局）内设办公室（财务科）、综合科、地籍科、土地利用科（耕地保护科）、地质矿产科、政工科，纪检监察科单独设立。所属 8 个事业单位：北京市土地整理储备中心门头沟区分中心、北京市门头沟区国土资源执法监察队、北京市门头沟区不动产登记事务中心、北京市门头沟区土地利用事务中心及北京市国土资源局门头沟分局第一、第二、第三、第四 4 个国土资源管理所（办公地点分别设在永定、军庄、王平、斋堂）。编制 118 名，实有人数106名。

另外，经门头沟区机构编制委员会审批，于2016年11月21日成立北京市门头沟区土地储备事务中心，归口区住房城乡建设委管理，人员及日常业务工作由区国土分局管理。编制19名，实有人数19名。

分局领导班子：

局长、党组副书记　贾　骥

副局长　王晓明

副局长　华金玉

【土地利用总体规划】

年内，完成建设项目规划动态维护4件，其中分局维护项目3件，市局维护项目1件。

【建设项目用地预审】

年内，办结建设项目用地预审48件，用地总规模443.87公顷，涉及农用地104.62公顷（其中耕地7.49公顷）。

【征地及农用地转用项目用地管理】

年内，共完成集体土地征收前期审核并上报市局14项，涉及土地总面积196.61公顷，农转非安置人数497人，估算征地补偿费88956.24万元。取得北京市政府征地批复8项，涉及土地总面积57.04公顷，农转非安置人数181人，估算征地补偿费24158.01万元。完成征地结案工作2项，涉及土地总面积6.11公顷，农转非安置人数60人，征地补偿费3283.12万元。

【土地整理及耕地占补平衡】

年内，验收土地整治项目2个，即：妙峰山镇涧沟村土地整理项目、清水镇塔河村土地整理项目。新增耕地批复的土地整治项目1个，即：雁翅镇田庄村土地开发整理项目，新增耕地共7.55公顷（113.24亩）。取得立项批复项目2个：清水镇梁家庄村土地整理项目、斋堂镇柏峪村土地整理项目获得区政府立项批复，建设总规模15.25公顷（228.71亩）。

完成9个建设项目的耕地占补平衡，使用补充耕地储备库指标5.70公顷（85.47亩）。

【土地供应】

年内，编制完成《2016年度土地供应计划》。年度国有建设用地供应计划指标为57公顷。其中商品住宅用地26公顷；棚户区改造用地22公顷；商服用地9公顷。已完成国有建设用地供应计划分解指标任务为55.28公顷。其中商品住宅用地5.09公顷，商服用地2.74公顷。

年内，计划完成政策性住房供地指标22公顷，实际完成供地47.45公顷；其中公租房完成2.19公顷，定向安置房完成45.26公顷。

【土地市场交易】

年内，完成入市地块1宗，供应建设用地面积8.26公顷，规划建设规模26.32万平方米，成交金额39.48亿元，实现政府收益31.74亿元。潭柘寺中心区一级开发项目D地块（C7）于12月16日发布入市交易公告。

【土地储备开发】

年内，实施土地一级开发项目15个，其中：市区联储及分中心为主体项目10个，企业为主体项目5个。完成土地储备开发投资14.32亿元。

【多规合一试点工作】

门头沟区“多规合一”试点成果——《门头沟区空间发展总体规划（2015-2020年）》报送区政府审批。试点工作一是以“多部门参与”为原则，包括由发改、国土、环保、规划部门牵头承担的四个专题。二是统筹整合各类规划、衔接基础数据，分类统一发展指标，研究提出土规、城规及林规等空间规划的衔接规则、分类标准，并融合了非空间规划的发展目标，将各部门发展指标落在一张蓝图上。三是以“保障安全、底线控制、规模约束”为原则，形成生态保护红线、永久基本农田保护红线和城乡（市）开发边界“三线”控制线体系，明确了保护与发展的空间关系，并建立管制规则，实现“多个规划，一张蓝图”。四是创新规划实施体制机制研究，确立“国土定指标、规划定坐标、部门联审会商，政府决策”的实施机制，建立定期评估、定期动态调整的机制。

【地籍管理】

年内，完成不动产权籍调查51件，完成门头沟区采空棚户区改造和环境整治12个地块、市政配套工程等74个项目用地权属审查告知工作，为征地单位和其他部门提供地类、权属或面积查询证明90件，出具土地利用现状图等75张，为27个建设项目预审审查了项目用地的土地权属和土地利用现状情况。

门头沟区农村村庄地籍调查试点工作通过市级验收。试点以东马各庄村87宗宅基地的外业测绘和入户调查工作为目标，调查率100%，签字完成27宗地，签字率31%。

【不动产登记】

年内，积极推进不动产登记历史档案数据整合工作。完成数据整合、关联落宗、外业调查测绘工作量的30%，房屋历史档案数字化56121卷，扫描完成率约为82.2%；成功应对不动产登记高峰，累计受理不动产登记业务12278件，共发放不动产权属证书、证明10157本，日常登记量创历史新高。较去年的10562件，登记量增长了16.3%；全年收取房屋所有权登记费119万元，证书工本费1万元，补缴土地出让金985万元，总计1105万元；进一步优化分局档案管理，对分局新旧档案室进行了搬迁整合，形成了分局文书档案、科室专业档案与不动产档案独立管理的模式。为便于管理，对全局的档案进行了清理，把不动产登记之外的全部档案搬至一楼档案室，并提前预留合理存储空间，使档案管理更加科学合理。全年整理入库新增不动产登记档案11353卷，完成分局2015年文书4365卷、专业档案281卷的收集整理、数字化、入库工作。顺利通过市档案局测评工作，分局被授予“北京市区机关档案工作测评市级优秀单位”荣誉称号并颁发奖牌。

【土地执法监察】

上年度，国土部土地卫片执法检查涉及门头沟区疑似变化图斑110宗，总面积85.86公顷（1287.9亩），包括耕地16.19公顷（242.8亩）。其中：实地伪变化73宗；实地种养殖、临时用地以及土地管理相关法律法规没有相应处罚条款的违法用地6宗；合法用地10宗；违法用地21宗。经查处，整改到位率为93.3%，履职到位率为100%，问责比例0%。

【信息化建设】

签订本年度网络及信息安全责任书；积极落实国土部县级网站考评，实现连续三年入围国土部县级国土资源政务信息网上公开检查结果前30名，获得第十三名的好成绩，在各区国土分局中排名第一。作为试点单位，不动产登记栏目上线运行；推进软件正版化工作，分局计算机系统、软件正版率达标；扎实推进综合监管平台和“一张图”，推进移动办公系统。

【矿产资源概况】

门头沟区内矿产资源较为丰富，主要矿种包括煤炭、石灰石、叶腊石、砂石等。截至年底，门头沟区只保有固体矿山企业4家，矿泉水企业3家。

【地质勘查储量管理】

年内，定期与固体矿山图纸交换，指导完成上年度储量动态监测工作。

【矿产资源开发管理】

年内，办理采矿权延续2个；对辖区7家矿山现场检查，未发现越界开采行为；完成上年度矿山年检，合格率100%；完成补偿费收缴27.87万元；完成叶腊石矿的保证金返还79.9万元。。完成废弃矿山生态环境治理项目4个，清洁空气项目3个，

【地质灾害防治】

排查648个隐患点，新增31个地质灾害隐患点。制定了分局2016年汛期突发地质灾害应急预案，联合区应急、水务和气象等部门召开门头沟区2016年地质灾害防治工作会，组织召开全区地质灾害群测群防员培训会议。购置应急物资10.97万元；开展“4.22地球日”和“5.12防灾减灾日”主题活动，现场设置宣传展板30余块次、发放防灾知识手册、宣传折页等各类宣传材料4000份，发放到位村级明白卡81份，户级明白卡1277份。汛前，组织辖区内各险村至少开展1次地灾应急演练，在柏峪村举行突发性地质灾害应急演练；先后4次组织小学、街道、镇村和矿山企业开展应急演练。全年降水量680.4mm，较往年同期增加25%，参与排班值守123人次，出动应急队伍118人次，出动26车辆次，处理市民灾情报告19件，组织应急调查13次，组织调查、排查隐患32处，按时完成应急排查调查报告2份，组织转移村民1883户4606人。启动地灾预警响应5次（1次蓝色、2次黄色、2次橙色），启动应急响应13次，未发生因灾人员伤亡。完成地质灾害除险项目3个。

【信访工作】

全年共接到群众反映事项108项，全

部办结。

【调研课题】

完成《在新形势下如何加强土地储备项目资金筹措和使用监管工作》《门头沟区农村宅基地利用现状及发展空间研究》《门头沟区“多规合一”工作体系研究》《关于在门头沟区城镇化建设中如何对制而不止违法用地切实履职尽责的调研报告》4篇自主调查研究报告。

【大事记】

3月11日、29日和4月8日，区政府3次召开新增违法用地整改查处工作专题会，区领导参加会议。门头沟分局汇报了全区新增违法用地整改查处情况。

3月17日，门头沟区委书记张贵林主持召开S1线拆迁工作专题会，听取永定镇、区征收中心等单位关于S1线拆迁有关问题的汇报，并提出工作要求。

4月20日，市国土局领导周旭峰、陈一昕带队对昊华集团所属4家矿山进行年检。

5月10日，门头沟区政府召开2015年度土地矿产卫片执法监督检查警示约谈会。门头沟区主要领导对列入约谈问责核算违法用地整改查处进展缓慢的军庄镇政府主要领导进行了警示约谈，未清零的妙峰山镇、雁翅镇、清水镇政府主要领导列席，市国土局、区监察局、区国土分局参加会议。

5月18日，门头沟区政协主席到门头沟分局调研区裸岩治理情况。分局汇报了区废弃矿山裸露岩壁生态修复治理情况。

6月28日，市国土局陈一昕副巡视员带队到昊华集团检查工作。

7月21日，门头沟区委书记张贵林主持召开“多规合一”试点工作专题会，分局汇报了“多规合一”试点工作阶段性进展情况。

7月23日，市国土局陈一昕副巡视员带队对门头沟区沿向路开展应急调查。沿向路山体因降雨影响发生崩塌，落石影响了交通出行，工作组紧张快速的调查工作，确保了公路部门安全及时清理道路落石。

8月10日，门头沟区领导到门头沟分局调研土规调整完善暨“多规合一”试点工作。分局汇报了近期“多规合一”试点工作的推进情况，以及向市领导汇报的各项准备工作。

11月15日，区领导主持召开门头沟区“多规合一”试点工作成果及专题研究技术评审会，会议邀请中国人民大学、北京科技大学和市属有关部门、研究机构等多家单位专家参会。

11月17日，财政部监督检查局领导带队到门头沟区检查国土资源类非税收入收缴情况工作。

11月19日，门头沟分局组织实施的示范工程三期永定镇北岭治理区；2个清空项目：门头沟区废弃矿山生态环境治理子项目潭柘寺清水治理区、门头沟区废弃矿山生态环境治理子项目–雁翅镇治理区项目；3个地灾治理项目：门头沟区河北新村与千军台东口地质灾害治理工程、门头沟区田庄村西岗子沟与山神庙村地质灾害治理工程、门头沟区付家台村与河南台村全部通过市国土局现场验收。

11 月 24 日，市国土局领导、区领导参加分局领导班子及领导干部年度考核会。

12 月 5 日，市规划国土委陈一昕委员带队对门头沟矿山安全生产情况进行检查。

12 月 13 日，门头沟分局组织实施的门头沟区废弃矿山生态环境治理子项目妙峰山治理区、示范工程三期北村治理区通过市国土局现场验收。

北京市国土资源局房山分局

【土地资源概况】

房山区是首都北京的西南门户。东北与丰台区相邻，东与大兴区以一水相隔，南和西面与河北省涿州市、涞水县相连，北与门头沟区以百花山为界。房山区地形复杂多变，处于华北平原与太行山交界地带，西部和北部是山地、丘陵，约占全区总面积三分之二。主要山脉有：大房山、大安山、三角山、百花山、大游龙山和新盘岭山（又名西占山），均系太行山脉分支。最高山峰是百花山的白草畔，海拔2161米，东部和南部为沃野平原，最低处是东南部立教洼，海拔为26米。根据2015年土地变更调查，房山区行政辖区面积199472.67公顷，具体见表4-7：

表4-7　　2015年度北京市房山区土地利用现状汇总　　单位：公顷

土地调查面积	199472.67
耕地（01）	24919.73
园地（02）	15678.74
林地（03）	60574.8
草地（04）	45527.05
城镇村及工矿用地（20）	31165.9
交通运输用地（10）	5169.18
水域及水利设施用地（11）	6979.7
其他土地（12）	9457.57

【机构设置】

北京市国土资源局房山分局（简称房山分局）内设办公室、综合科、地籍科、耕地保护科、土地利用科、地质矿产科、财务科、政工科、纪检监察科9个行政科室。下设北京市房山区不动产登记事务中心、北京市房山区国土资源执法监察队、北京市土地整理储备中心房山分中心、北京市房山区土地利用事务中心、6

个国土资源管理所共10个事业单位。

正式在编人员148名。

2个内设机构是：法制科、信访室

分局领导班子

党组副书记、局长　于英虎

党组书记、副局长　周同伟

（2016年6月28日免职）

党组副书记、纪检组长　李泽田

副局长　景文成

（2016年3月11日任职）

副局长　鲁永来

副局长　石广欣(女)

副局长　王慧文

副局长　张洪克

（2016年3月11日任职）

【土地利用总体规划】

年内，依法依规开展土地利用总体规划调整工作，完成动态维护项目15个，同时结合京津冀协同发展规划纲要，紧密衔接城市总体规划修改，稳妥推进房山区土地利用总体规划调整完善工作。

【建设项目用地预审】

年内，共受理建设项目用地预审80件，总用地规模1317.18公顷，政府信息公开450件，农业设施出图10件，压矿核查36件，土地划拨21件，其他用地手续46件。

【征地及农用地转用项目用地管理】

年内，共受理征占地项目20宗，用地面积253.91公顷，其中新增建设用地面积141.13公顷，农用地转用115.50公顷，耕地转用64.06公顷，农转非安置人员967人。受理划拨项目19宗，涉及供地面积32.86公顷。受理出让项目6宗，涉及供地面积26.04公顷，政府收益3654.29万元，总地价金额27388万元。办理征地结案10宗，用地面积为122.97公顷，62993.89万元征地补偿安置费用全部监管到账。

【土地整理及耕地占补平衡】

年内，新立项实施的土地整治项目1个，建设总规模41.47公顷（622亩），计划总投资1075万元，拟产出新增耕地36.93公顷（554亩）。正在进行方案编制，准备立项实施的土地整治项目5个，预计产出新增耕地100公顷（1500余亩）。

年内，共完成31个项目80公顷（1200亩）的耕地占补平衡工作。

【土地供应】

全年市级供地指标为75公顷，完成供地42.53公顷，完成计划的57%。

年内，完成保障房供地4.44公顷，完成计划的148%。

【土地市场交易】

年内，完成供地44公顷，实现政府土地收入62亿元，政府收益43亿元。

【土地储备开发】

全年，共完成土地储备投资17亿元，完成土地储备开发70公顷。

【地籍管理】

年度土地变更调查房山区监测图斑

1178块，监测面积737.73公顷，其中耕地258.65公顷，基本农田94.02公顷。经过外业核查并与乡镇、市局对接，具体情况为：新增建设用地共695个，占地面积295.12公顷，占用耕地83.02公顷，占用基本农田26.80公顷。新增设施农用地共108个，占地面积39.09公顷，占用耕地10.89公顷，占用基本农田2.99公顷。新增农村道路共28个，占地面积8.65公顷，占用耕地3.19公顷，占用基本农田1.31公顷。维持原地类共295个，占地面积382.97公顷，占用耕地160.75公顷，占用基本农田62.48公顷。临时用地共2个，占地面积0.33公顷，占用耕地0.12公顷，占用基本农田0公顷。

开展各类土地权属审查。年内共受理接件465件，其中完成土地权属审查123件，为执法队提供权属地类证明184件，回复乡镇和各类项目查询权属复函90件，政府信息公开查询45件，土地储备中心回函3件，提供图件20件。

【不动产登记】

不动产统一登记以来，全面整合划转登记人员、编制、设备、档案资料等工作，顺利完成平稳过渡，共受理各类登记业务74956件，其中受理土地登记业务99件、新建房屋买卖19528件、存量房屋买卖15889件、抵押登记16200件、抵押注销登记10718件、存量房录入2885件、协助司法机关查封1656件、其他业务7981件（包括补换证、夫妻间转移、新建房屋、继承、赠与、变更等）；颁发不动产权证书及证明62149本；收取土地出让金、登记费、工本费共计63631917.33元。完成政府信息公开60余件、权籍调查320余件、不动产档案数字化70974宗、土地权属纠纷调处65次、信访及各类答复745件，答复率100%。2016年获得北京市“青年文明号”及“青年文明示范岗”称号，并收到群众赠送锦旗5面、表扬信6封。

按照市国土局的工作部署，重点开展历史档案数据整合工作，对房山区房屋登记和土地登记的历史数据进行整合，通过招投标确定项目单位并进场实施，确定楼幢的空间地理位置、整理空间数据楼盘表、核查宗地信息，对未进行过数字化的房屋、土地登记档案进行扫描数字化录入，实现业务数据与档案数据的关联，预计明年8月底完成，届时将实现不动产登记档案、业务数据、管理系统三者统一和分布式异构数据的全方位共享，为保障不动产统一登记平台运行奠定牢固的基础。

【土地执法监察】

顺利通过上年度国土部卫片验收。7月20日，市国土局检查组到房山区对上年度卫片执法工作进行验收，最终以依法履职到位率100%、整改查处到位率83.27%、问责比例6.38%的成绩通过市局验收。上年度卫片工作中，房山区共计拆除违法图斑197块，拆除面积35.44公顷（531.6亩），退还耕地19.71公顷（295.7亩）。

年内前三季度暂缓拨付工作全部通过验收，房山分局结合历年工作经验与做法，积极与市国土局沟通，吃透政策，及时向区政府报告，多次召开专题会部署工作，持续督促乡镇整改，最终第一、二季度暂缓拨付项目全部清零，三季度暂缓拨付由初始下发数据428宗项目，占地面积131.53公顷（1972.89亩）、耕地面积31.09公顷（466.38亩），消减为目前剩余一般性违法项目7宗，占地面积0.35公顷（5.2亩），耕地面积0.007公顷（0.1亩）。

按计划完成年度例行督察整改工作。《督察意见书》中指出房山区七类问题，共1186宗、土地面积1275.58公顷（19133.65亩）。房山区委办公室专门印发了《房山区土地督察整改工作方案》，明确责任主体，整改措施和整改要求等内容。8月，国土部督察北京局到房山区开展驻地检查工作，验收通过264宗，整改到位率为22.26%。

坚决做好土地违法案件查处工作。年内共下达行政处罚决定书87宗，占地面积506.71公顷（7600.7亩），拆除构筑物7.02万平方米，没收建筑面积130.6万平方米，退还土地面积453.96公顷（6809.4亩），处罚金额332.56万元。

【信息化建设】

全年完成日常运维990余次，全局互联网、政务内外网、金财网、监管平台、一张图、地籍信息管理系统、公务员考核系统整体安全稳定运行；开展国土资源政务信息网上公开情况自检工作，通过分局外网、政府信息公开平台、市局内网共计发布信息1600余条；分局政务网站在全市系统评比中取得第四名，并代表市国土局参加国土部评比。完成分局保密文件检查、软件正版化、分局机房安全巡查等工作，顺利通过网络系统安全测评，确保分局网络通畅和设备安全；完成国土所网络改造工程并顺利通过验收，提升了国土资源管理的效率和质量。

【矿产资源概况】

房山区已发现矿产资源种类20余种，以煤炭、石灰石、大理石等非金属矿产资源为主，储量大、品种多、质量好。截至2016年年底，持有生产矿山企业3家，其中煤矿1家（大安山煤矿）市属国有企业，非煤矿山1家，矿泉水1家。

【矿产资源开发管理】

年内，加强采矿权监管。按时完成矿产资源开发利用统计年报工作，圆满完成年度矿产资源开发利用年检工作，年度矿产资源开发利用年检全区应检矿山2个，实检矿山2个；坚持按季度征缴矿产资源补偿费，并及时填报矿产资源补偿费直报系统；督促各采矿权企业及时缴纳矿山生态环境恢复保证金，并积极实施矿山生态环境恢复治理工作；加强实地检查巡查力度，督促各矿严格按照矿山《矿产资源开发利用方案》科学、有序开采；多次下发通知部署、定期不定期检查相结合，切实加强矿山安全生产管理工作。

坚持依法行政，严格矿山执法。年内，立案查处越界开采、无证开采违法案件5起；配合公安机关查处非法采矿案件，申请市国土局出具矿产资源破坏价值鉴定结论6份。

认真组织开展年度矿产卫片执法监督检查工作。房山区本年度矿产卫片疑似违法图斑20个。

【地质环境管理】

顺利推进北京市西部山区百花山地区废弃煤矿矿山地质环境治理示范工程建设。该项目是一个三年治理计划，2012年至2015年，共开展了涉及史家营、大安山、霞云岭等9个乡镇，15个治理区的治理工作。目前，2012、2013年度示范工程项目对10个治理区开展治理工作，共获得中央财政补助资金11189.4万元，治理面积约400公顷（6000亩），已全部竣工验收。2014、2015年度示范工程项目共5个治理区，争取国拨资金6347万元，治理面积260公顷（3900亩），截至年底，大安山龙头沟、史家营秋林铺、城关迎风坡、霞云岭下石堡4个治理区已全部通过竣工验收，周口店穆岩寺沟治理区已开工建设。

顺利推进市政府2013至2018年度清洁空气计划工作。北京市清洁空气计划项目是北京市大气污染综合治理领导小组办公室下达的一个跨年度的计划项目，主要工作任务是恢复矿区植被、植树造林，时间跨度为2013至2018年。房山区计划在大石窝、青龙湖等14个乡镇229个矿区开展治理工作。年度清洁空气计划对50个治理区开展修复治理工作，治理资金2.1亿元，治理面积约1266.67公顷（19000亩）；年内，已完成并通过验收的31个，19个治理区已开工建设。本年度清洁空气计划治理项目已进入招标阶段，2017年度清洁空气计划治理项目勘查设计报告已经通过市局组织的专家评审，正在进行财务审计。

【地质灾害防治】

各项防灾工作机制逐年跟进完善。房山分局制定《房山区2016年度地质灾害防治工作方案》并及时发放给各相关部门，明确了工作职责；进一步强化防灾工作制度，完善了汛期值班、灾害报告、险情巡查排查、信息报送、责任追究等各项工作制度，切实将责任落实。

预警发布更加科学规范。年内，全区共发布4期地质灾害预警信息，其中，蓝、黄、橙、红各1期。在预警的发布过程中，分局严格遵循会商机制，每次预警发布均由地质技术人员做出研判，经过两年多的摸索，地灾预警发布已形成完善的流程体系。

应急响应更加快速、有效。预警发布后，各相关部门立即采取应急响应措施，群测群防员提高巡查频率，严格落实“三查”制度，及时掌握隐患点变化情况。7月20日，全区升级发布红色预警后，乡镇立即组织开展群众转移，当日共转移群众4372人次，有效避免了人员伤亡。

群测群防取得实质性成效。8月5日，发生在房山区霞云岭乡庄户台村台港片的一起山体崩塌灾害，正是由于群测群防的作用，有效避免了人员伤亡。这正是前期各级部门不断扎实工作的成效。目前，我区防灾队伍稳定、责任明确、管理有序、进出机制规范，已形成完备的群测群防网络体系。

积极开展地质灾害巡查工作。4月开始，组织力量对全区地质灾害隐患点开展巡查，并利用1个月时间完成市国土局移动终端中484处特重大隐患点的巡查工作，完成率达100%。特别是“7·20”强降雨后，在市国土局主要领导及主管领导的带领下，会同区相关部门以集中和自行开展的形式，对14个山区乡镇地质灾害隐患点开展排查工作，排查共持续21天，出动80余人次、40余台车次，排查地质灾害点200余处，出具排查报告44份，及时提出有效建议。

地质灾害应急演练、培训、宣传情况。年内，全区共开展地质灾害应急演练13次。其中，房山分局在河北镇、南窖乡组织开展了两次大型地质灾害应急演练，乡镇自行开展演练11次。5月11—12日，分局邀请了地质灾害和气象专家对14个乡镇的主管领导、业务科长、工作人员及242名群测群防员，开展为期两天的地质灾害防治知识培训会。

防治结合，稳步推进工程治理。年内，全区对20处地质灾害隐患点开展工程治理工作，涉及11个山区乡镇，目前已有10个治理点已开工建设。2017年地质灾害隐患点治理项目已完成勘查设计工作。

【信访工作】

全年共受理群众来信、来访、网上诉求335件，其中房山分局自收的共85件，市信访办、市国土局、房山区信访办、市长信箱、国家信访局转送的共250件；受理局长信箱来信共218件；房山分局受理答复信访举报事项共553件，答复率100%。北京市非紧急救助12345自7月8日办公室交接以来共收到686件次。房山分局接待群众来访50批次，来访181人次；集体访5批次，来访125人次。

【大事记】

3月9日，房山区副区长魏广勋主持召开违法用地违法建设整改工作部署会。房山分局局长于英虎、副调研员吕世杰及执法队相关工作人员参加了会议。

3月17日下午，市国土局副局长李军带队，以实地核查和召开座谈会的方式对房山区中粮智慧农场项目整改情况进行调研，督促中粮集团按照相关政策加快落实整改工作。

4月23日，房山区区委书记曾赞荣带队检查违法建设整改现场和警示约谈。

5月17日，副区长魏广勋到房山国土分局听取土地利用总体规划实施评价及调整完善对策研究成果汇报。

6月8日，房山区区委书记曾赞荣，区委副书记、代区长陈清就房山区2016年土地储备供地项目进展情况，先后到青龙湖、西潞、拱辰、长阳等乡镇现场调研，听取各乡镇及相关单位情况介绍。常务副区长吴会杰、副区长魏广勋，区发改委、财政局、国土分局等单位负责人陪同调研。

7月28日，房山区区委副书记、代区长陈清主持召开会议，专题调度房山区2016年土地储备供地工作。

8月1日，房山区副区长魏广勋到房山分局听取土地利用总体规划实施评价工作汇报，房山分局局长于英虎、副局长王慧文、张洪克，房山区农委、规划分局及房山分局相关科室负责人参加会议。

8月9日，房山区区委书记曾赞荣就国土资源管理情况到房山分局调研，曾赞荣一行首先到青龙湖镇青龙头别墅区实地查看了违章建筑拆除情况并听取相关情况工作汇报，在随后的座谈会上，听取了局长于英虎作2016年重点工作进展情况的汇报。

11月15日至11月18日，由市规划国土委地环处、财务处和有关专家组成的验收组对房山分局承担的北京市废弃矿山生态环境修复治理项目中的北京市周口店双山峰石板开采厂治理区、房山区张坊镇废弃红砂岩矿治理区、北京市房山区大安山乡大安山村永春煤矿治理区、示范工程后石门治理区等24个治理区进行现场验收。

北京市国土资源局通州分局

【土地资源概况】

通州区位于北京市东南部，北纬 39°36′-40°02′，东经 116°32′-116°54′，地处举世闻名的京杭大运河的起点。西邻朝阳区、大兴区；北与顺义区接壤；东隔潮白河与河北省三河市、大厂回族自治县、香河县相连；南和天津市武清县、河北省廊坊市交界。

全区辖 10 个镇（永顺镇、梨园镇、宋庄镇、张家湾镇、漷县镇、台湖镇、马驹桥镇、西集镇、潞城镇、永乐店镇）、1 个民族乡（于家务回族乡），475 个行政村，4 个街道办事处（中仓街道办事处、新华街道办事处、北苑街道办事处、玉桥街道办事处），111 个社区居委会。

通州区辖区面积 90579.21 公顷，土地利用现状详见表 4-8。

表 4-8　　2015 年度北京市通州区土地利用现状汇总　　单位：公顷

土地调查面积	90579.21
耕地（01）	33528.9
园地（02）	3450.26
林地（03）	7807.49
草地（04）	120.37
城镇村及工矿用地（20）	30281.35
交通运输用地（10）	4812.59
水域及水利设施用地（11）	8577.86
其他土地（12）	2000.39

【机构设置】

北京市国土资源局通州分局（简称通州分局）内设办公室、综合科、地籍科、耕地保护科、土地利用科、财务科、政工科、纪检监察科 8 个科室，机关行政编制 31 名；其中局党组书记兼副局长 1 人，局长兼党组副书记 1 人，副局长 4

人，纪检组长 1 人；科级领导职数 8 正 3 副，机关工勤编制 4 名（实有人数 3 人）。下设北京市通州区不动产登记事务中心、北京市通州区土地利用事务中心、北京市土地整理储备中心通州区分中心、北京市通州区国土资源执法监察队，北京市国土资源局通州分局第一、二、三、四国土资源管理所 8 个事业单位，编制 139 名，实有人数 124 人。

分局领导班子：

局长、党组副书记　靳　京
党组书记、副局长　康振宇
副局长　张士祥
副局长　王满屯
副局长　王　玥（女）
副局长　张洪兴
纪检组长　张彦茹（女）

【土地利用总体规划】

年内，完成 5 个项目规划的动态维护工作，项目总用地面积 41.33 公顷，使用区级城乡建设用地机动指标 0.93 公顷，使用区级特交水建设用地机动指标 0.88 公顷，同时收回规划城乡建设用地机动指标 0.83 公顷，特交水建设用地机动指标 0.01 公顷。

开展土地规划调整完善工作。根据未来五年通州区建设用地规模和布局，对规划实施评估、规划调整完善方案编制和数据库更新等内容进行完善，经区长办公会审议通过后报市局，已通过市局审核。

完成永久基本农田划定工作。在做好区政府有关委办局和乡镇动员活动的基础上，安排 16 个外业调查组对 10603 个图斑进行逐一现场核实拍照。对各委办局及乡镇提供的举证材料进行梳理，不适宜划入的进行图斑切割，形成初步划定方案。

【建设项目用地预审】

年内，办理建设项目用地预审 50 件，总用地面积 597.01 公顷，其中农用地 275.45 公顷（耕地 141.33 公顷）、建设用地 311.49 公顷、未利用地 10.07 公顷。以上项目中包括基础设施类 27 个、143.26 公顷，棚户区改造 9 个、330.06 公顷，土地一级开发类 4 个、63.87 公顷，商业及居住类 5 个、43.34 公顷，科教文卫类 2 个、5.7 公顷，工业类 3 个、10.78 公顷。

【征地及农用地转用项目用地管理】

全年办理征地项目 3 个，征地面积 19.4627 公顷，涉及农转非人数 40 人，其中转劳人数 22 人、超转人数 12 人；年内上报征地项目 2 个，征地面积 6.7873 公顷，其中征收农用地 6.7272 公顷（耕地 6.3953 公顷）；10 个征地项目获得市政府批复，均为通州区文化旅游区土地一级开发项目，总用地面积 276.03 公顷，其中农用地面积 125.07 公顷，涉及占用耕地 61.08 公顷。

【土地整理及耕地占补平衡】

年内，完成 6 个高标准基本农田建设项目的竣工验收，建设总规模 4035.67 公顷，建成高标准基本农田面积 3745.47 公顷，总投资 1.45 亿元。

为通州区养老院等 14 个建设项目办理耕地占补平衡手续，补充耕地面积

78.9352公顷。

【土地供应计划及实施】

年内，划拨供应建设用地8宗，建设用地面积31.5935公顷。按照用途分类，科教用地4宗，面积2.52公顷；医卫慈善用地1宗，面积0.32公顷；经济适用房用地1宗，面积22.8566公顷；公租房用地2宗，面积5.8969公顷。

【保障性住房用地供应】

年内，完成保障房项目供地3宗，供地面积28.7535公顷。其中经济适用房用地1宗，面积22.8566公顷；公租房用地2宗，面积5.8969公顷。

【土地市场交易】

年内，通过土地市场供应经营性用地1宗，总用地面积207.08公顷，建设用地207.08公顷，建筑规模164.27万平方米，成交总额87亿元，政府土地收益21.75亿元。

【土地储备开发】

年内，在施项目36个，总占地面积约3557公顷，其中，联储项目3个，用地面积约2384.52公顷（运河3号地、环渤海高端总部基地、文化旅游区项目）；分中心为主体项目20个，用地面积约666.68公顷；社会企业为主体项目13个，用地面积约505.95公顷。

【地籍管理】

年内，完成全区范围及城市化范围约420平方公里、城市副中心范围内约155平方公里、行政办公区范围约6平方公里内的国有土地、集体土地权属状况调查，对其中的耕地、园地、林地、草地、交通运输用地等现状情况通过外业核实、内业数据汇总等程序后，形成普查报告给市局相关部门。

办理权属调查、审核196件，总面积1158.94公顷。主要涉及文化旅游区的环球主体公园和行政副中心建设项目。协助法院执行国有土地使用证查封15件。调处永乐店镇、潞城镇权属纠纷6件。

12月，国土部下发通州区本年度土地变更调查监测图斑1249块，总面积1125.59公顷。根据各乡镇监测图斑量，主管地籍及执法监察的副局长召开专题会议，由登记中心牵头，提供技术支持，国土所按照分管的乡镇，成立调查小组，逐块图斑进行核实，根据拍照的影像资料，主管局领导、不动产登记中心、执法队、土地管理所人员共同研判是否为新增建设用地。调查核实显示的初步数据是：监测新增图斑共779块，面积355.75公顷，其中，占耕地面积170.41公顷，占基本农田面积55.69公顷；伪变化图斑470块，总面积769.83公顷。

【不动产登记】

年内，完成各类房屋登记业务101781件。其中，完成房屋登记发证87099件，发证面积2020.51万平方米，登记金额1909.96亿元，收取登记费及其他各项费用合计8275.07万元。其中，办理商品房登记23049件，发证面积206.65万平方米，登记金额323.32亿元。

办理不动产涉地登记业务718件，面

积2034.52公顷。其中，办理国有建设用地使用权登记211件，面积414.42公顷（其中办理初始、变更、转移登记107件，面积306.81公顷，办理注销登记104件，面积105.61公顷）；办理抵押权登记507件，面积1622.1公顷，抵押金额1376.1亿元（其中办理抵押权初始、变更、转移登记247件，抵押面积537公顷，抵押金额705.8亿元，抵押权注销登记260件）。

【土地执法监察】

年内，启动部门联动机制，形成土地执法合力。与区公安、监察、规划、农委、财政、经管站、乡镇政府等部门协调沟通，探讨集体土地共同监管、规范管理等工作，建立健全了土地执法工作责任机制，为全区国土资源执法工作提供了有力保障，形成了严厉打击违法用地行为的良好局面。

进一步完善土地巡查制度，制定了巡查工作方案，针对发现重点案件，重点地区，不定时地加大巡查，与乡镇政府巡查队伍主动配合，不断扩大动态巡查辐射范围、勤巡查、勤检查，配合区经信委完成了土地视频监控二级平台建设工作，对违法用地行为早发现、早制止、早处理，尽可能地防止乱占滥用土地现象的发生。

推进行政处罚内容的落实，提高行政处罚的执行效力。11月，分局与区财政、区经管站联合制发了《北京市通州区依法没收的违法用地地上建筑物及其他设施处置办法》，增强了国土执法在社会中的震慑力。

结合村干部换届选举，积极配合区委组织部，对参加村“两委”换届选举的候选人，“是否存在严重违法用地行为”作为一票否决内容对11个乡镇、2022人次进行严格审查。

全年登记审理案件423件，对298件做出行政处罚，涉及面积106.91公顷，罚款金额369.15万元。巡查发现一般违法用地案件581件，占地面积171.68公顷，占耕地面积82.99公顷，其中非立案处理到位431件，其余149件已立案处理。

【信息化建设】

做好日常信息化运维工作，保证办公需要。完成上报市局进行信息化运维申请40余次，包括工作人员权限调整、信息变更、CA证书申请等。共完成局内计算机、打印机等软硬件维修、网络维护等工作200余次，有效地保障了日常工作的正常开展。

对不动产登记中心机房、线路进行改造升级，提高了日常业务办理效率。

【地热资源管理】

配合市国土局相关部门进行地热井的专项检查。

【信访工作】

年内，接待受理信访举报事项77批次、共154人次，其中受理信访事项12批次、29人次（集体访1批次、6人次），受理违法举报事项65批次、125人次；受理来信170件次，其中按人信访程序办理90件次，按举报事项办理80件次。受理信访举报事项247件，其余正在办理当中。受理信访举报事项同比上升 54.4%。

12336 举报电话反映违法线索 283 件，同比下降 5%，全部按时办结。局长信箱来信 210 封，全部办结。受理电话举报事项 120 件；受理北京市非紧急救电话 280 件，全部办结。

【调研课题】

年内，完成《基层国土资源管理所建设的调研和思考》《通州区台湖镇供地情况调研报告》《打击违法用地对北京城市副中心建设的重要作用》《关于推进北京新型城镇化建设的思考》《“科学化管理”推进耕地保护》5 篇调研。

【大事记】

1 月 14 日，通州分局局长靳京同志主持召开全体党员大会，对机关党总支委员会进行了换届选举。

1 月 22 日，市国土局谢俊奇副局长带领市局利用处来分局调研，会议听取了通州区东方化工厂搬迁、闲置土地项目进展情况，并研究讨论了下阶段的工作。

1 月 25 日，潞城镇棚改指挥部为分局送来一面绣有“热情高涨服务棚改、一心一意深入基层”的锦旗，表达对分局在潞城镇棚户区改造中相关工作的认可和赞许。

2 月 3 日，通州分局领导班子召开“三严三实”专题民主生活会，党组书记康振宇同志主持会议，市局副巡视员杨洪范同志、监察处处长张继安同志全程监督。

2 月 29 日，通州分局召开 2016 年工作会议暨党风廉政建设工作会议，对“十二五”时期及 2015 年工作进行总结，并对 2016 年重点工作进行了部署。

3 月 2 日，崔松光副区长听取分局“通州区城乡建设用地实施与潜力研究”“土地利用总体规划调整完善工作的规划实施评估”和“城市周边永久基本农田划定核实举证”三项工作的汇报。崔松光副区长对此项工作表示认可，同意提交区长办公会审议。

5 月 23 日，市国土局副局长李军、通州区副区长刘贵明一行到分局指导工作，通州分局领导班子成员参加会议。会上，汇报了土地执法监察及行政副中心建设先行用地政策、规划指标情况工作。李军副局长、刘贵明副区长分别讲话，对此项工作提出要求。

5 月 24 日，市国土局副局长谢俊奇到通州分局调研土地视频监控平台建设情况。听取了分局土地视频监控平台建设情况汇报。

5 月 26 日，通州区区政府 135 次区长办公会，讨论通过《通州区城乡建设用地实施与潜力研究》和《通州区土地利用总体规划（2006-2020 年）实施评价》报告，原则同意上报市国土局。

6 月 7 日，通州分局召开“两学一做”教育活动动员会，党组书记康振宇、局长靳京分别提出要求。

6 月 13 日，市国土局师宏亚副局长率市国土局规划处、规划中心、储备中心领导来本局调研，通州区刘贵明副区长及分局领导陪同。会上，分局领导汇报了通州区土地利用总体规划调整完善、潞城棚户区改造、副中心行政办公区建设等方面的工作，师宏亚副局长和刘贵明副区长分别提出工作要求。

7月4日，开始对全区906平方公里、实现城市化范围内420平方公里、城市副中心155平方公里、行政办公区6平方公里的土地情况进行清查工作，全面查清四大区域土地的现状、规划、权属、供地、一级开发等相关情况。

7月7日，文化旅游区2.8平方公里一级开发项目土地挂牌成交，竞得人为北京首寰文化旅游投资有限公司。

8月18日，市规划国土委周旭峰委员带领执法总队就通州区近期土地执法重点难点工作进行调研。通州区副区长刘贵明、分局党组书记康振宇等负责人参加会议。会上，通州分局领导汇报了副中心重点工程建设、卫片整改进展等情况。

9月1日，于家务乡果村村民向通州分局赠送锦旗，对工作人员帮助解决宅基地问题，提供的解决措施及服务表示感谢。

10月8日，通州分局靳京局长陪同张德启副区长到潞城镇拆迁指挥部现场督导违法用地拆除工作，潞城镇党委书记关平等领导参会并汇报了拆违进展情况。

11月2日，潞城镇棚改指挥部领导专程来到通州分局，感谢分局为全力推进棚户区改造工作所作出的努力。局长靳京出席，并就之后棚改工作的进一步开展进行了深入探讨和交流。

11月7日，强制拆除潞城镇占用4500平方米基本农田的大棚房。

11月22日，通州区纪委副书记苏礼华带领区党风廉政建设责任制第六检查组成员到通州分局检查党风廉政建设责任制落实情况。检查组分别听取落实党风廉政建设主体责任、监督责任情况的汇报，对落实“两个责任”情况进行民主测评及档案资料检查。

11月29日，召开领导班子及领导干部年度考核会，市规划国土委委员陈一昕，驻市规划国土委纪检组副组长张继安到会指导，靳京局长代表分局领导班子做工作汇报。

12月15日，市规划国土委周旭峰委员带领执法总队队长等有关人员，到通州区就土地执法监察工作进行调研，通州区副区长张德启、分局局长靳京等陪同调研。

12月23日，通州分局副局长张洪兴、纪检组长张彦茹与不动产登记中心组长以上工作人员进行集体廉政谈话教育。

12月29日，通州区监察局局长孟繁虎，通州分局局长靳京等带队现场督导潞城镇拆违进展情况，潞城镇镇长吴孔安等领导陪同核查了4处违法用地现场。

12月30日，完成全区906平方公里、实现城市化范围内420平方公里、城市副中心155平方公里、行政办公区6平方公里的土地情况清查工作。

北京市国土资源局顺义分局

【土地资源概况】

顺义区位于北京市东北部，坐标为北纬 40°00′-40°18′，东经 116°28′-116°58′，东邻平谷区，北连怀柔区、密云区，西接昌平区、朝阳区，南界通州区、河北省三河市。

顺义区辖 12 个镇、7 个地区办事处（加挂镇牌）和 6 个街道办事处，共 426 个村民委员会、85 个居民委员会。

顺义区辖区面积 101950.63 公顷，土地利用现状面积详见表 4-9：

表 4-9　　2015 年度北京市顺义区土地利用现状汇总　　单位：公顷

土地调查面积	101950.63
耕地（01）	33598.84
园地（02）	4924.11
林地（03）	15169.12
草地（04）	1739.09
城镇村及工矿用地（20）	28607.57
交通运输用地（10）	7235.6
水域及水利设施用地（11）	7621.69
其他土地（12）	3054.61

【机构设置】

北京市国土资源局顺义分局（简称顺义分局）内设办公室、综合科、地籍科、耕地保护科、土地利用科、地质矿产科、财务科、政工科、纪检监察科 9 个职能科室。机关行政编制 34 名，实有 30 名。机关工勤编制 5 名，实有 5 名。下设北京市顺义区不动产登记事务中心、北京市顺义区土地利用事务中心、北京市土地整理储备中心顺义区分中心、北京市顺义区国土资源执法监察队、北京市国土资源局顺义分局第一国土资源管理所、北京市国土资源局顺义分局第二国土资源管理所、北京市国土资源局顺义分局第三国土资源管理所、北京市国土资源局顺义分局第四国土资源管理所8个事业单位，编制127名，实有114名。

分局领导班子：

党组书记、副局长　　孟庆秋
党组副书记、局长　　韩凤桐
（2016年2月18日免）
党组副书记、局长　　张守旺
副局长　　王军生
（2016年2月18日免）
副局长　　赵丽婷（女）
纪检组长　　张晓梅（女）
副局长　　杜井龙
副局长　　施洪新
副局长　　闫沛枭

【土地利用总体规划】

年内，在顺义区发改委统筹协调下完成《城乡建设用地集约节约利用对策研究》《十三五时期土地资源整合规划》的编制。编制完成《顺义区“十三五”时期土地资源整合利用规划》并于9月发布实施。

顺义区土地利用总体规划中期调整工作。年内，完成顺义区土地利用总体规划实施评价工作并上报市国土局审核通过；完成顺义区土地利用总体中期规划调整前期工作，内容包括抽取招投标单位、调研相关功能区、征求镇政府意见、现场外业勘界、资料数据搜集等。

永久基本农田划定工作。年内，完成顺义区27066.67公顷的基本农田划定工作（顺义区是基本农田划定试点区）；完成顺义区城市周边永久基本农田划定工作，划定面积538.8公顷；初步确定顺义区全市域性基本农田划定，划定面积15800公顷。

年内，外业核查工作完成19个镇镇域内10363个图斑的调查任务，绘制完成各镇备选地块实地核查表格，记录实际使用用途，同时进一步将工作中发现的问题下发乡镇予以整改，沟通农委予以监督落实荒芜问题。

永久基本农田标识牌工程建设。按照全市统一安排部署，将在全市范围内设立永久基本农田标识牌。市国土局统一规范永久基本农田标识牌和界桩标准。年内，制定实施方案，初步确定顺义区设立343个标识牌，343个宣传牌。

【建设项目用地预审】

年内，完成121件函复及预审回复工作。办理建设用地预审17件，用地总面积229.79公顷。其中住宅用地项目4个，用地面积36.68公顷；交通运输用地项目4个，用地面积95.4公顷；公共管理与公共服务用地项目5个，用地面积70.68公顷；工矿仓储用地项目2个，用地面积3.97公顷；储备用地项目2个，用地面积23.06公顷。

【征地及农用地转用项目用地管理】

年内，上报征地项目11宗，用地面积约151.39公顷，农转用94.66公顷，其中补充耕地39.69公顷；在办征地项目7宗，用地面积约48.56公顷，农转用43.92公顷，其中补充耕地20.98公顷。办理征地公示23个，征地公告46个，完成征地结案10个。

年内，共办理国有建设用地使用权划拨9宗，完成国有建设用地使用权划拨9宗，划拨面积24.19公顷。其中，医卫慈善用地2宗，科教用地5宗，行政办公用地1宗，公共设施用地1宗。

【土地整理及耕地占补平衡】

年内，通过采取土地开发复垦、对新增耕地予以补偿等措施，实现全年80公顷耕地占补平衡目标，确保了顺义区城市基础设施及新城建设顺利推进，补充耕地质量均高于已占用的耕地质量，落实了占一补一政策。

【土地供应】

年内，国有建设用地供应总指标110公顷，实际供应土地4宗，面积20.62公顷，完成计划指标的19%。其中，工矿用地1宗，面积1.7公顷，完成计划的1.5%；商服项目2宗，面积17.14公顷，完成计划的15.6%；居住项目1宗，面积1.78公顷，完成计划的1.6%。完成《顺义区2017年度国有建设用地供应计划建议方案及附表》的编制工作。

年内，完成保障性住房用地供应3宗，总用地面积12.44公顷。其中，公租房用地3.6公顷，定向安置房用地6.41公顷，棚改安置房2.43公顷。

【土地市场交易】

年内，通过公开招拍挂方式供应土地4宗，总用地面积20.62公顷，建设用地14.46公顷，建筑规模32.93万平方米，成交总额37.4亿元，政府土地收益30亿元。其中，居住项目1宗，总用地面积1.78公顷，建设用地1.78公顷，建筑规模3.9万平方米，成交总额7.5亿元，政府土地收益6.92亿元；商服项目2宗，总用地面积17.14公顷，建设用地11.49公顷，建筑规模28.08万平方米，成交总额29.7亿元，政府土地收益23.37亿元；工业项目1宗，土地总面积1.7公顷，建设用地1.19公顷，建筑规模0.95万平方米，成交总额0.2亿元，政府土地收益0.03亿元。

【土地储备开发】

年内，累计完成一级开发面积23.87公顷，实现土地储备开发投资7.33亿元，完成资金回笼7.41亿元，截至12月底储备机构债务余额5.2亿元，账面资金余额2亿元。

截至年底，已取得一级开发授权但尚未完成开发的项目共计56个，土地总面积约2264公顷。其中，以储备机构为主体并直接投资模式的在施项目18个，用地面积731.02公顷（包括联储项目10个，总用地面积237.93公顷；分中心直接投资项目8个，总用地面积493.09公顷）；以储备机构为主体并委托企业带资实施模式的在施项目14个，用地面积469.64公顷；直接授权企业为主体模式的在施项目24个，用地面积1063.6公顷。

【地籍管理】

土地权属审查情况。全年共办理土地权属审查业务71件，为67家单位和个人提供了用地范围清晰、面积准确、权属无争议的《权属审查告知书》《权属审查测量成功报告》和《地籍状况表》。

宅基地管理工作情况。本年度，顺义区农村宅基地使用证的变更、发证等工作暂停办理。全年共办理信息公开257件，信息查询66件，信访件100件，处理行政诉讼案件24件、行政复议案件10件。

年内，共办理宅基地使用权登记205宗，其中，初始登记23宗，变更登记15宗，挂失补办70宗，宅基地更名67宗，移民30宗，登记总面积6.7191公顷。受理信访件78件，处理行政诉讼案件9件、行政复议案件4件。

【土地变更调查工作】

年内，国土资源部下发监测图斑1083个，监测面积570.1公顷。占用耕地230.7公顷，基本农田151.7公顷。内业处理后，实际图斑为1091个。经调查核实，具体情况为：新增建设用地800个，占地面积359.98公顷，占用耕地133.57公顷，占用基本农田65.81公顷；新增设施农用地10个，占地面积2.21公顷，占用耕地0.71公顷，占用基本农田0.13公顷；新增农村道路7个，占地面积0.92公顷，占用耕地0.18公顷；维持原地类266个，占地面积191.24公顷，占用耕地83.55公顷，占用基本农田73.98公顷；临时用地8个，占地面积15.74公顷，占用耕地12.67公顷，占用基本农田11.77公顷。

【开发区土地集约利用评价调查工作】

顺义区内共有一个国家级开发区，两个市级开发区，两个开发区的发展方向区。年内，顺义分局组织队伍对开发区基本信息、用地状况、用地效益、管理绩效和土地供应状况按2015年12月31日时间节点进行了调查。调查面积7882.25公顷，涉及地块2921块，实地测量建筑占地面积73.22公顷、收集企业经济数据568家，其中高新技术企业51家、收集园区批准文件、年鉴、规划图纸等纸质文件45份。最后按照《调查规程》《数据库标准》的技术要求进行数据库整理，整理相应的调查统计表格，建立开发区评价数据库，提炼出集约利用评价相关基础数据，进行开发区集约利用程度评价和潜力测算。

【不动产登记】

房屋登记档案交接工作。9月，顺义区不动产登记事务中心档案库房装修完成，并通过消防验收正式投入使用，总建筑面积1500平方米，除现有档案，预计可容纳未来10年的档案增量。随后，分局正式开始与顺义区住房和城乡建设委员会交接房屋登记档案，预计需交接档案40余万卷。为此，分局研究制定了交接方案，积极与顺义区住房和城乡建设委员会沟通对接，并安排专人负责档案交接事宜，对房屋登记档案进行整理，登记造册。严格落实交接制度，认真细致做好交接记录。截止年底，已移交档案30余万份。

历史档案数据整合工作。10月，根据市规划国土委要求，顺义区不动产登记历史档案数据整合工作正式启动，对原有房屋、土地历史登记档案进行梳理，完善历史档案数字化和房地空间定位工作，并将相关的房地历史数据整合，形成完整的不动产登记数据。整合工作本着先易后难的思路，分落宗、土地数据整合、房屋数据整合三方面开展，齐头并进。截至年底，落宗方面，完成房屋外业调查确定自然幢4930幢（走访），占本项总工作量的28.52%；新完成房屋落宗2196幢，占本项总工作量的43.06%。土地数据整合方面，已经完成土地业务数据预处理3139条（检查串案），占本项总工作量的16%；完成土地档案和业务数据关联3169条（已检查完），占本项总工作量的16.17%。房屋数据整合方面，累计清理逻辑幢数22458幢，占本项总工作量的50%；累计关联业务数264830条，占本项总工作量的48%。

主要业务工作完成情况。年内，共办理不动产登记57994件，同比增加40.56%。其中初始登记134件，同比减少10.67%；转移登记32590件，同比增加35.79%；抵押登记14208件，同比增加64.06%；解押登记8740件，同比增加33.48%；查封登记1204件，同比增加8.47%；变更登记864件，同比增加32.92%；补证登记254件，同比增加80.14%。

【土地执法监察】

本年度土地卫片涉及顺义区新增建设用地项目762宗，占地281.23公顷，耕地133.57公顷。其中合法用地项目77宗，占地53.73公顷，耕地23.56公顷。违法用地项目685宗，占地227.5公顷，耕地110.01公顷。截至年底，已拆除项目共计63宗，占地18.98公顷，耕地10.05公顷。本年度共收到12336电话举报案件329件，其中属实86件，不属实223件，部分属实20件，已全部反馈，反馈率100%。国土资源视频监控系统发现项目178宗，已全部反馈。

【信息化建设】

年内，扎实推进顺义分局网站建设，规范内网及外网的使用，并严格实行实名制，确保数据信息的安全；通过手动清理、软件查筛清理方式，开展非涉密计算机处理涉密信息自检自查；实行每日“零报告”制度，对不动产登记系统、网站群、机房和网络环境等重点环节进行重点监测值守，做好法定节假日及“两会”期间的网络安全保障工作。

年内，制定《北京市国土资源局顺义分局政府信息依申请公开办法》《北京市国土资源局顺义分局政府信息主动公开部分目录大纲》，为做好政府信息公开工作提供了理论依据和制度保障。全年新增主动公开信息330条，全文电子化率100%。全年受理依申请公开761件，及时回复率100%。全年外网挂网信息37条，内网挂网信息379条。

【矿产资源概况】

全区共有合法正规开采的矿山企业16家，其中固体矿山3家，矿泉水1家，地热12家。

【矿产资源开发管理】

年内，完成北京哲君科技开发有限公司采石场关停退出等相关工作。在此基础上根据市国土局矿产资源开发处的要求，完成企业矿山恢复治理方案和企业绿色矿山规划方案。年内，完成3家固体矿山企业及1家矿泉水企业的年检工作，并通过电子系统上报归档。

【地热资源管理】

年内，在市国土局地热处的统一部署下，如期完成10家地热企业年检工作，并通过电子系统上报归档。

【地质灾害防治】

年内，进一步全面优化、系统完善防治方案和应急预案，落实地质灾害的宣传与防治，加大防灾知识宣传普及力度，发放各类宣传品1000余册；联系区气象局开展汛期地质灾害预报预警，汛前深入高丽营镇西王路村地震断裂带上勘查断裂带发育情况，排查隐患，加强群众防范知识宣传，充分发挥村级组织作用。

【信访工作】

年内，共受理群众来信来访424件次，全部办结。其中，来信128件次，来访221批次/331人次，网上信件75件次。7月，根据各级部门下发的信访工作相关文件，编制成《信访工作文件汇编》一书，内容包含信访答复模板、法定途径分类处理信访投诉请求清单及主要依据、违法案件处理流程等，共印发300册，并组织顺义分局干部职工集中学习，提高对群众信访投诉请求的甄别能力，导入法定途径依法依规处理。

【土地督察问题整改工作】

5月16日至6月3日，国家土地督察北京局督察组对顺义区耕地保护、节约集约用地、土地执法等工作展开驻点督察，指出顺义区存在5个方面22类问题。分局按照国家土地督察北京局的要求，进行认真整改。制定《顺义区土地管理和利用督察工作整改实施方案》，按问题逐个明确区级牵头领导、牵头单位、责任单位、整改标准和完成时限，被市国土局和国家土地督察北京局作为模板转发全市，供各区分局借鉴学习；成立顺义区土地督察问题整改工作领导小组办公室，坚持每周调度，每日一报制度，被市国土局称为“顺义模式”，要求各区分局借鉴。

【国有建设用地出让转让】

年内，完成国有建设用地使用权工业用地出让1宗，出让面积1.19公顷，政府土地收益为340.9609万元；国有建设用地使用权转让1宗；国有建设用地使用权出让合同变更11宗；地价款缴纳情况证明共计6宗，其中用于土地登记发证、抵押及预售3宗，用于房屋初始登记3宗。完成顺义区经信委已供地工业项目进行全要素评价共计17件。完成排查已供应土地擅自改变土地用途专项工作，成果已上报市国土局。

【批后监管及闲置土地处置】

年内，完成出让用地批后监管工作现场踏勘共170宗次，送达违约、督促开工及涉嫌土地闲置通知书46份，下发《闲置土地调查通知书》19份，《限期开工通知书》12份，《闲置土地认定书》11份。填制出让项目跟踪管理卡、收集建设项目动工开发、竣工申报书、出让合同/划拨决定书后期监管工作授权人员名单及授权委托书、项目开竣工手续，留取现场影像资料等，并将资料全部存档，扫描并上传至市国土局网站批后监管系统或国土部动态监测系统。完成市国土局下发的涉及《闲置土地调查通知书》4 个项目的现场踏勘、资料收集、询问笔录等工作。完成年度国土督察涉及顺义区的 15 宗闲置土地的调查、认定、处置工作。闲置土地处置履职率 100%。

【废弃矿山治理工作】

年内，完成北京市废弃矿山生态环境修复治理项目（2016 年度）北石槽镇废弃采石场治理项目。已完成废弃矿山治理 1 家，正在施工 1 家，等待市国土局批复 3 家。

【调研课题】

在第八届北京土地青年学术论文交流活动中，顺义分局报送北京土地学会 9 篇论文，内容涉及到农村宅基地问题、国土执法监察、闲置土地处置、党建、生态环境保护、土地储备开发、法治国土建设、土地资源管理等。

北京市国土资源局大兴分局

【土地资源概况】

大兴区位于北京南郊，是首都的门户。坐标为北纬 39°20′-39°51′，东经 116°13′-116°43′。东与通州区相邻，西隔永定河与房山区、河北省涿州市相望。北与丰台、朝阳两区相连，南与河北省固安县、廊坊市接壤。东西宽度、南北长度均约 44 公里。区政府所在地黄村卫星城，距北京城区约 20 公里。大兴区现辖有 14 个建制镇、8 个街道办事处。

大兴区辖区面积 103633.66 公顷，土地利用现状面积详见表 4-10。

表 4-10　2015 年度北京市大兴区土地利用现状汇总　单位：公顷

土地调查面积	103633.66
耕地（01）	40561.33
园地（02）	8062.42
林地（03）	6404.52
草地（04）	327.45
城镇村及工矿用地（20）	34884.42
交通运输用地（10）	4163.36
水域及水利设施用地（11）	6600.76
其他土地（12）	2629.4

【机构设置】

北京市国土资源局大兴分局（简称大兴分局）内设办公室、综合科、地籍科、耕地保护科、土地利用科、地质矿产科、政工科、纪检监察科共 8 个职能科室，编制 33 名，实有 29 名；下设北京市土地整理储备中心大兴区分中心、北京市大兴区土地利用事务中心、北京市大兴区不动产登记事务中心、北京市国土局大兴分局执法监察队、北京市国土局大兴分局第一国土资源管理所、北京市国土局大兴分局第二国土管理所、北京市国土局大兴分局第三国土管理所、北京市国土局大兴分局第四国土管理所共 8 个事业单位，编制 132 名，实有 119 名。

分局领导班子：

局长、党组副书记　芦亚静（女）
党组书记、副局长　苏贤清
副局长　国玉栋
副局长　苏　洋
纪检组长　李　刚
副局长　杨　挺
副处级调研员　刘　伟
副处级调研员　霍　锋

【土地利用总体规划】

为保障大兴区集体经营性建设用地入市，率先开展了西红门、瀛海镇土地利用总体规划调整完善工作，起草《大兴区西红门镇土地利用总体规划（2006-2020 年）调整完善方案（送审稿）》和《大兴区瀛海镇土地利用总体规划（2006-2020 年）调整完善方案（送审稿）》，经区政府同意后已上报至市国土局审核。全区调整完善方案方面，在建设用地调整中，城镇建设用地、集体经营性用地布局调整方案以及重大道路和基础设施布局方案已初步稳定，并进一步会同各乡镇重点对宅基地和村庄公共公益用地、已发证国有建设用地情况进行调查核实，并按照市国土局统一工作部署，按时完成全区规划调整完善工作。

【建设项目用地预审】

按照“抓好重点，主动服务，简化程序，提高效率”这一主线，积极做好预审和复函工作。年内，大兴分局驻厅窗口先后完成了新机场北线高速公路工程、大兴区首创团河定向安置房和庞各庄 2 号地棚户区改造安置房、北京清源儿童医院，以及大兴区天堂河再生水厂、旧宫次高压 A 调压站天然气工程等市、区两级重点项目，对加快区域公共服务及公共设施建设，保障公益民生等起到重要作用。共批复建设项目用地预审 38 件；回复区发改委征求意见函 94 件。

【征地及农用地转用项目用地管理】

年内，受理的集体土地征收前期及农转用 16 件，其中征地前期 14 件，农转用前期 2 件。总用地面积 29843.6 公顷。经市政府批准共 14 件，总用地面积 211.25 公顷，其中农用地 138.62 公顷，耕地 91.20 公顷。办理征地公告 8 件，总用地面积 160.47 公顷，涉及补偿款 69963.29 万元；办理征地结案 9 件，总用地面积 215.41 公顷，涉及征地补偿款共 86395.68 万元，已全部支付到位。

【土地整理及耕地占补平衡】

开源节流未雨绸缪，破解重点项目耕地占补难题。由于耕地占补平衡指标有限，区内所有建设项目使用耕地占补指标的，均需区领导同意。大兴分局在上报使用耕地指标时，合理安排区内基础设施、折子工程、一级开发项目，并对国家级重点工程、市属项目，积极寻求多种占补统筹渠道。年内，全区补充耕地指标约 333.33 公顷（5000 亩），建设项目占补使用约 38.67 公顷（580 亩），预审项目预留约47.67公顷（715亩）。

推进50公顷（750亩）新增耕地任务和黄村瀛海西红门三镇土地整治项目，完成50公顷（750亩）新增耕地立项及施工招投标，并完成施工，待审计完成后开始验收。黄村瀛海西红门三镇土地整治项目已完成可研及规划设计，并取得立项批复。这3个项目计划新增耕地约149公顷。

【土地供应】

年内，计划供应土地面积约66公顷。组织现场验收土地面积约21公顷，通过成本审核会土地面积约88公顷。

年内，供应月季大会周边配套项目定向定置房用地，用地面积约23公顷，完成了年度保障房供地任务。

【土地市场交易】

年内，成交经营性用地6宗，土地面积28.09公顷，建筑规模70.81万平米，成交价款约155亿元；成交集体经营性建设用地1宗，土地面积2.67公顷，建筑规模5.34万平方米，成交价款约8亿元。

【土地储备开发】

年内，全区土地储备开发项目共60个，其中土地一级开发项目59个，土地总面积约2521公顷。已供应土地面积约368公顷，剩余在施土地面积约2153公顷。按开发主体不同分类，市区联储项目17个，在施土地面积约535公顷；分中心为主体项目41个，在施土地面积约1587公顷；授权企业为主体项目1个，在施土地面积约31公顷。另有1个兴都世纪童车厂国有土地收储项目，在施土地面积约3公顷，已达到土地平整，现正进行京霸铁路黄村站点一体化规划设计工作。

【地籍管理】

年内，共办理审查业务105件，外业实地调查79次，涉及面积约975.48公顷（涉及征收集体土地、土地使用权划拨、出让、变更出让合同、储备用地等）。完成勘测定界审查工作，全年办理21件，涉及审查土地面积545.43公顷。

【不动产登记】

年内，累计办理各类不动产登记业务107308件，发放办理不动产登记证书52515本，不动产登记证明31823件；办理抵押权注销登记20654件；其他各类登记2316件。接待日常查询6418人次，出具查询结果994件；协助公检法等纪检监察部门查询807批次、查询5481人；协助城管查询938件；协助上级党委查询失联党员369人次；协助教委做学生入学房源核实工作查询463件；协助市不动产登记中心查询176件；协助京籍人员外省市购房查询出具无房证明111人；办理存量房审核4254件；办理房源核验3496件。

【土地执法监察】

年内，完成国土部2015年度卫片、北京市2016年第一、二、三季度卫片总计2103块图斑、0.37万公顷（5.6万亩）土地的核查、整改工作，均已全部通过验收。其中，在国土部2015年度卫片中，本区问责比例为2.9%，排名全市第十

（由高到低排名），整改到位率98.2%，排名全市第三（由高到低排名）。截至目前，共拆除违法用地建设348宗，2028亩。年内，共发现国土资源违法行为153起，除1起属市级重点工程项目（已责成其加快办理相关手续），1起属已整改项目，其余151起违法用地行为，均已立案查处，现已办结110宗，剩余41宗正在按程序推进中。收缴罚款2000余万元；申请法院强制执行案件66宗，均已取得准予执行裁定。

【信息化建设】

大兴分局成立网络安全和信息化工作领导小组及办公室，负责统筹协调全局网络安全和信息化工作各事项，进一步强化网络安全和信息化工作的统一领导，形成主要领导亲自抓，分管领导具体抓，相关科、室、中心、队、所具体落实的工作格局，一级抓一级，层层抓落实。

【地质灾害防治】

组织开展5.12减灾宣传工作，配合区应急办做好灾害预警工作。

【信访工作】

年内，受理举报事项共419件次。其中12336违法线索举报219件次，来信43件次/47人次、来访22批次/44人次、重复访147批次/147人次、网上转件74批次、匿名举报17批次/18人次、分局长信箱116件次。举报件总量较去年同比上升34%。举报件中涉及占地建房的有325件，占总数的78%；涉及农村宅基地的有10件，占总数的2%；涉及征占地及储备等问题的有30件，占总数的7%；涉及权属及不动产登记问题的有32件，占总数的8%；其他问题22件，占总数的5%。

【大事记】

1月7日，市国土局樊文祯副巡视员带队到分局开展农村村庄地籍调查试点工作预检验收。

1月12日，市国土局师宏亚副局长、大兴区政府金卫东副区长，市储备中心曹慧主任、吕振库副主任及相关部门负责人来分局参加储备工作汇报会。

1月15日，大兴区第一宗集体经营性建设用地（西红门2号地小B（2-004）地块）使用权挂牌成交。

3月31日，大兴区农村村庄地籍调查试点工作通过市级验收。

4月5日，礼贤安置房表土剥离项目取得验收批复。

4月6日，大兴区副区长王荣武一行到大兴不动产登记大厅就相关工作开展情况进行调研指导。

4月8日，大兴区副区长王荣武带队到分局调研大兴区土地管理重点工作开展情况。

4月20日，大兴区政府组织召开城市周边永久基本农田划定专项督察迎检工作会。

6月13日，完成了涉及新机场建设的北京新机场工程项目、北京新机场安置房项目（礼贤组团）及北京新机场安置房项目（榆垡组团）共3个项目的集体土地征收及农转用前期工作。

6月27日，大兴区区长崔志成同志

一行8人到分局调研大兴区国土资源管理工作，常务副区长邵恒同志、副区长王荣武同志陪同调研，区住建委、区财政局、区四有办、区规划分局相关领导参加了会议。

6月29日，北京市大兴区不动产登记事务中心向北京恒兴博达房地产开发有限公司颁发北京市第一本集体经营性建设用地入市试点地块的不动产权证，标志着大兴区集体经营性建设用地入市试点工作进入新的阶段。

8月31日，召开集体经营性建设用地上市地块增减挂工作协调会。

9月9日，启动大兴区“十三五”土地整治规划编制工作。

9月21日，召开大兴区不动产登记历史档案数据整合工作启动会。

12月16日，黄村、瀛海、西红门三镇土地整治项目取得立项批复。

12月22日，市规划国土委周旭峰委员率执法总队一行4人到分局调研执法监察工作。

北京市国土资源局昌平分局

【土地资源概况】

昌平区位于北京市西北部，坐标为北纬 40°02′-40°23′、东经 115°50′-116°29′之间，是北京的北大门。北与延庆区、怀柔区相连，东邻顺义区，南与朝阳区、海淀区毗邻，西与门头沟区和河北省怀来县接壤。全区地处温榆河冲积平原和燕山、太行山支脉的结合地带，地势西北高、东南低，北倚燕山西段军都山支脉，南俯北京小平原，主要河流属温榆河水系。全区辖 15 个镇、5 个街道办事处，306 个行政村。

昌平区辖区面积 134245.38 公顷，土地利用现状面积详见表 4-11。

表 4-11　　2015 年度北京市昌平区土地利用现状汇总　　单位：公顷

土地调查面积	134246.74
耕地（01）	11601.44
园地（02）	12565.16
林地（03）	63249.54
草地（04）	1440.37
城镇村及工矿用地（20）	34218.18
交通运输用地（10）	5141.34
水域及水利设施用地（11）	4137.55
其他土地（12）	1893.16

【机构设置】

北京市国土资源局昌平分局（简称昌平分局）内设办公室、综合科、地籍科、土地利用科（耕地保护科）、地质矿产科、财务科、政工科共 7 个行政科室，设纪检监察科，机关行政编制 33 名，机关工勤编制 3 个；下设北京市昌平区不动产登记事务中心、北京市昌平区土地利用事务中心、北京市土地整理储备中心昌平区分中心、北京市昌平区国土资源执法监察队、北京市国土局昌平分局第一国土资源管理所、北京市国土局昌平分局第二国土资源管理所、北京市国土局昌平分局第三国土资源管理所、北京市国土局昌平分局第四国土资源管理所、北京市国土局昌平分局第五国土资源管理所，共9个事业单位，事业单位人员编制共计149名。

分局领导班子：

党组副书记、局长	汪少群
党组书记、副局长	李亚琴（女）
副局长	梁　英（女）
副局长	张兴国
副局长	许启明
副局长	赵志刚
调研员	李跃红
副调研员	李宏涛

【建设项目用地预审工作】

年内，共审核完成建设项目用地预审73件，总用地面积约1052.87公顷，其中农用地432.81公顷，建设用地580.57公顷，未利用地39.49公顷。

【土地储备】

年内，继续以“严控增量、消化存量”为重点稳步开展土地储备开发工作，共完成土地储备开发面积17.3公顷，实现土地储备开发投资39.47亿元，储备资金35.68亿元。

【土地供应】

年内，共办理国有土地使用权划拨项目14个，总用地面积14.4681公顷；办理出让项目14个，总用地面积35.3721公顷，政府土地收益总额48.99亿元；现状工业补办项目1个，用地面积1.4957公顷，政府土地收益总额169.2万元。

年内，完成新增供应保障性安居工程用地4公顷。其中公租房用地4公顷，全面完成2016年保障性安居工程用地供应指标任务。

【经营性项目用地入市交易工作】

年内，全区已经完成经营性项目用地入市2宗，土地面积17.3公顷，规划建筑规模34.62万平方米，总成交额约61.95亿元，实现政府土地收益42.56亿元。

【土地开发整理工作】

年内，组织开展了4个城乡建设用地增减挂钩项目，项目占用耕地面积共1211.07亩，实际需完成土地复垦新增耕地面积1276.39亩。同时，按照《北京市国土资源局关于开展区县级“十三五”土地整治规划编制工作的通知》（京国土耕〔2015〕504号）要求，组织开展了昌平区“十三五”土地整治规划编制工作。

【土地利用总体规划调整完善工作】

年内，编制完成《昌平区土地利用总体规划（2006－2020年）实施评价报告》，在充分征求相关镇街及委办局意见后，上报市国土局审批。

【开展昌平区永久基本农田核实及划定工作】

年内，对国土部下发昌平区的0.37

万公顷（5.55 万亩）城市周边永久基本农田划定初步任务进行逐图斑的核实举证。启动昌平区永久基本农田划定工作，通过外业调查、内业分析，形成昌平区永久基本农田划定初步成果。

【集体土地审核上报情况】

年内，审核上报集体土地征收项目 7 件，用地面积 67.59 公顷；审核上报集体占地项目 1 件，用地面积 3.32 公顷。办理设施农用地备案 43 件。

【征地及农转用批复情况】

年内，共收到市政府建设用地批复 6 件，总用地面积 34.04 公顷。及时完成 4 个项目涉及 8 个村的征地公告张贴工作。

【土地矿产卫片执法检查】

上年度国土部下发土地卫片执法图斑共计 243 宗，占地面积 117.73 公顷（1765.99 亩），占用耕地 5.77 公顷（860.60 亩）。全年共拆除违法用地 67 宗，总面积 10.44 公顷（156.55 亩），退还耕地面积 5.14 公顷（77.17 亩）。

【不动产登记发证工作】

年内，共接待受理不动产登记业务总量 171997 件次，接待业务办理群众约 30 万人次。其中受理量 125525 件，登簿量 114787 件；发放不动产登记证书、证明共 111741 本，其中证书 76066 本、证明 35675 本；档案查询 44147 件次，其中协助司法查封房屋 3212 件、解封 894 件、查询档案 40041 卷，存量房录入 2325 件。

【地籍调查与权属审核工作】

年内，完成日常地籍调查内业工作 166 件，为农调项目出具地类核实证明 18 件，向用地单位回函 87 件，为征地、预审等提供了详实的数据基础，协助相关部门核实地类等 364 件。

【土地变更调查工作】

年内，拟定了《2016 年度昌平区土地变更调查与遥感监测工作实施方案》，认真开展年度、季度变更调查工作。

【打击偷挖盗采砂石工作】

年内，昌平区严厉打击偷挖盗采砂石行为，共出动执法检查 8650 人次，出动执法车辆 2498 车次，发现并制止盗采砂石违法行为 7 宗，罚款 22.5 万元，实际缴纳罚款 22.5 万元。

【国土资源执法监察巡查工作】

年内，充分利用昌平区国土资源远程监控系统，对全区耕地和基本农田全覆盖式实时监控，严控新增违法建设。全年共监测预警 112 个；巡查发现 29 处新增违法建设，占地面积 6.17 公顷（92.59 亩），建筑面积 56469 平方米，均已下达《责令停止国土资源违法行为通知书》。

【地质灾害防治工作】

年内，完成汛前排查工作，更新了隐患点台账和群测群防网络，相比上年新发现隐患点 4 处。编制了《昌平区 2016 年度地质灾害防治工作方案》，并于 6 月 12 日由区政府办正式发布，明确了地质灾害隐患的分布、重点防范期、防范重点和相应的防治措施。开展“5.12 防灾减灾日”宣传活动，在亢山广场现场发放防灾知识手册、宣传片光盘等各类宣传材料 1200 余份，并组织国土所开展下乡宣传；整个汛期在昌平区电视综合频道和点歌频道播放宣传地质灾害防治避险公益广告、宣传片和科普动画片。组织完成突发地质灾害应急避险演练 2 次，与区气象局联合发布突发地质灾害气象风险预警 4 次（2 次黄色预警和 2 次橙色预警），实现安全度汛。

【政府信息公开工作】

年内，主动公开 186 条；受理依申请信息公开事项 106 件。

【信访工作】

年内，强化和完善信访工作机制，畅通信访救济渠道，开展社会矛盾排查化解工作，坚持重点案件领导包案制和领导接访制度。年内，共接待群众来访 51 批次、70 人次；受理来信 198 件，已办结 198 件，办结率 100%。

北京市国土资源局平谷分局

【土地资源概况】

平谷区位于北京市东北部，地处燕山南麓与华北平原北端的相交地带，东西长40.61公里，南北宽38.82公里，区政府所在地距北京市区约70公里，是首都北京的卫星城，地理坐标位于东经116°55′-117°24′，北纬40°02′-40°22′之间。全区现辖14个镇、2个乡、2个街道办事处，全区共设273个行政村、36个社区。

平谷区辖区面积94824.04公顷，土地利用现状面积详见表4-12。

表4-12　　2015年度北京市平谷区土地利用现状汇总　　单位：公顷

土地调查面积	94824.04
耕地（01）	11707
园地（02）	23389.8
林地（03）	34859.61
草地（04）	6115.73
城镇村及工矿用地（20）	10495.74
交通运输用地（10）	2578
水域及水利设施用地（11）	4040.22
其他土地（12）	1637.94

【机构设置】

北京市国土资源局平谷分局（简称平谷分局）内设办公室、政工科、纪检监察科、财务科、综合科、耕保征地科、土地利用科、地籍科、地质矿产科等9个行政科室，下设执法监察队（纳入工资规范）、不动产登记事务中心（参照公务员管理）、土地利用事务中心、土地整理储备中心和国土资源管理一、二、三、四所8个事业单位，内设部门有矿产执法队、法制信访室。年末，分局人员共有119名，其中机关工作人员29名，参照公务员管理23名，规范工资人员13名，事业单位人员54名，退休人员19名。

分局领导班子：

党组书记、副局长　　付景玉
（2016年12月29日免）

党组副书记、局长　　靳　燕（女）
（2016年6月7日任）

副局长　　张洪元

副局长　　张雅民（女）

副局长　　常　亮

纪检组长　　郭利军（女）

【土地利用总体规划】

年内，完成6宗建设项目用地土地利用总体规划动态维护方案的审查工作。对《平谷区土地利用总体规划（2006-2020年）实施评价方案》进行修改，并上报市国土局。

【永久基本农田划定】

开展城市周边永久基本农田划定核实举证工作，将51.27公顷（769亩）耕地补划为永久基本农田。11月2日，正式启动全区永久基本农田划定工作，拟划定永久基本农田0.72万公顷（10.8万亩），并制定了全区永久基本农田划定方案上报市国土局审查。

【建设项目用地预审】

年内，完成建设项目用地预审27宗，占地面积355.59公顷，其中公共管理与公共服务用地8宗，占地14.13公顷；交通运输用地4宗，占地66.01公顷；储备用地6宗，占地221.97公顷；商服用地3宗，占地3.48公顷；住宅用地5宗，占地47.33公顷；特殊用地1宗，占地2.67公顷。

【征地及农转用项目用地管理】

年内，完成集体土地征收和农用地转为建设用地项目7个，总用地面积23.69公顷；完成15个镇（乡）的15个村的宅基地项目农用地转为建设用地的前期工作。

【宅基地及地灾搬迁先行用地审批】

年内，完成农村宅基地审批29户，涉及8个乡镇、18个村。完成镇罗营镇桃园村152户村民地灾搬迁先行用地审批工作。

【耕地占补平衡】

全年共办理耕地占补平衡项目9个，涉及占用耕地13.22公顷（198.36亩）；其中8个项目借用市局耕地指标10.47公顷，王辛庄镇西古村自住楼项目使用平谷区自有新增耕地指标2.76公顷。

【土地整治及规划编制】

3月，金海湖镇等两个镇中滑子村等6个村土地开发项目收到了市国土局验收批复；11月初，大华山镇后北宫村土地开发项目完成了前期手续，正式进场施工；镇罗营镇下营村土地开发项目，已开始前期准备工作。年底，完成平谷区“十三五”土地整治规划（2016-2020年）初步成果编制工作。

【土地供应】

年内，计划供应经营性用地项目共7

个，其中一级开发项目5个，收储项目2个，项目总面积231.81公顷，建设用地面积150.8公顷，建筑规模175.6万平方米；工业用地计划供应2个项目，总用地面积15.93公顷，建设用地面积15.93公顷，建筑规模15.93万平方米。

保障性住房项目计划供应1宗，总用地面积8.55公顷，建设用地面积6.12公顷，建筑规模13.04万平方米。

【土地市场交易】

全年共有金海湖镇韩庄村E-003-02、E-004-01地块R2二类居住用地、平谷新城北部产业用地F13地块（工业用地）2个地块入市交易，土地面积34.68公顷，实现政府土地收益11.66亿元。

【土地储备开发】

年内，完成土地储备开发项目2个（收储项目1个、工业用地1个），土地总面积为34.68公顷。挂牌成交总价为18.27亿元。

【权属审查】

年内，完成平谷区北师大附中夏各庄校区项目、金海湖镇海子村E003、E004项目、平谷土地一级开发二号地（二期）项目、平谷区台城路南延（顺平路-东南路）道路工程、上纸寨村民自住楼项目、西古村民自住楼项目、平谷区山东庄自住型商品房项目、平谷区新城绿道项目、平谷区大兴庄镇白各庄村村民自住楼项目、平谷区王辛庄人民法院及平谷区人民法院执行局业务用房和档案库房新建工程项目、平谷区马坊剧场项目、北京轨道交通22号线工程临时用地项目、污泥无害化处理厂项目等13件重点项目权属审查，总面积141.28公顷（2119.19亩）。完成马坊镇、马昌营镇、东高村镇、大兴庄镇、山东庄镇、刘家店镇、南独乐河镇、峪口镇、夏各庄镇、金海湖镇、大华山镇、镇罗营镇的11个乡镇50个村宅基地农转用项目权属审查，总面积50.71公顷（760.65亩）。

【年度变更调查】

全区本年度调查图斑共计735个，总面积293.58公顷（4403.7亩）。其中，新增建设用地图斑536个，总面积153.17公顷（2297.5亩），占耕地39.49公顷（592.3亩），占可调整地类34.43公顷（516.4亩），占基本农田22.55公顷（338.3亩）；新增坑塘图斑4个，总面积2.48公顷（37.2亩），占耕地1.21公顷（18.1亩），占可调整地类0.23公顷（3.5亩），占基本农田1.16公顷（17.4亩）；新增河流图斑1个，总面积1.21公顷（18.2亩），不占耕地、基本农田和可调整地类；新增农村道路图斑15个，总面积5.38公顷（80.7亩），占耕地2.42公顷（36.3亩），占可调整地类0.2公顷（3亩），占基本农田1.11公顷（16.6亩）；新增沟渠图斑2个，总面积0.43公顷（6.4亩），占可调整地类0.05公顷（0.7亩），不占耕地和基本农田；6类图斑10个，总面积2.21公顷（33.2亩），占耕地1.56公顷（23.4亩），占可调整地类0.19公顷（2.9亩），占基本农田0.86公顷（12.9亩）；PJ图斑19个，总面积15.55公顷（233.3亩），占基本农田 0.02 公顷（0.3 亩），不占耕地和可调整地类；维持原地类图斑 148 个，总面积 113.15 公顷（1697.2 亩），占耕地 44.99 公顷（674.8 亩），占可调整地类 16.92 公顷（253.8 亩），占基本农田 5.65 公顷（84.7 亩）。

【宅基地放线】

全年宅基地放线工作共完成 7 个乡镇 18 个村的 31 户农村宅基地放线工作，其中东高村镇 8 户，马昌营镇 2 户，王辛庄镇 7 户，峪口镇 6 户，南独乐河镇 3 户，山东庄镇 2 户，大兴庄镇 3 户。

【不动产登记】

年内，制定实施了《平谷区不动产登记事务中心制度汇编》，启动不动产登记历史档案数据整合项目。2016 年共受理各类登记业务 16637 件，面积 998.79 万平方米，共发放不动产权属证书 13323 本，其中《不动产权证书》8235 本、《不动产登记证明》5088 份，收取房屋所有权登记费 192.76 万元，房屋所有权证书工本费 0.76 万元。共计开通绿色通道 66 次、上门服务 34 次、延时服务 93 次，解决腾龙源城、渔阳花园及林荫三期等小区历史遗留产权证办理问题，收到企业和个人赠送的锦旗 24 面，表扬信 23 封，获得平谷区“六五”法治宣传教育先进集体荣誉称号。

【土地执法监察】

年内，以巡查各类新增建设用地、在建工程，在建工程原有用途的改、扩建工程为重点，共巡查 909 车次，人员 2154 人次，巡查总路程 31657 公里。2016 年全年共立案查处土地违法案件 60 件，做出行政处罚决定 60 件，罚款 333.96 万元。完成了 2015 年度卫片执法检查工作。2016 年视频监控系统（“国土执法线索管理系统”）正式开始运行。

【信息化建设】

综合监管平台信息发布子系统实现对分局外网网站、市国土局内网网站、政府信息公开子站信息同时发布。每月收集信息并保证主动公开政府信息在 15 个工作日内网上公开。全年主动公开政府信息共 575 条。

全面推行“一站式”服务，共受理行政业务事项 85 件（其中：行政许可事项 70 件、行政服务事项 15 件），受理政府信息依申请公开 551 件，接待咨询 2600 余人次。

【矿产资源概况】

平谷区矿产资源丰富，已知的矿物有金、铜、铝、锌、钨、钼、锰、铁、钾、石英岩、大理石、花岗岩、水泥灰岩、重晶石、麦饭石、白垩等 20 多种。黄金矿线由东到西长约 60 公里，曾是北京市黄金主要产地，2004 年已全部禁止开采。

【地质灾害防治】

年内，全面摸查地灾隐患点，全区地灾隐患涉及 12 个乡镇、69 个行政村、7 个景点、受威胁户 2185 户、受威胁人数 6927 人，采取设置警示牌、手机短信提示等方式，提高群众的防范意识。组织开展汛前、汛期和汛后隐患排查，加强雨前、雨中、雨后隐患巡查，确保防范措施落实到位。建立群测群防网，深入乡（镇）、村、户，采用发放明白卡、张贴展板等形式增强险村险户防范及避险能力。完善了《2016年平谷区突发性地质灾害预案和分局工作方案》，为相关人员配备了部分防汛设备，做到了汛期地灾预警和地灾响应时的迅速反应。

【矿产资源管理】

年内，中安国信（北京）矿泉饮品有限公司取得《采矿许可证》。年内办理建设项目压覆矿产资源核查11件，地源热泵备案5件。

【矿产资源执法监察】

对全区各涉矿乡镇执法巡查314余次，巡查里程25250公里，出动执法人员877人次，参与区政府及查违办等相关部门组织的联合执法行动116次，立案处理8起非法开采行为，扣押违法盗采车辆4辆，销毁摩托车2辆，收缴罚金14.458万元。对金海湖镇将军关和黑水湾等地区非法破坏矿产资源严重的开采点，依法进行了严厉打击；配合乡镇政府封堵废弃金矿矿洞338个；会同各乡镇在主要矿区悬挂宣传横幅70条、设立打击非法盗采警示牌250块、翻新警示牌49块、修复警示宣传墙19面。

【矿产资源环境治理】

年内，完成矿产资源环境治理项目。刘家店镇北吉山村、大华山镇李家峪村、熊儿寨乡南岔村、金海湖镇上堡子村、金海湖镇彰作村等5个不稳定斜坡治理项目及密云水库周边废弃矿山地质环境治理示范工程——刘家店万庄金矿治理区工程、熊儿寨乡魏家湾村地灾治理工程全部通过市级验收。王辛庄镇太后村、大华山镇苏子峪村、镇罗营镇关上村、镇罗营镇北水峪村地灾治理4个项目设计方案专家评审已完成，准备入场施工。

【法制信访工作】

全年共处理咨询440件，通过各类渠道反映的实际受理登记转办各科室890件，其中非紧急救助12345为273件；12336为231件；其他类信访投诉请求386件。共完成行政复议答辩7件，行政诉讼116件，行政机关负责人出庭应诉2件，组织4次行政诉讼案件的旁听活动。

【调研课题】

全年完成调研课题6项。

1. 浅谈平谷区地质灾害防与治

2. 关于宅基地审批问题研究及相关建议

3. 浅议平谷区不动产登记的历史及现状

4. 浅析平谷区土地储备开发现状及发展思路

5. 平谷区土地整治工作浅析

6. 整合山区土地，促进乡村发展

【大事记】

1月11日，平谷分局会同区农业局、区规划局、区查违办及各国土所召开耕地保护考核工作动员会，研究和部署平谷区2015年度耕地保护考核工作。

1月20日，北京市农村土地确权登

记颁证领导小组莅临平谷分局检查平谷区农村村庄地籍调查试点工作。

1月25日，平谷区不动产登记事务中心在年度综合行政服务工作评比中荣获2015年度“优秀服务单位”称号，王宏伟同志荣获2015年度“服务标兵”称号。

2月2日，市国土局地环处、财务处组织专家、设计单位、监理单位、施工单位共同对分局组织实施的熊儿寨乡魏家湾村不稳定斜坡治理工程、大华山镇上王家台不稳定斜坡治理工程、密云水库周边废弃铁矿矿山地质环境治理示范工程（刘家店万庄金矿治理区）进行项目验收。

2月3日，平谷分局会同市平谷区公安分局和属地乡镇等部门对刘家店、大华山、金海湖等金矿盗采易发区进行联合执法专项巡查。

4月12日，吴小杰副区长就国土资源管理重点工作和储备项目进展情况到分局进行工作调研。

5月5日，国家土地督察北京局牛珏专员、耿未名处长一行人分别带队，赴平谷区开展土地督察工作。

5月11日，围绕“减少灾害风险，建设安全城市”这一主题，分局配合平谷区应急办，开展“5.12防灾减灾日”宣传活动。

5月24日，平谷区副区长吴连江带队对全区地质灾害隐患点开展防汛检查。

6月23日，市国土局总规划师丁晓、区委组织部副部长刘俊成、市局人事处到国土分局任命靳燕同志为副书记、局长。

6月，平谷分局党总支荣获平谷区“机关工委系统先进基层党组织”称号。

7月4日，平谷区委常委、副区长吴小杰就地质灾害防治和违法建设查处进行调研。

7月6日，市政府检查组到平谷区检查验收2015年度土地矿产卫片执法工作。

8月3日，平谷区委常委、副区长吴小杰主持召开全区土地资源利用专项调查工作动员部署会。

9月2日，平谷区代区长汪明浩到黑水湾村废弃金矿区就打击金矿盗采工作进行实地调研。

9月9日，市规划国土委员谢俊奇主任就世界休闲大会相关工作到平谷区政府调研。

9月28日，平谷分局陪同汪明浩代区长对金海湖镇将军关金矿区进行了突击检查。

9月29日，平谷分局召开《平谷区关于开展严厉打击非法开采矿产资源专项行动方案》的工作落实情况督导会。

10月17日，朱宝泉同志任平谷区不动产登记事务中心主任。

10月20日，国家土地督察北京局督查一室副主任徐清峰一行到平谷区开展土地督导检查工作。

11月11日，平谷区不动产登记事务中心荣获“平谷区2011-2015年法治宣传教育先进集体”。

12月2日，围绕“加强法制宣传教育，服务经济社会发展”的宣传主题，平谷分局开展第十六个全国法制宣传日市民普法活动。

12月14日，平谷分局召开领导班子和领导干部2016年度考核会，市规划国土委副主任谢俊奇、人事处主任科员秦剑到会指导。

12 月 21 日，吴小杰副区长组织召开打击非法开采加工经营砂石资源工作专题会议。

12 月 29 日，经市规划国土委党组第九次（扩大）会议研究决定，免去付景玉同志北京市国土资源局平谷分局党组书记、副局长职务，办理退休手续。

12 月 30 日，平谷分局完成与平谷区园林绿化局林权档案移交工作。

北京市国土资源局怀柔分局

【土地资源概况】

怀柔区是北京市的远郊区，地处燕山南麓，北京东北部，北纬40°14′-41°04′，东经116°17′-116°55′。东临密云区，南与顺义区、昌平区相连，西与延庆区搭界，北与河北省赤城县、丰宁县、滦平县接壤。辖区设14个乡镇，共284个行政村，常住人口约30万人。怀柔区地形南北狭长，呈哑铃状，南北长92公里，东西最窄处仅11公里。地势北高南低，以著名的万里长城为界，北依群山，南偎平原，层次鲜明地分为深山、浅山、平原三类不同地区，山区占总面积的88.7%。境内最高点海拔1705米，最低点海拔仅34米。

怀柔区辖区面积212282.33公顷，土地利用现状面积详见表4-13。

表4-13　　2015年度北京市怀柔区土地利用现状汇总　　单位：公顷

土地调查面积	212282.33
耕地（01）	10030.46
园地（02）	17661.82
林地（03）	162666.7
草地（04）	1643.35
城镇村及工矿用地（20）	10587.03
交通运输用地（10）	2936.93
水域及水利设施用地（11）	4821.48
其他土地（12）	1934.56

【机构设置】

北京市国土资源局怀柔分局（简称怀柔分局）内设办公室、综合科、地籍科、耕保征地科、土地利用科、地质矿产科、财务科、纪检监察科8个行政科室，行政编制37个，工勤人员3人；下设北京市土地整理储备中心怀柔区分中心、北京市怀柔区不动产登记事务中心、北京市怀柔区国土资源执法监察队及6个国土所9个事业单位，事业编制110个，在岗职工103人。

怀柔分局领导班子成员：

党组书记、副局长　　秦文龙
党组副书记、副局长（调研员）
　　唐军生
副局长　　王永兴
副局长（调研员）　　常淑霞（女）
纪检组长　　胡海玲（女）
副局长　　要启明
副局长　　王　泉

【建设项目用地预审】

年内，办理各类建设项目用地预审15件，总用地面积197.6公顷，其中农用地92.53公顷（占用耕地40.96公顷），建设用地102.48公顷，未利用地2.59公顷；

【征地及农用地转用用地管理】

年内，加强耕地保护，完成怀柔区各镇乡耕地保护责任目标履行情况自查工作，签订本年度耕地保护目标管理责任书，从严控制新增建设用地占用耕地。

完成农村村民宅基地审批9户，完成乡镇（村）公共设施公益事业使用集体建设用地审批1件，完成设施农业用地备案4件，完成集体土地征收（农用地转为建设用地）审批件14件。

【土地开发整理】

全年完成怀柔区桥梓镇北宅村土地整理项目、怀柔区琉璃庙镇崎峰茶村等3个村土地开发项目新增耕地验收，实现新增耕地16.37公顷（245.56亩）；年内正在实施的土地开发项目共2个，分别为怀柔区长哨营乡古洞沟村等6个村土地开发项目、怀柔区汤河口镇小梁前村等四个村土地开发项目。建设规模88.24公顷（1323.53亩），投资约2518.98万元，预计新增耕地62.45公顷（936.82亩）。

【土地储备开发】

年内，梳理确定在施土地一级开发项目共9个（13宗地块），分中心为主体项目8个，企业为主体项目1个，总面积383.72公顷。

【土地供应】

按照《北京市2016年度国有建设用地供应计划》指标分解，怀柔区本年度国有建设用地供应计划总量65公顷，其中住宅用地55公顷，住宅用地包括商品住宅用地40公顷，定向安置房用地15公顷；商服用地1公顷；工矿仓储用地5公顷；研发用地4公顷。

盘活开发区低效土地一宗。4月份，北京安东石油机械技术有限公司被北京奥邦新材料有限公司成功收购。收购后，奥邦公司预计投入1亿元资金用于扩大生产以及新项目开发。该宗地为工业用地，土地面积4.0168公顷，现有厂房8000平方米，办公用房2000平方米。

【不动产登记工作】

全年共受理各类登记业务16755件，登薄14350件，制证10965本，颁发不动产权证书7264本，颁发不动产权证明

3128本。进行存量房补录718件，办理房屋遗失补证及初始登记公告113次，协助法院等部门进行司法查封203次，进行档案扫描上传16439卷。

为促进怀柔经济发展，中心加快工作进度，确保土地权属审查工作及时、准确、高效，全年共办结土地权属审查及地类认定和复函等110件。为区重点工程、“四折”工程涉地项目的顺利进行、为用地单位完善审批手续加快工程建设提供了保障。

【土地执法监察】

全年进行土地执法巡查3300多人次，行程14.2万余公里，发现涉嫌土地违法行为182起，下达责令停止违法建设通知书182份 。

积极组织开展国土部下达土地矿产卫片执法监督检查工作。国土部下发卫片遥感监测图斑共计252个，占地总面积105.4公顷，其中耕地61.1公顷（含可调整地类，下同）。地籍变更调查阶段认定新增建设用地136宗，占地面积37.1公顷，其中耕地18.1公顷。经核查，涉及新增建设用地136宗，占地面积37.1公顷，其中耕地18.2公顷。扣除军事（保密）用地、变更调查认定的新增建设用地中的实地种养殖、临时用地，以及土地管理相关法律法规没有相应处罚条款的违法用地后，全区上年度实际新增建设用地122宗，面积35.8公顷，其中耕地17.4公顷。新增建设用地中，合法用地面积13宗，面积10.3公顷，其中耕地5.1公顷；违法用地109宗，面积25.5公顷，其中耕地12.3公顷。根据卫片执法监督检查验收阶段的统计口径，对上述违法用地已履职到位109宗，履职到位率100%；计入整改到位率计算值范围的57宗一般性违法用地已整改到位40宗，整改到位率70.18%、违法占耕地问责比例为6.93%。其中整改查处进展加权值81.30%，名列全市后三名被约谈。国土资源部下发矿产疑似违法图斑5宗，经核查均为实地伪变化，履职到位率100%。

年内，通过卫片执法检查、动态巡查、群众举报等各种渠道发现的违法违规用地共立案调查73宗，面积20.48公顷，其中耕地1.39公顷，已全部下发处罚决定书。

认真做好行政复议、行政诉讼应诉和法律法规宣传工作。全年办理行政复议案件4件，行政诉讼案件12件。利用“4·22世界地球日”“6·25全国土地日”“12·4法制宣传日”进行法律法规宣传，在全区300余块LED显示屏滚动播放宣传片30天，悬挂横幅40余条，发放宣传品2.5万余件。

认真做好信访和矛盾调处工作。12336违法线索举报全年受理并办结78件。

认真做好视频监控工作。全年视频监控系统共发现、转办各类视频监控违法用地线索154条，均已核查并回复。

严格开展案件审理工作。全年审查各类案件135件。

做好业务档案归档工作，全年整理并数字化档案64本。

【信息化工作】

市国土局综合监管平台应用。继续深

化应用市国土资源综合监管平台系统，进一步完善事务管理模块功能；“事务管理”模块录入3162件，信息报送942件，发文审批253件，发送通知公告58件；及时处理业务科室针对综合监管平台提出的服务请求302次。

信息化基础运维工作。完成怀柔分局机关、不动产登记事务中心、不动产登记事务中心档案室年度信息化设备采购工作；完成不动产登记事务中心各信息化设备终端配置、调试工作；完成县级国土资源政务信息网上公开检查；完成移动政务终端设备数据套餐续费工作；完成区视频监控系统资源调查工作；完成软件正版化、网络与信息系统安全自查工作。

门户网站信息发布工作。全年怀柔分局门户网站共计发布信息959条。市国土局内网共计发布信息642条。

【矿产资源概况 】

怀柔区矿产资源较为丰富，有固体矿产资源、矿泉水、地热资源等类型。其中已发现的固体矿产有四大类、八亚类，30多个矿种。历代已开采的矿种有金、银、铜、铁、钼、萤石、粘土、石灰石、花岗岩等十余种。目前全区有矿产企业4个，开采矿种有铁、矿泉水等。

【矿产资源开发管理】

按照北京市政府关于固体矿山企业的总体要求，怀柔区从2004年6月起不再批设新的采矿权，对现有矿产企业不断加大管理力度。截至年底，全区共有矿产企业4个，其中铁矿1家、矿泉水2家、水泥灰岩矿1家。其中正常生产的有乐百氏（广东）饮用水有限公司、北京大唐庄园饮品有限公司；北京兴发水泥有限公司因企业转型，2015年8月后即停产，2016年12月28日采矿证被注销。北京前安岭铁矿近几年来也一直停产。

【地质灾害防治】

突发性地质灾害隐患点共715处，其中包括崩塌420处，泥石流223处，不稳定斜坡66处和滑坡6处。按受威胁对象划分：险村险户隐患点227处，涉及琉璃庙、长哨营、雁栖、渤海、九渡河等10个镇乡。道路隐患点319处，涉及国道G111怀柔段，辖区各省道、县乡道沿线及其他各类乡村道路；景区隐患点73处，涉及辖区33个旅游景区（点）、度假村、饭店等；其他类型（威胁农田和空房）的隐患点96处。

按照市局及怀柔区有关工作要求，结合本区防汛工作特点和以往汛期地质灾害的基本做法，进一步健全和完善了地质灾害预案、方案、责任制等制度建设，并提高工作标准和要求，细化工作环节。及时通过下发文件、召开会议、实地检查、隐患点再排查、加强监测和值守、细化预警预报传送方式、开展应急演练等多种方式，强化地质灾害易发区域的防治工作，落实各项防治措施。同时，还通过发送地质灾害预防指南、宣传图册、手册、折页等形式，大力宣传普及地质灾害防治政策法规以及预防、避险、自救和互救等地质灾害防治知识和自我防护意识，提高了应对能力。

【地质灾害治理项目】

年内，在建的地质灾害隐患治理工程

有3个，其中上年度“北京市怀柔区琉璃庙镇孙胡沟泥石流地质灾害治理项目”，市级预拨资金1500万元。本年2个，分别为“怀柔区怀北镇毡帽峪、冷水峪泥石流、雁栖镇大地村崩塌地质灾害治理项目”和“怀柔区琉璃庙镇得田沟村、长哨营乡四道河村及杨树湾村、喇叭沟门乡孙栅子村地质灾害治理项目”。市级预拨资金1700万元。2014年申请的清空项目全部完成。

【行政服务事项办理】

全年共办理行政服务事项13件，均属于建设用地压覆重要矿产资源核查事项。

【国土宣传与信息工作】

全年各科级单位共报送信息889条，整理编辑报送市局动态网、怀柔区委区政府等20多个部门。据不完全统计共多头采用1451条，其中，市局动态网和怀柔分局外网同时采用682条，市局办等采用19条，区委、区政府等部门不完全统计采用105条，《怀柔国土资源信息》出刊114期，编辑长、短信息645条，图片317张。

【信访工作】

全年共接到各类信访诉求246批/件次，包括咨询33批86人次、分局长信箱共办理82件，市网上信访信息系统35件，办理12336举报电话96件，现已全部得到了妥善办理。

【大事记】

3月14日，国家土地督察北京局到怀柔现场检查上年度卫片整改情况，先后到怀柔镇、北房镇、长哨营满族乡等镇乡，现场查看了图斑的地类图、规划图、影像图、临时用地批文等相关材料，以及按照设施农用地、临时用地、拆除项目逐地块进行了核查、拍照记录，详细了解项目用地情况。分局副局长要启明、副调研员于德清及执法队、国土所参加检查。

3月17日，怀柔区副区长刘久刚带队到怀柔镇、庙城镇、桥梓镇检查上年度卫片拆除工作，怀柔分局局长孙宪海、副局长要启明陪同检查。实地查看拆除项目是否整改到位。

4月26日，市国土局规划处、规划中心到怀柔区督导城市周边永久基本农田划定核实举证工作。怀柔、密云、平谷、延庆4个分局主管领导及相关负责人参加会议并分别介绍了前期工作开展情况、存在的问题。

北京市国土资源局密云分局

【土地资源概况】

密云区位于北京市东北部，是北京市远郊区，坐标为北纬 40°14′—40°48′，东经 116°41′—117°30′。北部、东部与河北省承德市滦平县、承德县、兴隆县接壤；西部、南部与怀柔区、顺义区、平谷区毗邻。密云区辖 17 个镇，2 个街道，1 个地区，334 个行政村和 92 个居委会。

密云县辖区面积 222592.14 公顷，土地利用现状面积详见 4-14。

表 4-14　　2015 年度北京市密云区土地利用现状汇总　　单位：公顷

行政区域名称	密云区
土地调查面积	222592.14
耕地（01）	17447.8
园地（02）	29307.08
林地（03）	130058.26
草地（04）	2295.34
城镇村及工矿用地（20）	14053.99
交通运输用地（10）	3263.51
水域及水利设施用地（11）	22368.5
其他土地（12）	3797.66

【机构设置】

北京市国土资源局密云分局（简称密云分局）内设办公室（政工科）、地籍科（综合科）、耕地保护科、土地利用科、地质矿产科、财务科、纪检监察科等 7 个职能科室，编制 28 人，实有 25 人。下属单位有：土地整理储备分中心、不动产登记事务中心、土地利用事务中心、执法监察队、国土一所、国土二所、国土三所、国土四所、国土五所、国土六所共 10 个事业单位，编制 126 人，其中参公编制38人，实有37人；规范管理编制15人，实有13人；事业编制73人，实有70人。

分局领导班子：

党组副书记、局长　孙全春
党组书记、副局长　刘　娜（女）
副局长　潘连筠
（2016.1-6月任纪检组长）
副局长　张义臣

【建设项目用地预审】

年内，完成建设用地预审项目23个，总用地面积206.44公顷。其中农用地33.5公顷，建设用地172.52公顷，未利用地0.42公顷。对“8.12”水毁修复工程、沟域经济配套基础设施建设工程、2017年京津风沙源治理二期工程等35个项目出具了预审意见复函。

【征地及农用地转用项目用地管理】

年内，完成新城再生水厂工程、污泥无害化处理工程、新城子中学改建一期工程3个项目的征地前期工作，征地总面积为25.16公顷，其中占用可调整果园2.20公顷，按占用耕地先补后占原则完成补充耕地，并将补充耕地资金上缴财政。完成农用地转用工作2个项目，总用地面积27.18公顷，其中占用耕地0.16公顷，按占用耕地先补后占原则完成补充耕地并将补充耕地资金上缴财政。办理建设用地批准书1件。

【土地整理】

年内，完成对密云区太师屯镇小漕村等5个村土地开发项目、密云区西田各庄镇白道峪村等6个村土地整理项目、密云区高岭镇高岭屯村等5个村土地整理项目、密云区穆家峪镇西穆家峪村等3个村土地整理项目、密云区不老屯镇燕落村等6个村土地开发项目共五个土地开发整理项目验收，新增耕地2589.77亩。完成800公顷高标准基本农田任务。

【土地供应】

按照《北京市2016年度国有建设用地供应计划》指标分解，密云区2016年度国有建设用地供应计划总量47公顷，其中商品住宅用地40公顷、商服用地6公顷、工业用地1公顷。密云区结合首都新时期经济社会发展需求和疏解非首都功能战略，科学合理地统筹安排各类用地，严格土地节约集约利用，优先供应存量建设用地、盘活闲置土地，杜绝违法违规用地，优化密云产业供地需求。有序推进在施土地储备开发项目，为下一年度土地供应奠定了坚实的基础。

【保障性住房用地供应】

年内，密云区通过国有土地一次性招标，确定了长安新村和南菜园新村旧城改建棚户区改造项目的实施单位。项目的启动，为下年供应棚户区改造回迁安置房用地2.6公顷奠定了基础，将有效地改善该区域居民的居住环境。

【地籍管理】

年内，办理土地权属审查48宗，涉及土地面积274.29公顷；办理设施农用地备案17宗，涉及北庄镇、穆家峪镇、西田各庄镇，巨各庄镇、不老屯镇、十里堡镇、大城子镇、东邵渠镇8个镇；临时用地审批11宗，涉及河南寨镇、巨各庄镇、大城子镇、密云镇、十里堡镇、古北口镇6个镇；处理权属争议10件；核实土地现状用途152宗，并在季度变更调查的基础上，完成年度323个图斑的实地核查工作。受理不老屯镇、东邵渠镇、巨各庄镇、太师屯镇、冯家峪镇、穆家峪镇6个镇、15个行政村52户村民的宅基地申请，用地面积0.845公顷。

【权籍登记】

年内，办理权籍（或复核）调查105件，办结105件；涉地登记类业务272件，均已办结，其中办理抵押登记47件，押抵注销登记99件，初始转移登记126件。

【不动产登记】

年内，共颁发不动产权证书13103本，不动产登记证明7763本，土地总面积60.53公顷，房屋总面积234.49万平方米。办理不动产抵押登记4786件，抵押土地总面积127.87公顷，贷款金额90.39亿元；抵押房屋总面积65.24万平方米，贷款金额78.24亿元。

【国有土地使用权划拨】

年内，按照国土资源部《划拨用地目录》和市国土局《实施〈划拨用地目录〉细则》的要求，为密云区第七小学新建工程、密云区云西再生水厂、密云区西田各庄消防站建设项目、密云区清水湾小区二期（公租房）共4个项目核发了划拨决定书，总用地面积7.65公顷。

【土地执法监察】

年内，立案查处违法用地166件，已罚没到位37件，一次移交法院下裁定65件，正在办理中64件。按时办理12336违法举报120件。严厉打击非法开采运输矿产资源行为，全年查扣盗采盗运机械、车辆9台（辆），立案处理5辆，上缴罚款16万元。

【矿产资源概况】

密云区矿产资源丰富，金属矿物有铁、金、银、钨、铬、铅、锌等，其中铁矿已探明储量9.67亿吨，占全市铁矿总储量98%，其主要分布在密云水库周边地区，包括太师屯、不老屯、高岭、巨各庄、冯家峪、石城、穆家峪7个镇。非铁矿以砂石、石灰石为主，其中砂石储量最大，主要分布在潮白河流域、西田各庄镇、十里堡镇等地。

【矿产资源开发管理】

年内，完成区域内7家矿产资源企业年度矿产资源开发利用年检公示工作，并进行现场检查，合格率100%。对5家区属铁矿企业进行了是否存在超层越界开采行为的检查工作，未发现越界开采行为。收缴本年度矿产资源补偿费17.2766万元，采矿权使用费0.95万元。

【地质灾害防治】

年内，全区发现并编录突发性地质灾害隐患点1043处，涉及15个乡镇，其中崩塌隐患点350处，不稳定斜坡隐患点

417 处，滑坡隐患点 4 处，泥石流隐患点 272 处。威胁居民点的地质灾害隐患点共 397 处，涉及 11 个乡镇和 114 个行政村，威胁 2568 户、6745 人。密云分局建立健全群测群防网络，设立村级群测群防员 140 人并在汛前组织培训，编制“一点一预案”，保证每个隐患点落实责任人。加大宣传力度，利用“4・22 地球日”“5・12 防灾减灾日”等活动向群众宣传防灾避险知识。发放明白卡、树立警示牌、组织避险演练、发布避险提示短信、建立隐患台账，落实“七包、七落实”政策，全面开展地质灾害防治工作，确保汛期安全。

【矿山环境治理】

年内，完成验收国家投资的密云水库周边废弃矿山治理项目 9 个，验收中央资金地质灾害治理项目 1 个，清洁空气计划项目 1 个。

【信访工作】

年内，接待土地问题群众来访 148 批 515 人次，其中 5 人以上（含 5 人）集体访 9 批 55 人次。办理非紧急救助事项 387 件。局长、市长信箱来件 74 件。12336 举报件 120 件，其中涉及土地信访举报 95 件，涉及矿产违法举报 25 件。

【调研课题】

年内，完成《关于密云经济开发区土地节约集约利用问题研究报告》及《密云区十三五土地利用战略研究报告》。《关于密云经济开发区土地节约集约利用问题研究报告》研究成果分析描述了开发区的用地强度、用地效益、土地开发程度及可开发后备资源等情况，为开发区日后的供地审批及批后监管提供一定的参考依据。同时结合分析报告中的用地布局及北京疏解非首都功能定位要求，为开发区日后的产业项目布局提供指引方向。

【大事记】

1 月 25 日，经密云区档案局考评组考核，北京市档案局审批认定密云分局为“北京市区县机关档案工作市级优秀单位”。

3 月 25 日，密云区政府组织召开上年度土地卫片执法监督检查专项会议。会议由李光辉副区长主持，政府督查室、国土分局、监察局、规划局、城管执法局、农村工作委员会及相关镇政府负责人参加。

4 月 1 日，密云分局针对密云区京沈高铁项目，进行了项目用地红线内的房屋、大棚、农作物、树木及花卉等地上物和养殖动物的实际情况的现场核实，进行“四抢”最终认定，形成了地上物现状、相关手续情况及补偿认定结果的认定报告，为项目推进奠定基础。

4 月 6 日，密云分局在技术单位的配合下完成了京沈高铁客运专线密云段土地勘测定界工作。

5 月 11 日，密云分局、区防汛办、区住建委、大城子镇、巨各庄镇、河南寨镇等属地政府对国家级重点工程京沈客运专线进行施工现场的防汛安全工作检查，中铁三局、中铁二十二局有关负责人陪同检查。

7 月 1 日，密云分局组织全体党员到

北京焦庄户地道战遗址纪念馆开展践行“两学一做”暨纪念建党95周年主题党日活动。

7月15日，密云区上好家园、久润部分地块和檀营乡居住区土地开发项目为历史遗留项目，3个项目均通过市规划协调会审核。

7月20日，密云区降下入汛以来最大一场暴雨，20日8时至21日8时，全区平均降雨量107毫米，全区最大雨量在巨各庄，达到190毫米。7月21日、22日，密云分局主管局长带领地矿科、各国土所分别对辖区内的地质灾害隐患点开展雨后排查工作。

8月5日，市规划国土委陈一昕委员带队，由地环处、财务处和专家组成的验收组对密云分局承担的密云水库周边废弃铁矿矿山地质环境治理示范工程不老屯-冯家峪治理区、王家会-放马峪治理区、陡岭子治理区进行验收。

10月21日，根据市国土局下达密云区新增耕地20公顷任务要求，最终确定高岭镇、不老屯镇、古北口镇作为2016年密云区土地整治任务承担单位，密云分局组织专家及区有关部门和3个镇政府召开项目可行性研究报告评审会。

12月2日，密云区政府组织召开土地督察问题整改工作专题会。区长潘临珠主持，区委常委、常务副区长杨珊和区委常委、副区长李光辉出席，密云分局对土地督察问题整改工作现阶段进展及工作建议进行汇报，传达解析市级相关政策。针对督察问题，相关部门及各镇主要负责人逐次逐宗发言表态。

北京市国土资源局延庆分局

【土地资源概况】

延庆区地处北京市西北部。坐标为北纬40°16′-40°47′，东经115°44′-116°34′。东、南与怀柔区、昌平区相邻，西、北与河北省怀来县、赤城县接壤。辖区共15个乡（镇），3个街道。

延庆区辖区总面积199488.48公顷，土地利用现状面积详见表4-15。

表4-15　2015年度北京市延庆区土地利用现状汇总　单位：公顷

土地调查面积	199488.48
耕地（01）	28316.69
园地（02）	10636.23
林地（03）	135494.81
草地（04）	2735.73
城镇村及工矿用地（20）	9468.86
交通运输用地（10）	3541.81
水域及水利设施用地（11）	6409.37
其他土地（12）	2884.98

【机构设置】

北京市国土资源局延庆分局（简称延庆分局）内设办公室（财务科）、地籍科（地质矿产科）、土地利用科（耕地保护科）、综合科。设纪检监察科（政工科）。设不动产登记事务中心、土地利用事务中心、土地整理储备中心、执法监察队和国土资源管理一、二、三、四、五、六所等10个事业单位。分局人员编制145人，其中机关行政编制23人，机关工勤编制2人，事业编制120人（其中参照公务员法管理的事业单位编制32人，纳入工资规范管理的事业单位编制15人，全额拨款事业单位编制73人）。

分局领导班子：

党组书记、局长　刘亚利
副局长　房秀利
纪检组长　孙仲军
副局长　李淑华（女）

【土地利用总体规划】

年内，开展延庆区永久基本农田划定及土地利用总体规划调整完善工作。划定延庆区永久基本农田20.8万亩，其中城市周边范围永久基本农田9140亩。年底已按要求将划定数据报市国土局、市农委、市农业局进行审核。

【建设项目用地预审】

年内，共办理建设项目用地预审28件，回函58件。

【征地及农用地转用项目用地管理】

年内，完成农转用前期工作及集体土地征收前期工作共12宗，涉及面积236.1375公顷。其中取得征地批复项目3个，征地总面积30.316公顷；取得农转用批复项目1个，批复土地面积1.2826公顷。

【土地整理及耕地占补平衡】

年内，完成高标准基本农田建设项目工程验收5个，总建设规模为5333.33公顷，总投资为15535.23万元，涉及基本农田面积为3920公顷。年内，完成8个市财政投资土地整理项目新增耕地验收，新增耕地面积336.528公顷。年内，完成11个建设项目的耕地占补平衡工作，共补充耕地95.7302公顷，政府收益共2274.912万元。

【土地供应计划及实施】

《北京市2016年度国有建设用地供应计划》分解到延庆区的约束性指标共计54公顷，其中：商品住宅30公顷，商服用地6公顷，保障性住房18公顷。

全年在延庆新城05街区05-037、05-043地块实现商品和保障房用地供应7.14公顷。

年内，完成千家店镇文化中心改建工程项目、延庆区体育中心（全民健身中心）、延庆区沈家营镇东王化营村西侧A03、B05地块二类居住用地（配建经济适用住房、限价商品住房）项目——经济适用住房3个项目划拨供地手续，3个项目供地面积共计5.12764公顷。

【保障性住房用地供应】

全年延庆区保障性安居工程用地计划落实总量17.53公顷，其中计划新增供应17.53公顷。计划在延庆区大榆树镇YQ10-0400-0001等地块安置房建设项目中落实。

【土地储备开发】

全年在施一级开发项目19个，总用地面积约797.05公顷，在施土地面积756.29公顷，规划建筑规模315.85万平方米；供应项目1个，供应面积7.14公顷，规划建筑规模15.70万平方米。

【不动产登记】

年内，不动产登记中心共受理不动产

登记业务10818件，发放证书8181本，其中颁发不动产权证书4839本，出具不动产权证明3342本。

截至11月21日，延庆不动产登记事务中心房产档案资料移交工作全部完成。共涉及房产登记资料106935卷，其中房产转移档案68131卷，房产抵押注销档案29877卷，公产档案2699卷，其他6228卷。

年内，延庆区不动产登记事务中心与区园林绿化局完成林权档案移交工作，共移交林权档案9卷。

【土地执法监察】

年内，通过动态巡查共发现违法用地行为901宗，均现场制止并责令停止违法行为，且全部下达《责令停止违法行为通知书》。共立案查处违法占地和矿产违法案件22起，罚款共计591.52万元，其中：违法占地案件21起，罚款共计585.52万元；矿产违法1起，没收违法所得共计6万元。

加强矿产治理，年内在全区范围内开展了严厉打击非法涉砂行为工作行动，联合公安、检察院，多种手段打击砂石盗采行为。立案查处11起，扣押违法车辆17辆、挖掘机4台、铲车1辆。

【信息化建设】

年内，推进软件正版化工作，做好日常信息化运行维护工作，严格实行CA认证，确保网络安全，依托市国土局“一张图”网络平台，提升国土资源管理效率和质量。

【矿产资源情况】

截至年底，全区有1家矿泉水开发利用单位、4家地热探矿权单位、4家地热采矿权开发利用单位。

【地质勘探储量管理】

年内，共完成建设项目是否压覆重要矿产资源核查12件。

【矿产资源开发管理】

年内，完成1家矿泉水采矿权信息公开系统填报工作。

【地热资源管理】

年内，完成4家地热探矿权信息公开系统填报工作；完成4家地热采矿权信息公开系统填报工作。

【地质灾害防治】

年内，通过制定地质灾害防治方案预案、层层签订责任书、开展多角度全方位宣传、组织群测群防员培训、严格预警发布、执行值班和速报制度、落实演练计划、坚持汛前、汛中、汛后三查工作、完善台账信息、安装警示牌、发放明白卡等一系列措施，夯实日常防治基础工作。全年发生17起崩塌事件，崩塌土石方共约16900立方米，均无人员伤亡情况。

12月5日，通过珍珠泉乡水泉子村南沟门泥石流灾害治理项目的竣工验收。年内，完成珍珠泉乡八亩地村阳坡泥石流灾害、旧县镇盆窑村以及香营乡上垙村、山底下村、屈家窑村共3个地质灾害治理项目的申报工作。3个项目共5个隐患点，均已完成招投标工作。

【信访工作】

年内，共受理信访举报事项139件次，与去年同期相比增加24%。其中信访事项1件次，同比减少93%，举报事项138件次，同比增加42%。接收来信53件，同比减少20%。来访86批次163人次，同比增加91%。集体访4批次60人次，同比增加300%。重复访74批次114人次，同比增长825%。网上信访件31件次，同比减少40%。市长信箱14件、市局局长信箱8件，同比减少40%，其中重信4件次，联名重信3件次。

【大事记】

3月25日，2019年中国北京世界园艺博览会土地一级开发项目（B、E地块）取得土地储备前期整理规划条件。

4月7日，2019年中国北京世界园艺博览会土地一级开发项目（D地块）取得土地储备前期整理规划条件。

5月19日，市国土局授权北京世园投资发展有限责任公司作为主体组织开展2019年中国北京世界园艺博览会土地A、B、D、E、H地块的一级开发工作。

6月2日，延庆新城05街区05-043地块R2二类居住用地国有建设用地使用权由北京天润诚泽房地产开发有限公司以104250万元现场竞报“自住型商品住房”面积31500平方米竞得。

6月21日，2019年中国北京世界园艺博览会土地一级开发项目（A、H地块）取得土地储备前期整理规划条件。

7月8日，2019年中国北京世界园艺博览会土地一级开发项目（B、D、E地块）取得立项批复。

7月28日，2019年中国北京世界园艺博览会土地一级开发项目（A、H地块）取得立项批复。

8月10日，延庆分局分别邀请市规划国土委耕保处领导、土地复垦方面专家和区农业局相关负责人共同组成评审专家小组，召开陕京四线输气管道工程（主干线延庆段）土地复垦方案专家评审会，共同审议该项目土地复垦方案报告。这是延庆分局首次召开土地复垦方案专家评审会，此项工作开启了规范临时用地办理和土地复垦方案审查的序幕。

10月19日，市规划国土委授权北京世园投资发展有限责任公司作为主体组织开展2019年中国北京世界园艺博览会土地I地块的一级开发工作。

11月23日，2019年中国北京世界园艺博览会土地一级开发项目（I地块）取得土地储备前期整理规划条件。

11月，完成延庆分局办公楼危楼改造，实现水、电、暖及消防整个系统的更新。

12月14日，市规划国土委总工程师丁晓参加延庆分局领导班子及领导干部2016年度考核会。延庆分局党组书记、局长刘亚利同志主持会议并代表领导班子作工作报告；领导班子成员分别进行了个人述职述德述廉。

12月19日，中关村延庆园工业用地土地一级开发项目取得立项批复。

北京市国土资源局经济技术开发区分局

【土地资源概况】

北京经济技术开发区对北京东南部地区约57平方公里的区域实施经济管辖，其管理范围如下：

1994年8月25日国务院《关于同意设立北京经济技术开发区的批复》（国函〔1994〕89号）批准开发区规划面积10平方公里，四至范围为：东到东环路，南到新凤河，西至凉水河，北至北环路。

2000年8月22日，《关于对北京经济技术开发区启动北侧绿化带隔离带绿化试点工作的批复》（京国土房管权字〔2000〕第234号）批准开发区启动北侧绿化隔离带试点工作，绿化带内建设用地涉及有偿使用的，出让合同由开发区管委会房地局签订，土地置换等房地报批手续，可由开发区房地局统一办理，开发区管委会保证北侧绿化带的实现。2001年7月3日，《关于北京经济技术开发区北侧绿化隔离地区土地置换的批复》（京政地〔2001〕92号）同意由开发区管委会实施北侧绿化带拆迁安置及绿化工作，组织实施498公顷绿化隔离地区的土地置换方案，通过土地转换和整理后，将原零星分散的建设用地都整理到北侧绿化带南部，绿化用地则集中到北部。至此，北侧绿化带总用地面积4.98平方公里，南起开发区北环路北红线，东至京津唐高速公路西红线，北至规划公路一环，西至凉水河东岸纳入开发区管理范围。

2002年8月8日，《关于北京经济技术开发区扩大发展用地的复函》（外经贸资开函〔2002〕779号）和《北京市人民政府关于北京经济技术开发区扩大发展用地的通知》（京政发〔2003〕10号）批准开发区在一期15.8平方公里的基础上向京津唐高速路东和凉水河以西扩展，其中，京津唐路以东约14平方公里，四至范围为：京津唐路以东，大羊坊路以南，大羊坊路及通马路以西，凉水河以北；凉水河以西约10平方公里，四至范围为：凉水河以西，旧头路以东，六环路及新凤河以北。

2010年，根据《北京市人民政府关于同意授权北京经济技术开发区管委会统一开发和管理亦庄新城范围内大兴区12平方公里产业及配套用地的批复》（京政函〔2010〕59号），北京市人民政府同意授权北京经济技术开发区管理委员会按照《北京经济技术开发区条例》和《北京市人民政府关于实施<北京经济技术开发区

北京土地学会

【学会概况】

北京土地学会（简称学会）成立于2002年7月31日，是北京地区从事土地管理、土地科技、土地经济理论研究的具有社会公益性质的非营利性社会团体。

学会内设机构“四部一室”：综合办公室、学术部、培训部、编辑部、咨询部。年内，驻会工作人员6名。学会下设8个专业委员会，即土地经济和土地市场专业委员会、土地科普和学科教育专业委员会、耕地保护与土地整理专业委员会、地籍管理和土地信息技术专业委员会、土地利用规划专业委员会、土地价格和土地估价专业委员会、土地法学专业委员会、土地储备开发专业委员会。截至年底，学会共发展团体会员200个，个人会员39个。

【学术交流】

学术讲座。为营造学术氛围，丰富学术内涵，促进首都土地科学的繁荣发展，为土地科技工作者提供学习、探讨和交流的平台，年内，学会邀请清华大学建筑规划学院副院长刘健，中国土地学会副理事长、研究员黄小虎等，以“快速城市化时期的住房与住区建设——借鉴与反思”“北京市不动产统一登记推进进程”“国土资源与文化”和“高房价的制度性根源”为题，共举办学术讲座4场，吸引市国土系统、会员单位、高校师生等500余人到场聆听和深入交流。

交流研讨。交流研讨会是学会把握理论前沿、提升学术品质、利用专家智库平台为政府建言献策的有效形式和重要抓手。年内，学会会同北京房地产法学会分别于3月16日、7月5日，举办以《北京市土地及房地产形势》和《国家土地督察条例》（征求意见稿）为题的两场学术交流研讨会。研讨会邀请国家土地督察上海局原巡视员刘玉杰，市国土局副总规划师、法制处处长丁世华，市国土局副总规划师、调控和监测处处长王兵，市国土局执法总队总队长孙龙广，北京房地产法学会常务副会长、首都经贸大学教授赵秀池等知名专家学者出席，就北京市“十三五”期间国有建设用地供应思路、2016年国有建设用地供应计划、北京市房地产市场的主要调控政策和整体运行趋势，以及《国家土地督察条例》的出台背景、重要意义和部分条款的修改与调整等进行梳理解读和深入剖析。研讨会主题明确、贴近形势，具有较强的理论意义和实践指导意义。

京津冀主题论坛。京津冀协同发展战略是国家级重大战略，学会作为京津冀腹地的专业学术研究机构，积极探索首都北京加快城市副中心建设和促进非首都功能疏解的相关落地保障、耕地资源保护和生态环境建设等重点问题，于10月18日，邀请市规划国土委总工程师丁晓，北京大学政府管理学院教授、博士生导师杨开忠，首都经济贸易大学城市学院副院长、教授彭文英和北京市国土资源局通州分局原局长靳京等专家召开以《京津冀协同发展战略及土地节约集约利用》为题的第十届北京土地科学管理学术论坛。论坛就京津冀协同发展战略的实施路径与根本要求、首都北京节约集约用地的总体思路、京津冀地区耕地利用与保护策略，以及通州区如何做好城市副中心涉地服务等问题进行分析与解读，并就京津冀科技人才共享、区域发展品质差异、京津冀微中心建设、耕地多功能性利用等问题展开互动探讨。市科协、社科联、研究机构以及国土系统各机关处室、分局、事业单位、会员单位等200余人参加。

会员交流。为展示各会员单位的先进工作成果，促进会员之间的协作交流，5月24日，学会举办会员日交流活动。交流会邀请泛华建设集团有限公司、北京首佳房地产评估公司等单位8名业务骨干分别以《新形势新思路，“多规合一”的方法和策略》《棚户区改造和环境整治工作的体会——以顺义仁和镇为例》等为题进行发言。其中，巅峰置业公司创新研究院副院长刘馥馨《关于旅游用地的几点思考》、北京新兴宏基地产顾问机构市场部经理底艳《主动顺应首都战略发展，统筹谋划存量不动产利用》的交流发言内容新颖，层次鲜明，受到与会人员的好评。交流会由市规划中心主任茹小斌主持，中国土地勘测规划院规划所所长贾克敬、首都经贸大学城市经济与公共管理学院副院长彭文英应邀担任点评嘉宾，市国土局相关处室、区分局、会员单位120余名会员代表参加。

青年学术论文交流。“北京土地青年学术论文交流活动”是学会重点打造的品牌活动，旨在推动土地科技创新，促进人才成长，为广大青年土地科技工作者提供交流思考和总结谏言的平台。年内，学会继续会同原市国土局人事处、科技处、机关党委，在国土系统内部组织开展第八届北京土地青年学术论文交流活动。活动共收到论文99篇，涵盖国土改革和生态文明建设等众多方面。经专家评审，活动评选出一等奖10篇、二等奖20篇、三等奖30篇、鼓励奖39篇。同时，在综合评优的基础上，于9月20日，组织举办第八届北京土地青年学术交流演讲会。演讲会邀请行业专家和领导组成评审组，对6位演讲者的论文水平和演讲表现进行综合评分，同时特邀中国农业大学教授朱道林，中国土地学会学术工作委员会副主任兼秘书长、研究员许坚担任点评嘉宾，对演讲论文的学术水平、应用价值、亮点、不足等进行点评。市规划国土委主任魏成林对青年人才成长工作高度重视，连续两年莅临演讲会并做总结发言。

区域学术交流。承办中国土地学会城市土地分会秘书长会议。4月14日，中国土地学会城市分会秘书长会议在北京召开，会议由中国土地学会城市土地分会主任委员单位南京市国土局主办，分会副主任委员单位北京土地学会承办，来自南京、西安、重庆、广州、沈阳、福州、宁波等城市的分会主任、副主任、委员、秘书长、副秘书长以及包括昌平分局在内的共22名代表参会。会议首先传达国土资源部原副部长、中国土地学会理事长王世元在中国土地学会2015年学术年会上的讲话，之后研究讨论《中国土地学会城市土地分会“十三五”工作规划》和《城市土地分会关于2016年度理论研究工作意见》，确定“建设用地增效利用研究”“城乡土地综合整治与生态建设研究”等8项内容作为2016年度的主要调研课题，最后会议通过城市土地分会副秘书长人事调整事宜。参加中国土地学会城市土地分会主任会议，市国土资源勘测规划中心谯贇作为北京土地学会代表，以《关于我市人口和建设用地变化规律浅析及管理思路新探索》为题进行交流发言。参加中国土地学会2016年学术年会，年会为“2016年中国土地学会学术年会优秀论文”获奖者代表颁奖，其中由学会推选的5篇论文入选2016年中国土地学会学术年会论文集。

【科普宣传】

重点主题宣传。4月22日，学会以地球日为契机，会同市国土局科技处，围绕“节约集约利用资源，倡导绿色简约生活”主题，在北京市第十四中学共同举办了第47个“世界地球日”现场宣传活动。6月25日，学会按照市国土局的统一部署，与东城国土分局共同举办以“节约集约用地，切实保护耕地”为主题的第26个全国土地日现场宣传活动。

科学家进校园活动。年内，学会邀请市地质调查研究院副总工吕金波研究员，在门头沟大峪中学举办题为《神奇地球，美丽北京，地质摇篮门头沟》为题的科普宣传讲座。讲座配合实物标本观摩，寓教于乐，互动性强。

科技套餐工程活动。10月26日，学会与密云区科协邀请北京师范大学地理学与遥感科学学院赵烨教授，在密云区高岭镇镇政府举办《管护耕地功能与健康》科普下乡专题培训。密云区高岭镇所有涉农基地负责人、农业技术员、大学生村官和村干部等70余人参加。

科技下乡活动。11月30日，学会邀请原市国土局耕地保护处副处长曲波和地质环境处科长付力平，与怀柔区科协在怀柔区怀北镇邓各庄村联合举办《耕地保护政策》《地质灾害防治及避险自救常识》两场科普下乡专题讲座。

【《北京土地》】

《北京土地》是学会会刊，年内，学会顺利完成《北京土地》出版发行任务，共发行7期，含双月刊6期，增刊1期，出版6900册，含双月刊6600册，《第八届北京土地青年学术交流论文集》300册，发表高质量文章40余篇，涵盖耕地保护、土地节约集约利用、多规合一、生态国土和法治国土建设、国土供给侧结构性改革以及京津冀协同发展等众多热点难点内容。

【教育培训】

北京土地学会培训中心是经北京市教

育行政主管部门正式批准的社会力量办学机构。年内，学会整合社会优质资源，邀请国土资源部不动产登记中心研究员张富刚、中国土地勘测规划院研究员贾克敬、北京大学法学院教授常鹏翱、中国农业大学教授宇振荣等专家学者，分别于6月21日、8月30日、11月4日，组织开展北京市土地整治业务、北京市不动产统一登记实施、北京市永久基本农田划定三期继续教育培训班，培训学员共计292人。

【专项工作】

北京市乙级土地规划机构评审推荐和年检工作。组织开展北京市土地规划乙级机构资质评选推荐是学会的一项常态化工作。年内，学会继续加强和规范评选工作程序，按照《北京市土地规划乙级机构管理实施办法》，组织开展两次土地规划乙级机构的推荐评选。按照公开、公平、公正原则，经材料初审、机构走访考察、专家会评审、公示颁证等程序，推荐北京清华同衡规划设计研究院有限公司、北京汉通建筑规划设计顾问有限公司等10家单位纳入北京市土地规划乙级机构推荐名录。同时，为做好土地规划乙级机构的规范管理工作，学会加大日常监督和年审力度，对推荐名录内所有机构的技术人员、项目业绩、机构管理制度以及社会信用等进行核查和认定，对不符合资质条件的机构给予警告并记录在案。截至年底，北京市土地规划乙级机构推荐名录共计130家。

《北京市国土资源年鉴2016》编纂工作。受市国土局委托协助局研究室，连续10年承担《北京市国土资源年鉴》编纂工作。该项工作基础性、系统性、资料性较强，涉及局系统近50个单位，工作量大、质量要求高。年内学会抽调精干人员，对年鉴编写工作统一动员，严格部署，加强组织策划，加强业务学习，合理安排退稿重写、约改、审核校对等工作环节，保证年鉴编写工作的顺利进行。在市国局主责部门和相关单位的支持下，顺利完成《北京市国土资源年鉴2016》编纂任务，正式出版1000册。

《北京市国土资源管理规范用语指导手册》编写工作。学会受市国土局委托，对当前国土资源管理工作中涉及的各类专业术语及规范定义进行全面梳理，承担《北京市国土资源管理规范用语实用手册》编制工作。年内，学会针对编撰初稿组织多次专家座谈讨论和全局系统的意见征询，并于6月22日，参加由市国土局研究室组织的课题专项评审。专家评审组听取并审阅课题研究成果，认为该成果编制思路清晰，编写规范，章节设置合理，内容全面，突出实践特色，具有一定的编制水平和参考价值，较好地完成预定目标和各项任务，对进一步提升国土资源管理水平和工作水平具有较高的现实意义和指导意义，同意通过评审验收。

《2016年度存量土地及空间资源盘活利用》专项委托。年内，学会继续整合资源，积极参与国土资源管理中前瞻性、战略性、基础性问题研究，组织专门力量，承担完成中关村管委会委托的《2016年度存量土地及空间资源盘活利用》专项委托工作。该课题是在2015年顺利完成专项课题研究基础上的再次委托深化研究。

北京房地产估价师和土地估价师与不动产登记代理人协会

【协会概况】

2004年10月，经北京民政局批准，北京房地产估价师和土地估价师协会正式成立。2016年，协会更名为北京房地产估价师和土地估价师与不动产登记代理人协会（以下简称协会）。

协会的最高权力机构是会员大会。选举协会理事69名，常务理事35名。截止到2016年12月，共有会员单位156家。在北京市具有房地产评估资质的机构164家，具有土地评估资质的机构90家，具有土地登记代理资质的66家。注册房地产估价师2260人，注册土地估价师1454人，注册土地登记代理人154人。协会党总支现有党支部9个，正式党员63名。

【专项工作】

1. 北京市地价动态监测工作

年内，受北京市规划和国土资源管理委员会委托，协会组织63家评估机构的230名土地估价师对北京市465宗地的地价进行监测。并按季度上报中国土地勘测规划院备案。召开地价动态监测专家讨论会、技术负责人讨论会10余次。完成工作包括：（1）监测样点、估价师调整等基础工作；（2）牵头组织63家单位的230名估价师进行每季度的标准宗地地价信息采集，整理、校核、汇总监测数据，测算地价水平值、地价增长率、地价指数等指标，上报监测成果；（3）完成商品房成本调查；（4）地价动态监测成果季度分析报告和地价动态监测成果年度分析报告；（5）组织专家进行地价监测技术问题专项研究；（6）监测点地价信息采集；（7）对土地估价师进行监测技术指导和培训，以及其他由市局和规划院委托的任务；（8）协助市国土信息中心进行北京市地价动态监测系统研发、试用、修改工作；（9）市级新城监测细化布设工作。工作成果已在相关网站公示，并应用于北京市地价管理和地价评估等工作中。北京市在2015年105个国家级地价动态监测城市年度工作综合评比中成绩优秀。

2. 土地估价师专业考核面谈考评工作

年内，顺利完成土地估价师专业考核面谈考评工作。共有99名土地估价师报名参加。经过专家面审，最终有 88 名土地估价师通过专业考核。

3. 土地估价师注册登记工作

年内，完成土地估价师初始注册 56 人，转移登记 57 人，注销登记 6 人。

4. 房屋征收评估专家鉴定

年内，协会全年共接受房屋征收拆迁咨询 130 人次。收到征收拆迁评估分户鉴定申请 8 件 33 户，受理 31 户，办结 31 户，退件 2 户。基准价格鉴定 3 件。

5. 楼盘统计和房价跟踪

年内，协会信息中心采集了本年新建商品房中的 242 个住宅项目，进行了一月 2 次的价格跟踪，并进行数据分析。

6. 投诉信访案件工作

年内，多次配合北京市住房和城乡建设委员会和北京市高级人民法院处理对北京市估价机构违法违规行为的信访投诉案件。

【教育培训】

年内，协会分别在北京、成都、山东、内蒙古、福建等地举办围绕不动产登记与估价、农村土地流转及价值评估、北京市房屋重置成新价技术标准、征收拆迁相关评估政策和技术等方面的大中小型继续教育培训班及针对房地产估价师和土地估价师的网络继续教育培训 10 余次，培训人数 4000 余人。

【学术交流】

1. 专题研讨会

年内，协会组织召开 4 次北京市地价动态监测形式研讨会。研讨会邀请市规划国土委相关处室领导、工作人员、国土部勘测规划院及行业内专家，分析地价动态监测结果及下一季度的形势。

2. 区域学术交流

年内，参加天津市土地房地产估价师协会和天津市土地估价师协会联合承办的“京津沪渝”房地产和土地估价行业协会联谊会；参加全国知名房地产估价机构联谊会，讨论《资产评估法》实施后对估价行业的影响。新疆房地产业协会到我会交流学习。8 月，北京市住房和城乡建设委员会邹劲松副主任带领房屋征收拆迁管理处一行 4 人到我会进行调研。

3. 专业评审

年内，协会配合北京市住房和城乡建设委员会房屋市场管理处进行房地产估价机构资质审查工作。对 8 家新申请或升级的房地产估价机构进行实地检查。组织专家对 7 家房地产升级机构进行报告评审。10 月，组织专家对 156 家房地产估价机构进行报告评审。

【课题研究】

1. 完成房屋征收相关课题研究工作

年内，受北京市住房和城乡建设委员会委托的《房屋征收评估准则统筹及货币化安置政策研究》课题研究通过专家验收。6 月，发布《北京市房屋重置成新价技术标准》。12 月，协会协助北京市住房和城乡建设委员会发布《北京市国有土地上房屋征收评估暂行办法》和《北京市房屋征收服务机构服务行为动态评价暂行办法》。

2. 完成土地出让地价评估技术相关问题

年内，完成市规划国土局土地利用处

2016 年北京市国土资源主要统计指标分析

一、国土资源主要统计指标简析

（一）建设项目土地预审情况

1-12 月，北京市共批复建设用地预审项目 720 个，同比下降 7.93%；拟用地总面积 8733.75 公顷，同比下降 7.30%。其中，建设用地面积 4904.24 公顷，同比下降 8.77%；农用地面积 3584.15 公顷，同比下降 3.28%；未利用地面积 245.36 公顷，同比下降 27.83%（详见图 6-1）。

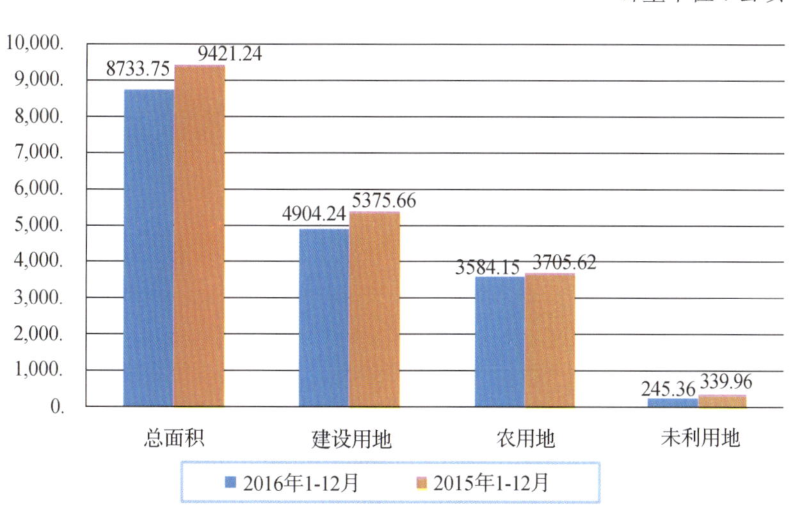

图 6-1　建设项目土地预审情况对比

从项目用途结构看，储备用地 2937.52 公顷，交通运输用地 2324.40 公顷，住宅用地 1827.70 公顷，公共管理与公共服务用地 1389.63 公顷，商服用地 143.40 公顷，水域及水利设施 60.60 公顷（详见图 6-2）。

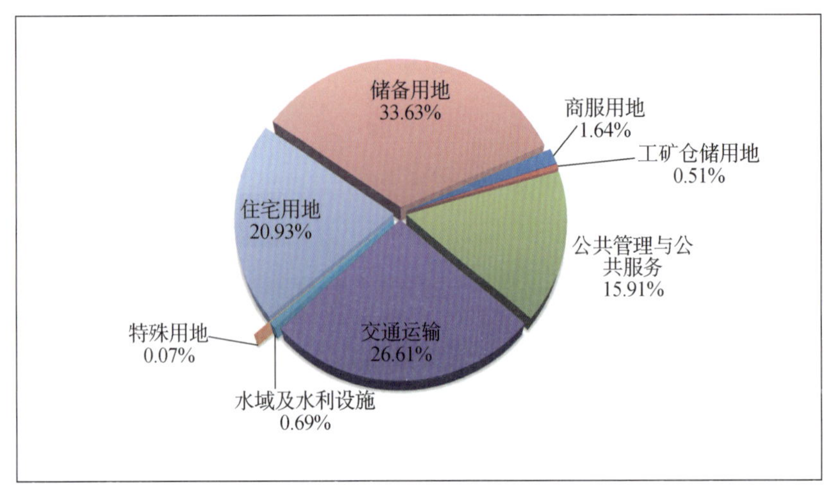

图 6-2 建设项目土地预审用地类型结构

（二）批准建设用地情况

1-12 月，全市共批准建设用地总面积 1645.40 公顷，同比增加 56.28%。其中，国务院批准建设用地面积 202.31 公顷，占总批准建设用地面积的 12.30%；北京市政府批准建设用地面积 1443.09 公顷，占批准建设用地总面积的 87.70%。1-12 月新增建设用地 898.32 公顷，其中，农用地转用 839.79 公顷（含耕地 447.37 公顷，同比增加 81.72%），同比增加 96.39%，未利用地 63.23 公顷，同比增长 4.99 倍。

（三）国有建设用地供应总量情况

1-12 月，全市国有建设用地供应 486 宗，土地面积 1913.13 公顷。其中通过出让方式供应 159 宗，土地面积 727.47 公顷，同比下降 16.69%；划拨方式供应 231 宗，土地面积 428.66 公顷，同比下降 37.28%；以征代划方式供应 96 宗，土地面积 758.26 公顷，同比增加 68.13%（详见图 6-3）。

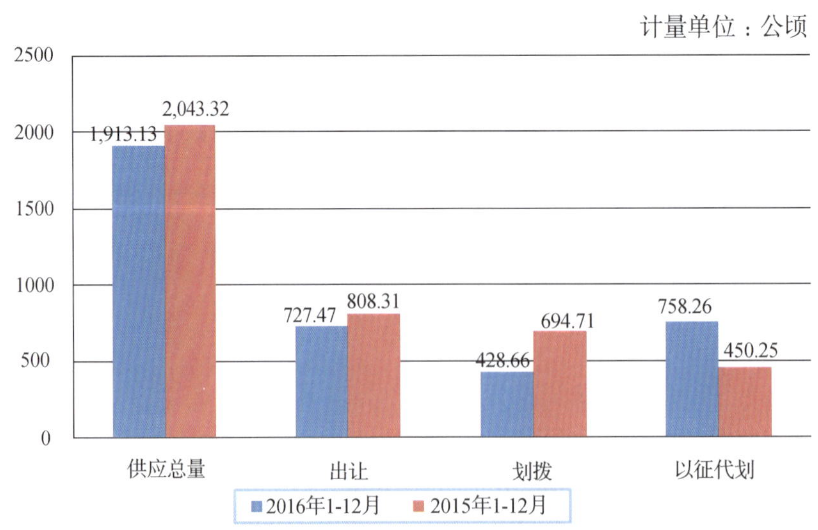

图 6-3 土地供应总量情况对比

从供地结构上看：土地出让、划拨、以征代划分别占国有土地供应总量的出让比例 38.03%、划拨比例 22.41%、以征代划比例 39.63%（详见图 6-4）。

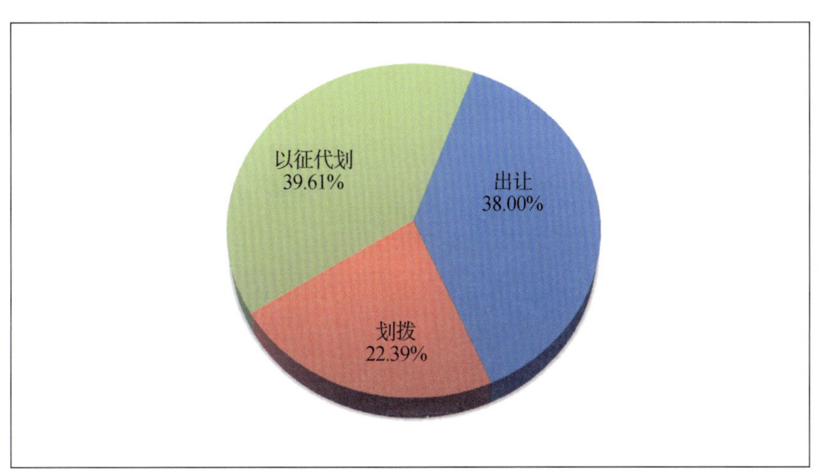

图 6-4 土地供应总量情况结构

1. 出让方式（签订合同）供应情况

1-12 月，国有土地出让面积 688.48 公顷，同比下降 14.82%，成交价款 799.29 亿元，同比下降 60.44%。其中，通过土地招拍挂方式出让土地 463.73 公顷，占出让总面积的 67.36%，以协议方式出让土地 224.75 公顷，占出让总面积的 32.64%。

从用地类型结构看：以商服用地和住宅用地为主，分别占出让总面积的 45.35%、19.15%，分别同比增加 72.16%、同比下降 70.63%（详见图 6-5）。

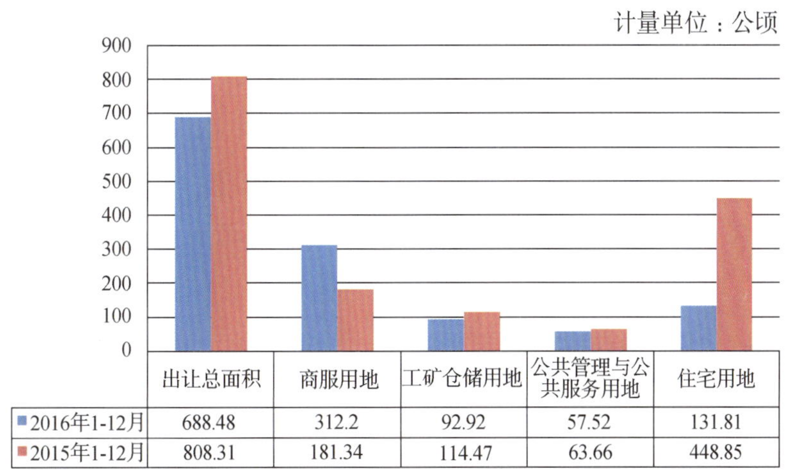

	出让总面积	商服用地	工矿仓储用地	公共管理与公共服务用地	住宅用地
2016年1-12月	688.48	312.2	92.92	57.52	131.81
2015年1-12月	808.31	181.34	114.47	63.66	448.85

图 6-5 国有建设用地土地出让情况对比

土地收益上缴金额 1293.75 亿元（去年同期为 1913.22 亿元），同比下降 32.38%；扣除土地储备的前期成本 441.12 亿元，净收益为 852.63 亿元（详见图 6-6）。

计量单位：亿元

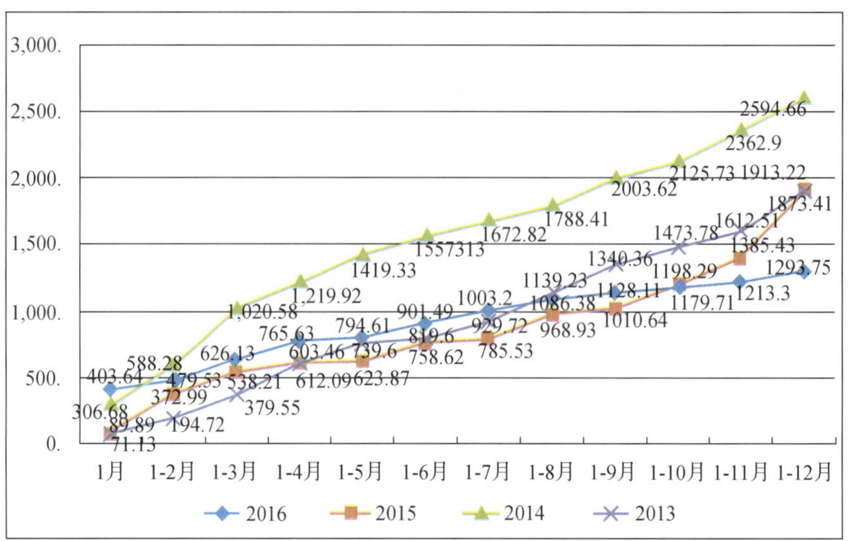

图 6-6　土地收益上缴金额趋势走向对比

2. 划拨方式供应情况

按用地类型分：公共管理与公共服务用地面积 193.18 公顷，同比下降 37.60%；住宅用地面积 177.70 公顷，同比增加 32.50%，其中，经济适用房面积 163.82 公顷，同比增加 52.75%，廉租住房用地面积 13.88 公顷，同比下降 48.32%；交通运输用地面积 57.68 公顷，同比下降 66.16%。

3. 土地以征代划方式供应情况

按用地类型分：代征道路面积 313.11 公顷，同比增加 73.68%，代征绿地 345.69 公顷，同比增加 50.94%。

（四）现状补办项目协议出让情况

1-12 月，现状补办协议出让项目 54 宗，同比下降 28.95%；出让面积 38.99 公顷，同比下降 56.70%，成交价款 6.61 亿元，同比下降 62.99%。

按用地类型划分：公共管理与公共服务用地 3 宗，面积为 6.05 公顷；商服用地 29 宗，面积为 4.61 公顷；工矿仓储用地 8 宗，面积为 28.02 公顷；在空间分布上主要集中在石景山区、平谷区、朝阳区、昌平区、大兴区等五个区（详见图 6-7）。

（五）国有土地入市交易成交情况

1-12 月，全市国有土地入市交易 47 宗，面积 477.29 公顷，同比下降 46.78%。按土地市场供地方式分，土地招标 46.37 公顷，土地挂牌 430.93 公顷。按土地市场供地结构分，商服用地 271.47 公顷，同比增加 49.41%；工矿仓储用地 64.51 公顷，同比下降 64.19%；住宅用地 141.31 公顷（全部为普通商品房），同比下降 73.59%（详见图 6-8）；土地入市交易成交价款 929.99 亿元，较去年同期同比下降 54.14%。

（六）矿产资源情况

矿产资源方面，矿产资源勘查有效许可证 9 件，同比下降 30.77%；主要矿种采矿有效许可证 197 个，同比增加 1.55%。

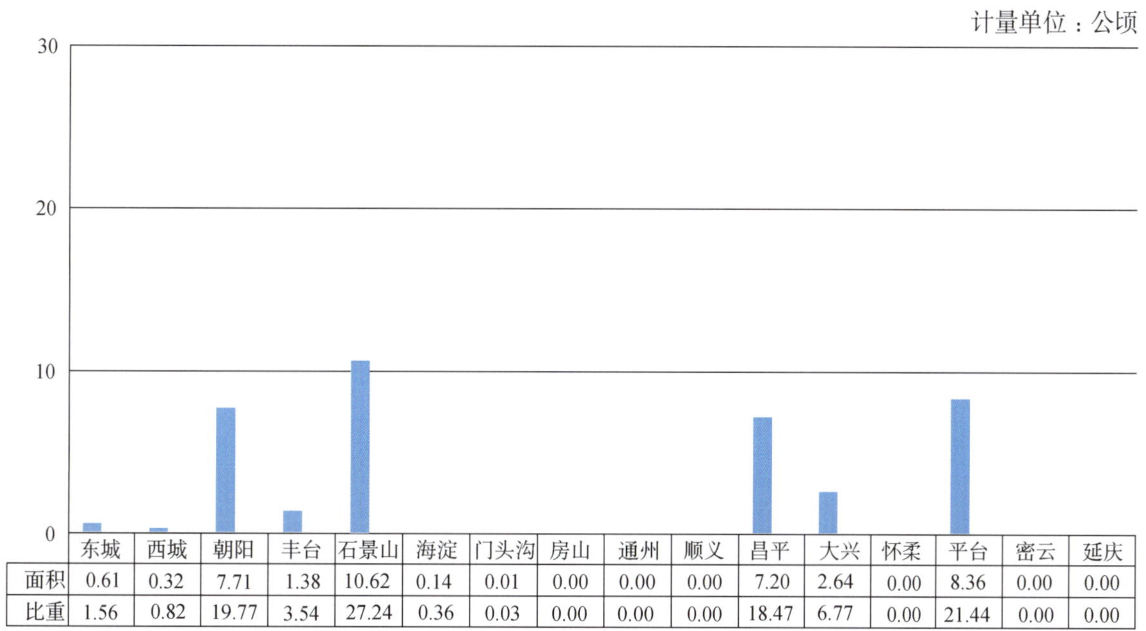

	东城	西城	朝阳	丰台	石景山	海淀	门头沟	房山	通州	顺义	昌平	大兴	怀柔	平台	密云	延庆
面积	0.61	0.32	7.71	1.38	10.62	0.14	0.01	0.00	0.00	0.00	7.20	2.64	0.00	8.36	0.00	0.00
比重	1.56	0.82	19.77	3.54	27.24	0.36	0.03	0.00	0.00	0.00	18.47	6.77	0.00	21.44	0.00	0.00

图 6-7　现状补办协议出让空间分布

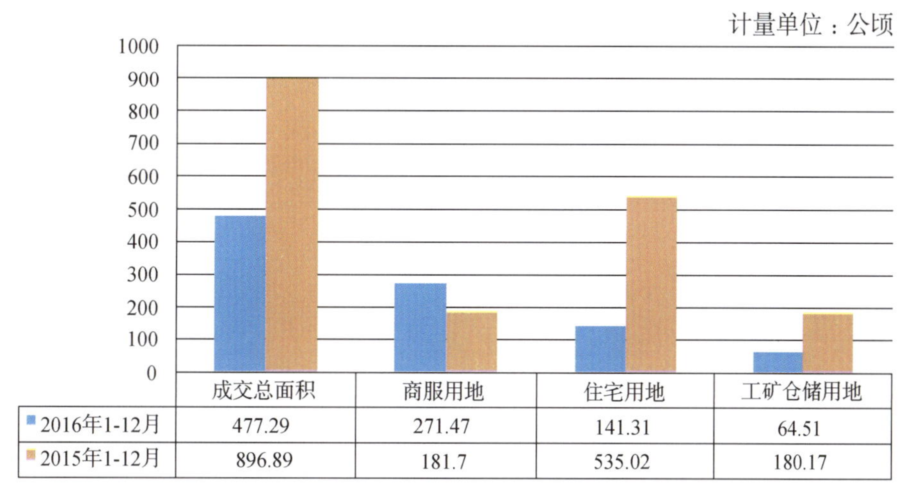

	成交总面积	商服用地	住宅用地	工矿仓储用地
2016年1-12月	477.29	271.47	141.31	64.51
2015年1-12月	896.89	181.7	535.02	180.17

图 6-8　土地入市交易成交量对比

（七）地质灾害情况

截止到 12 月底，确定地质灾害灾情 67 起，其中延庆区 17 起，门头沟区 13 起、房山区 11 起、昌平区 6 起、海淀区 5 起、密云区 10 起，怀柔区 2 起，丰台区 1 起，平谷区 1 起，石景山区 1 起，造成直接经济损失 741.94 万元。

（八）国土资源违法案件查处情况

1-12 月，全市共立案查处土地违法案件 1204 件，涉及土地面积 828.87 公顷，同比下降 13.66%，其中耕地 41.39 公顷，同比下降 19.19%；土地违法共结案 1143 件，同比增长 1.67 倍；收缴罚没款 4740 万元，同比下降 5.4%。全市共立案查处地矿违法案件 45 件，以个人无证开采为主，目前共结案 26 件；收缴罚没款 99.44 万元，同比增加 74.21%。

表 6-1 2016 年 1-12 月北京市建设项目预审批复情况

（按区分列） 单位：公顷

	项目个数	建设用地规模					
			农用地			建设用地	未利用地
				耕地	占用基本农田		
合计	720.00	8733.75	3584.15	1657.41	399.37	4904.24	245.36
东城区	21.00	64.97				64.97	
西城区	38.00	46.71				46.71	
朝阳区	83.00	928.89	187.47	66.18		741.34	0.08
海淀区	68.00	511.27	207.29	51.53	1.94	302.45	1.53
丰台区	71.00	541.49	36.63	18.06		502.78	2.08
石景山区	17.00	202.23	10.70	4.71		191.53	
门头沟区	48.00	479.09	106.85	8.52		315.99	56.25
房山区	77.00	1317.06	527.44	205.96	17.75	694.46	95.16
通州区	54.00	672.82	295.21	149.26	12.38	366.53	11.08
顺义区	19.00	234.91	159.11	48.05	17.36	68.26	7.54
昌平区	75.00	1165.52	571.14	286.45		547.89	46.49
大兴区	40.00	600.20	284.01	164.93	114.34	311.46	4.73
怀柔区	18.00	237.80	102.03	45.16		132.89	2.88
平谷区	27.00	353.36	178.85	64.42	10.67	172.23	2.28
密云区	24.00	206.78	33.50	13.78		172.86	0.42
延庆区	28.00	455.87	381.70	205.43	17.50	72.30	1.87
跨区项目	8.00	712.04	502.22	324.97	207.43	196.85	12.97
备注：涉及亦庄开发区项目情况	4.00	2.74				2.74	

表 6-1 2016 年 1-12 月北京市建设项目预审批复情况

（按用途分列） 单位：公顷

	项目个数	建设用地规模						备注
			农用地			建设用地	未利用地	
				耕地	占用基本农田			
合计	720.00	8733.75	3584.15	1657.41	399.37	4904.24	245.36	
商服用地	46.00	143.40	19.88	9.78		123.52		
工矿仓储用地	21.00	44.69	6.71	4.22		37.67	0.31	
公共管理与公共服务用地	239.00	1389.63	523.24	245.47		845.95	20.44	
交通运输用地	188.00	2324.40	1259.86	629.85	399.00	933.52	131.02	
水域及水利设施	3.00	60.60	30.35	0.08		30.25		
特殊用地	6.00	5.81				5.81		
住宅用地	129.00	1827.70	449.90	171.47		1363.40	14.40	
储备用地	88.00	2937.52	1294.21	596.54	0.37	1564.12	79.19	

表 6-2 2016 年 1-12 月北京市审批建设用地情况(一)

单位：公顷

	批准建设用地合计					国务院批准建设用地					省级政府审批				
		新增建设用地					新增建设用地					新增建设用地			
			农用地转用		未利用地			农用地转用		未利用地			农用地转用		未利用地
				耕地					耕地					耕地	
合计	1645.3993	898.3198	839.7926	447.3713	62.2312	202.3120	41.3718	40.7904	13.9403	0.5814	1443.0873	856.9480	799.0022	433.4310	799.0022
东城区															
西城区															
朝阳区	32.7280	22.8570	22.8570	5.6852		32.7280	22.8570	22.8570	5.6852						
丰台区	220.8491	58.7551	57.5716	30.0608	1.1789	87.6880	7.8093	7.2279	3.5444	0.5814	133.1611	50.9458	50.3437	26.5164	0.5975
石景山区	81.5562	10.7055	10.7055	4.7107		81.5562	10.7055	10.7055	4.7107						
海淀区	39.8625	25.1247	25.1247	16.7061		0.3398					39.5227	25.1247	25.1247	16.7061	
门头沟区	46.2738	15.0886	14.1238	0.8005	0.9648						46.2738	15.0886	14.1238	0.8005	0.9648
房山区	253.9130	141.1308	115.5041	64.0610	29.7460						253.9130	141.1308	115.5041	64.0610	29.7460
通州区	433.5908	252.1289	238.3918	134.2883	13.7371						433.5908	252.1289	238.3918	134.2883	13.7371
顺义区	69.1953	38.5188	37.6985	28.8185	0.9273						69.1953	38.5188	37.6985	28.8185	0.9273
昌平区	34.0328	8.8483	8.5844	0.3215	0.2639						34.0328	8.8483	8.5844	0.3215	0.2639
大兴区	212.5832	141.8512	138.6239	91.1991	3.2273						212.5832	141.8512	138.6239	91.1991	3.2273
怀柔区	153.1442	124.7567	112.0553	58.9381	13.1837						153.1442	124.7567	112.0553	58.9381	13.1837
平谷区	23.6853	19.1056	19.1056	9.6806							23.6853	19.1056	19.1056	9.6806	
密云区	13.6691	10.1969	10.1969	2.0259							13.6691	10.1969	10.1969	2.0259	
延庆区	30.3160	29.2517	29.2495	0.0750	0.0022						30.3160	29.2517	29.2495	0.0750	0.0022

表 6-2

2016 年 1-12 月北京市审批建设用地情况(二)

单位：公顷

	城镇村建设用地							单独选址建设用地				
		商服用地	工矿仓储用地	住宅用地	公用管理与公共服务用地	交通运输用地	其他		交通运输用地	水利设施用地	能源用地	其他
合计	1641.8327	207.6218	199.5295	277.9585	582.6544	374.0686		3.5666	0.0364			3.5302
东城区												
西城区												
朝阳区	32.7280			15.1314	9.5195	8.0771						
丰台区	220.8491	87.5932		42.7945	31.2959	59.1655						
石景山区	81.5562	9.0048	1.4367	22.8882	24.9390	23.2875						
海淀区	39.8625			13.2741	19.7259	6.8625						
门头沟区	46.2738				15.6996	30.5742						
房山区	253.9130	39.0858	19.8248	100.4061	51.9668	42.6296						
通州区	433.5908	65.7906		15.7517	255.3040	96.7445						
顺义区	67.6645		6.6805	5.3250	28.9306	26.7284		1.5308				1.5308
昌平区	33.0567		12.6434		13.1814	7.2319		0.9761	0.0268			0.9493
大兴区	212.5832		85.1992	4.4227	94.0864	28.8749						
怀柔区	153.1442	6.1474	66.7071	28.1972	20.8653	31.2272						
平谷区	23.6853		5.2114	12.3004	3.6688	2.5047						
密云区	13.6691		1.8264		11.0226	0.8201						
延庆区	29.2563			17.4672	2.4486	9.3405		1.0597	0.0096			1.0501
经济技术开发区												

表 6-3

2016 年 1–12 月北京市国有土地供应签订合同情况(一)

(按区分列)

单位：宗、公顷、万平方米、万元

	出让小计					协议出让				
	宗地数	面积		规划建筑面积	成交价款	宗地数	面积		规划建筑面积	成交价款
			新增					新增		
	1	2	3	4	5	7	8	9	10	11
合　计	105	688.4757	644.5296	978.4370	7992905.93	57	224.7545	204.8469	358.4379	692343.09
东城区										
西城区	1	0.1929		2.2960	8521.66	1	0.1929		2.2960	8521.66
朝阳区	13	39.7681	37.6520	96.3091	1071007.58	11	32.3198	32.0351	71.9708	142507.58
丰台区	4	9.7556	9.7556	30.4319	91476.54	4	9.7556	9.7556	30.4319	91476.54
石景山区	5	24.2673	13.5928	45.3898	314962.71	2	5.3419		15.5898	36536.11
海淀区	25	62.5841	53.0198	145.1485	1101844.06	19	30.8748	22.0137	109.6855	202956.06
门头沟区	2	12.1895	8.2625	31.2916	407374.18	1	3.9270		4.9726	12574.18
房山区	9	27.1480	26.3014	30.9033	416494.83	1	0.1928	0.1928	0.7362	298.48
通州区	4	217.5033	213.2399	194.8735	979735.35	2	6.1606	6.1606	19.7269	32520.35
顺义区	8	127.0352	127.0352	98.0787	573760.98	3	106.3418	106.3418	51.6750	71942.98
昌平区	6	28.1704	27.0581	61.0802	681488.30	4	10.8624	9.7501	26.4643	61988.30
大兴区	9	47.8946	42.1714	111.1000	1935085.63	1	5.0560	5.0560	14.1118	21085.63
怀柔区										
平谷区	2	12.7047	12.5884	12.9015	10002.44	1	0.1163		0.3131	74.59
密云区	2	0.1539	0.0825	0.3468	134.47	2	0.1539	0.0825	0.3468	134.47
延庆区	3	18.0144	18.0144	23.9744	110358.17	2	10.8771	10.8771	8.2723	6108.17
经济技术开发区	12	61.0937	55.7556	94.3117	290659.04	3	2.5816	2.5816	1.8449	3617.99

表 6-3

2016 年 1-12 月北京市国有土地供应签订合同情况(一)(续)

(按区分列)

单位：宗、公顷、万平方米、万元

	招标出让					拍卖出让					挂牌出让				
	宗地数	面积		规划建筑面积	成交价款	宗地数	面积		规划建筑面积	成交价款	宗地数	面积		规划建筑面积	成交价款
			新增					新增					新增		
	13	14	15	16	17	19	20	21	22	23	25	26	27	28	29
合计	6	21.0360	6.5442	62.4634	772493.00						42	442.6852	433.1385	557.5357	6528069.85
东城区															
西城区															
朝阳区	1	1.8314		11.9400	415000.00						1	5.6169	5.6169	12.3983	513500.00
丰台区															
石景山区	1	5.3326		16.2072	115600.00						2	13.5928	13.5928	13.5928	162826.60
海淀区	1	0.7032		1.1252	9158.00						5	31.0061	31.0061	34.3378	889730.00
门头沟区											1	8.2625	8.2625	26.3190	394800.00
房山区											8	26.9552	26.1086	30.1671	416196.35
通州区	1	4.2634		10.8736	77215.00						1	207.0793	207.0793	164.2730	870000.00
顺义区	1	6.5442	6.5442	15.7060	111520.00						4	14.1492	14.1492	30.6977	390298.00
昌平区											2	17.3080	17.3080	34.6159	619500.00
大兴区	1	2.3612		6.6114	44000.00						7	40.4774	37.1154	90.3768	1870000.00
怀柔区															
平谷区											1	12.5884	12.5884	12.5884	9927.85
密云区															
延庆区											1	7.1373	7.1373	15.7021	104250.00
经济技术开发区											9	58.5121	53.1740	92.4668	287041.05

表 6-3

2016 年 1-12 月北京市国有土地供应签订合同情况(一)

(按用地类型分列)

单位：宗、公顷、万平方米、万元

	出让小计					协议出让				
	宗地数	面积		规划建筑面积	成交价款	宗地数	面积		规划建筑面积	成交价款
			新增					新增		
	1	2	3	4	5	7	8	9	10	11
合　计	105	688.4757	644.5296	978.4370	7992905.93	57	224.7545	204.8469	358.4379	692343.09
商服用地	43	312.1955	300.8040	443.7292	4281604.71	26	30.6434	25.2919	112.4169	192309.21
工矿仓储用地	17	92.9173	92.6455	121.2215	111829.34	2	9.1925	9.1925	6.9045	2830.44
住宅用地	22	131.8071	110.2742	269.0984	3246180.89	7	40.3476	36.5414	101.7134	235227.89
其中：高档住宅用地										
其中：普通商品住房用地	15	91.4595	73.7328	167.3850	3010953.00					
其中：中低价位、中小套型用地	1	6.2345	6.2345	13.4689	126000.00					
其中：经济适用住房用地										
其中：廉租住房用地	1	1.3837	1.3837	9.3294	41409.46	1	1.3837	1.3837	9.3294	41409.46
其中：其他住房用地	6	38.9639	35.1577	92.3840	193818.43	6	38.9639	35.1577	92.3840	193818.43
公共管理与公共服务用地	22	57.5218	46.7719	115.6779	329312.34	21	50.5370	39.7871	108.6931	237996.89
特殊用地										
交通运输用地	1	94.0340	94.0340	28.7100	23978.66	1	94.0340	94.0340	28.7100	23978.66
水利设施用地										

表 6-3

2016 年 1-12 月北京市国有土地供应签订合同情况(一)(续)

(按用地类型分列)

单位：宗、公顷、万平方米、万元

		招标出让					拍卖出让					拍牌出让				
		宗地数	面积		规划建筑面积	成交价款	宗地数	面积		规划建筑面积	成交价款	宗地数	面积		规划建筑面积	成交价款
				新增					新增					新增		
		13	14	15	16	17	19	20	21	22	23	25	26	27	28	29
合计		6	21.0360	6.5442	62.4634	772493.00						42	442.6852	433.1385	557.5357	6528069.85
商服用地		2	8.3756	6.5442	27.6460	526520.00						15	273.1765	268.9679	303.6663	3562775.50
工矿仓储用地												15	83.7248	83.4530	114.3170	108998.90
住宅用地		4	12.6604		34.8174	245973.00						11	78.7991	73.7328	132.5676	2764980.00
其中	高档住宅用地															
	普通商品住房用地	4	12.6604		34.8174	245973.00						11	78.7991	73.7328	132.5676	2764980.00
	中低价位、中小套型用地											1	6.2345	6.2345	13.4689	126000.00
	经济适用住房用地															
	廉租住房用地															
	其他住房用地															
公共管理与公共服务用地												1	6.9848	6.9848	6.9848	91315.45
特殊用地																
交通运输用地																
水利设施用地																

表 6-4

2016 年 1-12 月北京市国有土地供应签订合同情况(二)

(按区分列)

单位：宗、公顷、万平方米、万元

	划拨				租赁					其他供地方式				
	宗地数	面积		规划建筑面积	宗地数	面积		规划建筑面积	租金	宗地数	面积		规划建筑面积	收入
			新增				新增					新增		
	1	2	3	4	5	6	7	8	9	10	11	12	13	14
合计	233	464.0352	390.1534	778.8037										
东城区	2	1.0841		6.0041										
西城区	3	1.1930		7.4097										
朝阳区	13	49.9079	43.4556	159.2145										
丰台区	21	51.4342	48.5611	61.8058										
石景山区	5	2.7950	1.9801	4.0244										
海淀区	77	70.3262	56.2405	166.1402										
门头沟区	19	65.2153	52.1910	31.9954										
房山区	19	32.8561	32.8235	12.3017										
通州区	8	31.5935	31.5935	109.8109										
顺义区	12	15.6264	15.6264	18.6165										
昌平区	15	25.3690	22.7601	33.9102										
大兴区	19	83.9865	57.9142	149.2252										
怀柔区	1	0.4184	0.4184	0.2990										
平谷区	11	17.8777	17.8777	5.3530										
密云区	5	9.2243	3.7206	7.8404										
延庆区	3	5.1276	4.9907	4.8527										
经济技术开发区														

表 6-4

2016 年 1-12 月北京市国有土地供应签订合同情况(二)

(按用地类型分列)

单位：宗、公顷、万平方米、万元

	划拨				租赁					其他供地方式				
	宗地数	面积		规划建筑面积	宗地数	面积		规划建筑面积	租金	宗地数	面积		规划建筑面积	收入
			新增				新增					新增		
	1	2	3	4	5	6	7	8	9	10	11	12	13	14
合计	233	464.0352	390.1534	778.8037										
商服用地														
工矿仓储用地														
住宅用地	41	177.6986	155.1237	614.0497										
其中：高档住宅用地														
普通商品住房用地														
中低价位、中小套型用地														
经济适用住房用地	31	163.8217	145.9340	565.5549										
廉租住房用地	10	13.8769	9.1897	48.4948										
公共管理与公共服务用地	122	204.0807	171.9525	147.7303										
特殊用地	1	0.0950		0.0564										
交通运输用地	69	82.1609	63.0772	16.9673										
水域及水利设施用地														

表 6-5

2016 年 1-12 月北京市国有土地使用权交易情况

（按区分列）

	转让			出租		
	宗数(宗)	面积(公顷)	转让金(万元)	宗数(宗)	面积(公顷)	租金(万元)
	1	2	3	4	5	6
合　计	6	17.0835	296593.30			
东城区						
西城区						
朝阳区	1	5.7037	49869.50			
丰台区						
石景山区						
海淀区						
门头沟区						
房山区						
通州区	1	0.9293	193097.25			
顺义区	2	8.4211	21110.55			
昌平区	2	2.0294	32516.00			
大兴区						
怀柔区						
平谷区						
密云区						
延庆区						
经济技术开发区						

表 6-5

2016 年 1-12 月北京市国有土地使用权交易情况

（按用地类型分列）

		转让			出租		
		宗数(宗)	面积(公顷)	转让金(万元)	宗数(宗)	面积(公顷)	租金(万元)
		1	2	3	4	5	6
合计		6	17.0835	296593.30			
商服用地		2	2.0294	32516.00			
工矿仓储用地		2	8.4211	21110.55			
住宅用地		1	5.7037	49869.50			
其中	别墅、高档公寓						
	普通商品房	1	5.7037	49869.50			
	经济适用房						
	其他住房						
公共管理与公共服务用地		1	0.9293	193097.25			
特殊用地							

表 6-6 2016 年北京市国有建设用地使用权及房屋所有权登记数据统计

项目	国有建设用地使用权及房屋所有权登记														
	1. 国有建设用地使用权及房屋所有权初始登记						2. 国有建设用地使用权及房屋所有权变更登记			3. 国有建设用地使用权及房屋所有权转移登记			4. 国有建设用地使用权及房屋所有权注销登记		
	(1)国有建设用地使用权初始登记			(2)房屋(建筑物、构筑物)所有权初始登记											
	业务数（件）	宗地面积（公顷）	房屋（建筑物、构筑物）建筑面积（万平方米）	业务数（件）	宗地面积（公顷）	房屋（建筑物、构筑物）建筑面积（万平方米）	业务数（件）	宗地面积（公顷）	房屋（建筑物、构筑物）建筑面积（万平方米）	业务数（件）	宗地面积（公顷）	房屋（建筑物、构筑物）建筑面积（万平方米）	业务数（件）	宗地面积（公顷）	房屋（建筑物、构筑物）建筑面积（万平方米）
甲	1	2	3	4	5	6	7	8	9	10	11	12	13	14	15
总计	517	1327. 4764	0	2993	0	2922. 4642	36191	1310. 2871	2379. 3109	577976	355. 861	5639. 596	2274	287. 8371	41. 3675
东城区	11	1. 39	0	8	0	6. 0646	1409	7. 22	72. 9471	18399	82. 21	157. 187	30	0	0. 264
西城区	28	4. 83	0	10	0	22. 8135	1298	6. 24	71. 2299	28400	53. 19	220. 782	55	0	0. 3736
朝阳区	80	135. 5836	0	521	0	250. 0269	18661	172. 641	670. 3757	133934	2. 7957	1325. 127	181	230. 2808	4. 1416
丰台区	37	160. 7955	0	307	0	232. 5277	2658	43. 9143	81. 4543	56162	59. 111	492. 3314	480	0	1. 5563
石景山区	26	44. 15	0	52	0	58. 5434	688	50. 38	13. 5657	17970		162. 301	29	0. 94	0. 5033
海淀区	46	57. 4921	0	162	0	237. 9674	4310	53. 4142	383. 7019	57498	0. 5605	558. 0416	92	12. 9795	6. 0541
门头沟区	27	82. 5687	0	97	0	86. 702	210	19. 7186	12. 6041	5117	0. 7659	49. 981	123	5. 2769	1. 701
房山区	46	175. 5931	0	273	0	187. 0899	656	53. 8678	21. 4123	39311	0. 247	340. 2771	189	1. 6758	1. 3735
通州区	50	100. 7469	0	411	0	459. 1578	1608	133. 5018	96. 1027	40258	31. 3786	378. 5777	635	18. 9379	4. 9094
顺义区	24	75. 30825	0	119	0	186. 2277	1115	230. 782	276. 6057	33708	46. 3576	392. 0469	13	3. 8002	1. 8543
昌平区	41	119. 3549	0	490	0	300. 6604	2074	108. 7492	134. 6834	54225	2. 8259	576. 0947	164	0	2. 9395
大兴区	44	207. 0951	0	264	0	431. 8391	54	188. 5244	361. 4274	53901	2. 6918	509. 2985	112	0	11. 3108
怀柔区	6	16. 8942	0	57	0	53. 182	214	76. 4782	12. 519	7152	17. 2664	80. 9923	12	3. 3678	0. 432
平谷区	22	49. 2044	0	136	0	72. 3991	200	46. 3003	22. 0974	7725		83. 2966	26	1. 2549	0. 7419
密云区	7	14. 0733	0	19	0	96. 8692	531	71. 8215	59. 5532	11271	6. 1642	113. 397	6	2. 955	0. 4685
延庆区	15	55. 7284	0	10	0	9. 7417	125	16. 4137	3. 4598	4075	6. 1901	39. 3401	117	1. 4867	0. 5465
北京经济技术开发区	7	26. 6679	0	57	0	230. 6518	380	30. 3201	85. 5713	8870	44. 1062	160. 5241	10	4. 8816	2. 1972

表6-7 2016年北京市抵押权设立登记（含最高额抵押权设立登记）数据统计

项目	抵押权设立登记（含最高额抵押权设立登记）										
	1. 国有建设用地使用权抵押权设立登记			2. 国有建设用地房屋在建工程抵押权设立登记				3. 国有建设用地房屋抵押权设立登记			
	业务数（件）	宗地面积（公顷）	被担保的主债权数额（亿元）	业务数（件）	宗地面积（公顷）	房屋（建筑物、构筑物）建筑面积（万平方米）	被担保的主债权数额（亿元）	业务数（件）	宗地面积（公顷）	房屋（建筑物、构筑物）建筑面积（万平方米）	被担保的主债权数额（亿元）
甲	1	2	3	4	5	6	7	8	9	10	11
总计	2075	6012.3802	870372.83	43	135.0461	0	347.1078	364781	0	7394.0724	89432.222
东城区	192	79.51	4275.77	0	0	0	0	12988	0	360.0092	3862.5513
西城区	150	116.29	490.7	0	0	0	0	17221	0	280.5156	1719.6051
朝阳区	298	939.5637	384169.32	0	0	0	0	95862	0	1866.824	67890.544
丰台区	81	253.4316	30790.962	0	0	0	0	32929	0	558.443	2090.4152
石景山区	7	19.56	124.92	0	0	0	0	10527	0	110.3806	414.8766
海淀区	23	90.6347	8212.9641	0	0	0	0	39804	0	761.9984	5760.7316
门头沟区	15	63.6636	300188.28	0	0	0	0	3616	0	49.8776	127.5691
房山区	80	204.2861	112674.14	0	0	0	0	16378	0	220.7591	401.1284
通州区	211	882.2121	804.4902	0	0	0	0	26350	0	466.3413	1502.3079
顺义区	218	1157.072	271.6742	0	0	0	0	19432	0	563.8102	1132.4581
昌平区	103	536.2574	680.9541	0	0	0	0	35871	0	497.9634	802.7347
大兴区	258	523.0904	1999.0645	31	87.1777	0	272.2991	29208	0	653.8451	1667.1892
怀柔区	132	248.6395	142.4527	0	0	0	0	3549	0	104.385	452.8375
平谷区	45	135.4454	24416.165	0	0	0	0	5695	0	147.6816	544.1394
密云区	95	232.7501	604.1651	0	0	0	0	7557	0	121.4557	329.9925
延庆区	27	71.2358	5.6507	0	0	0	0	3334	0	58.865	63.2494
北京经济技术开发区	140	458.7378	521.15292	12	47.8684	0	74.8087	4460	0	570.9176	669.8921

表 6-8　　2016 年 1-12 月北京市勘查许可证发放情况

单位：个、宗、万元

矿种	勘查许可证发证			勘查权出让			
				协议出让方式		招拍挂出让方式	
	新立	有效	注销	宗数	价款金额	宗数	价款金额
合　计		9					
地热		9					

表6-9　2016年1-12月北京市主要矿种采矿许可证发放情况

单位：个、宗、万元

矿种	采矿许可证发证			采矿权出让			
	许可证数			协议出让方式		招拍挂出让方式	
	新立	有效	注销	宗数	价款金额	宗数	价款金额
合　计	10	197				13	345.50
地热	10	162				13	345.50
矿泉水		26					
煤		3					
铁矿		6					

表 6-10　　北京市重要地质遗迹资源一览

<table>
<tr><th>大类</th><th>类</th><th>亚类</th><th>遗迹点或集中区</th></tr>
<tr><td rowspan="17">基础地质</td><td rowspan="2">地层剖面</td><td>层型剖面</td><td>马兰组层型剖面、周口店组层型剖面、密云群</td></tr>
<tr><td>地质事件剖面</td><td>下苇甸寒武系地质事件剖面</td></tr>
<tr><td rowspan="3">构造剖面</td><td>不整合面</td><td>下苇甸古生界与新元古界不整合面
黄松峪中元古界与太古界不整合面</td></tr>
<tr><td>褶皱与变形</td><td>七渡背斜、孤山口固体流变构造、排字岭单斜</td></tr>
<tr><td>断裂</td><td>霞云岭逆冲推覆构造</td></tr>
<tr><td>岩石剖面</td><td>沉积岩剖面</td><td>千沟沉积岩剖面、六渡沉积岩剖面</td></tr>
<tr><td>冰川遗迹</td><td>擦痕及漂砾</td><td>模式口—八大处古冰川遗迹</td></tr>
<tr><td rowspan="5">重要化石产地</td><td>古人类化石</td><td>周口店古人类化石</td></tr>
<tr><td>古生物群化石</td><td>大灰厂白垩纪热河生物群、灰峪石炭纪—二叠纪古生物化石</td></tr>
<tr><td>古植物化石</td><td>千家店侏罗纪木化石群、岳家坡侏罗纪门头沟植物群</td></tr>
<tr><td>古动物化石</td><td>周口店动物群</td></tr>
<tr><td>古生物遗迹化石产地</td><td>千家店侏罗纪恐龙足迹化石产地</td></tr>
<tr><td rowspan="2">重要岩矿石产地</td><td>典型矿物岩石命名地</td><td>密云沙厂斜长环球斑花岗岩产地、大石窝汉白玉产地</td></tr>
<tr><td>矿业遗址</td><td>沙厂铁矿产地、兰营萤石矿产地、塔洼金矿产地、杨树底下金矿产地</td></tr>
<tr><td rowspan="3">岩土体地貌</td><td>岩溶地貌</td><td>十渡岩溶地貌、东关上—上方山洞穴群岩溶地貌、圣莲山岩溶地貌、黄松峪京东大溶洞岩溶地貌、佛子庄洞穴群岩溶地貌、旧县镇龙庆峡岩溶地貌</td></tr>
<tr><td>侵入岩地貌</td><td>房山花岗岩地貌、云蒙山花岗岩地貌、莲花山花岗岩地貌</td></tr>
<tr><td>碎屑岩地貌</td><td>黄松峪石英砂岩地貌、六道河石英砂岩地貌</td></tr>
<tr><td rowspan="5">地貌景观</td><td rowspan="2">水体地貌</td><td>潭</td><td>大庄科潭</td></tr>
<tr><td>泉</td><td>珍珠泉乡珍珠泉、潭柘寺镇潭柘寺泉、河北镇河北泉</td></tr>
<tr><td rowspan="2">火山地貌</td><td>火山机构</td><td>黄松峪火山机构</td></tr>
<tr><td>火山岩地貌</td><td>灵山火山岩地貌</td></tr>
<tr><td>构造地貌</td><td>峡谷</td><td>鱼子山京东大峡谷地貌、沙梁子乌龙峡谷地貌、白河峡谷地貌、永定河峡谷地貌、龙门涧峡谷地貌</td></tr>
<tr><td rowspan="2">地质灾害</td><td>地震遗迹</td><td>地裂缝</td><td>高丽营镇西王路村地裂缝</td></tr>
<tr><td>其他地质灾害</td><td>泥石流</td><td>番字牌西沟泥石流</td></tr>
</table>

表 6-11　　北京市地质勘查资质证书统计

统计截止日期：2016 年 12 月 31 日

序号	证书编号	单位名称	资质类别和资质等级
1	01201721100203	中国煤炭地质总局特种技术勘探中心	区域地质调查：甲级；液体矿产勘查：甲级；气体矿产勘查：甲级；固体矿产勘查：甲级；水文地质、工程地质、环境地质调查：甲级；地球物理勘查：甲级；地球化学勘查：甲级。
	11201721100007		地质钻探：丙级。
2	11201721500006	北京华油油气技术开发有限公司	地质钻探：丙级。
3	01201721100175	首钢地质勘查院地质研究所	固体矿产勘查：甲级。
	11201721100005		区域地质调查：乙级；水文地质、工程地质、环境地质调查：乙级；地球物理勘查：乙级；地质钻探：乙级。
4	01201721100169	中国煤炭地质总局勘查研究总院	区域地质调查：甲级；液体矿产勘查：甲级；气体矿产勘查：甲级；固体矿产勘查：甲级；水文地质、工程地质、环境地质调查：甲级；地球物理勘查：甲级；遥感地质调查：甲级；地质钻（坑）探：甲级。
5	01201721100165	中国煤炭地质总局地球物理勘探研究院	区域地质调查：甲级；气体矿产勘查：甲级；固体矿产勘查：甲级；地球物理勘查：甲级。
	11201721100004		液体矿产勘查：乙级；水文地质、工程地质、环境地质调查：乙级。地质钻探：丙级。
6	11201721500003	航天建筑设计研究院有限公司	液体矿产勘查：乙级；水文地质、工程地质、环境地质调查：乙级；地质钻探：乙级。
7	11201721500002	北京中能万祺能源技术服务有限公司	地质钻探：乙级。
8	11201721100001	中化石油勘探开发有限公司	气体矿产勘查：乙级。
9	11201611100030	北京探矿工程研究所	地质钻探：丙级。
10	11201621100029	中国电力工程顾问集团华北电力设计院有限公司	水文地质、工程地质、环境地质调查：乙级。 液体矿产勘查：丙级。
11	11201621500028	北京中交工程勘察有限公司	水文地质、工程地质、环境地质调查：丙级。
12	01201721500161	北京中资环钻探有限公司	地质钻探：甲级。
13	01201721500151	北京金有地质勘查有限责任公司	固体矿产勘查：甲级。
	11201621100027		地质钻（坑）探：乙级。 水文地质、工程地质、环境地质调查：丙级。

续表 6-11

序号	证书编号	单位名称	资质类别和资质等级
14	11201621100025	北京京煤集团地质勘探队	固体矿产勘查：丙级；地质钻探：丙级。
15	11201621500023	众力通源石油天然气工程技术股份有限公司	地质钻探：丙级。
16	11201621500022	北京一龙恒业石油工程技术有限公司	地质钻探：丙级。
17	01201621600254	北京九尊能源技术股份有限公司	气体矿产勘查：甲级。
	11201621600021		地质钻探：乙级。
18	01201711500060	中石化石油工程地球物理有限公司	地球物理勘查：甲级。
19	01201721500043	中石油煤层气有限责任公司	气体矿产勘查：甲级。
20	01201721100016	中煤地质工程总公司	区域地质调查：甲级；液体矿产勘查：甲级；气体矿产勘查：甲级；固体矿产勘查：甲级；水文地质、工程地质、环境地质调查：甲级；地球物理勘查：甲级；地质钻探：甲级。
21	01201721500010	中铁资源地质勘查有限公司	固体矿产勘查：甲级。
22	01201621100393	北京市地热研究院	液体矿产勘查：甲级；水文地质、工程地质、环境地质调查：甲级；地质钻探：甲级。
	11201511100044		液体矿产勘查：乙级；水文地质、工程地质、环境地质调查：乙级；地质钻探：乙级。
23	01201611500264	中矿鑫航（北京）矿业咨询有限公司	固体矿产勘查：甲级。
24	01201611100263	中化地质矿山总局地质研究院	区域地质调查：甲级；液体矿产勘查：甲级；固体矿产勘查：甲级；水文地质、工程地质、环境地质调查：甲级；地球化学勘查：甲级；地质实验测试：甲级。
	11201521100019		液体矿产勘查：乙级；水文地质、工程地质、环境地质调查：乙级。地质钻（坑）探：丙级。
25	01201611100262	中国冶金地质总局矿产资源研究院	区域地质调查：甲级；固体矿产勘查：甲级；遥感地质调查：甲级。
26	01201611500261	五矿勘查开发有限公司	固体矿产勘查：甲级。
27	01201621100253	北京市地质勘察技术院	地球物理勘查：甲级。
	11201621100020		液体矿产勘查：乙级；气体矿产勘查：乙级；水文地质、工程地质、环境地质调查：乙级；地球化学勘查：乙级。

续表 6-11

序号	证书编号	单位名称	资质类别和资质等级
28	01201521100253	北京市地质工程设计研究院	固体矿产勘查：甲级；地质钻探：甲级。
	11201621100018		液体矿产勘查：乙级；固体矿产勘查：乙级；水文地质、工程地质、环境地质调查：乙级；地质钻探：乙级。
29	11201621500017	北京城建勘测设计研究院有限责任公司	区域地质调查：乙级；水文地质、工程地质、环境地质调查：乙级。
30	11201631500016	依科瑞德（北京）能源科技有限公司	地质钻探：乙级。
31	11201611500015	北京达创高科科技有限公司	地球物理勘查：乙级。
32	11201611500013	北京明科国际资源投资服务有限公司	固体矿产勘查：乙级。
33	11201631100012	中兵勘察设计研究院	水文地质、工程地质、环境地质调查：乙级。地质钻探：丙级。
34	11201631500011	北京捷奥斯地质勘查有限公司	地球物理勘查：乙级。固体矿产勘查：丙级。
35	11201611500010	北京地大加诚地质科技有限公司	地质钻探：乙级。
36	11201611600009	凯地钻探（北京）股份有限公司	地质钻探：乙级。固体矿产勘查：丙级。
37	11201611500008	北京雅友通路政管网技术有限公司	地球物理勘查：丙级。
38	11201621500007	华安奥特（北京）科技股份有限公司	地球物理勘查：乙级。固体矿产勘查：丙级；水文地质、工程地质、环境地质调查：丙级。
39	01201731500059	北方卓越（北京）勘测技术有限公司	固体矿产勘查：甲级；地球物理勘查：甲级。
	11201621300005		地质钻探：丙级。
40	11201621500004	北京中色资源环境工程股份有限公司	水文地质、工程地质、环境地质调查：乙级。
41	11201621500003	北京泰利新能源科技发展有限公司	地质钻探：乙级。液体矿产勘查：丙级。
42	01201621100009	北京市华清地热开发集团有限公司	液体矿产勘查：甲级；水文地质、工程地质、环境地质调查：甲级。
	11201621100002		地球物理勘查：乙级；地球化学勘查：乙级；地质钻探：乙级。固体矿产勘查：丙级。

续表 6-11

序号	证书编号	单位名称	资质类别和资质等级
43	01201611100259	北京矿产地质研究院	固体矿产勘查：甲级。
44	11201511500043	北京中地泓科环境科技有限公司	水文地质、工程地质、环境地质调查：乙级。
45	01201411100240	北京市地质研究所	区域地质调查：甲级；固体矿产勘查：甲级；水文地质、工程地质、环境地质调查：甲级。
	11201511100042		地球物理勘查：乙级；遥感地质调查：乙级。
46	01201331100205	北京市地质调查研究院	区域地质调查：甲级；固体矿产勘查：甲级。
	11201511100041		液体矿产勘查：乙级；水文地质、工程地质、环境地质调查：乙级；地球化学勘查：乙级。
47	11201511500040	北京汇盛达勘探技术有限公司	地质钻探：乙级。
48	11201511600038	北京合创三众能源科技股份有限公司	水文地质、工程地质、环境地质调查：丙级。
49	01201411600033	中矿资源勘探股份有限公司	固体矿产勘查：甲级；地球物理勘查：甲级；地质钻探：甲级。
	11201511600037		水文地质、工程地质、环境地质调查：乙级。
50	01201511100289	有色金属矿产地质调查中心	区域地质调查：甲级；固体矿产勘查：甲级；地球物理勘查：甲级；遥感地质调查：甲级；地质钻探：甲级。
	11201511100035		水文地质、工程地质、环境地质调查：乙级。
51	11201521100033	北京地大地质科技有限责任公司	地质钻探：乙级。 水文地质、工程地质、环境地质调查：丙级。
52	11201521500031	明达海洋工程有限公司	水文地质、工程地质、环境地质调查：乙级。
53	11201521500029	中投华夏能源技术开发有限公司	地质钻探：乙级。
54	11201521500028	北京市华研地质勘查有限公司	液体矿产勘查：乙级；水文地质、工程地质、环境地质调查：乙级；地质钻探：乙级。
55	01201521100237	中国地质科学院地质力学研究所	固体矿产勘查：甲级；水文地质、工程地质、环境地质调查：甲级。
	11201521100027		区域地质调查：乙级。
56	01201521500256	正元国际矿业有限公司	固体矿产勘查：甲级。
	11201521100026		水文地质、工程地质、环境地质调查：丙级；地球化学勘查：丙级。

续表 6-11

序号	证书编号	单位名称	资质类别和资质等级
57	11201511600024	北京中科绿洲环保科技有限公司	水文地质、工程地质、环境地质调查：丙级。
58	11201511500022	北京融达辉投资有限公司	固体矿产勘查：乙级。地球物理勘查：丙级；地球化学勘查：丙级；地质钻（坑）探：丙级。
59	11201511500021	中地华北（北京）工程技术研究院有限公司	地球物理勘查：丙级。
60	11201511500020	北京桔灯地球物理勘探有限公司	地球物理勘查：丙级。
61	11201521500018	北京波特光盛石油技术有限公司	地质钻探：丙级。
62	01201531500285	北京华清荣昊新能源开发有限责任公司	地质钻探：甲级。
	11201511500015		液体矿产勘查：乙级；水文地质、工程地质、环境地质调查：乙级。
63	11201511500014	北京华地四维勘测技术有限公司	地球物理勘查：乙级。
64	11201511900011	中国人民武装警察部队警种学院	固体矿产勘查：丙级。
65	11201531100010	国土资源实物地质资料中心	区域地质调查：乙级；固体矿产勘查：乙级。
66	01201321100185	中化地质矿山总局化工地质调查总院	固体矿产勘查：甲级。
	11201511100006		水文地质、工程地质、环境地质调查：乙级；地球物理勘查：乙级。地质钻探：丙级。
67	11201531500005	中科远航矿业有限公司	固体矿产勘查：乙级；地球物理勘查：乙级。
68	01201331500222	派力工程有限公司	地质钻探：甲级。
	11201531900004		液体矿产勘查：乙级；固体矿产勘查：乙级；水文地质、工程地质、环境地质调查：乙级。
69	11201511500002	北京泽天盛海石油工程技术有限公司	地质钻探：丙级。
70	11201531500001	北京众合兴勘查技术有限公司	地质钻探：乙级。
71	11201421500071	北京派普维尔管线技术有限公司	地球物理勘查：丙级。

续表 6-11

序号	证书编号	单位名称	资质类别和资质等级
72	01201511900065	北京中核大地矿业勘查开发有限公司	区域地质调查：甲级；气体矿产勘查：甲级；固体矿产勘查：甲级；地质钻探：甲级。
	11201421500070		水文地质、工程地质、环境地质调查：乙级；地球物理勘查：乙级。
73	01201531500291	中地宝联（北京）国土资源勘查技术有限公司	固体矿产勘查：甲级。
	11201421500069		地质钻探：丙级。
74	01201311100051	中国地质科学院地质研究所	区域地质调查：甲级；固体矿产勘查：甲级。
75	01201411100026	中国地质科学院矿产资源研究所	液体矿产勘查：甲级；固体矿产勘查：甲级；地球物理勘查：甲级；地质实验测试（岩矿鉴定）：甲级。
	11201411100066		区域地质调查：乙级；地球化学勘查：乙级。
76	11201411500065	北京三泰通地勘察技术发展有限公司	地球物理勘查：丙级。
77	11201411500061	瑞华通正非常规油气技术检测（北京）有限公司	地质钻探：丙级。
78	01201511600063	北京华清双泉水井工程有限公司	地质钻探：甲级。
	11201431600058		地球物理勘查：乙级。液体矿产勘查：丙级；水文地质、工程地质、环境地质调查：丙级。
79	11201411500055	北京汇力中新化工石油仪器设备有限公司	地质钻探：丙级。
80	11201431500054	北京天地鸿图测绘有限公司	固体矿产勘查：丙级。
81	11201421500053	北京帝测科技股份有限公司	固体矿产勘查：丙级。
82	01201511100290	中材地质工程勘查研究院有限公司	固体矿产勘查：甲级；地质实验测试（岩矿鉴定、岩土试验、选冶试验）：甲级。
	11201411100044		区域地质调查：乙级；水文地质、工程地质、环境地质调查：乙级；地球物理勘查：乙级。 地质钻探：丙级。
83	01201511100293	中国地质矿业总公司	固体矿产勘查：甲级。
	11201411100042		地质钻（坑）探：乙级。
84	11201411500041	德惠同利（北京）石油技术服务有限公司	地质钻探：乙级。

续表 6-11

序号	证书编号	单位名称	资质类别和资质等级
85	11201431500039	北京众博达石油科技有限公司	地质钻探：丙级。
86	11201431500036	北京恩地科技发展有限责任公司	固体矿产勘查：乙级。
87	11201411500033	北京欧华联科技有限责任公司	地球物理勘查：丙级。
88	01201331500219	北京市大地开源地质工程有限公司	地质钻探：甲级。
	11201431500030		固体矿产勘查：乙级。
89	11201411100028	北京岩土工程勘察院	水文地质、工程地质、环境地质调查：乙级。 固体矿产勘查：丙级。
90	01201511100064	北京市地质工程勘察院	液体矿产勘查：甲级；水文地质、工程地质、环境地质调查：甲级；地质钻探：甲级。
	11201431100026		地球物理勘查：丙级。
91	01201311100201	中国建筑材料工业地质勘查中心北京总队	固体矿产勘查：甲级。
	11201411100025		区域地质调查：乙级；地质实验测试（岩矿测试）：乙级。水文地质、工程地质、环境地质调查：丙级；地质钻探：丙级。
92	01201311500214	中地地矿建设有限公司	固体矿产勘查：甲级。
	11201411500022		水文地质、工程地质、环境地质调查：乙级；地质钻探：乙级。
93	11201411500021	恒达新创（北京）地球物理技术有限公司	地球物理勘查：乙级。
94	11201431500020	北京石大开元石油技术有限公司	地质钻探：丙级。
95	11201431500018	北京盛世蓝筹矿业投资有限公司	固体矿产勘查：乙级。
96	11201411100016	中国科学院地理科学与资源研究所	液体矿产勘查：丙级；水文地质、工程地质、环境地质调查：丙级。
97	11201411500015	北京中煤建机电设备有限公司	地球物理勘查：丙级；地质钻探：丙级。
98	11201431500014	北京市勘察设计研究院有限公司	水文地质、工程地质、环境地质调查：乙级；地质钻探：乙级。液体矿产勘查：丙级。

续表 6-11

序号	证书编号	单位名称	资质类别和资质等级
99	01201311100199	核工业北京地质研究院	区域地质调查：甲级；固体矿产勘查：甲级；水文地质、工程地质、环境地质调查：甲级；地球物理勘查：甲级；地球化学勘查：甲级；遥感地质调查：甲级；地质实验测试（岩矿鉴定、岩矿测试）：甲级。
	11201411100011		地质实验测试（选冶试验）：乙级。
100	11201431500010	北京星辰地质勘查有限责任公司	液体矿产勘查：丙级；水文地质、工程地质、环境地质调查：丙级；地质钻探：丙级。
101	01201331100218	北京市地质矿产勘查开发总公司	液体矿产勘查：甲级；固体矿产勘查：甲级；水文地质、工程地质、环境地质调查：甲级；地质钻探：甲级。
	11201431100009		地球物理勘查：乙级。
102	11201431500008	中航勘察设计研究院有限公司	水文地质、工程地质、环境地质调查：乙级。
103	11201411900007	北京英沣特能源技术有限公司	液体矿产勘查：乙级。水文地质、工程地质、环境地质调查：丙级；地球物理勘查：丙级。
104	11201411600006	兴和鹏能源技术（北京）股份有限公司	地质钻探：丙级。
105	11201431500003	北京市华清源泉地质勘查有限责任公司	地质钻探：丙级。
106	11201321500030	北京隆科兴市政管网技术有限公司	地球物理勘查：乙级。
107	11201321600028	北京贞成华亿能源技术有限公司	气体矿产勘查：乙级。
108	11201311500026	北京华清荣益地能科技开发有限公司	水文地质、工程地质、环境地质调查：丙级；地质钻探：丙级。
109	11201311500024	北京市中成华瑞油气技术有限公司	地质钻探：丙级。
110	01201331500220	中国黄金集团地质有限公司	固体矿产勘查：甲级。
	11201311100014		地质钻探：丙级。
111	11201311600013	北京科若思技术开发股份有限公司	地球物理勘查：丙级；地质钻探：丙级。

续表 6-11

序号	证书编号	单位名称	资质类别和资质等级
112	01201311500213	北京勘察技术工程有限公司	固体矿产勘查：甲级；地球物理勘查：甲级。
	11201321500010		区域地质调查：乙级；水文地质、工程地质、环境地质调查：乙级；地球化学勘查：乙级。 地质钻探：丙级。
113	01201511500062	北京宝地益联地质勘查工程技术有限公司	固体矿产勘查：甲级；水文地质、工程地质、环境地质调查：甲级；地球物理勘查：甲级。
	11201311600006		气体矿产勘查：乙级。地质钻探：丙级。
114	11201311500005	北京恒金源钻探技术有限公司	地质钻探：乙级。
115	11201211502013	北京惠友达勘察有限公司	固体矿产勘查：丙级；地球物理勘查：丙级。
116	11201211502012	北京合地威技术开发有限公司	地球物理勘查：乙级。地质钻探：丙级。
117	01201621500203	北京京能油气资源开发有限公司	石油天然气矿产勘查（陆地）：仅适用于中标区块（新疆塔里木盆地喀什疏勒地区油气勘查）
118	01201621500202	北京能源集团有限责任公司	石油天然气矿产勘查（陆地）：仅适用于中标区块（新疆塔里木盆地柯坪北地区油气勘查）
119	01201621500148	神华地质勘查有限责任公司	液体矿产勘查：甲级；气体矿产勘查：甲级；固体矿产勘查：甲级；水文地质、工程地质、环境地质调查：甲级；地球物理勘查：甲级；遥感地质调查：甲级；地质钻探：甲级。
120	01201621500145	北京中矿大地地球探测工程技术有限公司	地球物理勘查：甲级。
121	01201611100053	中国华电集团清洁能源有限公司	气体矿产勘查：甲级。
122	01201611500052	中地国际工程有限公司	地质钻探：甲级。
123	01201621100030	中国地质工程集团公司	水文地质、工程地质、环境地质调查：甲级；地质钻探：甲级。
124	01201621500010	煤炭科学技术研究院有限公司	水文地质、工程地质、环境地质调查：甲级；地球物理勘查：甲级。
125	01201521100423	中国国土资源航空物探遥感中心	航空地质调查：甲级；遥感地质调查：甲级。
126	01201521100415	中国石油天然气集团公司	石油天然气矿产勘查（陆地）：甲级。 石油天然气矿产勘查（海洋）：乙级。
127	01201521600386	中色地科矿产勘查股份有限公司	固体矿产勘查：甲级；地球物理勘查：甲级；地球化学勘查：甲级；地质钻探：甲级。

续表 6-11

序号	证书编号	单位名称	资质类别和资质等级
128	01201511100292	中国地质大学（北京）	区域地质调查：甲级；固体矿产勘查：甲级；水文地质、工程地质、环境地质调查：甲级；地球物理勘查：甲级；地球化学勘查：甲级。
129	01201511500287	北京中煤矿山工程有限公司	地质钻（坑）探：甲级。
130	01201521100244	中国石油化工集团公司	石油天然气矿产勘查（陆地）：甲级。 石油天然气矿产勘查（海洋）：乙级。
131	01201521100230	中国海洋石油总公司	海洋地质调查：甲级；石油天然气矿产勘查（海洋）：甲级。石油天然气矿产勘查（陆地）：乙级。
132	01201521100216	北京大地高科煤层气工程技术研究院	液体矿产勘查：甲级；气体矿产勘查：甲级；固体矿产勘查：甲级；水文地质、工程地质、环境地质调查：甲级；地质钻探：甲级。
133	01201511500069	中化明达地质矿业有限公司	固体矿产勘查：甲级。
134	01201421500377	中联煤层气有限责任公司	气体矿产勘查：甲级。
135	01201421500163	正元地理信息有限责任公司	地球物理勘查：甲级。
136	01201411500030	北京盛元金土能源投资有限公司	固体矿产勘查：甲级。
137	01201431100028	北京市水文地质工程地质大队（北京市地质环境监测总站）	液体矿产勘查：甲级；水文地质、工程地质、环境地质调查：甲级。
138	01201311300210	北京中地创见工程勘察设计院	液体矿产勘查：甲级；固体矿产勘查：甲级；地质钻探：甲级。
139	01201311500206	北京中色物探有限公司	固体矿产勘查：甲级；地球物理勘查：甲级。
140	01201311100204	中国地质调查局油气资源调查中心	气体矿产勘查：甲级。
141	01201311500053	北京京地顺成工程技术咨询有限公司	固体矿产勘查：甲级。
142	01201211502196	北京中煤大地技术开发有限公司	气体矿产勘查：甲级；固体矿产勘查：甲级；地质钻探：甲级。
143	01201211502192	北京西蒙矿产勘查有限责任公司	固体矿产勘查：甲级。
144	01201521500241	北京奥瑞安能源技术开发有限公司	气体矿产勘查：甲级；固体矿产勘查：甲级；地质钻探：甲级。

表 6-12 北京市地质灾害治理工程单位资质一览

编号	单　位	评估	勘查	设计	施工	监理
1	神华地质勘查有限责任公司		甲级			
2	北京市地质调查研究院	甲级	甲级	甲级		
3	北京中色资源环境工程有限公司	甲级	甲级	甲级	甲级	
4	中兵勘察设计研究院	甲级	甲级	甲级		
5	北京市地质研究所	甲级	甲级	甲级		
6	中国地质工程集团公司		甲级		甲级	
7	北京市勘察设计研究院有限公司	甲级	甲级	甲级	甲级	
8	北京市地质矿产勘查开发总公司	甲级	甲级	甲级	甲级	
9	中国地质矿业总公司	甲级	甲级	甲级	甲级	
10	北京宝地益联地质勘查工程技术有限公司	甲级	甲级	甲级		
11	中地宝联（北京）国土资源勘查技术有限公司	甲级	甲级	甲级	甲级	
12	北京市地质工程勘察院	甲级	甲级	甲级	甲级	
13	中航勘察设计研究院有限公司	甲级	甲级	甲级	甲级	
14	建设综合勘察研究设计院	甲级	甲级	甲级		
15	中国电力工程顾问集团华北电力设计院工程有限公司			甲级		
16	明达海洋工程有限责任公司				甲级	
17	煤炭科学技术研究院有限公司	甲级	甲级	甲级	甲级	
18	中铁工程设计咨询集团有限公司	甲级	甲级	甲级		
19	中建市政建设有限公司				甲级	
20	中国四海控股有限公司				甲级	
21	北京中城建建设监理有限公司					甲级
22	北京铁城建设监理有限责任公司					甲级
23	北京市地质基础工程公司					甲级
24	中国地质环境监测院	甲级	甲级	甲级		
25	中咨工程建设监理公司					甲级
26	中科华圣（北京）岩土工程有限公司				甲级	
27	北京中地华安地质勘查有限公司	甲级	甲级	甲级		
28	北京盛元金土能源投资有限公司	甲级	甲级	甲级	甲级	
29	北京市地质工程设计研究院	甲级	甲级	甲级		
30	北京得力合土地整理有限公司	甲级	甲级	甲级		
31	北京东方新星石化工程股份公司	甲级	甲级			
32	中化地质矿山总局化工地质调查总院	甲级	甲级	甲级		

续表 6-12

编号	单　　位	评估	勘查	设计	施工	监理
33	北京爱地地质勘察基础工程公司		甲级	甲级	甲级	
34	中铁二十三局集团第二工程有限公司				丙级	
35	中铁第五勘察设计院集团有限公司	甲级	丙级	丙级	丙级	
36	中地地矿建设有限公司	甲级	甲级	乙级	甲级	
37	建研地基基础工程有限责任公司	丙级		甲级	甲级	
38	北京禹通人和地质灾害评估有限公司	丙级				
39	北京中地创见工程勘察设计院	甲级				
40	天兴江源（北京）土地整理有限公司	丙级				
41	北京腾跃联盛建筑工程有限公司				丙级	
42	北京华厦恒建设集团有限公司				乙级	
43	北京振江环境治理有限公司				丙级	
44	北京通拓工程科技有限公司	丙级	丙级	丙级	丙级	
45	中交公路规划设计院有限公司	丙级	丙级	丙级		
46	北京新兴宏图测绘有限公司	丙级				
47	中基发展建设工程有限责任公司	丙级	甲级	甲级	甲级	
48	北京市水利规划设计研究院	乙级				
49	北京得一成利环境工程技术有限责任公司	甲级	甲级	甲级	甲级	
50	北京金水源岩土工程有限公司	乙级				
51	北京华源地质环境工程有限责任公司	甲级	甲级	甲级		
52	北京中地大工程勘察设计研究院有限责任公司	甲级	甲级	甲级	甲级	
53	北京岩土工程勘察院	甲级	甲级	甲级	甲级	
54	北京矿务局综合地质工程公司	丙级				
55	中煤地质工程总公司	甲级	甲级	甲级	甲级	
56	中材地质工程勘查研究院	甲级	甲级	甲级	甲级	
57	中铁十六局集团有限公司				甲级	
58	派力工程有限公司	丙级			甲级	
59	中铁二十二局集团有限公司				甲级	
60	北京综建科技有限公司				甲级	
61	中国京冶工程技术有限公司			甲级	甲级	
62	达华工程管理（集团）有限公司					乙级
63	北京中核大地矿业勘查开发有限公司	甲级	甲级	甲级	甲级	
64	北京城建勘测设计研究院有限责任公司	甲级	甲级	甲级	甲级	

续表 6-12

编号	单 位	评估	勘查	设计	施工	监理
65	北京路桥瑞通养护中心有限公司				乙级	
66	北京航天勘察设计研究院	甲级	丙级	丙级	丙级	
67	北京亿科瑞土规划设计有限公司	丙级				
68	北京地星伟业数码科技有限公司	甲级				
69	北京地星规划设计院有限公司					甲级
70	北京博绿生态科技发展有限公司				丙级	
71	北京龙源科建地质工程有限公司	丙级	丙级	丙级		
72	北京东方利禾景观设计有限公司		丙级	丙级		
73	北京中兵岩土工程有限公司				甲级	
74	天地科技股份有限公司	甲级	甲级	甲级	甲级	
75	中国电建集团北京勘测设计研究院有限公司	丙级	甲级	甲级	丙级	
76	北京市水文地质工程地质大队（北京市地质环境监测总站）	甲级	丙级	丙级		甲级
77	海军工程设计院	丙级				
78	路域生态工程有限公司				丙级	
79	国核电力规划设计研究院	丙级	丙级	丙级	丙级	
80	中煤科工集团北京华宇工程有限公司	丙级	丙级	丙级	丙级	
81	北京爱地地质勘察基础工程有限公司	丙级				
82	北京昆仑利时勘察基础工程有限公司	丙级				
83	中化岩土工程股份有限公司		丙级	丙级	丙级	

表 6-13　北京市固体矿产资源保有资源储量情况

序号	矿产名称	单　位	矿产资源储量		
			基础储量	资源量	资源储量
1	煤炭	千吨	265633	1821771	2087404
2	铁矿	矿石　千吨	144666	823173	967839
3	水泥用灰岩	矿石　千吨	247096	660514	907609
4	熔剂用灰岩	矿石　千吨	179675	130926	310600
5	冶金用白云岩	矿石　千吨	49898	323362	373260
6	冶金用石英岩	矿石　千吨	0	186461	186461
7	制碱用灰岩	矿石　千吨	0	72767	72767
8	电石用灰岩	矿石　千吨	53149	43202	96351
9	饰面用大理岩	矿石　千立方米	1080	33749	34830
10	饰面用花岗岩	矿石　千立方米	19820	202290	222110
11	锰矿	矿石　千吨	0	20	20
12	铬矿	矿石　千吨	0	768	768
13	钛矿（钛铁矿）	钛铁矿 TiO_2吨	0	249005	249005
14	钒矿	V_2O_5吨	0	14920	14920
15	铜矿（非伴生矿）	铜　吨	213	66113	66326
16	铅矿	铅　吨	0	34259	34259
17	锌矿	锌　吨	0	148716	148716
18	铝土矿	矿石　千吨	0	420	420
19	镁矿（炼镁白云岩）	矿石　千吨	0	18039	18039
20	钨矿（原生矿）	WO_3吨	0	1583	1583
21	铋矿	铋　吨	0	488	488
22	钼矿	钼　吨	48	73116	73164
23	铂矿	铂　千克	0	1018	1018
24	钯矿	钯　千克	0	975	975
25	金矿（岩金、伴生金）	金　千克	0	6361	6361
26	银矿	银　吨	0	419	419
27	镓矿	镓　吨	0	41	41
28	镉矿	镉　吨	0	140	140
29	红柱石	红柱石　吨	207798	48844	256642
30	普通萤石（矿石）	矿石　千吨	0	311	311
31	铸型用砂	矿石　千吨	3092	0	3092

2016 年北京市国土资源局
行政规范性文件目录

序号	行政规范性文件名称	文号	发布日期
1	北京市规划和国土资源管理委员会关于印发《北京市不动产登记工作规范（试行）》的通知	市规划国土发〔2016〕100 号	2016 年 11 月 25 日
2	北京市规划和国土资源管理委员会关于印发《北京市继承（受遗赠）不动产登记工作程序（试行）》的通知	市规划国土发〔2016〕101 号	2016 年 11 月 25 日

2016年度政府信息公开年度报告

一、主动公开

2016年，国土局主动公开政府信息7000条，主动公开数量比2015年减少2745件，全文电子化率100%。其中增加规范性文件2条。

二、依申请公开

2016年，国土局收到公民、法人和其他组织提交的政府信息公开申请6371件，比2015年增加763件。其中，当面申请4636件，占72.77%；以传真方式申请3件，占0.05%；以互联网方式申请70件，占1.1%；以信函形式申请1662件，占26.08%。申请内容主要涉及土地预审、征地批复、土地一级开发授权批复及相关内容，不动产登记情况及政策信息、土地利用及出让相关材料等内容。

2016年，国土局答复政府信息公开申请6160件，比2015年增加1057件。其中：同意公开3622件，占58.80%；同意部分公开18件，占0.29%；不予公开122件，占1.98%；信息不存在的1488件，占24.16%；非本机关掌握的112件，占1.82%；申请内容不明确的232件，占3.77%；非政府信息的103件，占1.67%；已主动公开的459件，占7.45%；其他途径获取的4件，占0.06%。

三、收费情况

2016年，国土局共收取依申请公开政府信息检索费、复印费4575.90元，其中免收困难人员政府信息检索费、复印费660.60元，对政府信息的邮寄费用全部免收。

四、咨询服务

2016年，国土局接受公民、法人及其他组织政府信息公开方面的咨询7886人次。其中，现场咨询4834人次，占总数的61.3%；电话和网上咨询3052人次，占总数的38.7%。

五、其他工作

（一）创新信息公开形式

土地管理频道调整上线。根据业务类型对栏目进行整合归并，形成了土地市场、土地划拨、土地出让、土地征收等一级栏目。其中，土地市场以宗地名称为主线，对应公开了土地交易公告、交易动态及结果，并提供用地性质、类别、所在区等组合查询功能，方便公众集中、快速查找土地交易的各环节相关信息。

（二）及时公开发布权力清单和行政处罚清单

国土资源管理权力清单共涉及行政征收 8 项、行政检查 12 项、行政确认 2 项、行政奖励 9 项、行政裁决 4 项、其他类 16 项。行政处罚权力清单共涉及 101 项，并绘制了行政处罚权力运行流程图，制定了《北京市国土资源局行政处罚裁量基准（2016 年版）》。

（三）建立政务舆情回应制度和回应机制

建立健全舆情监测和分析制度，增加对热点、敏感舆情的专报和分析研判。定期刊发《舆情监测》，建立季度舆情分析报告制度和舆情第三方评估制度，对全市国土资源工作相关舆情进行系统评估。在门户网站设立了“局长信箱”“信访信箱”“问题咨询”和“民意征集”等政民互动栏目，安排专人负责收集意见建议。2016 年，共受理各类网上咨询、投诉 3321 条，均在规定的时限内及时给予了回复。

2016 年北京市国土资源局调研计划课题

序号	课题名称	课题分类	课题主持人	责任单位	备注
1	北京市城市地下资源环境三维模型建设的探索与实践	重点课题	魏成林 陈一昕	勘储处	
2	现状存量工业用地盘活利用研究	重点课题	谢俊奇	利用处	2015 年延续课题
3	巡查工作的实践与思考	关注课题	金兴利	监察处	
4	加强部门预算管理的调查与思考	关注课题	李　军	财务处	
5	集体建设用地利用与耕地保护联动研究	关注课题	丁　晓	耕保处	
6	土地利用总体规划（2015 年度）实施评价	关注课题	师宏亚	规划中心	已获专项财政资金
7	北京市宅基地确权登记发证政策研究	关注课题	樊文祯	地籍处	
8	国土资源违法案件“行刑衔接”工作研究	关注课题	周旭峰	执法总队	
9	北京市集体建设用地减量发展问题研究	部门课题	（由本单位负责人担任）	研究室	
10	北京市空间规划编制前期研究	部门课题		规划处	已获专项财政资金
11	国土资源标准化工作机制研究	部门课题		科技处	
12	轨道交通场站配套用地征占地手续办理研究	部门课题		征地处	
13	因继承引起的不动产登记有关问题的研究	部门课题		不动产登记处	
14	北方裸露岩壁恢复治理技术研究	部门课题		地质环境处	

续表

序号	课题名称	课题分类	课题主持人	责任单位	备注
15	北京市城区热田深层地热供暖现状调查及前景研究	部门课题		地热处	
16	职工文体兴趣小组活动是工会工作的重要抓手	部门课题		机关党委	
17	北京市不动产登记档案管理信息系统需求分析研究	部门课题		不动产登记中心	已获专项财政资金
18	不动产权属争议调处机制研究	部门课题		不动产登记中心	
19	不动产登记数据监测分析研究	部门课题		不动产登记中心	
20	北京市土地变更调查与遥感监测工作规范研究	部门课题		权籍中心	
21	电子公文归档与规范化管理研究	部门课题		权籍中心	
22	土地储备项目先供先摊成本分摊机制研究	部门课题		储备中心	
23	国土分局信息化运维现状评估及工作改进研究	部门课题		信息中心	
24	关于完善机关事业单位业务培训机制的思考	部门课题		服务中心	
25	东城区已供应土地利用情况调查研究	部门课题		东城分局	
26	当前不动产登记中若干问题的解决方案	部门课题		西城分局	
27	不动产统一登记服务资源拓展与廉政风险防控	部门课题		朝阳分局	
28	不动产登记办事大厅服务潜力研究	部门课题		海淀分局	
29	石景山区“边角地”现状、问题及相关政策建议	部门课题		石景山分局	
30	浅析大城管机制下国土资源执法监察的难点及对策	部门课题		石景山分局	

续表

序号	课题名称	课题分类	课题主持人	责任单位	备注
31	十三五时期石景山土地储备策略研究	部门课题		石景山分局	
32	门头沟区“多规合一”工作体系研究	部门课题		门头沟分局	
33	在新形势下如何加强土地储备项目资金筹措和使用监管工作	部门课题		门头沟分局	
34	门头沟区农村宅基地利用现状及发展空间研究	部门课题		门头沟分局	
35	门头沟区城镇化建设中如何对制而不止违法用地切实履职尽责	部门课题		门头沟分局	
36	关于矿山治理与修复对生态房山建设重要性的思考	部门课题		房山分局	
37	台湖镇供地率情况调查研究	部门课题		通州分局	
38	基层国土资源管理所建设的调研和思考	部门课题		通州分局	
39	关于提高顺义区不动产登记服务质量的调查与思考	部门课题		顺义分局	
40	以“两学一做”为抓手，补齐短板，强化党员队伍建设	部门课题		顺义分局	
41	规范顺义区土地一级开发管理模式	部门课题		顺义分局	
42	工业企业转型过程中土地利用问题的思考	部门课题		大兴分局	
43	新形势下昌平区土地储备开发工作机制探讨	部门课题		昌平分局	
44	昌平区设施农业用地管理工作调研	部门课题		昌平分局	
45	昌平区征地补偿费监管规范探究	部门课题		昌平分局	
46	整合山区土地，促进乡村发展	部门课题		平谷分局	

续表

序号	课题名称	课题分类	课题主持人	责任单位	备注
47	关于怀柔区永久基本农田划定路径若干问题的思考	部门课题		怀柔分局	
48	关于密云经济开发区土地节约集约利用问题研究	部门课题		密云分局	
49	如何破解农村宅基地管理中的诸多问题	部门课题		延庆分局	

2016 年北京市国土资源局荣获奖励情况

集体奖项

市国土局

1. 由魏成林主任主持，丁晓总工程师，耕地保护处关爱军、张洪克、陈扬众，大兴国土分局芦亚静、景文成共同执笔完成的《北京市农村集体经营性建设用地入市制度研究》获北京市第十二届优秀调查研究成果优秀奖

2. 东城区交通安全先进单位

机关处室

▲研究室

北京市地方志工作先进集体

▲耕地保护处

北京市 2013-2015 年度国土资源管理先进集体

▲矿产资源开发处

北京市 2013-2015 年度国土资源管理先进集体

直属事业单位

▲储备中心

1.《新形势下土地储备开发融资模式研究》课题被市国土局评为 2015 年自主调研优秀成果奖

2. 党总支被评为市国土资源系统 2015 年度“先进基层党组织”

3. 市国土局直属机关工会纪念长征胜利 80 周年健步走活动部门活跃度优胜奖

▲登记中心

《北京市不动产登记信息查询规范研究》课题获市档案局 2016 年度优秀科技成果二等奖

▲权籍中心

全国地质资料管理信息报送“单位优秀组织奖”

▲信息中心

1. 国土资源部“十二五”科技与国际合作先进集体

2. 北京市 2013-2015 年度国土资源管理先进集体

▲服务中心

城区交通安全先进单位

区分局

▲东城分局

国土资源利用科获“北京市 2013-2015 年度国土资源管理先进集体”荣誉称号

▲西城分局

西城区土地利用事务中心获“北京市 2013-2015 年度国土资源管理先进集体”荣誉称号

▲朝阳分局

1. 朝阳区被国土资源部授予“全国国土资源节约集约模范县（市）”荣誉称号

2. 北京市土地整理储备中心商务区分中心获“北京市 2013-2015 年度国土资源管理先进集体”荣誉称号

▲海淀分局

1. 海淀区被国土资源部授予“第三届全国国土资源节约集约模范县（市）”荣誉称号

2. 北京市 2013-2015 年度国土资源管理先进集体

3. 2015 年度海淀区绩效管理先进单位

4. 海淀区不动产登记事务中心党支部被评为“海淀区先进基层党组织”

▲石景山分局

石景山区直机关工委三项办公技能比赛优秀组织奖

▲昌平分局

1. 市国土系统财务管理综合业绩突出单位

2. 昌平区法治宣传教育工作先进集体

▲通州分局

1. 2015 年度区政府绩效突出单位

2. 通州分局第一国土资源管理所获“北京市 2013-2015 年度国土资源管理先进集体”荣誉称号

▲大兴分局

第二国土资源管理所获“北京市 2013-2015 年度国土资源管理先进集体”荣誉

称号

▲门头沟分局

1. 北京市 2013-2015 年度国土资源管理先进集体

2. 2016 年度国土资源政务信息网上公开执行情况检查工作市局系统第一

3. 市规划国土委 2016 年连续四个季度网站群信息保障优秀单位和优秀主持人称号

▲顺义分局

1. 北京市 2015 年度交通安全先进单位

2. 顺义区直机关工委"'两学一做'学习教育先进事迹宣讲暨纪念建党 95 周年文艺汇演"一等奖

3. 被市规划国土委直属机关工会授予"纪念中国工农红军长征胜利 80 周年'健步走'活动"特殊贡献奖

4. 2016 年度顺义区总工会职工烹饪技能竞赛"最佳团队奖"

▲房山分局

1. 第八届北京土地青年学术论文交流"优秀组织奖"

2. 房山区直机关"两学一做"先锋实践主题演讲比赛获"优秀组织奖"

3. 房山区第十一届全民健身运动会获"优秀组织奖"

4. 区级交通安全先进单位

▲怀柔分局

1. 财务资产管理、政府采购、信息报送被市国土局评为单项业绩突出单位

2. 怀柔分局不动产登记事务中心党支部（行政许可办第三党支部）被评为怀柔区"区直机关先进基层党组织"

3. 怀柔区第四届全民运动会最佳组织奖；广播体操比赛优秀组织奖

4. 怀柔区总工会"和谐杯"职工乒乓球比赛获团体第四名

5. 怀柔区第十届"和谐杯"乒乓球比赛获区直行政事业单位组团体第三名

个人奖项

市国土局机关

1. 北京市 2013-2015 年度国土资源管理先进个人

张会昌

2. 北京市政府法制工作先进个人

杨　波

3. 国土资源部"十二五"科技与国际合作先进个人

邓武中、王建华

直属事业单位

▲储备中心

北京市 2013-2015 年度国土资源管理先进个人

崔国秋

▲规划中心

1. 北京市 2013-2015 年度国土资源管理先进个人

徐　典

2. 第八届北京土地青年学术论文交流一等奖

牛劲达、谯　赟

▲权籍中心

1. 全国地质资料管理信息报送“先进个人奖”

秦海鹏

2. 国土资源部“十二五”科技与国际合作先进个人

汤　军

3. 第八届北京土地青年学术论文交流一等奖

刘　洁

▲服务中心

东城区交通安全优秀管理干部

张振生

区分局

▲东城分局

第八届北京土地青年学术论文交流一等奖

刘　硕

▲海淀分局

1. 2016 年度海淀区法治宣传教育工作先进个人

韩　青、廖　彬

2. 市规划国土委 2016 年地质灾害防治先进个人

谢　良、董毅平、刘建彦

3. 区直机关系统优秀党务工作者

王晋龙

4. 区直机关系统优秀共产党员

张士军、刘园园

▲丰台分局

1. 北京市 2013-2015 年度国土资源管理先进个人
成路平
2. 市规划国土委 2016 年地质灾害防治先进个人
程志军、李向成、肖　夏
3. 第八届北京土地青年学术论文交流一等奖
林　晶

▲石景山分局

1. 北京市 2013-2015 年度国土资源管理先进个人
孟庆展
2. 市规划国土委 2016 年地质灾害防治先进个人
左小兵、付振国、赵晓宾
3. 石景山区直机关工委三项办公技能比赛第一名
马晓兵
4. 北京市石景山区优秀党务工作者
马桂兰
5. 北京市石景山区优秀共产党员
董燕方、赵　鹏、岳　娜
6. 九三学社北京市委员会 2015 年社会服务工作先进个人
左小兵

▲昌平分局

1. 昌平区“三八红旗手”
左英梅
2. 北京市平原地区造林工程建设优秀个人
李华堂
3. 市规划国土委 2016 年地质灾害防治先进个人
张润钊、于致新、赵冬冬
4. 昌平区法治宣传教育工作先进个人
张振征
5. 市国土系统财务管理业绩突出个人
牛小春
6. 昌平区经济技术创新标兵
聂　颖

▲通州分局

1. 2015 年度土地利用和管理形势观测分析工作成效突出个人
邢　娟

2. 通州区“五星”党员

魏　倩、许良兴、郑　伟、胥蕊萱、杨永生

▲门头沟分局

市规划国土委2016年地质灾害防治先进个人

杨　林、贲友军、吴　彬

▲顺义分局

北京市2013-2015年度国土资源管理先进个人

雷海霞

▲房山分局

1. 市规划国土委2016年地质灾害防治先进个人

王　辉、褚大伟、申　建

2. 房山区直机关“两学一做”先锋实践主题演讲比赛一等奖

林晓晶

3. 第八届北京土地青年学术论文交流一等奖

杨　赏、芦　鑫

4. 区级交通安全先进管理干部

才　东

▲平谷分局

1. 北京市2013-2015年度国土资源管理先进个人

朱宝泉

2. 市规划国土委2016年地质灾害防治先进个人

刘国成、贾祝捷、贺瑾瑞

▲密云分局

1. 北京市2013-2015年度国土资源管理先进个人

杨茂林

2. 市规划国土委2016年地质灾害防治先进个人

娄艳生、周立臣、郝　河

▲延庆分局

1. 北京市2013-2015年度国土资源管理先进个人

王山峰

2. 市规划国土委2016年地质灾害防治先进个人

杨九智、支春来、郭同强

▲怀柔分局

1. 北京市2013-2015年度国土资源管理先进个人

唐军生

2. 市规划国土委 2016 年地质灾害防治先进个人

谢定伟、张　易、王俊佳